Borsdorff/Kastner
Definitionskalender polizeiliches Einsatzrecht

Definitionskalender polizeiliches Einsatzrecht

555 Begriffsbestimmungen
für Ausbildung, Prüfung und Praxis
im Polizeivollzugsdienst des Bundes und der Länder

von
Professor Dr. Anke Borsdorff
und
Regierungsdirektor a. D. Martin Kastner

Hochschule des Bundes
für öffentliche Verwaltung
– Fachbereich Bundespolizei –
Lübeck

6., aktualisierte und erweiterte Auflage

KSV Medien

Medien für die
Bundespolizei

Klimaschutz-Beitrag
mit First Climate.com
2025
CO2-Zertifikate

FSC
www.fsc.org
MIX
Papier | Fördert
gute Waldnutzung
FSC® C083411

Die Herstellung bei KSV Medien erfolgt weitgehend digital und in dem Bewusstsein, eine möglichst ressourcenschonende Produktion zu gewährleisten.

Bibliografische Information der Deutschen Nationalbibliothek
Die Deutsche Nationalbibliothek verzeichnet diese Publikation in der Deutschen Nationalbibliografie; detaillierte bibliografische Daten sind im Internet über http://dnb.dnb.de abrufbar.

6. Auflage 2025
Konrad-Adenauer-Ring 13 · 65187 Wiesbaden
info@ksv-medien.de · www.ksv-medien.de

Satz: MetaLexis, Niedernhausen
Druck: CPI books

ISBN: 978-3-8293-2046-7

Vorwort

Im Rahmen der Beurteilung der Rechtslage kann die Subsumtion eines Sachverhalts unter das Gesetz nur dann gelingen, wenn die einschlägigen Tatbestandsvoraussetzungen jeweils vollständig und präzise definiert werden, soweit sie sich im Einzelfall als erläuterungsbedürftig erweisen. Dies ist bei vielen Rechtsvorschriften der Fall: Zahlreiche Bestimmungen im polizeilichen Befugnisrecht und die weitaus meisten Deliktsnormen im Strafrecht enthalten auf der Tatbestandsseite einzelne Merkmale, deren Bedeutungsgehalt sich nicht ohne Weiteres erschließt und die deshalb definitionsbedürftig sind. Ein Mindestbestand an abrufbaren Begriffsbestimmungen ist deshalb für die zutreffende Rechtsanwendung im Einsatzrecht unverzichtbar. Herkömmliche „Definitionskalender" sind regelmäßig auf einzelne Rechtsgebiete begrenzt und zudem auf die Juristenausbildung zugeschnitten; sie erscheinen deshalb aus polizeilicher Sicht nur bedingt brauchbar. Im Gegensatz dazu berücksichtigt der nunmehr in sechster Auflage vorgelegte Definitionskalender das gesamte Spektrum des polizeilichen Einsatzrechts. Klare, knappe und anschauliche Formulierungen sollen die Definitionen leicht merkbar machen. Das Werk richtet sich vorrangig an Polizisten, die sich in Aus- oder Fortbildung befinden. Besonders gut geeignet erscheint es zur Vorbereitung von Prüfungen jeder Art. Aber auch der Praktiker mag das Büchlein hier und da als hilfreich empfinden.

Die Verfasser — Lübeck, im März 2025

Abkürzungen

a. A.	anderer Auffassung
a. a. O.	am angegebenen Ort
ABE	Allgemeine Betriebserlaubnis
a. E.	am Ende
AEG	Allgemeines Eisenbahngesetz
AEUV	Vertrag über die Arbeitsweise der Europäischen Union (hervorgegangen aus dem ursprünglichen EUV sowie aus dem früheren EVG)
AFIS	Automatisiertes Fingerabdruck-Identifizierungssystem
AG	Aktiengesellschaft oder Amtsgericht oder Ausführungsgesetz
AGebV	Allgemeine Gebührenverordnung des Bundes
AHE	Abschiebungshafteinrichtung
AiP	Arzt im Praktikum
AKLS	Automatisierte Kennzeichenlesesysteme
Alt.	Alternative
a. M.	anderer Meinung/am Main
AMG	Arzneimittelgesetz
AMLA	Anti-Money Laundering Authority
AO	Abgabenordnung
ArbGG	Arbeitsgerichtsgesetz
arg. e	argumentum e (etwa: Dies folgt aus …)
ATDG	Anti-Terror-Datei-Gesetz
AufenthG	Aufenthaltsgesetz
AufenthV	Aufenthaltsverordnung
AWG	Außenwirtschaftsgesetz
Az.	Aktenzeichen
AZR	Ausländerzentralregister
BAMF	Bundesamt für Migration und Flüchtlinge
BAK	Blutalkoholkonzentration
BÄO	Bundes-Ärzte-Ordnung
BayObLG	Bayerisches Oberstes Landesgericht

BayPAG	Bayerisches Polizeiaufgabengesetz
BayVerfGH	Bayerischer Verfassungsgerichtshof
BayVersG	Bayerisches Versammlungsgesetz
BBankG	Gesetz über die Deutsche Bundesbank
BBergG	Bundesberggesetz
BDG	Bundesdisziplinargesetz
BGB	Bürgerliches Gesetzbuch
BGBl.	Bundesgesetzblatt
BGebG	Bundesgebührengesetz
BGH	Bundesgerichtshof
BGHR	Rechtsprechung des Bundesgerichtshofs in Strafsachen (herausgegeben von den Richtern des BGH)
BGHSt	Amtliche Sammlung der Entscheidungen des Bundesgerichtshofs in Strafsachen
BGHZ	Amtliche Sammlung der Entscheidungen des Bundesgerichtshofs in Zivilsachen
BKA	Bundeskriminalamt
BKAG	Bundeskriminalamtgesetz
BMI	Bundesministerium des Innern und für Heimat
BMIBGebV	Besondere Gebührenverordnung des BMI
BPolBG	Bundespolizeibeamtengesetz
BPolG	Bundespolizeigesetz
BPolZV	Bundespolizeizuständigkeitsverordnung
BRAS	Bestimmungen, Richtlinien, Anweisungen, Sammlung von Katalogen und Nachschlagewerken
BSDG	Bundesdatenschutzgesetz
BT-Drs.	Bundestagsdrucksache
BtMAHV	Betäubungsmittel-Außenhandelsverordnung
BtMG	Betäubungsmittelgesetz
BVerfG	Bundesverfassungsgericht
BVerfGE	Amtliche Sammlung der Entscheidungen des Bundesverfassungsgerichts
BVerfGG	Gesetz über das Bundesverfassungsgericht

BVerfSchG	Bundesverfassungsschutzgesetz
BVerwG	Bundesverwaltungsgericht
BVerwGE	Amtliche Entscheidungssammlung des Bundesverwaltungsgerichts
BWVBl	Baden-Württembergische Verwaltungsblätter
DAD	DNA-Analyse-Datei
DAR	Deutsches Autorecht (Zeitschrift)
DB AG	Deutsche Bahn AG
d. h.	das heißt
DÖV	Die Öffentliche Verwaltung
DR	Deutsches Recht
DSGV	Datenschutz-Grundverordnung (der EU)
DVBl	Deutsches Verwaltungsblatt
DVO (EU)	Durchführungsverordnung (der Europäischen Union)
EBO	Eisenbahn-Bau- und Betriebsordnung
EC	Ursprünglich Eurocheque, später Electronic-Cash
ECRI	Europäische Kommission gegen Rassismus und Intoleranz
ECRIS	European Crime Records Information System
ECRIS-TNC	European Crime Records Information System – Third Country National
EES	Entry-/Exit-System
EG	Europäische Gemeinschaft(en)
EGGVG	Einführungsgesetz zum Gerichtsverfassungsgesetz
EGStGB	Einführungsgesetz zum Strafgesetzbuch
EGV	Vertrag über die Europäische Gemeinschaft (Vorläufer des EUV und des AEUV)
eKFV	Verordnung für die Teilnahme von Elektrokleinstfahrzeugen am Straßenverkehr (Elektrokleinstfahrzeuge-Verordnung)
EMCDDA	Europäische Beobachtungsstelle für Drogen und Drogensucht (Vorläufer von EUDA)
EMRK	Europäische Menschenrechtskonvention

EPPO	European Public Prosecutor's Office (vgl. EUStA)
ER	Ermittlungsrichter
etc.	et cetera
ETIAS	European Travel Information and Authorization System
EU	Europäische Union
EuAuslÜ	Europäisches Auslieferungsübereinkommen
EUDA	European Union Drugs Agency
EUHb	Europäischer Haftbefehl
eu-LISA	European Union Agency for the Operational Management of Large-Scale IT Systems in the Area of Freedom, Security and Justice
EuRHÜ	Europäisches Übereinkommen über die Rechtshilfe in Strafsachen (nebst Zusatzprotokoll)
EUStA	Europäische Staatsanwaltschaft
EuTerrÜ	Europäisches Übereinkommen zur Terrorismusbekämpfung
EUV	Vertrag über die Europäische Union
EVO	Eisenbahnverkehrsordnung
EWG	Europäische Wirtschaftsgemeinschaft
EWR	Europäischer Wirtschaftsraum
EZB	Europäische Zentralbank
f.	folgende (Seite oder Randnummer)
ff.	fortfolgende (Seiten oder Randnummern)
FADO	False and Authentic Documents Online
FGO	Finanzgerichtsordnung
FRA	Agentur der Europäischen Union für Grundrechte
frz.	französisch
FSB	Flugsicherheitsbegleiter
GA	Goltdammer's Archiv für Strafrecht
GEAS	Gemeinsames Europäisches Asylsystem
GeschGehG	Gesetz zum Schutz von Geschäftsgeheimnissen

GewArch	Gewerbearchiv
GFK	Genfer Flüchtlingskonvention
GG	Grundgesetz
ggf.	gegebenenfalls
GMBl.	Gesetz- und Ministerialblatt
GrS	Großer Senat (des Bundesgerichtshofs)
GÜSt	Grenzübergangsstelle
GVG	Gerichtsverfassungsgesetz
GwG	Geldwäschegesetz
GZR	Gewerbezentralregister
h. A.	herrschende Auffassung
HJ	Hitlerjugend
h. L.	herrschende Lehre
h. M.	herrschende Meinung
HRRS	Höchstrichterliche Rechtsprechung in Strafsachen (Online-Zeitschrift)
Hs.	Halbsatz
ICT	Intra-Corporate Transfer
i. e. S.	im engeren Sinne
IfSG	Infektionsschutzgesetz
INPOL	Informationssystem der Polizei
IRG	Gesetz über die internationale Rechtshilfe in Strafsachen
i. S. d.	im Sinne des/der
i. S. v.	im Sinne von
IT	Informationstechnologie
i. V. m.	in Verbindung mit
i. w. S.	im weiteren Sinne
JMBlNW	Justizministerialblatt für das Land Nordrhein-Westfalen
JR	Juristische Rundschau
JuS	Juristische Schulung
JVA	Justizvollzugsanstalt
Kfz	Kraftfahrzeug
KG	Kammergericht (das OLG in Berlin)
km	Kilometer

km/h	Stundenkilometer
K.-o.	Knock-out
KWKG	Kriegswaffenkontrollgesetz
Krim	Kriminalistik (Zeitschrift)
KunstUrG	Kunsturheberrechtsgesetz
KWS	Kleiner Waffenschein
LG	Landgericht
LSA	Land Sachsen-Anhalt
LuftSiG	Luftsicherheitsgesetz
LuftVG	Luftverkehrsgesetz
LuftVO	Luftverkehrs-Ordnung
LuftVZO	Luftverkehrs-Zulassungs-Ordnung
LVerfSchG	Landesverfassungsschutzgesetz
MDR	Monatsschrift für Deutsches Recht
ME PolG	Musterentwurf eines einheitlichen Polizeigesetzes des Bundes und der Länder
MOG	Marktorganisationsgesetz = Gesetz zur Durchführung der gemeinsamen Marktorganisationen und Direktzahlungen (bezogen auf die Agrarmärkte der EU)
MPU	Medizinisch-Psychologische Untersuchung
m. w. N.	mit weiteren Nachweisen
n. F.	neuer Fassung
NJW	Neue Juristische Wochenschrift
NOEP	Nicht offen ermittelnder Polizeibeamter
NPOG	Niedersächsisches Polizei- und Ordnungsbehördengesetz (vorher: Nds. SOG, noch früher: NSOG)
NpSG	Neue-psychoaktive-Stoffe-Gesetz
Nr.	Nummer(n)
NRW	Nordrhein-Westfalen
NRWG	Nationales Waffenregistergesetz (zwischenzeitlich umbenannt in WaffRG)
NSDAP	Nationalsozialistische Deutsche Arbeiterpartei
NStZ	Neue Zeitschrift für Strafrecht
NVersG	Niedersächsisches Versammlungsgesetz

NVwZ	Neue Zeitschrift für Verwaltungsrecht
NWR	Nationales Waffenregister
NWR-ID	Nationales Waffenregister-Identifiezierungsnummer
OLAF	Office Européen de la Lutte Anti-Fraude
OLG	Oberlandesgericht
OLGSt	Entscheidungen der Oberlandesgerichte im Straf- und Strafverfahrensrecht
OrgKG	Gesetz zur Bekämpfung des illegalen Rauschgifthandels und anderer Erscheinungsformen der Organisierten Kriminalität
OVG	Oberverwaltungsgericht
OWiG	Ordnungswidrigkeitengesetz (amtlich: Gesetz über Ordnungswidrigkeiten)
PartG	Parteiengesetz
PassG	Passgesetz
PAuswG	Gesetz über Personalausweise
PBefG	Personenbeförderungsgesetz
PDV	Polizeidienstvorschrift
PMG	Politisch motivierte Gewaltkriminalität
PMK	Politisch motivierte Kriminalität
PolG	Polizeigesetz
ProstSchG	Prostituiertenschutzgesetz
PUAG	Gesetz zur Regelung des Rechts der Untersuchungsausschüsse des Deutschen Bundestages
RB-EUHb	Rahmenbeschluss des Rates der EU über den Europäischen Haftbefehl etc.
Rdnr.	Randnummer
RG	Reichsgericht
RGSt	Amtliche Sammlung der Entscheidungen des Reichsgerichts in Strafsachen
RiStBV	Richtlinien für das Strafverfahren und das Bußgeldverfahren
RiVASt	Richtlinien für den Verkehr mit dem Ausland in strafrechtlichen Angelegenheiten
RL	Richtlinie

RR	Rechtsprechungs-Report
S.	Satz
SA	Sturmabteilung
SächsPolG	Sächsisches Polizeigesetz
SächsVersG	Sächsisches Versammlungsgesetz
SDÜ	Schengener Durchführungsübereinkommen
SGG	Sozialgerichtsgesetz
SGK	Schengener Grenzkodex
SH	Schleswig-Holstein
SIS	Schengener Informationssystem
s. o.	siehe oben
SOG	Gesetz über die öffentliche Sicherheit und Ordnung
sog.	sogenannte/r/s
SprengG	Sprengstoffgesetz
SS	Schutzstaffel
StGB	Strafgesetzbuch
StPO	Strafprozessordnung
st. Rspr.	ständige Rechtsprechung
StV	Der Strafverteidiger (Zeitschrift)
StVG	Straßenverkehrsgesetz
StVO	Straßenverkehrs-Ordnung
StVZO	Straßenverkehrs-Zulassungs-Ordnung
StVollstrO	Strafvollstreckungsordnung
StVollzG	Strafvollzugsgesetz (des Bundes)
SÜ	Schengener Übereinkommen
TDG	Gesetz über die Nutzung von Telediensten
Tf	Triebfahrzeugführer
THC	Tetrahydrocannabinol
TKG	Telekommunikationsgesetz
TKÜ	Telekommunikationsüberwachung
UAS	Unmanned Aircraft Systems (unbemannte Luftfahrtsysteme = Drohnen)
UNO	United Nations Organization = Vereinte Nationen
UrhG	Urheberrechtsgesetz

UWG	Gesetz gegen den unlauteren Wettbewerb
UZwG	Gesetz über den unmittelbaren Zwang bei Ausübung öffentlicher Gewalt durch Vollzugsbeamte des Bundes
UZwVwV-BMI	Allgemeine Verwaltungsvorschrift des Bundesministers des Innern zum Gesetz über den unmittelbaren Zwang bei Ausübung öffentlicher Gewalt durch Vollzugsbeamte des Bundes
VE	Verdeckter Ermittler
VE ME PolG	Vorentwurf für den Musterentwurf eines einheitlichen Polizeigesetzes des Bundes und der Länder
VersFG SH	Versammlungsfreiheitsgesetz Schleswig-Holstein
VG	Verwaltungsgericht
VGH	Verwaltungsgerichtshof
vgl.	vergleiche
VIS	Visa Information System bzw. Visa-Informationssystem
VO (EU)	Verordnung (der Europäischen Union)
VP	Vertrauensperson
VRS	Verkehrsrechtssammlung (zitiert nach Band und Seite)
VS-NfD	Verschlusssache – Nur für den Dienstgebrauch
VwGO	Verwaltungsgerichtsordnung
VwVfG	Verwaltungsverfahrensgesetz (des Bundes)
VwVG	Verwaltungs-Vollstreckungsgesetz (des Bundes)
WaffG	Waffengesetz
WaffRG	Waffenregistergesetz (ursprünglich: NWRG)
WaffRGDV	Durchführungsverordnung zum Waffenregistergesetz
wistra	Zeitschrift für Wirtschaftsstrafrecht
WÜD	Wiener Übereinkommen über diplomatische Beziehungen

WÜK	Wiener Übereinkommen über konsularische Beziehungen
z. B.	zum Beispiel
ZEVIS	Zentrales Verkehrsinformationssystem des Kraftfahrtbundesamtes
ZFdG	Zollfahndungsdienstgesetz
ZPO	Zivilprozessordnung

Abgegrenzte Bereiche: ⇨ Sicherheitsbereiche.

Abgeschlossene Räume, die zum öffentlichen Dienst oder Verkehr bestimmt sind: ⇨ Befriedetes Besitztum.

Abschiebung: Die zwangsweise Durchsetzung der Ausreisepflicht eines ⇨ Ausländers im Wege der Verbringung des Betroffenen ins Ausland. Bei der Abschiebung handelt es sich um eine aufenthaltsbeendende Maßnahme. Grundvoraussetzung für eine Abschiebung ist gemäß § 58 AufenthG zunächst das Bestehen einer ⇨ vollziehbaren Ausreisepflicht. Hinzukommen muss, dass entweder die freiwillige Erfüllung der Ausreisepflicht nicht gesichert ist oder dass aus Gründen der öffentlichen Sicherheit und Ordnung eine Überwachung der Ausreise erforderlich erscheint. Die korrekte dogmatische Erfassung der Abschiebung ist nicht ganz einfach: Man kann sie wohl am ehesten als ein ausländerrechtliches Zwangsmittel eigener Art betrachten, das Elemente sowohl eines ⇨ Verwaltungsakts als auch eines ⇨ Realakts in sich vereint.
MERKE: Die Abschiebung soll im Regelfall vor ihrer Anordnung angedroht werden (§ 59 AufenthG). Nach bestandskräftiger Ablehnung eines Asylbegehrens darf das BAMF eine Abschiebung ggf. auch ohne vorherige Prüfung der Möglichkeit einer freiwilligen Ausreise anordnen. Für die ⇨ Rückführung als praktische Durchführung der Abschiebung des Ausländers besteht eine Zuständigkeit der Bundespolizei (§ 71 III Nr. 1 AufenthG). Zuständig für die Anordnung der Abschiebung ist hingegen die Ausländerbehörde (§ 71 I AufenthG). Als Folge der Abschiebung tritt ein Einreiseverbot ein (§ 11 I AufenthG). Bei Bestehen von Abschiebungsverboten oder Abschiebungshindernissen wird die Abschiebung ausgesetzt.

Abschiebung aus Staatsschutzgründen: Ein Spezialfall der ⇨ Abschiebung eines ⇨ Ausländers auf der besonderen Rechtsgrundlage des § 58a AufenthG. Nach dieser im Jahr 2005 eingefügten Vorschrift kann die oberste Landesbehörde ohne vorheri-

ge ⇨ Ausweisung und ohne vorgängige Abschiebungsandrohung aus Staatsschutzgründen eine sofort vollziehbare Abschiebungsanordnung erlassen. Eine solche Abschiebungsanordnung ist nur zulässig aufgrund einer tatsachengestützten Prognose zur Abwehr einer *besonderen Gefahr* für die Sicherheit der Bundesrepublik Deutschland oder zur Abwehr einer *terroristischen Gefahr*. Da in diesen Fällen ein dringendes Interesse der Bundesrepublik Deutschland an der umgehenden Entfernung des Ausländers aus dem Inland besteht, müssen die Regelvoraussetzungen für eine Abschiebung nicht erfüllt sein; außerdem ist das Verfahren stark beschleunigt.
MERKE: Die Vorschrift des § 58a AufenthG ist formell und materiell verfassungsgemäß; sie verstößt insbesondere weder gegen den ⇨ Bestimmtheitsgrundsatz noch gegen den Grundsatz der ⇨ Verhältnismäßigkeit (BVerfG, Beschl. vom 24.7.2017, – 2 BvR 1487/17 –). Für die Abschiebung gemäß § 58a AufenthG bedarf es keiner ⇨ konkreten Gefahr; vielmehr genügt die tatsachengestützte Prognose einer Bedrohungslage, bei der sich das vom Ausländer ausgehende Risiko einer sicherheitsgefährdenden oder terroristischen Tat jederzeit aktualisieren und in eine konkrete Gefahr umschlagen kann. Das BMI darf die Übernahme der Zuständigkeit in einer solchen Angelegenheit erklären, wenn ein besonderes Interesse des Bundes besteht (§ 58a II 1 AufenthG). Die an sich zuständige oberste Landesbehörde ist hierüber zu unterrichten (§ 58a II 3 AufenthG). Für den Vollzug ist im Falle einer solchen Übernahme der Zuständigkeit die Bundespolizei zuständig (§ 58a II 3 AufenthG).

Abschiebungshaft: Die richterlich angeordnete Haft eines ⇨ Ausländers, die entweder der Vorbereitung einer ⇨ Ausweisung bzw. einer Abschiebungsanordnung oder aber der Sicherung einer ⇨ Abschiebung dient. Im ersten Falle spricht man von Vorbereitungshaft, im zweiten Falle von Sicherungshaft. Die Rechtsgrundlage für die Anordnung und den Vollzug von Abschiebungshaft bilden die §§ 62-62c AufenthG. Der Abschiebungshaftvollzug ist stets Ländersache. Bundeseinheitliche Vor-

gaben für diesen Vollzug enthält § 62a AufenthG. Danach wird die Abschiebungshaft grundsätzlich in speziellen Hafteinrichtungen vollzogen. Sind derartige spezielle Abschiebehafteinrichtungen nicht oder nicht in ausreichendem Maße im Bundesgebiet vorhanden, so darf die Abschiebungshaft auch in sonstigen Haftanstalten vollzogen werden; die Abschiebungsgefangenen sind in einem solchen Fall stets getrennt von Strafgefangenen unterzubringen. Die gleiche Ausnahme gilt, wenn von dem abzuschiebenden Ausländer eine ⇨ erhebliche Gefahr für Leib oder Leben Dritter oder für bedeutende Rechtsgüter der inneren Sicherheit ausgeht.
MERKE: Ob die derzeitige Regelung der Abschiebungshaft in § 62a AufenthG in jeder Hinsicht den EU-rechtlichen Vorgaben der aktuellen Rückführungsrichtlinie = RL 2008/115/EG entspricht, ist umstritten. Der Erlass einer neuen überarbeiteten Rückführungsrichtlinie durch die EU ist für die zweite Jahreshälfte 2025 angekündigt. In jedem Fall gilt, dass die tatsächliche Ausgestaltung der Unterbringung in der Abschiebungshaft sich von Strafhaft deutlich unterscheiden muss. Insbesondere darf der Zwang, dem der Ausländer ausgesetzt ist, nicht das Maß übersteigen, das unbedingt erforderlich ist, um ein wirksames Rückführungsverfahren zu gewährleisten (BGH, Beschl. vom 26.3.2024, – XIII ZB 85/22 –). In der Praxis wird die Abschiebungshaft meist leicht verkürzt als „Abschiebehaft" bezeichnet. Die in den Bundesländern vorhandenen speziellen Hafteinrichtungen zum Vollzug der Abschiebungshaft werden üblicherweise mit dem Kürzel „AHE" belegt.

Absicht: 1. Im Strafrecht wird die stärkste Form des ⇨ Vorsatzes üblicherweise als *Absicht* bezeichnet (auch: dolus directus ersten Grades = direkter Vorsatz ersten Grades). Kennzeichnend für diese Vorsatzart ist, dass der Täter den Tatbestand ganz bewusst und gezielt verwirklicht und es ihm dabei auf diese Tatbestandsverwirklichung – namentlich: auf den Eintritt des tatbestandlichen Erfolges – gerade ankommt. Diese stärkste Vorsatzart, bei welcher das Willenselement dominiert, wird im Gesetz mit den Wor-

ten „absichtlich" umschrieben (vgl. z. B. §§ 226 II 1. Alt., 258 I 1. Alt., 258 II 1. Alt. StGB). Neuerdings hält es zumindest der 2. Strafsenat des BGH für zulässig, eine erwiesene Tötungsabsicht des Täters strafschärfend zu berücksichtigen, was bisher umstritten ist (Vorlagebeschl. vom 1.6.2016, – 2 StR 150/15 –): „Jedenfalls bei Tötungsabsicht handelt es sich um gegenüber dem zur Tatbestandserfüllung hinreichenden bedingten Tötungsvorsatz um eine Schuldsteigerung, die den Unrechtsgehalt der Tat erhöht. Sie kann zu Lasten des Angeklagten berücksichtigt werden."
2. Die oben beschriebene Absicht als stärkste *Vorsatzform* darf nicht verwechselt werden mit dem zwar gleichnamigen, aber gänzlich andersartigen Merkmal der Absicht, das im Strafrecht bei den sog. Delikten „mit überschießender Innentendenz" als besonderes subjektives Tatbestandsmerkmal *neben* den Vorsatz – gleichviel in welcher Form – treten muss, damit der jeweilige ⇨ Straftatbestand erfüllt ist (vgl. z. B. §§ 242, 249, 253, 263, 265a StGB: ⇨ Absicht rechtswidriger Zueignung, Absicht unrechtmäßiger Bereicherung, Absicht zur Verschaffung eines rechtswidrigen Vermögensvorteils, Absicht, das Entgelt nicht zu entrichten). Diese „besonderen" Absichten müssen *neben* den Vorsatz des Täters treten und mithin *zusätzlich* vorliegen, damit der subjektive Tatbestand des betreffenden Delikts (voll) gegeben ist. Bei den genannten Delikten ist also im Rahmen des subjektiven Tatbestandes wie üblich zunächst der Vorsatz des Täters zu prüfen (bezogen auf alle Merkmale des objektiven Tatbestandes), und dann im zweiten Schritt zu untersuchen, ob außerdem noch die im Gesetz geforderte besondere Absicht rechtswidriger Zueignung etc. bejaht werden kann.

Absicht rechtswidriger Zueignung: Im Rahmen der Eigentumsdelikte (§§ 242 ff. StGB) hegt der Täter bezüglich der weggenommenen beweglichen Sache dann Zueignungsabsicht, wenn er den Eigentümer dauerhaft aus seiner Stellung verdrängen möchte (Enteignungswille), indem er – der Täter – die Sache oder den in ihr verkörperten Sachwert zumindest vorübergehend dem eigenen Vermögen wirtschaftlich einverleibt, etwa durch Gebrauchen, Verbrauchen oder Verwerten der Sache (Aneignungswille). Die Zueignungsabsicht lässt sich also aufschlüsseln in einen Enteignungswillen und in einen Aneignungswillen. *Rechtswidrig* ist die vom Täter erstrebte Zueignung, wenn ihm nach der materiellen Eigentumsordnung die Sache nicht zusteht. Damit ist die erstrebte Zueignung dann *nicht* rechtswidrig, wenn der Täter nach den Regeln des Zivilrechts einen fälligen und einredefreien ⇨ Anspruch auf die Sache hat oder wenn er sich auf ein gesetzliches Aneignungsrecht berufen kann oder wenn sich eine tatsächliche oder mutmaßliche Einwilligung des Berechtigten in die Zueignung feststellen lässt. Nach h. M. handelt es sich bei der Rechtswidrigkeit der vom Täter erstrebten Zueignung um ein ⇨ objektives Tatbestandsmerkmal innerhalb des subjektiven Tatbestandes, das zugleich zu den ⇨ normativen Tatbestandsmerkmalen gehört.

Abstrakte Gefahr: Unter einer abstrakten ⇨ Gefahr versteht man eine nach allgemeiner Lebenserfahrung oder den Erkenntnissen fachkundiger Stellen mögliche Sachlage, die im Falle ihres tatsächlichen Eintritts eine ⇨ konkrete Gefahr darstellen würde (vgl. beispielhaft die in § 2 Nr. 6 NPOG enthaltene ⇨ Legaldefinition). Die abstrakte Gefahr bildet den direkten Gegenbegriff zur ⇨ konkreten Gefahr; man könnte sie auch als eine Vorstufe derselben bezeichnen. In diesem Sinne abstrakte Gefahren werden typischerweise bekämpft durch den Erlass von Rechtsverordnungen zur Gefahrenabwehr, durch behördliche Überwachungsmaßnahmen oder mithilfe von amtlicher Beratung, Aufklärung oder Warnung.

Abtasten: Das oberflächliche Befühlen der Kleidung einer Person, um festzustellen, ob der Betreffende bestimmte Gegenstände (insbesondere Waffen, Werkzeuge, Rauschgift etc.) bei sich trägt. Ein solches Abtasten dient der Suche nach Sachen oder auch Spuren, die eventuell in oder unter der Kleidung bzw. am Körper verborgen sind; es stellt damit eine besondere Erscheinungsform der Personendurchsuchung dar.

MERKE: Weil das Abtasten bereits eine echte ⇨ Durchsuchung ist, kann es im Hinblick auf die Sperrwirkung der spezialgesetzlichen Durchsuchungsregelungen nicht auf die ⇨ polizeiliche Generalklausel oder auf die ⇨ Ermittlungsgeneralklauseln der StPO gestützt werden. Das gründliche Abtasten kann sogar einen erheblicheren Eingriff darstellen als eine nur normale Durchsuchung, wie etwa der Griff zwischen die Beine beim Abtasten eines gefährlichen Straftäters zeigt, im Vergleich zum bloßen Griff in eine Jacken- oder Manteltasche bei einer „üblichen" Durchsuchung. Folgerichtig prüft auch die Rechtsprechung die Rechtmäßigkeit des Abtastens unter Heranziehung der Durchsuchungsvorschriften. So etwa VGHBW, BWVBl 1982, 11: Das Abtasten einer Person zwecks Aufspürens von Waffen ist nur nach Maßgabe der polizeigesetzlichen Durchsuchungsbestimmungen zulässig.

Adhäsionsverfahren: Das in den §§ 403 ff. StPO geregelte Beteiligungsverfahren, welches dem Opfer einer ⇨ Straftat oder seinem Erben die Möglichkeit eröffnet, bereits im Rahmen des Strafverfahrens einen aus der Straftat erwachsenen vermögensrechtlichen ⇨ Anspruch auf Schadensersatz oder Schmerzensgeld gegen den ⇨ Beschuldigten geltend zu machen. Ein solches Adhäsionsverfahren kann im Erfolgsfalle dem Anspruchsteller einen späteren zweiten Prozess vor den Zivilgerichten ersparen. Die Durchführung des Adhäsionsverfahrens setzt einen entsprechenden Antrag des Betroffenen voraus. Im Falle einer Verurteilung des Beschuldigten gibt das Strafgericht dem im Antrag geltend gemachten Anspruch statt, soweit der Antrag zulässig und begründet ist. Das Gericht darf von einer solchen Entscheidung nur absehen, wenn der Antrag unzulässig oder unbegründet ist oder wenn er sich – auch unter Berücksichtigung der berechtigten Belange des Antragstellers – zur Erledigung im Strafverfahren nicht eignet. Die gesetzlichen Regelungen über das Adhäsionsverfahren werden ergänzt durch die in den RiStBV Nr. 173, 174 enthaltenen Vorschriften.
MERKE: Im Falle der Beantragung eines Schmerzensgeldes z. B. wegen Körperverletzung oder ⇨ Beleidigung muss entweder

eine konkrete Summe genannt werden, deren Zuerkennung man begehrt, oder es muss hilfsweise zumindest eine konkrete Untergrenze beziffert werden. Sonst riskiert man, dass das Gericht den gestellten Antrag wegen Unbestimmtheit als unwirksam und damit als unzulässig ansieht. Außerdem ist im Falle der Geltendmachung von Schmerzensgeldansprüchen wegen Beleidigung zu bedenken, dass nach st. Rspr. nur bei *schweren* Verletzungen des allgemeinen Persönlichkeitsrechts ein Schadensersatz in Geld zuerkannt werden kann (vgl. z. B. LG Oldenburg, Beschl. vom 7.2.2013, – 5 S 595/12 –). Eine solche kann allerdings zu bejahen sein bei wiederholten, besonders vulgären und ordinären Beleidigungen einer jungen Polizistin während und nach einer Festnahme (AG Böblingen, Urt. vom 16.11.2006, – 3 C 1899/06 –).

Adressat: Diejenige Person, gegen die sich eine präventive oder repressive Polizeimaßnahme richtet. Im Bereich der *Gefahrenabwehr* kommen als Adressaten insbesondere in Betracht der ⇨ Verhaltensstörer und der ⇨ Zustandsstörer, daneben auch – im Falle eines ⇨ polizeilichen Notstandes – der ⇨ Nichtstörer. Ferner können Adressat einer Präventivmaßnahme auch noch im Gesetz besonders benannte Personen sein, die im Rahmen der jeweils anwendbaren Befugnisnorm näher beschrieben sind (vgl. § 20 II BPolG: Adressatenbestimmung durch Spezialnorm). Typische Adressaten von *Strafverfolgungsmaßnahmen* sind der ⇨ Verdächtige, der ⇨ Beschuldigte, der dringend Tatverdächtige, aber auch Unbeteiligte wie z. B. Unverdächtige, ⇨ Zeugen oder Dritte. Im Bußgeldverfahren spricht man vom „Betroffenen". Ebenfalls vom Betroffenen spricht man bei sog. Dateneingriffen, welche in das Grundrecht auf informationelle Selbstbestimmung eingreifen.

Adressatenauswahlermessen: ⇨ Ermessen.

Aggressivnotstand: Ein spezieller Unterfall des ⇨ rechtfertigenden Notstandes, der nicht im StGB, sondern im BGB geregelt ist. Gemäß § 904 S. 1 BGB handelt im Aggressivnotstand und damit

gerechtfertigt, wer auf eine fremde Sache einwirkt, um eine ⇨ gegenwärtige Gefahr abzuwenden, sofern die Einwirkung notwendig und der drohende Schaden gegenüber dem aus der Einwirkung entstehenden Schaden unverhältnismäßig groß ist. Im Unterschied zum ⇨ Defensivnotstand droht beim Aggressivnotstand die abzuwendende Gefahr nicht von der Sache, auf welche eingewirkt wird, sondern es wird zur Abwehr der Gefahr auf eine *andere* Sache zugegriffen. Beispiel: Jemand reißt eine Latte aus einem Holzzaun, um sich gegen einen angreifenden Hund zu verteidigen.
MERKE: Der Aggressivnotstand gehört zu den anerkannten Rechtfertigungsgründen; der Notstandstäter handelt also nicht rechtswidrig. Gleichwohl steht dem Eigentümer derjenigen Sache, auf welche eingewirkt wurde, aus Billigkeitsgründen nach § 904 S. 2 BGB ein Schadensersatzanspruch zu, der von einem Verschulden des Notstandstäters unabhängig ist. § 904 S. 1 BGB genießt unter dem Gesichtspunkt der Spezialität Anwendungsvorrang vor § 34 StGB.

Ähnlicher, ebenso gefährlicher Eingriff: Ein ähnlicher, ebenso gefährlicher Eingriff i. S. d. §§ 315 I Nr. 4, 315b I Nr. 3 StGB liegt in jeder Verhaltensweise, die unmittelbar auf einen Verkehrsvorgang einwirkt, den im Gesetz ausdrücklich genannten Gefährdungshandlungen ihrer Art nach verwandt und außerdem ebenso abstrakt gefährlich ist. Hinzukommen muss, dass die in Rede stehende gefahrenträchtige Verhaltensweise von einiger Erheblichkeit ist; Verstöße von geringem Gewicht reichen zur Tatbestandserfüllung nicht aus.
MERKE: Wie das Tatbestandsmerkmal „Eingriff" schon nach seinem Wortsinn nahe legt, werden hier primär erfasst von außen kommende und verkehrsfremde Einwirkungen auf den Verkehr (z. B. gezielte Steinwürfe von einer Brücke auf fahrende Autos, Sabotage an einer Signalanlage, Zerschneiden der Bremsleitung eines Fahrzeugs, Störung des Funkverkehrs oder des Radarempfangs im Bereich eines Flughafens, Unterbrechung der Stromzufuhr für verkehrsrelevante technische Einrichtungen, das gezielte Blenden von Piloten im Landeanflug mittels Laser-Pointer). We-

gen des großen Gefahrenpotenzials, das speziell dem Bahn- und Luftverkehr innewohnt, ist in der Rechtsprechung darüber hinaus anerkannt, dass im Rahmen des § 315 StGB auch grob fehlerhafte bzw. grob pflichtwidrige *betriebsinterne* Verhaltensweisen – die häufig schon von § 315a StGB erfasst werden – einen ähnlichen, ebenso gefährlichen Eingriff bilden können (z. B. Überfahren eines Haltesignals, vorschriftswidrige Ausführung von Gleisarbeiten, Anlassen des Motors bei einem in der Halle abgestellten Flugzeug, Führen eines Motorbootes zur Nachtzeit mit deutlich überhöhter Geschwindigkeit). In diesen Fällen soll § 315 StGB Vorrang genießen. Auch das missbräuchliche Ziehen der Notbremse in einem fahrenden Zug kann einen ähnlichen, ebenso gefährlichen Eingriff (in den Schienenbahnverkehr) darstellen (BGH, DAR 1985, 188), nicht hingegen – im Flugverkehr – das Auslösen eines Rauchmelders durch verbotenes Rauchen auf der Flugzeugtoilette (OLG Düsseldorf, NJW 2000, 3223). Stets ist jedoch nach der Tatbestandsstruktur der §§ 315, 315b StGB für die vollständige Tatbestandsverwirklichung zusätzlich erforderlich, dass aus dem ähnlichen, ebenso gefährlichen Eingriff eine konkrete Gefahr für Menschen oder Sachen von bedeutendem Wert resultiert. Die Tatsache, dass der Täter eine Schnellbremsung bewirkt oder selbst ausgelöst hat, soll nach wohl überwiegender Meinung nicht automatisch den Eintritt einer *konkreten* Gefahrenlage belegen; vielmehr sollen hierfür weitere Feststellungen erforderlich sein (z. B. dass Fahrgäste infolge der Schnellbremsung beinahe zu Fall gekommen sind oder dass sich Personen durch Stürze etc. tatsächlich verletzt haben).

Air Marshal: ⇨ Flugsicherheitsbegleiter.

Air Safety: ⇨ Sicherheit des Luftverkehrs.

Air Security: ⇨ Sicherheit des Luftverkehrs.

Akzessorietät: 1. In der Rechtssprache allgemein die Abhängigkeit eines Nebenrechts von einem Hauptrecht bzw. die Abhängig-

keit einer bestimmten Rechtslage von einem anderen Umstand. So ist etwa im Sachenrecht des BGB die Entstehung, die Übertragung und der Fortbestand bestimmter Pfandrechte abhängig von der Existenz des zu sichernden Hauptrechts, das meist in einer Darlehensforderung besteht (vgl. §§ 1252, 1273, 1153 BGB).
2. Speziell im Strafrecht versteht man unter Akzessorietät der Teilnahme den bedingungsmäßigen Zusammenhang zwischen ⇨ Teilnahme und Haupttat: Eine strafbare ⇨ Anstiftung (§ 26 StGB) oder ⇨ Beihilfe (§ 27 StGB) setzt stets voraus, dass diejenige Straftat, auf welche sich die Teilnahmehandlung des Anstifters bzw. Gehilfen bezieht, tatsächlich begangen worden ist. *Limitiert* ist diese strafrechtliche Akzessorietät insofern, als dass das Vorliegen einer *vorsätzlichen* und *rechtswidrigen* Haupttat genügt; die Schuld des Haupttäters hingegen kann ggf. fehlen.
3. Speziell im Umweltstrafrecht spricht man von Verwaltungsrechtsakzessorietät, wenn die Strafbarkeit eines Umweltsünders von einer verwaltungsrechtlichen Vorfrage abhängig ist, etwa von der nach Maßgabe des Verwaltungsrechts zu beurteilenden *Wirksamkeit* einer behördlich erteilten Genehmigung zum Betrieb einer Anlage oder eines Unternehmens oder von der Frage, ob der Betreffende unter *Verletzung verwaltungsrechtlicher Pflichten* gehandelt hat.

Alarmschuss: Der Alarm- oder auch Signalschuss ist ein abgegebener Schuss, der allein als internes Kommunikationsmittel dient, indem er entweder einen Alarm auslöst oder eine zuvor vereinbarte Botschaft akustisch übermittelt. Die Abgabe eines solchen Schusses stellt also keinen ⇨ Warnschuss und erst recht keinen scharfen Schuss dar, da er ⇨ unmittelbaren Zwang weder androhen noch darstellen soll. Im Zeitalter der vielfältigen elektronischen Kommunikationsmöglichkeiten hat die Bedeutung des Alarm- oder Signalschusses stark abgenommen.
MERKE: Im Bundesrecht bestimmt die UZwVwV-BMI Ziffer VII Absatz 1 klarstellend: *„Der Alarmschuss (Signalschuss) ist nicht als Schusswaffengebrauch im Sinne dieser Vorschrift anzusehen. Wegen der Verwechslungsgefahr mit Warnschüssen oder*

mit Schüssen eines Rechtsbrechers kommt er nur in Betracht, wenn die Verwechslungsgefahr nicht besteht."

Allgemeinverfügung: Eine Allgemeinverfügung ist nach der in § 35 S. 2 VwVfG enthaltenen ⇨ Legaldefinition ein ⇨ Verwaltungsakt, der sich an einen nach allgemeinen Merkmalen bestimmten oder bestimmbaren Personenkreis richtet oder die öffentlich-rechtliche Eigenschaft einer Sache oder ihre Benutzung durch die Allgemeinheit betrifft. Das Gesetz kennt damit die adressatenbezogene Allgemeinverfügung, die sachbezogene (dingliche) Allgemeinverfügung und die benutzungsregelnde Allgemeinverfügung. Allen drei Arten ist gemeinsam, dass es sich letztlich nicht wie sonst um konkret-individuelle, sondern um *konkret-generelle* Regelungen handelt. Folgerichtig ist die erste Alternative der Allgemeinverfügung dadurch gekennzeichnet, dass sie sich nicht – wie der „normale" Verwaltungsakt – an einen bestimmten einzelnen Adressaten richtet, sondern an einen größeren Adressatenkreis (z. B. polizeiliche Anordnungen, die per Megaphon an eine Versammlung, Ansammlung oder sonstige Menschenmenge gerichtet werden, Anordnungen zur Gefahrenabwehr, die an die Bewohner eines bestimmten Gebiets ergehen). Die zweite Alternative regelt mit rechtlicher Außenwirkung die öffentlich-rechtliche Eigenschaft einer Sache und richtet sich damit ebenfalls an eine Vielzahl von Adressaten (z. B. die Widmung einer Straße zum Gemeingebrauch). Die dritte Alternative regelt die Benutzung einer Sache (z. B. eines öffentlichen Stadtparks) durch die Allgemeinheit. Der Adressatenkreis besteht hier aus den Benutzern der betroffenen Sache, also wiederum aus einer unbestimmten Vielzahl von Personen.

MERKE: Als Allgemeinverfügung werden auch diejenigen Straßenverkehrszeichen angesehen, die den Verkehrsteilnehmern ein bestimmtes Verhalten gebieten oder verbieten. Für Verwaltungsakte in Gestalt einer Allgemeinverfügung gelten einige verfahrensrechtliche Sonderregelungen (vgl. §§ 28 II Nr. 4, 29 II Nr. 4 und 41 III 2 VwVfG). Insbesondere kommt bei ihnen eine „öffentliche" Bekanntgabe in Betracht. So können z. B. bundespolizeiliche Alkoholverbote in Sonderzügen für Fußballfans durch Allgemeinverfügung im Internet bekannt gegeben werden.

AMLA: Abkürzung für A*nti*-M*oney* L*aundering* A*uthority* und zugleich die international übliche Kurzbezeichnung für die im Jahr 2024 errichtete EU-Behörde zur Bekämpfung von Geldwäsche und Terrorismusfinanzierung. Bei dieser Behörde handelt es sich um eine Einrichtung der EU mit eigener Rechtspersönlichkeit. Ihr Sitz befindet sich in Frankfurt am Main. Die Aufgabe von AMLA besteht im Kern in der grenzüberschreitenden Abwehr von Finanzkriminalität, soweit diese das Finanzsystem der EU oder das reibungslose Funktionieren des Binnenmarktes gefährdet. Zur Erfüllung dieser Aufgabe stehen der EU-Behörde diverse Aufsichts-, Untersuchungs- und Koordinierungsbefugnisse zu. Die primäre Rechtsgrundlage für die Tätigkeit von AMLA bildet die VO (EU) 2024/1620, die im Wesentlichen seit dem 1.7.2025 anwendbar ist.

Amtliche Ausweise: Solche ⇨ Ausweise, die von einer Behörde oder einer anderen staatlichen Stelle auf Antrag oder von Amts wegen ausgestellt worden sind. Das deutsche Recht kennt vor allem drei Arten von amtlichen Ausweisen, nämlich Pässe, Passersatzpapiere und Personalausweise. Amtliche Ausweise genießen gegenüber den von einer privaten Stelle ausgegebenen Ausweisen (wie z. B. Werksausweise) einen erhöhten strafrechtlichen Schutz; sie allein fallen in den Anwendungsbereich der §§ 273, 275, 276 StGB. Demgegenüber erfasst § 281 StGB neben amtlichen auch nichtamtliche Ausweise. Erwähnenswert ist, dass alle eben genannten Strafvorschriften nach wohl allgemeiner Meinung auch für *ausländische* Ausweise gelten, obwohl dies im Wortlaut der genannten Normen nicht ausdrücklich ausgesprochen wird.
MERKE: Neben den bereits erwähnten Pässen, Passersatzpapieren und Personalausweisen sind auch Führerscheine, Studentenausweise, Behindertenausweise, Geburtsurkunden oder vergleichbare Nachweise als amtliche Ausweise anzusehen, weil

in diesen Fällen der Identitätsnachweis jeweils zumindest ein anerkannter Nebenzweck ist (so BGH, VRS 5, 135; BGHSt 34, 301). Im Rahmen der §§ 275, 276 StGB sind über § 276a StGB aufenthaltsrechtliche Papiere (z. B. Aufenthaltstitel, Duldung) und Fahrzeugpapiere (z. B. Fahrzeugschein, Fahrzeugbrief) den amtlichen Ausweisen kraft Gesetzes ausdrücklich gleichgestellt. Alle amtlichen Ausweise stellen *öffentliche* ⇨ Urkunden dar.

Amtshandlungen: Grundsätzlich jede Handlung, die von einem Hoheitsträger auf Antrag oder von Amts wegen auf der Grundlage und nach Maßgabe des öffentlichen Rechts vorgenommen wird. Unter Amtshandlungen speziell i. S. d. § 164 StPO sind allerdings nur *repressive* Amtshandlungen zu verstehen, also solche Ermittlungshandlungen, die auf Strafverfolgung gerichtet sind, wie z. B. eine Wohnungsdurchsuchung beim Verdächtigen, eine Tatortbesichtigung oder polizeiliche Kontrollmaßnahmen im Rahmen einer Straßenkontrollstelle i. S. d. § 111 I StPO. Amtshandlungen, die auf die Abwehr von Gefahren gerichtet sind, nennt man kurz *präventive* Amtshandlungen.
MERKE: Präventive Amtshandlungen werden gegen Störungen mit den Mitteln des Polizeirechts geschützt, d. h. durch Untersagungsverfügung, Platzverweisung und erforderlichenfalls Durchsetzungsgewahrsam. Repressive Amtshandlungen werden gegen Störungen entweder durch Festnahme gemäß § 164 StPO oder durch sog. „Minus-Maßnahmen“ geschützt, die richtigerweise auf eine entsprechende Anwendung der eben genannten Vorschrift zu stützen sind.

Amtshilfe: Nach der in § 4 I VwVfG enthaltenen ⇨ Legaldefinition versteht man unter Amtshilfe die von einer ⇨ Behörde einer anderen Behörde auf deren Ersuchen geleistete ergänzende Hilfe. Gemäß Art. 35 I GG sind alle Behörden des Bundes und der Bundesländer verpflichtet, sich gegenseitig Amtshilfe – und daneben auch ⇨ Rechtshilfe – zu leisten. Diese grundsätzliche verfassungsrechtliche Verpflichtung zur Amts- und Rechtshilfe wird vielfach auf der Ebene des einfachen Gesetzesrechts deklaratorisch wiederholt und bestätigt. Nach der wichtigen in § 4 II VwVfG ausgesprochenen Klarstellung liegt Amtshilfe im obigen Sinne *nicht* vor, wenn Behörden einander innerhalb eines bestehenden Weisungsverhältnisses Hilfe leisten oder wenn die Hilfeleistung lediglich in Handlungen besteht, die der ersuchten Behörde bereits als eigene Aufgabe obliegen.

Amtsträger: Nach der in § 11 I Nr. 2 StGB enthaltenen ⇨ Legaldefinition ist Amtsträger i. S. d. StGB, wer nach deutschem Recht a) Beamter oder Richter ist, b) in einem sonstigen öffentlich-rechtlichen Amtsverhältnis steht oder c) sonst dazu bestellt ist, bei einer ⇨ Behörde oder bei einer sonstigen Stelle oder in deren Auftrag Aufgaben der öffentlichen Verwaltung unbeschadet der zur Aufgabenerfüllung gewählten Organisationsform wahrzunehmen.
MERKE: Diejenigen Amtsträger, die i. S. d. §§ 113, 114 StGB zur Vollstreckung des Staatswillens berufen sind, werden als sog. ⇨ „Vollstreckungsbeamte“ strafrechtlich besonders geschützt (vgl. die Überschriften der beiden eben genannten Paragrafen).

Anfangsverdacht: Von einem Anfangsverdacht spricht man, wenn „zureichende tatsächliche Anhaltspunkte“ vorliegen, die darauf hindeuten, dass eine Straftat begangen worden ist (vgl. § 152 II StPO). Der Anfangsverdacht bildet als sog. „einfacher oder schlichter ⇨ Tatverdacht“ die erste Verdachtsstufe i. S. d. StPO. Es kann sich im Einzelfall durchaus um einen nur schwachen Verdacht handeln, der aber bereits auf bestimmten konkreten ⇨ Tatsachen beruhen muss; völlig vage Anhaltspunkte oder bloße Vermutungen reichen nicht aus. Kriminalistische Erfahrungen dürfen bei der Beurteilung der Frage, ob ein Anfangsverdacht gegeben ist, mit herangezogen werden. Ist ein Anfangsverdacht im vorstehenden Sinne gegeben, so verpflichtet das ⇨ Legalitätsprinzip die Staatsanwaltschaft bzw. die Polizei dazu, durch die Aufnahme von Ermittlungen einzuschreiten. Richtet sich ein Anfangsverdacht gegen eine bestimmte Person, so handelt es sich bei dieser um einen ⇨ Verdächtigen. Laufen gegen diese Person

bereits Ermittlungen oder stehen konkrete Ermittlungshandlungen zumindest unmittelbar bevor, so ist der Betroffene als ⇨ Beschuldigter anzusehen.
MERKE: Ist unklar, ob überhaupt ein Anfangsverdacht im Rechtssinne besteht, so können sog. Vorermittlungen stattfinden. Diese dienen der Klärung der Frage, ob überhaupt ein Anfangsverdacht bejaht werden kann. Ist dies der Fall, wird anschließend ein förmliches strafrechtliches Ermittlungsverfahren eingeleitet. Eine lediglich anonym erstattete ⇨ Strafanzeige kann einen Anfangsverdacht begründen, sofern sie von beträchtlicher sachlicher Qualität ist oder wenn mit ihr zusammen schlüssiges Tatsachenmaterial vorgelegt wird (BVerfG, Krim 2017, 756). Eine anonyme und sachlich substanzlose Anzeige hingegen vermag keinen Anfangsverdacht zu begründen (Beispielfall: LG Augsburg, Krim 2018, 220).

Angaben: ⇨ Sachdienliche Angaben.

Angehöriger: Im materiellen Strafrecht gilt nach der in § 11 I Nr. 1 StGB enthaltenen ⇨ Legaldefinition als Angehöriger, wer zu den folgenden Personen gehört: Verwandte in gerader Linie (also insbesondere Kinder, Enkelkinder, Eltern, Großeltern), Verschwägerte in gerader Linie (also namentlich die Schwiegereltern, Schwiegersöhne, Schwiegertöchter), der Ehegatte, der Lebenspartner (aber nur der i. S. d. Lebenspartnerschaftsgesetzes), der Verlobte (auch der Verlobte i. S. d. Lebenspartnerschaftsgesetzes), Geschwister, die Ehegatten oder Lebenspartner der Geschwister, die Geschwister der Ehegatten oder Lebenspartner, und zwar auch dann, wenn die Ehe oder Lebenspartnerschaft, welche die Angehörigenbeziehung begründet hat, nicht mehr besteht oder wenn die Verwandtschaft oder Schwägerschaft erloschen ist; schließlich noch Pflegeeltern und Pflegekinder.
MERKE: Im StGB spielt dieser strafrechtliche Angehörigenbegriff in unterschiedlichen Zusammenhängen eine Rolle (vgl. z. B. die §§ 157 I, 235 I Nr. 2, 258 VI, 258a III StGB). Zudem haben die speziell in § 52 I StPO benannten Angehörigen im Straf-

verfahren ein ⇨ Zeugnisverweigerungsrecht aus persönlichen Gründen. In Ansehung eben dieser Angehörigen kann zudem ein ⇨ Auskunftsverweigerungsrecht i. S. d. § 55 StPO in Betracht kommen.

Angeklagter: ⇨ Beschuldigter.

Angemessen: Eine hoheitliche Maßnahme erweist sich als angemessen, wenn sie nicht zu einem Nachteil für den Betroffenen bzw. die Allgemeinheit führt, der zum erstrebten Erfolg erkennbar außer Verhältnis steht. Die Angemessenheit in diesem Sinne bildet die dritte Stufe der ⇨ Verhältnismäßigkeit. Die Angemessenheitsklausel wird auch als „Verhältnismäßigkeit i. e. S." bezeichnet. Ihre Prüfung erfolgt anhand einer Bewertung der sog. Mittel-Zweck-Relation im Wege der Güterabwägung. Der Volksmund beschreibt das Kriterium der Angemessenheit mit der in der Sache durchaus zutreffenden Mahnung: „Nicht mit Kanonen auf Spatzen schießen!" Das BVerfG hat die Angemessenheit wie folgt umschrieben (NVwZ 1997, 1109, 1110): „Ferner darf der mit der Beschränkung verbundene Eingriff nicht außer Verhältnis zur Bedeutung der Sache stehen und den Betroffenen nicht übermäßig oder unzumutbar belasten [...]."

Angeschuldigter: ⇨ Beschuldigter.

Angriff: ⇨ Angriffe auf die Sicherheit des Luftverkehrs, ⇨ gegenwärtiger rechtswidriger Angriff, ⇨ tätlicher Angriff.

Angriffe auf die Sicherheit des Luftverkehrs: Die Bezeichnung für alle vorsätzlichen Gefährdungen und Störungen des Luftverkehrs, die von Menschen ausgehen und von außen kommend gezielt auf den Luftverkehr in schädlicher Weise einwirken sollen. Das Gesetz spricht von Angriffen auf die ⇨ Sicherheit des Luftverkehrs z. B. in § 4 BPolG sowie in den §§ 1 und 2 S. 1 LuftSiG und benennt – in § 1 LuftSiG – drei typische Beispiele für derartige Angriffe, nämlich Flugzeugentführungen, Sabotageakte und terroristische Anschläge. Für diejenigen ⇨ Gefahren, die aus solchen Angriffen entstehen, ist kennzeichnend, dass sie ihren Ursprung nicht im Luftverkehr selbst haben, also nicht luftfahrtspezifisch sind, sondern die Sicherheit des Luftverkehrs von außen her bedrohen.

Anhalten: Die ausdrückliche oder konkludente Aufforderung an eine Person, vorübergehend an Ort und Stelle zu verweilen. Das Anhalten einer Person soll regelmäßig die Durchführung weiterer polizeilicher Maßnahmen ermöglichen. Teilweise wird eine solche Maßnahme aus Gründen der Gefahrenabwehr oder Strafverfolgung vom Gesetz ausdrücklich gestattet; im Übrigen ist das Anhalten einer Person in der Regel als notwendiger ⇨ Begleiteingriff im Sinne einer Vorbereitungsmaßnahme einzustufen, die vom Gesetz stillschweigend erlaubt wird. Das Anhalten stellt nach allgemeiner Meinung lediglich eine ⇨ Freiheitsbeschränkung dar.

Anhalteschuss: Ein abgegebener Schuss, der allein die Funktion hat, das polizeiliche Gegenüber zum Stehenbleiben zu bewegen. Der Anhalteschuss ersetzt also die mündliche Weisung zu halten, was insbesondere bei erkennbaren Verständigungsschwierigkeiten aufgrund äußerer Umstände zweckmäßig sein kann (z. B. Lärm, Wind, Sturm, große Entfernung, Sprachprobleme). Der Sache nach handelt es sich beim Anhalteschuss um einen ⇨ Verwaltungsakt, der „in anderer Weise" – also konkludent – im Wege des schlüssigen Handelns erlassen worden ist (vgl. § 37 II 1 VwVfG). Rechtlich betrachtet ist der reine Anhalteschuss kein ⇨ Warnschuss und erst recht kein scharfer Schuss, da er ⇨ unmittelbaren Zwang weder androhen noch darstellen soll.
MERKE: Dass der Anhalteschuss jedenfalls im Bundesrecht in § 11 I 2 UZwG gleichwohl als „Warnschuss" bezeichnet wird, erscheint wenig sachgerecht. Denn dadurch wird die Grenze zwischen dem Anhalteschuss, der letztlich nur ein Kommunikationsmittel ist, und dem echten Warnschuss, welcher die Funktion hat, unmittelbaren Zwang anzudrohen, unnötigerweise verwischt.

Anlagen der Bahn: ⇨ Bahnanlagen.

Annahme: ⇨ Gerechtfertigte Annahme.

Anordnungsbefugnis: ⇨ Ermittlungspersonen der Staatsanwaltschaft.

Ansammlung: ⇨ Öffentliche Ansammlung.

Anscheinsgefahr: Der bei verständiger Würdigung aller erkennbaren Umstände bestehende Eindruck eines drohenden Schadens, wobei jedoch in Wirklichkeit entgegen diesem äußerlichen Anschein *objektiv* gar kein Schadenseintritt droht. Richtiger Auffassung nach stellt die Anscheinsgefahr durchaus eine echte ⇨ Gefahr i. S. d. Polizeirechts dar, welche folgerichtig ein Einschreiten der Polizei grundsätzlich rechtfertigt. Zumeist wird es sich bei der Anscheinsgefahr um eine ⇨ konkrete Gefahr handeln. Aber unter Umständen kann auch eine nur ⇨ abstrakte Gefahr in Gestalt einer bloßen Anscheinsgefahr auftreten. Gefahren im polizeirechtlichen Sinne, die keine Anscheinsgefahren darstellen, könnte man als *Realgefahren* bezeichnen. Diese sind dadurch gekennzeichnet, dass in der gegebenen Sachlage entsprechend dem äußeren Eindruck tatsächlich der Eintritt eines Schadens droht. Aber um es noch einmal deutlich auszusprechen: *Beide* Gefahrentypen stellen echte Gefahren i. S. d. Polizeirechts dar, weil für diesen Gefahrenbegriff die bloße Wahrscheinlichkeit – also die Möglichkeit – eines Schadenseintritts bereits ausreicht.
MERKE: Abzugrenzen ist die Anscheinsgefahr im vorstehenden Sinne von der bloßen ⇨ Scheingefahr (auch: Putativgefahr) sowie vom sog. ⇨ „Gefahrenverdacht".

Anscheinswaffen: Im Waffenrecht die zusammenfassende Bezeichnung für solche ⇨ tragbaren Gegenstände, die den äußeren Anschein von ⇨ Feuerwaffen oder sonstigen ⇨ Schusswaffen hervorrufen, ohne wirklich Feuer- oder Schusswaffen zu sein. Die Anlage 1 zum Waffengesetz unterscheidet drei Arten von An-

scheinswaffen, nämlich 1. Schusswaffen, die ihrer äußeren Form nach im Gesamterscheinungsbild den Anschein von Feuerwaffen hervorrufen und bei denen zum Antrieb der ⇨ Geschosse *keine* heißen Gase verwendet werden, 2. Nachbildungen von Schusswaffen mit dem Aussehen von Schusswaffen im vorstehenden Sinne, 3. unbrauchbar gemachte Schusswaffen mit dem Aussehen von Schusswaffen i. S. d. Nr. 1 (vgl. Abschnitt 1, Unterabschnitt 1, Nr. 1.6.1–1.6.3). Ausdrücklich ausgenommen vom Begriff der Anscheinswaffe sind allerdings solche Gegenstände, die erkennbar nach ihrem Gesamterscheinungsbild zum Spiel oder für Brauchtumsveranstaltungen bestimmt sind oder die Teil einer kulturhistorisch bedeutsamen Sammlung sind oder werden sollen oder Schusswaffen, für die gemäß § 10 IV WaffG eine Erlaubnis zum Führen in Gestalt des ⇨ Kleinen Waffenscheins erforderlich ist.
MERKE: Das Führen von Anscheinswaffen ist neuerdings durch § 42a I Nr. 1 WaffG verboten.

Anspruch: I. S. d. Zivilrechts ist nach der in § 194 I BGB enthaltenen ⇨ Legaldefinition unter einem Anspruch das Recht zu verstehen, von einem anderen ein bestimmtes Tun oder Unterlassen zu verlangen. Das an dieser Stelle im Gesetz nicht besonders erwähnte „Dulden“ einer Handlung ist dabei lediglich ein Unterfall des Unterlassens und somit von der Anspruchsdefinition letztlich mit umfasst.
MERKE: Ansprüche im vorstehenden Sinne können sich insbesondere aus rechtsgeschäftlichen oder gesetzlichen Schuldverhältnissen ergeben. Solche Ansprüche, die letztlich im Schuldrecht des BGB wurzeln, nennt man kurz *Forderungen.* Ansprüche, die im bürgerlich-rechtlichen Sachenrecht ihre Grundlage finden, heißen *dingliche* Ansprüche. Daneben kennt das BGB auch noch *familienrechtliche* und *erbrechtliche* Ansprüche.

Anstiftung: Das Gesetz versteht in § 26 StGB unter Anstiftung das Bestimmen eines anderen zur Begehung einer vorsätzlichen rechtswidrigen Tat. Dabei bedeutet „Bestimmen zur Tat“ das Hervorrufen eines fremden Tatentschlusses im Wege der Kommunikation; es muss also stets einen „geistigen Kontakt“ zwischen Anstifter und Haupttäter gegeben haben. Allein das Schaffen einer tatanreizenden Situation ohne unmittelbare Einwirkung auf den späteren Täter – wie bei der bekannten ⇨ Diebesfalle – genügt daher für eine Anstiftung nicht. Der Anstifter kann nach der in § 26 StGB getroffenen Regelung genauso streng bestraft werden wie der Täter der Haupttat. Grundsätzlich stellt die Anstiftung eine Form der bloßen ⇨ Teilnahme an einer fremden Straftat dar. Im Ausnahmefall kann jedoch die Anstiftung vom Gesetzgeber zu einer Haupttat *verselbstständigt* werden, was insbesondere im Falle des § 96 AufenthG betreffend die Einschleusung geschehen ist: Hier gilt kraft gesetzlicher Bestimmung ein Verhalten, das für sich betrachtet eine Anstiftung darstellt, bereits als selbstständige Straftat. Wer i. S. d. § 96 AufenthG anstiftet, agiert also *als Täter*, nicht bloß als Teilnehmer.

Antragsdelikte: Diejenigen Straftaten, deren Verfolgung und Ahndung entweder zwingend oder jedenfalls grundsätzlich die wirksame Stellung eines ⇨ Strafantrages durch einen hierzu Berechtigten voraussetzt. Im ersten Falle spricht man von echten oder absoluten Antragsdelikten, im zweiten Falle von unechten oder relativen Antragsdelikten. Die letzteren sind dadurch gekennzeichnet, dass bei ihnen der fehlende Strafantrag durch die Bejahung eines ⇨ *besonderen* öffentlichen Verfolgungsinteresses seitens der Staatsanwaltschaft überwunden werden kann. Dies trifft auf die meisten Antragsdelikte zu; echte oder absolute Antragsdelikte sind demgegenüber eher selten.
MERKE: Die weitaus meisten Antragsdelikte sind gleichzeitig ⇨ Privatklagedelikte (und umgekehrt); zwingend ist diese Art der Überschneidung jedoch nicht (vgl. § 374 StPO): Es gibt Antragsdelikte, die kein Privatklagedelikt sind (z. B. Diebstahl und Unterschlagung in den Fällen der §§ 247, 248a StGB), und es gibt Privatklagedelikte, die kein Antragsdelikt darstellen (z. B. die Bedrohung gemäß § 241 II StGB). Für diejenigen Delikte, deren Verfolgung und Ahndung generell keinen wirksamen Straf-

antrag voraussetzt, hat sich keine spezielle Bezeichnung herausgebildet; man sollte sie einfach „Nicht-Antragsdelikte“ nennen.

Approbation: ⇨ Arzt.

Arzt: Arzt i. S. d. §§ 81a I 2, 81d I 1 StPO etc. ist nach den Vorschriften der Bundesärzteordnung (BÄO), wer als Arzt approbiert ist (§ 2a i. V. m. § 2 I BÄO) oder wer trotz fehlender Approbation den ärztlichen Beruf in Deutschland aufgrund ausdrücklicher gesetzlicher Gestattung ausüben darf (§ 2a i. V. m. § 2 II–IV BÄO). Unter Approbation versteht man die staatliche Zulassung zur Berufsausübung als Arzt oder Apotheker, die im Rahmen eines gesetzlich festgelegten Verfahrens erfolgt. Arzt im vorstehenden Sinne ist auch der sog. „Assistenzarzt“, weil dieser bereits eine Approbation besitzt, obwohl er sein Fachwissen noch durch eine praktische Weiterbildung vertiefen muss. Zahnärzte gehören nicht zu den Ärzten im obigen Sinne.
MERKE: Der frühere Arzt im Praktikum (AiP) war ebenfalls als Arzt anerkannt; mittlerweile gibt es diesen besonderen Arztstatus allerdings nicht mehr. Krankenschwestern, Pfleger, Sanitäter, Medizinstudenten etc. dürfen im Rahmen des § 81a I 2 StPO eine Blutprobe entnehmen, wenn entweder im Strafverfahren der ⇨ Beschuldigte bzw. im Bußgeldverfahren der Betroffene damit einverstanden ist oder wenn die Maßnahme unter der Aufsicht bzw. Anleitung eines Arztes durchgeführt wird. Ein Verstoß gegen den Arztvorbehalt führt nach st. Rspr. nicht zwangsläufig zu einem Beweisverwertungsverbot, da die Güte des gewonnenen Beweismittels durch den Verstoß im Regelfall nicht beeinträchtigt sein wird.

Asperationsprinzip: ⇨ Tatmehrheit.

Asservat: Ein aus Gründen der Gefahrenabwehr oder Strafverfolgung sichergestellter bzw. beschlagnahmter Gegenstand, der in amtliche Verwahrung genommen worden ist („Verwahrstück“). Keine Asservate im vorstehenden Sinne sind gefährliche Gegen-

stände i. S. d. § 11 LuftSiG, die bei einem Flugreisenden im Rahmen der Luftsicherheitskontrolle festgestellt werden und die der Reisende im Wege der Eigentumsaufgabe zurücklässt, damit er seinen Flug antreten kann. Gegenstände, die einer von der Polizei in Gewahrsam genommenen Person vor dem Gewahrsamsvollzug abgenommen werden, sind nur dann Asservate, wenn sie zugleich sichergestellt oder beschlagnahmt werden; ansonsten werden solche Gegenstände als „Effekten" bezeichnet. Diese werden lediglich vorübergehend verwahrt und der betroffenen Person nach Beendigung des Gewahrsams zurückgegeben.
MERKE: In der Bundespolizei gilt in Ansehung von Asservaten die BRAS 392 = Richtlinie für die Behandlung von Verwahrstücken bei Dienststellen der Bundespolizei.

Aufenthaltserlaubnis: Ein begünstigender ⇨ Verwaltungsakt in Gestalt einer behördlichen Erlaubnis, die einem ⇨ Ausländer mit konstitutiver Wirkung und zu einem bestimmten Zweck den befristeten Aufenthalt in Deutschland gestattet. Die Aufenthaltserlaubnis gehört zu den sog. ⇨ Aufenthaltstiteln (vgl. § 4 I Nr. 2 AufenthG). Sie kann kraft Gesetzes oder kraft einer in ihr enthaltenen Nebenbestimmung auch zu einer Erwerbstätigkeit berechtigen. Die rechtliche Grundlage für ihre Erteilung bildet § 7 AufenthG.
MERKE: Die in § 4 II AufenthG in Bezug genommene Aufenthaltserlaubnis, die ein Ausländer beantragen kann, dem nach dem zwischen der EWG und der Türkei abgeschlossenen Assoziationsabkommen ein Aufenthaltsrecht in Deutschland zusteht, stellt genau genommen keine echte Aufenthaltserlaubnis im obigen Sinne dar, weil sie kein Aufenthaltsrecht begründet, sondern lediglich ein bereits bestehendes Aufenthaltsrecht deklaratorisch anerkennt und im Rechtsverkehr verbrieft.

Aufenthaltstitel: Ein begünstigender ⇨ Verwaltungsakt, der einem ⇨ Ausländer die Einreise und nachfolgend den Aufenthalt in Deutschland gestattet und der insbesondere in Gestalt eines ⇨ Visums oder einer ⇨ Aufenthaltserlaubnis erteilt werden kann. Weitere Formen eines Aufenthaltstitels sind nach der in § 4 I 2 AufenthG enthaltenen Aufzählung die Blaue Karte EU, die ICT-Karte, die Mobiler-ICT-Karte, die Niederlassungs-Erlaubnis sowie die Erlaubnis zum Daueraufenthalt-EU. Die Abkürzung „ICT" steht dabei für „Intra-Corporate Transfer". Es gibt also nach aktueller Rechtslage sieben Aufenthaltstitel. Die Erteilung oder Versagung eines Aufenthaltstitels richten sich nach den in den §§ 5 ff. AufenthG normierten Regelungen.

Aufenthaltsverbot: Im modernen Polizeirecht die Bezeichnung für ein Betretensverbot, das es dem Betroffenen aus Gründen der Gefahrenabwehr untersagt, für einen *längerfristigen* Zeitraum eine bestimmte Örtlichkeit aufzusuchen und sich dort aufzuhalten. Bei der „Verbotszone" muss es sich nicht unbedingt um eine eng begrenzte Örtlichkeit handeln. Vielmehr kann sich ein Aufenthaltsverbot im Einzelfall auch durchaus auf größere Gebiete beziehen, z. B. auf einen ganzen Stadtteil oder auf den gesamten Bezirk einer Gemeinde. Damit unterscheidet sich das Aufenthaltsverbot in zeitlicher wie räumlicher Hinsicht deutlich von der klassischen ⇨ Platzverweisung, die sich stets auf kurze Zeiträume und eng begrenzte Örtlichkeiten bezieht.
MERKE: Das Aufenthaltsverbot als neuartige Maßnahme der Gefahrenabwehr wird schon seit längerer Zeit nicht nur von der Polizei, sondern auch von kommunalen Ordnungsbehörden zunehmend eingesetzt, insbesondere zur Verhütung von Straftaten. Einige Bundesländer (z. B. Bayern und Niedersachsen) haben mittlerweile spezialgesetzliche Eingriffsbefugnisse für Aufenthaltsverbote im vorstehenden Sinne geschaffen. Im Übrigen kann nach h. M. zur Legitimation auf die ⇨ polizeiliche Generalklausel zurückgegriffen werden (so etwa VGH BW, DÖV 1998, 252; OVG Brem, NVwZ 1999, 314; BayVGH, DVBl 1999, 1233; NdsOVG, NVwZ 2000, 454; zweifelnd VG Bremen, NVwZ-RR 1998, 468; a. A. HessVGH, NVwZ 2003, 1400).

Auf frischer Tat: 1. Eine *Tat* i. S. d. §§ 127 I, 127b I StPO ist zunächst dann gegeben, wenn tatsächlich eine rechtswidrige (nicht notwendig schuldhafte) Tat i. S. d. Strafgesetze begangen worden ist. Für das Vorliegen einer „Tat“ im vorgenannten Sinne reicht es aber ggf. auch schon aus, dass die Gesamtschau aller erkennbaren Umstände im Tatzeitpunkt nach der Lebenserfahrung im Urteil des Festnehmenden ohne vernünftigen Zweifel den Schluss auf eine rechtswidrige Tat i. S. d. Strafgesetze zulässt (vgl. zuletzt OLG Koblenz, Beschl. vom 5.5.2008, – 1 Ss 31/08 –). Oder einfacher ausgedrückt (auch wenn manche dieser Kurzformel kritisch gegenüberstehen): Wenn sich nach dem äußeren Anschein ein „dringender Tatverdacht“ aufdrängt. Ein solcher muss letztlich ausreichen, um das Festnahmerecht auszulösen, denn andernfalls würde das Irrtumsrisiko auch in scheinbar klaren Fällen stets beim Festnehmenden liegen. Dies würde auf den Rat hinauslaufen, vorsichtshalber niemals von § 127 I StPO Gebrauch zu machen, was nicht überzeugend erschiene (so insbesondere BayObLG, MDR 1986, 956).

2. Auf frischer Tat *betroffen* ist der Täter i. S. d. §§ 127 I, 127b I StPO, wenn er entweder unmittelbar bei der Tatausführung bemerkt wird oder alsbald nach der Tat noch am Tatort oder in dessen unmittelbarer Nähe angetroffen wird, sodass er mit der Tat noch hinreichend sicher in Verbindung gebracht werden kann. Für das Betroffensein auf frischer Tat genügt also bereits ein *enger räumlich-zeitlicher Zusammenhang* zwischen dem Tatgeschehen einerseits und der Wahrnehmung des Täters andererseits.

3. Auf frischer Tat *verfolgt* ist der Täter i. S. d. §§ 127 I, 127b I StPO zunächst dann, wenn jemand dem noch am Tatort überraschten und alsbald fliehenden Täter mit dem Ziel seiner Ergreifung nacheilt. Für eine Verfolgung auf frischer Tat genügt es aber auch, wenn sich die Nacheile in einem engen räumlich-zeitlichen Zusammenhang mit dem Tatgeschehen vollzieht, ohne dass der flüchtige Täter zuvor unmittelbar am Tatort angetroffen worden war. Gleichgültig ist, ob es sich bei dem Verfolger um das Opfer, um einen Zeugen oder sonst um einen eingriffsbereiten Dritten handelt. Eine Verfolgung „auf Sicht und Gehör“ ist nicht unbedingt erforderlich; es schadet also nicht, wenn man den Täter im Zuge der Nacheile zeitweilig aus den Augen verliert.

Aufgabenzuständigkeit: Die Bezeichnung für die globale bzw. grundsätzliche Kompetenz eines Verwaltungsträgers, eine ganz bestimmte staatliche Aufgabe wahrzunehmen, d. h. erfüllen zu dürfen bzw. zu sollen. Dabei ergibt sich diese Kompetenz regelmäßig aus der Zuweisung der jeweiligen Sachaufgabe durch Gesetz an eben diesen Träger öffentlicher Verwaltung. Bei diesem kann es sich um eine mit rechtlicher Selbstständigkeit ausgestattete juristische Person des öffentlichen Rechts handeln (z. B. Bund, Bundesland, Landkreis, Gemeinde), also um einen eigenständigen *Rechtsträger* öffentlicher Verwaltung. Man spricht dann zumeist von einer Aufgabenzuständigkeit in Gestalt der „Verbandskompetenz". Es kann sich aber auch um eine gesetzliche Aufgabenzuweisung an eine Verwaltungsorganisation ohne eigene Rechtspersönlichkeit handeln, wie sie z. B. die Bundespolizei darstellt, welche ihrerseits in die Gesamtorganisation des Rechtssubjekts „Bundesrepublik Deutschland" eingebettet ist. Bei den Aufgabenzuständigkeiten der Bundespolizei besteht die rechtliche *Besonderheit*, dass diese durchweg einer sog. ⇨ „räumlichen Beschränkung" unterliegen. Diejenigen Kompetenzen, die sich durch globale Zuweisung von Aufgaben an die Bundespolizei durch Gesetz ergeben, werden übrigens auch von der Rechtsprechung ausdrücklich als „Aufgabenzuständigkeit" bezeichnet, vgl. z. B. OVG RhPf, NJW 1990, 1130, 1131: „Aufgabenzuständigkeit des Bundesgrenzschutzes [heute: der Bundespolizei] für die Kontrolle des grenzüberschreitenden Verkehrs gemäß § 2 Nr. 2 BGSG [heute: § 2 II Nr. 2 BPolG]".
MERKE: Bei der Beurteilung der Rechtslage ist im Rahmen der Zuständigkeitsprüfung vorgelagert zunächst die Aufgabenzuständigkeit im obigen Sinne zu prüfen. Erst in zweiter Linie ist dann die Frage relevant, ob innerhalb des jeweiligen Aufgabenträgers auch das richtige Organ, also die zuständige ⇨ Behörde gehandelt hat. Diesen zweiten Zuständigkeitsaspekt bezeichnet man häufig kurz als ⇨ Behördenzuständigkeit.

Aufgegebenes Gepäck: ⇨ Gepäck.

Aufzug: Im Versammlungsrecht die Bezeichnung für eine Versammlung, die nicht stationär an einem bestimmten Ort stattfindet, sondern die sich in Bewegung befindet. Kurzformel: Ein Aufzug ist eine sich fortbewegende (mobile) Versammlung (vgl. die entsprechenden ⇨ Legaldefinitionen in § 1 III 1 SächsVersG sowie in § 2 I 2 VersFG SH). Vgl. auch ⇨ öffentliche Versammlung.

Auskunftsverweigerungsrecht: Ein inhaltlich nur begrenztes ⇨ Schweigerecht eines Beteiligten, das in verschiedenen Verfahrensordnungen normiert ist. Insbesondere im Strafverfahren ist das Auskunftsverweigerungsrecht das Recht eines ⇨ Zeugen, die Antwort auf bestimmte einzelne Fragen zu verweigern, falls deren wahrheitsgemäße Beantwortung ihn selbst oder einen Angehörigen der Gefahr aussetzen würde, wegen einer Straftat oder Ordnungswidrigkeit verfolgt zu werden. Im Übrigen entfällt die Aussagepflicht des Zeugen jedoch nicht. Rechtsgrundlage für dieses strafprozessuale Auskunftsverweigerungsrecht und die damit verbundene Belehrungspflicht ist § 55 StPO. Diese unmittelbar zunächst nur für das Gericht geltende Bestimmung gilt bei staatsanwaltschaftlicher bzw. polizeilicher Zeugenvernehmung entsprechend (§ 161a I 2 bzw. § 163 III 1 StPO). Auch andere Verfahrensordnungen außerhalb der StPO kennen entsprechende Auskunftsverweigerungsrechte von Zeugen. Insbesondere im Bußgeldverfahren und im Disziplinarverfahren können sich Zeugen ggf. auf dieses Recht berufen (§§ 46 I OWiG, § 25 BDG, vgl. ferner §§ 383 ff. ZPO, 98 VwGO, 101 ff. AO).

Auslagen: Nach der in § 3 V BGebG enthaltenen ⇨ Legaldefinition solche ⇨ Kosten einer öffentlich-rechtlichen Verwaltungstätigkeit, die nicht von der ⇨ Gebühr umfasst sind und die von einer ⇨ Behörde für individuell zurechenbare öffentliche Leistungen im Einzelfall nach Maßgabe des § 12 I, II BGebG erhoben werden.
MERKE: Nach der Aufzählung in § 12 I 1 BGebG gehören zu den Auslagen im vorstehenden Sinne insbesondere die Kosten für Zeugen, Sachverständige, Umweltgutachter, Dolmetscher oder

Übersetzer, für Leistungen anderer Behörden und Dritter, für Dienstreisen und Dienstgänge, für die Zustellung oder öffentliche Bekanntmachung sowie für Ausfertigungen und Papierkopien, die auf besonderen Antrag erstellt worden sind. Die vorgenannten Auslagen werden nach dem Gesetz in der tatsächlich entstandenen Höhe erhoben; es findet also keine Pauschalierung statt. In Ergänzung des BGebG hat das BMI für seinen Geschäftsbereich die Besondere Gebührenverordnung des Bundesministeriums des Innern (BMI-BGebV) erlassen.

Ausland: ⇨ Inland.

Ausländer: Nach der in § 2 I AufenthG enthaltenen ⇨ Legaldefinition ist Ausländer im Rechtssinne jeder, der nicht ⇨ Deutscher i. S. d. Art. 116 I GG ist. Der Begriff des Ausländers wird also *negativ* bestimmt, indem man vom Deutschenbegriff ausgeht und dann diejenigen Personen ausgrenzt, welche diesem Begriff *nicht* unterfallen. Vgl. auch ⇨ Drittausländer sowie ⇨ Drittstaatsangehöriger.

Auslieferung: Die hoheitliche Überstellung einer Person an das Ausland aus Gründen der Strafverfolgung oder Strafvollstreckung. Die Auslieferung stellt also stets eine Mitwirkung an fremder Strafverfolgung unter Einschluss der Strafvollstreckung dar. Die Grundlage und den rechtlichen Rahmen für die Auslieferung bilden vorrangig entsprechende zwischenstaatliche Auslieferungsvereinbarungen sowie ergänzend oder hilfsweise die Vorschriften des Gesetzes über die Internationale Rechtshilfe in Strafsachen (IRG). Dieses erlaubt insbesondere den Erlass eines ⇨ Auslieferungshaftbefehls (§§ 15 ff. IRG) und ggf. die Anordnung von Haft zur Durchsetzung der Auslieferung (§ 34 IRG). Ferner kommt in Betracht die ⇨ vorläufige Festnahme einer Person zwecks Ermöglichung einer zu erwartenden Auslieferung (§ 19 IRG), wenn ein gerichtlicher Auslieferungshaftbefehl zwar noch nicht besteht, jedoch nach den erkennbaren Umständen erlassen werden könnte.

MERKE: Das früher geltende absolute Verfassungsverbot der Auslieferung ⇨ Deutscher an das Ausland ist bereits im Jahr 2000 relativiert worden. Nach Art. 16 II 2 GG n. F. darf ein Deutscher an einen EU-Staat oder an einen internationalen Gerichtshof ausgeliefert werden, sofern dies durch Gesetz bestimmt ist und rechtsstaatliche Grundsätze gewahrt bleiben. Entsprechende (parlaments-) gesetzliche Bestimmungen sind umgehend nach der Grundgesetzänderung erlassen worden (vgl. z. B. § 80 IRG). Insbesondere die Auslieferung von Deutschen an das EU-Ausland ist heute im Rahmen der ⇨ internationalen Rechtshilfe in Strafsachen kein ungewöhnliches Ereignis mehr (vgl. dazu die sog. Auslieferungsstatistik, die für jedes Jahr vom Bundesamt für Justiz verfasst wird).

Auslieferungshaftbefehl: Nach der in § 17 IRG enthaltenen ⇨ Legaldefinition der schriftliche ⇨ Haftbefehl des örtlich zuständigen Oberlandesgerichts, durch den entweder (normale) Auslieferungshaft oder vorläufige Auslieferungshaft angeordnet wird. Der Auslieferungshaftbefehl muss bestimmte Mindestangaben enthalten. Die Voraussetzungen für die normale Auslieferungshaft ergeben sich aus § 15 IRG; dort wird insbesondere ein bereits gestelltes Auslieferungsersuchen vorausgesetzt. Bei einem noch fehlenden, aber zu erwartenden Auslieferungsersuchen kann nach § 16 IRG vorläufige Auslieferungshaft angeordnet werden. Wird jemand aufgrund eines Auslieferungshaftbefehls festgenommen, so richten sich Form und Verfahren nach den §§ 20 ff. IRG.

Ausnahme-Visum: ⇨ Visum.

Aussageverweigerungsrecht: Das vorrangig im Strafverfahren geltende ⇨ Schweigerecht des ⇨ Beschuldigten, das es ihm erlaubt, zur Sache selbst keinerlei Angaben machen zu müssen, ohne dass daraus für ihn nachteilige Schlussfolgerungen gezogen werden dürften. Dieses Recht ist eine unmittelbare Konsequenz aus dem Grundsatz der ⇨ Selbstbelastungsfreiheit. Das strafprozessuale Aussageverweigerungsrecht ist umfassend und gilt in allen Stadien des Strafprozesses, insbesondere auch schon im Rahmen des Ermittlungsverfahrens. Die diversen gesetzlichen Vorschriften über entsprechende Belehrungspflichten der Verfolgungsorgane begründen entgegen einem häufigen Missverständnis dieses Aussageverweigerungsrecht nicht, sondern setzen seine Existenz bereits gedanklich voraus und bestätigen diese zugleich. Das Aussageverweigerungsrecht des Beschuldigten steht in entsprechender Anwendung auch dem Betroffenen im Bußgeldverfahren und dem Beamten im Disziplinarverfahren zu.

Ausschluss freier Willensbestimmung: ⇨ Hilflose Lage.

Ausschreibung: Die Aufnahme von bestimmten ⇨ personenbezogenen Daten (z. B. Personalien, Kfz-Kennzeichen, Ausweisnummern) in eine Datei, ein Register oder ein sonstiges polizeiliches ⇨ Fahndungshilfsmittel, um entweder die ⇨ Fahndung nach einer Person oder Sache einzuleiten oder um andere polizeiliche Zwecke zu erreichen. Dient die Ausschreibung – wie meistens – der Einleitung einer Fahndung, so lässt sie sich kurz und knapp definieren als die Aufnahme von Fahndungsdateien in ein ⇨ Fahndungshilfsmittel. Hintergrund einer Ausschreibung können Zwecke der Gefahrenabwehr, Strafverfolgung oder Strafvollstreckung sein.
MERKE: Dementsprechend vielfältig sind die in den einschlägigen Rechtsvorschriften benannten konkreten Ziele, die mit einer Ausschreibung verbunden sein können (vgl. z. B. die §§ 30, 31 BPolG, 131, 131a, 163e StPO, 66 AsylVfG, 18 IRG, Art. 95 ff. SDÜ). Das Gesetz kennt namentlich die Ausschreibung zur Festnahme, zur Ingewahrsamnahme, zur Aufenthaltsermittlung, zur Sicherstellung eines Führerscheins, zur ⇨ erkennungsdienstlichen Behandlung, zur DNA-Analyse, zur ⇨ Identitätsfeststellung, zur grenzpolizeilichen Überprüfung, zur polizeilichen oder grenzpolizeilichen Beobachtung, zur ⇨ Zurückweisung oder zur Ausreiseuntersagung.

Äußere Sicherheit: ⇨ Sicherheit des Staates.

Äußere Sicherheit des Luftverkehrs: ⇨ Sicherheit des Luftverkehrs.

Auswahlermessen: ⇨ Ermessen.

Austauschmittel: Die Bezeichnung für ein Mittel zur Gefahrenabwehr, das der ⇨ Adressat einer ⇨ Polizeiverfügung freiwillig anbietet als Ersatz für das ihm durch die Verfügung eigentlich auferlegte Mittel und das – zumindest nach Ansicht des Adressaten – ebenso zur Abwendung der bekämpften Gefahr geeignet ist. Nach Maßgabe der Polizeigesetze von Bund und Ländern (vgl. z. B. § 16 II 2 BPolG) ist dem Antragsteller in Anlehnung an die Leitbildvorschrift des § 3 II 2 ME PolG die Anwendung des angebotenen Austauschmittels zu gestatten, wenn dieses ebenso wirksam ist wie das ursprünglich auferlegte Mittel und wenn durch die Anwendung des Austauschmittels die Allgemeinheit nicht stärker beeinträchtigt wird. Beispiel: Dem Grundstückseigentümer wird aufgegeben, sein in Bahnnähe verlaufendes Wiesengrundstück, das als Weide genutzt wird, einzuzäunen, um ein Entweichen der Tiere auf die Bahngleise zu verhindern. Der Betroffene bietet als Austauschmittel an, künftig auf die Nutzung der Wiese als Weide zu verzichten und dort keine Tiere mehr zu halten.
MERKE: Diese gesetzliche Regelung über Austauschmittel ist Ausdruck des Gebots, dass sich die Belastung eines Bürgers stets auf das erforderliche Minimum beschränken soll: Freiwilliges Verhalten ist gegenüber einem fremdbestimmten Verhalten aus Sicht des Betroffenen immer das kleinere Übel. Gleichzeitig wird der Erkenntnis Rechnung getragen, dass der für die Gefahr Verantwortliche manchmal aufgrund seiner besonderen Sachkunde und „Gefahrennähe“ geeignete Mittel und Wege zur Gefahrenbeseitigung kennt, die der zuständigen Behörde unbekannt oder jedenfalls nicht in den Sinn gekommen sind.

Ausweise: Als Ausweise im Rechtssinne bezeichnet man alle diejenigen Papiere oder Dokumente, die entweder ausschließlich oder primär oder – so der BGH – zumindest auch dazu bestimmt sind, über die Identität des jeweiligen Inhabers Auskunft zu geben und diese Identität im Rechtsverkehr zu beglaubigen. Mit Blick auf den Aussteller und die Herkunft des jeweiligen Ausweises lassen sich im Wesentlichen amtliche und nichtamtliche Ausweise sowie deutsche und ausländische Ausweise unterscheiden. Dabei genießen ⇨ amtliche Ausweise einen deutlich höheren strafrechtlichen Schutz als diejenigen Ausweise, die von einem privaten, also nichtstaatlichen Aussteller herrühren. Alle Ausweise stellen ⇨ Urkunden i. S. d. Strafrechts dar. Ob die Manipulation von Ausweisen im Rahmen der sog. „Urkundenstraftaten" von den allgemeinen Vorschriften der §§ 267, 271, 274 StGB erfasst wird oder aber in den Anwendungsbereich von Spezialnormen wie den §§ 273, 275, 276, 281 StGB fällt, hängt von der Art des Ausweises und von dem in Rede stehenden Verhalten ab.

Ausweispapiere: Der in manchen gesetzlichen Vorschriften verwendete Begriff ist letztlich inhaltsgleich mit dem Begriff ⇨ Ausweise. Von „Ausweispapieren" ist zum z. B. die Rede in den §§ 22 I 3, 23 III 2 BPolG, aber auch in § 281 StGB. Speziell im Rahmen des § 281 StGB, der für amtliche *und* nichtamtliche Ausweispapiere gilt und sie vor Missbrauch schützt, sind den Ausweispapieren im eigentlichen Sinne gleichgestellt solche Zeugnisse und andere Urkunden, die im Verkehr de facto als Ausweis verwendet werden, obwohl sie an sich diese Funktion nicht haben, weil sie grundsätzlich nicht als Identitätsnachweis gedacht sind, sondern andere persönliche Verhältnisse im Rechtsverkehr belegen sollen (z. B. Abiturzeugnis, Diplomurkunde, Taufschein, Arbeitsbuch oder Waffenschein).

Ausweisung: Das an einen in Deutschland aufhältigen ⇨ Ausländer gerichtete behördliche Gebot, das Land binnen einer bestimmten Frist zu verlassen. Die Ausweisung stellt damit einen ⇨ Verwaltungsakt dar, der auf die Beendigung des Aufenthalts des Betroffenen gerichtet ist. Das Gesetz unterscheidet je nach dem Hintergrund der Aufenthaltsbeendigung zwei Ausweisungsarten, nämlich die zwingende Ausweisung (Gesetzeswortlaut:

„wird ausgewiesen“) und die fakultative Ausweisung (Gesetzeswortlaut: „kann ausgewiesen werden“). Die früher zusätzlich vorgesehene Möglichkeit einer sog. Regel-Ausweisung (Gesetzeswortlaut: „wird in der Regel ausgewiesen“) ist zwischenzeitlich entfallen (vgl. § 54 AufenthG a. F.).
MERKE: Mit der Ausweisung erlischt ein etwaig vorhandener ⇨ Aufenthaltstitel (§ 51 I Nr. 5 AufenthG), sodass der Betroffene spätestens jetzt ausreisepflichtig wird. Außerdem bewirkt die Ausweisung ein Einreiseverbot (§ 11 I AufenthG). Zuständig für den Erlass einer Ausweisungsverfügung ist die Ausländerbehörde. Die Vollstreckung der Ausreisepflicht im Falle der nicht freiwilligen Ausreise innerhalb der gesetzten Ausreisefrist kann im Wege der ⇨ Abschiebung erfolgen. Aus Sicht der Grenzpolizei sind Ausweisungsgründe insofern relevant, als dass deren Vorliegen zu einer ⇨ Zurückweisung führen kann (§ 15 II Nr. 1 AufenthG); im Übrigen hat die Grenzpolizei erkannte Ausweisungsgründe an die zuständige Ausländerbehörde zu melden (§ 87 II Nr. 3 AufenthG).

Automatisierte Kennzeichenerfassung: Der Einsatz von selbsttätig arbeitenden Lesesystemen auf öffentlichen Straßen, welche die Kennzeichen vorbeifahrender ⇨ Kraftfahrzeuge erfassen, überprüfen und ggf. zeitlich befristet speichern. Der Einsatz derartiger „automatisierter Kennzeichenlesesysteme“ (AKLS) erfolgt vor allem auf Fernstraßen und dient insbesondere der Suche nach ⇨ Fahrzeugen, die als gestohlen gemeldet sind oder nach denen aus anderen Gründen gefahndet wird. Die Maßnahme kann letztlich sowohl zur Gefahrenabwehr (vgl. § 27b BPolG) als auch zur Verfolgung von ⇨ Straftaten von erheblicher Bedeutung eingesetzt werden (vgl. § 163g StPO). Diese Art der staatlichen Kontrolle greift in das Grundrecht auf informationelle Selbstbestimmung aller Personen ein, deren Kennzeichen erfasst werden, auch wenn das Ergebnis zu einem „Nichttreffer“ führt und die erfassten Daten daraufhin sofort gelöscht werden.
MERKE: Das BVerfG hat sich 2008 und erneut 2018 mit der Frage der Zulässigkeit automatisierter Kennzeichenerfassung

befasst und dabei von den Bundesländern erlassene Rechtsvorschriften teils als verfassungskonform bestätigt und teils – z. B. wegen mangelnder Bestimmtheit – verworfen (vgl. BVerfGE 120, 378; 150, 244). Wichtig ist aus Sicht des Gerichts, dass die Maßnahme nicht ohne Anlass oder rechtfertigenden Grund und auch nicht dauerhaft bzw. flächendeckend eingesetzt wird. Treffermeldungen unterliegen nur einer zweckgebundenen Nutzung. Gespeicherte Daten müssen gelöscht werden, wenn sie nicht mehr benötigt werden. Speziell als Mittel der ⇨ Schleierfahndung eingesetzt, erfordern derartige Kontrollen zudem in sachlicher und örtlicher Hinsicht einen „konsequenten Grenzbezug“ (BVerfGE 150, 244, Rdnr. 147).

Bahnanlagen: Nach der in § 4 I 1 EBO enthaltenen ⇨ Legaldefinition sind Bahnanlagen alle Grundstücke, Bauwerke und sonstige Einrichtungen einer Eisenbahn, die unter Berücksichtigung der örtlichen Verhältnisse zur Abwicklung oder Sicherung des Reise- oder Güterverkehrs auf der Schiene erforderlich sind. Diese Begriffsbestimmung wird in § 4 I 2 EBO noch weiter konkretisiert. Danach gehören zu den Bahnanlagen im vorstehenden Sinne auch Nebenbetriebsanlagen sowie sonstige Anlagen einer Eisenbahn, die das Be- oder Entladen sowie den Zugang und Abgang ermöglichen oder fördern. *Bahnhofsvorplätze* wurden ursprünglich – ungeachtet der eigentumsrechtlichen Verhältnisse – von der h. M. den Bahnanlagen zugerechnet, weil solche Vorplätze zumindest auch die Funktion haben, den Zu- und Abgang zum Bahnhof zu ermöglichen oder zu fördern. Gleichwohl formulierte das OVG RhPf im Jahr 2013 eine Einschränkung: Zumindest bei größeren Plätzen sollte „nur der Bereich eines Bahnhofsvorplatzes zu den Bahnanlagen gehören, der in unmittelbarer Nähe des Eingangs zur Bahnhofshalle liegt“ (Urt. vom 24.1.2013, – 7 A 10816/12 = DÖV 2013 –, 441). Im Revisionsurteil zu dieser Entscheidung kam das BVerwG im Jahr 2014 zu einer sogar noch restriktiveren Betrachtung (Urt. vom 28.5.2014, – 6 C 4.13 –). Danach gilt nunmehr: Als Anlagen einer Eisenbahn, die das Be- und Entladen sowie den Zu- und Abgang ermöglichen oder

fördern, sind „nur solche Flächen im Vorfeld eines Bahnhofs als Bahnanlagen einzustufen, bei denen objektive, äußerlich klar erkennbare, d. h. räumlich präzise fixierbare Anhaltspunkte ihre überwiegende Zuordnung zum Bahnverkehr im Unterschied zum Allgemeinverkehr belegen. Dies ist insbesondere bei Treppen und überdachten Flächen im Eingangsbereich eines Bahnhofsgeländes der Fall."
MERKE: Aufgrund dieser Entscheidung des BVerwG können Bahnhofsvorplätze nicht mehr generell als Bahnanlagen angesehen werden; ein Einschreiten der Bundespolizei dort müsste – zumindest im Regelfall – ggf. über § 65 I BPolG legitimiert werden. Unberührt bleibt allerdings das Recht zur Nacheile (§§ 12 IV, 58 III BPolG). Ungeachtet der Meinungsverschiedenheiten betreffend die rechtliche Einordnung von Bahnhofsvorplätzen gilt: Es gibt Bahnlagen der Bahnhöfe, der freien Strecke und sonstige Bahnanlagen (§ 4 I 3 EBO). *Fahrzeuge* gehören **nicht** zu den Bahnanlagen, sondern sind dem Bahnbetrieb zuzurechnen (§ 4 I 4 EBO). *Bahnhöfe* sind Bahnanlagen mit mindestens einer Weiche, wo Züge beginnen, enden, ausweichen oder wenden dürfen (§ 4 II 1 EBO). Vgl. auch ⇨ Gebiet der Bahnanlagen.

Bahnbenutzer: Der Begriff des „Benutzers der Bahn" i. S. d. §§ 3 I, 12 I Nr. 5 BPolG ist bis heute nicht abschließend geklärt. Ein Erlass des BMI aus dem Jahre 1995 bestimmt den Benutzerbegriff dahingehend, dass er alle Personen erfasst, die sich auf dem ⇨ Gebiet der Bahnanlagen zu dem Zweck der Beförderung auf Schienenwegen aufhalten oder aber solche Tätigkeiten verrichten, die mit dem Beförderungsvorgang in einem inneren Zusammenhang stehen. Kritik: Dieser *enge* Benutzerbegriff zwingt die Polizei zwecks Klärung der Benutzereigenschaft ggf. zu einer Motivforschung, zu der namentlich in einer Sofortlage regelmäßig keine Zeit und Gelegenheit sein wird. Deshalb wird in der Fachliteratur teilweise ein *weiter* Benutzerbegriff vertreten. Danach ist Bahnbenutzer jede Person, die sich auf dem Gebiet der Bahnanlagen aufhält, unabhängig vom verfolgten Zweck und vom konkreten Verhalten des Betreffenden. Kritik: Dieser wei-

te Benutzerbegriff erfasst z. B. auch die Bediensteten der Bahn, die eher dem Bahnbetrieb zuzurechnen sind, und außerdem auch solche Personen, bei denen jeder Bezug zur Bahnbeförderung mit Sicherheit ausgeschlossen werden kann (z. B. Bettler, Obdachlose, Taschendiebe ohne Reiseabsicht, Kioskbesitzer, Ladenbetreiber, Demonstranten ohne Reiseabsicht). Am ehesten überzeugend und gleichzeitig praktikabel erscheint eine vermittelnde Ansicht. Danach ist Benutzer der Bahn jede Person, die sich auf dem Gebiet der Bahnanlagen aufhält, es sei denn, dass nach den erkennbaren äußeren Umständen jeder Bezug zur Bahnbeförderung sicher ausgeschlossen werden kann. Ähnlich OVG RhPf, Urt. vom 24.1.2013, – 7 A 10816/12 –: Danach ist die Vermutung gerechtfertigt, dass die sich auf den Bahnanlagen aufhaltenden Personen regelmäßig Benutzer der Bahn sind.
MERKE: Nach *allen* Benutzerbegriffen gelten unstreitig als Benutzer der Bahn: Reisende oder Reisewillige, Fahrkartenkäufer, Bahnkunden, die sich Reiseinformationen beschaffen oder andere Serviceleistungen der Bahn in Anspruch nehmen wollen oder solche Personen, die Reisegepäck oder Fracht bringen, aufgeben oder abholen. In vielen Fällen ist deshalb bei feststehenden Lebenssachverhalten eine Auseinandersetzung mit den verschiedenen Benutzerbegriffen im Ergebnis überflüssig.

Bahnbetrieb: Unter „Betrieb der Bahn“ i. S. d. § 3 I BPolG versteht man zunächst das Fortbewegen von Fahrzeugen auf dem Schienenweg, unter Einschluss aller Handlungen und Maßnahmen, die im Zusammenhang mit diesem Bewegungsvorgang stehen, ferner die Abfertigung und Beförderung von Personen und Gütern auf dem Schienenweg, einschließlich des Zu- und Abgangs von Reisenden oder Gütern sowie aller Nebengeschäfte.
MERKE: Dem Bahnbetrieb zuzurechnen sind damit insbesondere das Fahren von Zügen, das Zusammenstellen eines Zuges, die Bereitstellung eines Zuges im Bahnhof, der Aufenthalt von Reisenden auf dem Gebiet der Bahnanlagen, der Erwerb von Fahrausweisen, Information und Beratung der Reisenden, die Beförderung von Reisenden, die Abholung von Reisenden durch

andere Personen, das Abladen und der Abtransport von zuvor auf dem Schienenweg transportierten Gütern.

Bahnhof: ⇨ Bahnanlagen.

Bahnhofsverbot: Eine in der Regel schriftlich erfolgende Anordnung, die es einer Person untersagt, einen Bahnhof oder genau bezeichnete Teile desselben für die Dauer einer bestimmten Frist zu betreten. Wird ein solches Bahnhofsverbot von einer zuständigen Stelle der Bahn ausgesprochen, so liegt rechtlich betrachtet ein sog. „Hausverbot" vor, dessen Rechtsgrundlage das private ⇨ Hausrecht des betroffenen Bahnunternehmens bildet. Verhält sich der Betroffene verbotswidrig, indem er den Bahnhof bzw. die von dem Verbot erfassten Bahnhofsflächen betritt, so begeht er einen Hausfriedensbruch im Wege des ⇨ widerrechtlichen Eindringens und macht sich demzufolge strafbar gemäß § 123 I 1. Alt. StGB. Erlässt hingegen die Bundespolizei in ihrer Eigenschaft als Bahnpolizei (§ 3 BPolG) ein solches Verbot, so handelt es sich im Falle eines kurzfristigen Verbots um eine ⇨ Platzverweisung in Gestalt eines Betretungsverbots (§ 38 2. Alt. BPolG) und im Falle eines längerfristigen Verbots um ein sog. ⇨ „Aufenthaltsverbot", das im Bundesrecht auf der Grundlage der ⇨ polizeilichen Generalklausel erlassen werden darf. In beiden Fällen liegt im Falle einer Zuwiderhandlung zwar kein Hausfriedensbruch vor: Die Bundespolizei ist nicht Träger des privaten Hausrechts der Deutschen Bahn AG und nach heutiger Rechtslage auch nicht (mehr) mit der Ausübung eines „übertragenen" Hausrechts betraut. Es kommt jedoch eine Durchsetzung des Gebots im Wege der Verwaltungsvollstreckung in Betracht, d. h. die Androhung und Anwendung ⇨ unmittelbaren Zwangs oder im Falle des Aufenthaltsverbots auch die Verhängung eines ⇨ Zwangsgeldes. Geht es speziell um die Durchsetzung eines Betretungsverbots, das einen Spezialfall der ⇨ Platzverweisung darstellt (vgl. z. B. § 38 2. Alt. BPolG), so ist im Falle der Unerlässlichkeit auch ein sog. ⇨ „Durchsetzungsgewahrsam" möglich (vgl. z. B. § 39 I Nr. 2 BPolG).

Bahnhofsverweisung: Die in der Regel mündlich erfolgende Aufforderung an eine Person, den Bahnhof bzw. das ⇨ Gebiet der Bahnanlagen wegen rechtswidrigen oder unangemessenen Verhaltens unverzüglich zu verlassen. Spricht eine zuständige Stelle der Bahn eine solche Hinausweisung aus, so handelt es sich um eine Maßnahme auf der Grundlage des privaten ⇨ Hausrechts. Weigert sich eine auf diese Weise rechtswirksam des Bahnhofs verwiesene Person, den Bahnhof zu verlassen, so begeht sie einen strafbaren Hausfriedensbruch durch Unterlassen in Gestalt des ⇨ Sich-Nicht-Entfernens trotz Aufforderung des Berechtigten gemäß § 123 I 2. Alt. StGB. Wird hingegen eine Bahnhofsverweisung von der Bundespolizei in ihrer Rolle als Bahnpolizei aus Gründen der Gefahrenabwehr verfügt, so liegt eine ⇨ Platzverweisung im engeren Sinne des § 38 1. Alt. BPolG vor. Die Nichtbefolgung einer solchen Verfügung begründet zwar keinen strafbaren Hausfriedensbruch (s. o.). Die Zuwiderhandlung hat aber zur Folge, dass zur Durchsetzung der Platzverweisung nunmehr die Anwendung ⇨ unmittelbaren Zwangs oder erforderlichenfalls eine ⇨ Ingewahrsamnahme des Störers in der besonderen Form des sog. ⇨ Durchsetzungsgewahrsams in Betracht kommt.

Bahnhofsvorplatz: ⇨ Bahnanlagen.

Bande: ⇨ Bandenmäßig.

Bandenmäßig: Die bandenmäßige Begehung eines Delikts setzt zunächst das Bestehen einer *Bande* i. S. d. Strafrechts voraus. Unter einer Bande ist – nach der Rechtsprechung – eine auf ausdrücklicher oder stillschweigender Vereinbarung beruhende und für eine gewisse Dauer vorgesehene Verbindung von mindestens *drei* Personen zu verstehen, die sich auf die Begehung mehrerer selbstständiger, im Einzelnen noch ungewisser Straftaten verständigt haben. Der Zusammenschluss ist bei der Bande – anders als bei der kriminellen Vereinigung – ein eher loser. Die künftig zu begehenden Taten sind bei der Bande typischerweise im Detail noch nicht fest umrissen, sondern sie können nach Anzahl, Ort

und Zeit noch unbestimmt sein. Für die bandenmäßige Begehung einer Straftat reicht es teilweise schon aus, dass der Täter die Tat „als Mitglied einer Bande“ begeht (vgl. z. B. §§ 260a, 261 IV, 263 III Nr. 1 StGB, 96 II Nr. 2, 97 II AufenthG). Andere Strafvorschriften setzen voraus, dass der Täter die Tat als Mitglied einer Bande *und* außerdem unter Mitwirkung eines anderen Bandenmitglieds begeht (vgl. z. B. §§ 244 I Nr. 2, 250 I Nr. 2 StGB). Für das letztgenannte Erfordernis genügt es nach aktueller Rechtsprechung bereits, dass mindestens zwei Bandenmitglieder in *irgendeiner* Weise bei der Tatbegehung zusammenwirken; ein örtliches und zeitliches Zusammenwirken (wie es früher verlangt wurde) ist nicht unbedingt erforderlich.
MERKE: Die früher h. M. ließ bereits den Zusammenschluss von nur zwei Personen für den Bandenbegriff genügen. Dies führte unter anderem zu Abgrenzungsproblemen bei der Unterscheidung zwischen (nur) mittäterschaftlicher und bandenmäßiger Begehung. Im Jahre 2001 änderte der BGH seine Rechtsprechung und verlangt seitdem den Zusammenschluss von mindestens drei Personen (BGHSt 46, 321), so wie es bei der kriminellen bzw. terroristischen Vereinigung i. S. d. §§ 129, 129a StGB nach der Rechtsprechung schon immer der Fall war. Zum Begriff der Vereinigung vgl. nach aktueller Rechtslage die im Jahr 2017 in das Gesetz aufgenommene Legaldefinition in § 129 II StGB. Ähnlich wie das Merkmal ⇨ „gewerbsmäßig“ hat die bandenmäßige Begehung eines Delikts bei vielen ⇨ Straftatbeständen eine strafschärfende Wirkung.

Bayerische Grenzpolizei: Eine Teilorganisation der bayerischen Landespolizei, neu errichtet am 1.7.2018 mit einer Anfangsstärke von 500 Vollzugskräften, welche die Bundespolizei auf deren Anforderung oder mit deren Zustimmung bei der Wahrnehmung der Aufgabe des ⇨ Grenzschutzes unterstützt. Dies geschieht vor allem im Wege der Durchführung mobiler, flexibler und befristeter Kontrollen an den Grenzübergängen zu Österreich sowie durch verstärkte ⇨ Schleierfahndung im Hinterland. Anfang 2025 lag die Ist-Stärke der Bayerischen Grenzpolizei bei rund

900 Vollzugskräften. Die angestrebte Endstärke liegt nach derzeitiger Planung bei rund 1.500 Vollzugskräften. Diese Soll-Stärke soll bis 2028 erreicht werden. Nach der Entscheidung des BayVerfGH vom 28.8.2020 (– 10-VIII-19 und 12-VII-19 –) ist die Wiedereinrichtung der Bayerischen Grenzpolizei als solche nicht zu beanstanden. Allerdings war die diesbezügliche Befugnisregelung in Art. 29 BayPAG in der im Entscheidungszeitpunkt geltenden Fassung wegen Eingriffs in die Gesetzgebungskompetenz des Bundes verfassungswidrig und nichtig. Die Vorschrift wurde zwischenzeitlich entsprechend angepasst.
MERKE: Rechtsgrundlage für das Tätigwerden der Bayerischen Grenzpolizei an den Landesgrenzen und im Hinterland ist § 64 I Nr. 1 BPolG. Soweit die Landespolizei auch auf den Flughäfen in Bayern (mit Ausnahme des Flughafens in München) Grenzschutzaufgaben erfüllt, geschieht dies auf der Grundlage eines besonderen Verwaltungsabkommens i. S. d. § 2 I BPolG, das bereits im Jahr 2008 zwischen dem Bund und dem Bundesland Bayern vereinbart worden ist.

Beamte des Polizeidienstes: Zu den Beamten des Polizeidienstes i. S. d. der Gesetzessprache (vgl. z. B. die §§ 127 II, 127b I, 163 I 1 StPO, 19 S. 1 IRG) gehören zunächst alle ⇨ Beamten, die nach Bundes- oder Landesrecht die Rechtsstellung eines ⇨ Polizeivollzugsbeamten haben (vgl. für das Bundesrecht § 1 I BPolBG i. V. m. der dazu erlassenen Rechtsverordnung). Ferner zählen dazu diejenigen Beamten oder sonstigen ⇨ Amtsträger, die ohne Polizeivollzugsbeamter zu sein, in bestimmten Zusammenhängen kraft Gesetzes mit speziellen Aufgaben der Gefahrenabwehr oder Strafverfolgung betraut sind und die dabei die Rechte und Pflichten eines Polizeibeamten haben (vgl. z. B. §§ 21 II AWG, 37 III MOG, 147, 148 II BBergG). Auf die zusätzliche Rechtsstellung, auch ⇨ Ermittlungsperson der Staatsanwaltschaft zu sein, kommt es bei den Beamten des Polizeidienstes nicht an. Diese besondere Eigenschaft ist nur dann erforderlich, wenn das Gesetz dies in einem bestimmten Zusammenhang ausdrücklich verlangt.

Bedeutender Sachschaden: ⇨ Sachen von bedeutendem Wert.

Bedingter Vorsatz: Im Strafrecht die überwiegende Bezeichnung für die dritte und zugleich schwächste Stufe des ⇨ Vorsatzes, die auch *dolus eventualis* oder *Eventualvorsatz* genannt wird. Teilweise wird der bedingte Vorsatz auch als *indirekter* Vorsatz bezeichnet. Diese Erscheinungsform vorsätzlichen Handelns reicht stets aus, wenn das Gesetz keine stärkere Vorsatzform ausdrücklich verlangt. Der bedingte Vorsatz reicht also bei den weitaus meisten Delikten zur Tatbestandsverwirklichung bereits aus. Über die zutreffende begriffliche Erfassung des bedingten Vorsatzes streiten innerhalb der Rechtslehre verschiedene Lehrmeinungen miteinander. Nach st. Rspr. insbesondere des BGH (grundlegend: BGHSt 7, 363; BGH, NStZ 1994, 584; BGH, NJW 1999, 2533, 2534) handelt der Täter dann bedingt vorsätzlich, wenn er den Eintritt des tatbestandlichen Erfolges als möglich und nicht ganz fernliegend erkennt (= Wissenselement) und damit in der Weise einverstanden ist, dass er die Tatbestandsverwirklichung billigend in Kauf nimmt oder sich um des erstrebten Zieles willen wenigstens mit ihr abfindet, mag ihm auch der Erfolgseintritt an sich unerwünscht sein (= Willenselement). Nach einer gängigen Kurzformel bedeutet bedingter Vorsatz also die billigende Inkaufnahme des als möglich erkannten Erfolgseintritts. Die innere Einstellung des Täters läuft dabei auf ein „Na, wenn schon!" hinaus. Demgegenüber ist kein bedingter Vorsatz, sondern (nur) bewusste ⇨ Fahrlässigkeit zu bejahen, wenn der Täter mit der als möglich erkannten Tatbestandsverwirklichung nicht einverstanden ist und ernsthaft – also nicht nur vage – darauf vertraut, der tatbestandsmäßige Erfolg werde nicht eintreten (BGHSt 39, 1, 9 f.; BGH, NJW 1999, 2533, 2534). Hier hat der Täter die innere Einstellung: „Es wird schon gut gehen!"
MERKE: Speziell bei den Tötungsdelikten ist der Schluss von der objektiven Gefährlichkeit einer Tathandlung bzw. von der hohen Wahrscheinlichkeit des Erfolgseintritts auf den bedingten Tötungsvorsatz zwar grundsätzlich möglich. Der eben genannte Schluss kann gleichwohl nicht automatisch gezogen werden. Be-

sondere Umstände des Einzelfalles können auch bei der Vornahme von objektiv betrachtet lebensgefährlichen Gewalthandlungen zu der Erkenntnis führen, dass der Täter den als möglich erkannten Todeserfolg nicht billigend in Kauf genommen hat. Dies hat zur Folge, dass das Tatgericht stets eine Gesamtschau aller bedeutsamen Tatumstände in objektiver und subjektiver Hinsicht vornehmen muss (st. Rspr., vgl. BGH, Urt. vom 23.3.2022, – 6 StR 343/21 = HRRS 2022 Nr. 539 –). Dabei ist auch die hohe Hemmschwelle zu berücksichtigen, die in der Regel einem Tötungsvorsatz vorgelagert ist. Angesichts dieser Hemmschwelle muss immer die Möglichkeit in Betracht gezogen werden, dass der Täter – wenn auch unter Umständen leichtfertig – darauf vertraut hat, das Opfer werde nicht zu Tode kommen. Dabei sind unter anderem die Motive des Täters und seine Interessenlage zu berücksichtigen. Eine hohe und zugleich anschauliche Lebensgefährlichkeit der Tatausführung kann aber als Beweisanzeichen gewertet werden, das auf einen bedingten Tötungsvorsatz hinweist (BGH, HRRS 2021 Nr. 325).

Bedrohung: ⇨ Drohung.

Beeinträchtigung der Verkehrssicherheit: Die Verkehrssicherheit ist i. S. d. §§ 315, 315b StGB dann beeinträchtigt, wenn die in der betreffenden Verkehrsart (Bahn-, Schiffs-, Luft- oder Straßenverkehr) ohnehin vorhandene „normale" Betriebsgefahr durch die Verwirklichung einer der im Gesetz genannten Tathandlungen so gesteigert worden ist, dass der Eintritt konkreter Gefahren deutlich wahrscheinlicher geworden ist. Der tatsächliche Eintritt einer konkreten Gefährdung von anderen Menschen oder Sachen von bedeutendem Wert stellt ein Indiz dafür dar, dass eine solche Beeinträchtigung der Verkehrssicherheit erfolgt ist.

Beförderungserschleichung: ⇨ Erschleichen einer Beförderungsleistung.

Befragung: ⇨ Vernehmung.

Befriedetes Besitztum: In der Rechtssprache die Bezeichnung für eine Grundfläche, die durch zusammenhängende, aber nicht notwendigerweise lückenlose Schutzwehren gegen das Betreten von Unbefugten gesichert ist. „Befriedet" meint also im Kern so viel wie „eingehegt". Das befriedete Besitztum wird unter anderem in den §§ 123 I StGB, 104 I StPO, 45 I 2 BPolG und auch in § 19 I Nr. 3 ME PolG in Bezug genommen. Die jeweiligen Schutzwehren (z. B. Zäune, Hecken, Mauern, Gräben) müssen nicht unüberwindbar sein. Allerdings reichen rein psychologisch wirkende Hemmnisse zur Tatbestandserfüllung *nicht* aus (z. B. Trassierband, Verbotsschilder, Markierungen auf einer Asphaltfläche). Auch eine nur symbolisch wirkende Plastikkette soll keine ausreichende Schutzwehr im vorstehenden Sinne bilden (so LG Lübeck, StV 1989, 157). Zumindest im Rahmen des § 123 StGB werden nach einer noch weitergehenden Auffassung *zusätzlich* solche Grundflächen als gegen Hausfriedensbruch geschützt angesehen, die zwar nicht im obigen Sinne eingefriedet oder eingehegt sind, die jedoch mit einer der in § 123 StGB genannten Örtlichkeiten in einem engen räumlichen Zusammenhang stehen, mit der Folge, dass sich deren „Hausfrieden" auch ohne besondere Einfriedung auf die Zubehörfläche erstrecken soll. So z. B. BayObLG, NJW 1995, 269, 271 (m. w. N.): „Allerdings gehören zu einem Geschäftsraum auch angrenzende, nicht eingefriedete Grundflächen, bei denen aus ihrer räumlich-funktionalen Zuordnung für jedermann die Zugehörigkeit zum Geschäftsraum erkennbar ist." Hält man dies für zutreffend, dann sind namentlich Vorgärten, Hofräume oder Hausgärten unabhängig von Einfriedungen oder sonstigen baulichen Abgrenzungen regelmäßig in den Schutzbereich des § 123 StGB mit einbezogen.
MERKE: Eisenbahnwaggons, Straßenbahnwagen oder Flugzeuge fallen – als umbaute und zugleich mobile Räumlichkeiten – nicht unter den Begriff des befriedeten Besitztums; sie sind jedoch als „geschlossene Räume, die zum öffentlichen Verkehr bestimmt sind", letztlich ebenfalls durch § 123 StGB geschützt. Das Gleiche soll für Bahnhofshallen, Wartesäle, Abfertigungsgebäude auf Flughäfen und vergleichbare „bauliche Einheiten" gelten (vgl. z. B. BayObLG, NJW 1977, 261). Abzulehnen ist hingegen

die Auffassung, dass auch umzäunte Grundflächen unter Umständen „abgeschlossene Räume" i. S. d. § 123 StGB sein können (so aber OLG Stuttgart, NStZ 1987, 121: Umzäuntes Militärgelände als abgeschlossener Raum, der zum öffentlichen Dienst bestimmt ist). Richtigerweise ist im letztgenannten Falle von einem befriedeten Besitztum auszugehen.

Begleiteingriff: Im Strafprozessrecht die Bezeichnung für solche Ermittlungshandlungen, die der *Vorbereitung* oder *Durchführung* einer bestimmten Strafverfolgungsmaßnahme dienen. Beispiele: Das Betreten einer Wohnung zum Zwecke der nachfolgenden Durchsuchung, der heimliche Einbau eines GPS-Empfängers in ein Kfz zur Vorbereitung einer Überwachung des ⇨ Beschuldigten mit technischen Mitteln, die ⇨ Durchsuchung des Beschuldigten nach beschlagnahmefähigen Wertgegenständen zwecks Erhebung einer ⇨ Sicherheitsleistung im Falle des § 132 StPO. Es handelt sich bei derartigen Begleiteingriffen also um „Hilfsmaßnahmen", die letztlich der Verwirklichung des im Gesetz benannten Haupteingriffs dienen. Die meisten derartigen Begleiteingriffe werden im Gesetz nicht ausdrücklich erwähnt. Nur in wenigen Fällen benennt die StPO in einzelnen Zusammenhängen zulässige Begleiteingriffe ausdrücklich (z. B. in § 163b StPO). Unbenannte Begleiteingriffe (= Regelfall) gelten als stillschweigend durch diejenige Befugnisnorm legitimiert, welche auch den Haupteingriff erlaubt, *sofern* der Begleiteingriff mit der Vorbereitung oder Durchführung der Hauptmaßnahme *typischerweise unerlässlich verbunden* ist oder er in den Rechtskreis des Betroffenen *nur vergleichsweise geringfügig* eingreift (BGH, NJW 1987, 2189 = NStZ 1998, 157; BGH, NJW 2001, 1658, 1659). Nach einer etwas abgeschwächten Formulierung soll es für die Zulässigkeit des Begleiteingriffs ausreichen, wenn er zur Verwirklichung der Hauptmaßnahme notwendig und verhältnismäßig ist (so z. B. LG Offenburg, StV 2000, 32, 33 = NJW 1999, 3502).
MERKE: Auch im *Gefahrenabwehrrecht* spielen Begleiteingriffe i. S. v. Vorbereitungs- oder Durchführungsmaßnahmen eine gewisse Rolle. Jedoch sind im Polizei- und Ordnungsrecht notwen-

dige Begleiteingriffe vielfach im Gesetz ausdrücklich aufgeführt. Diese benannten Begleiteingriffe sind dann unproblematisch unter den dort genannten Voraussetzungen zulässig. In den übrigen Fällen lässt sich die oben zitierte Rechtsprechung auf präventive Begleiteingriffe unbedenklich analog übertragen.

Begleitetes aufgegebenes Gepäck: ⇨ Gepäck.

Begleitperson: ⇨ Kontakt- oder Begleitperson.

Behörde: 1. Unter einer Behörde i. e. S. des Verwaltungsorganisationsrechtes ist jede in den Organismus der Staatsverwaltung eingeordnete organisatorische Einheit von Personen und Sachmitteln zu verstehen, die mit einer gewissen Selbstständigkeit ausgestattet und dazu berufen ist, unter Inanspruchnahme öffentlicher Autorität für die Erreichung der Zwecke des Staates tätig zu sein (so BVerfGE 10, 20, 48). Behörde im organisationsrechtlichen Sinne ist damit jedes *Organ* einer juristischen Person des öffentlichen Rechts, welches konkrete Verwaltungsaufgaben gegenüber dem Bürger selbstständig und dauerhaft erfüllt. Beispiele: Der Gemeindedirektor für die Gemeinde, der Oberstadtdirektor für die Stadt, der Kreisdirektor für den Landkreis, der Polizeipräsident bzw. das Polizeipräsidium für das Land, das Bundespolizeipräsidium für den Bund, das Landeskriminalamt für das Bundesland, der Rektor oder Präsident für die Hochschule. Unselbstständige Teile einer Behörde werden häufig Amt oder ⇨ Dienststelle genannt. Nicht verwirren sollte, dass in der Verwaltungsrealität auch viele Behörden selbst die Bezeichnung „Amt" tragen (z. B. Finanzamt, Eisenbahn-Bundesamt, Bundesverwaltungsamt, Bundeskriminalamt, Landeskriminalamt); am Behördencharakter ändert sich durch die bloße Benennung nichts. Über ihre Behörden als Organe werden die juristischen Personen des öffentlichen Rechts als Rechtsträger öffentlicher Verwaltung im Außenverhältnis zum Bürger handlungsfähig. Der im Einzelfall für die Behörde tätig werdende Amtswalter (der nicht notwendig ein Beamter im staatsrechtlichen Sinne sein muss) fungiert als

Repräsentant der Behörde. Sein Verhalten wird der hinter ihm stehenden Behörde zugerechnet und gilt damit als deren Handeln. Die Behörde wiederum wird für ihren Rechtsträger tätig; ihre Rechts- und Tathandlungen werden rechtlich betrachtet immer dem jeweiligen Behördenträger zugerechnet.
2. Im weiten Sinne des Verwaltungsverfahrensgesetzes ist nach der in § 1 IV VwVfG enthaltenen ⇨ Legaldefinition eine Behörde jede Stelle, die Aufgaben der öffentlichen Verwaltung wahrnimmt. Diese Formulierung wird jedoch oft missverstanden. Der Gesetzgeber wollte in der eben genannten Vorschrift keinen eigenständigen Behördenbegriff statuieren, der an die Stelle des organisationsrechtlichen Behördenbegriffes treten sollte; vielmehr sollte der enge Behördenbegriff aus dem Verwaltungsorganisationsrecht lediglich behutsam erweitert werden. Behörden i. S. d. § 1 IV VwVfG sind also zunächst alle Behörden im organisationsrechtlichen Sinne; daneben aber auch Stellen aus dem Bereich der Legislative oder Judikative, sofern diese im Einzelfall ausnahmsweise Exekutivaufgaben erfüllen. Dies trifft z. B. auf den Präsidenten des Bundestages zu, wenn er im Rahmen seiner Polizeigewalt ein Hausverbot ausspricht. Eine mit § 1 IV VwVfG wörtlich übereinstimmende Legaldefinition des Behördenbegriffs findet sich übrigens auch in § 3 VI BGebG.
3. Speziell im Rahmen des StGB gilt aufgrund der in § 11 I Nr. 7 StGB enthaltenen Legaldefinition, dass unter einer „Behörde" i. S. d. Gesetzes „auch ein Gericht" zu verstehen ist. Aufgrund dieser etwas eigenwilligen Festlegung, die vom sonstigen juristischen Sprachgebrauch deutlich abweicht, gilt: Immer dann, wenn im Strafgesetzbuch von einer Behörde die Rede ist, sind automatisch die Gerichte der verschiedenen Gerichtsbarkeiten mit gemeint.

Behördenzuständigkeit: Die Bezeichnung für die Kompetenz einer bestimmten ⇨ Behörde, eine ganz bestimmte staatliche Aufgabe wahrzunehmen, d. h. erfüllen zu dürfen und gleichzeitig erfüllen zu sollen. Diese Wahrnehmungskompetenz auf Behördenebene wird begründet entweder unmittelbar durch das Gesetz oder durch eine Rechtsverordnung aufgrund eines Gesetzes. Die

Behördenzuständigkeit kann man unter drei Aspekten betrachten, indem man zwischen sachlicher, örtlicher und instanzieller Behördenzuständigkeit unterscheidet. Die *sachliche* Zuständigkeit meint dabei die Zuweisung einer bestimmten Sachaufgabe an eine einzelne Behörde oder einen ganzen Behördenzweig. Die *örtliche* Zuständigkeit betrifft den räumlichen Bereich („Bezirk"), innerhalb dessen die Behörde zum Handeln befugt ist. Die *instanzielle* Behördenzuständigkeit betrifft die Auswahl der richtigen Behördenebene („Instanz") bei hierarchisch gegliederten Verwaltungszweigen. Im Hinblick auf die instanzielle Zuständigkeit gibt es nicht immer explizite Regelungen. Bei Fehlen einer ausdrücklichen Regelung gilt der ungeschriebene Rechtsgrundsatz: Wenn und soweit gesetzlich nichts anderes bestimmt ist, ist stets die unterste Behördenebene zum Handeln berufen. In der Praxis sind aber zumeist vor allem von Interesse die sachliche und örtliche Zuständigkeit der handelnden Behörde.
MERKE: Die instanzielle Zuständigkeit wird von manchen nicht als eigenständige Zuständigkeitsart, sondern lediglich als besonderer Unterfall der sachlichen Zuständigkeit angesehen. Diese rein theoretische Konstruktionsfrage ist für die praktische Fallprüfung jedoch ohne Bedeutung. Wichtig ist hingegen die Erkenntnis, dass die vom Gesetzgeber gelegentlich vorgenommene ⇨ räumliche Beschränkung mancher Sachaufgaben nichts mit der Frage der örtlichen Behördenzuständigkeit zu tun hat. Die konkrete Zuständigkeit eines einzelnen Amtswalters für bestimmte Angelegenheiten unter Berücksichtigung der Geschäftsverteilung innerhalb der Behörde wird als *funktionelle* Zuständigkeit bezeichnet. Diese auf behördeninterne Regelungen abstellende Zuständigkeitsart spielt für die Beurteilung der Rechtslage jedoch nur selten eine Rolle.

Beihilfe: Im Strafrecht die Bezeichnung für eine vorsätzliche Hilfeleistung, welche die Begehung der vorsätzlichen und rechtswidrigen – nicht notwendig schuldhaften – Tat i. S. d. Strafgesetze eines anderen unterstützt (§ 27 I StGB). Kurzformel: Beihilfe ist die vorsätzliche Unterstützung einer fremden Straftat.

Die Hilfeleistung kann darin bestehen, dass die Haupttat ermöglicht, erleichtert oder in sonstiger Weise gefördert wird. Erfasst wird dabei nicht allein die physisch-materielle Unterstützung des Haupttäters, z. B. durch Auskundschaften des Tatorts oder im Wege der Beschaffung der Tatwaffe. Es reicht vielmehr auch schon eine nur *psychische Förderung* der fremden Tat aus, etwa durch Anfeuern, Bestärken oder Zureden („psychische Beihilfe", vgl. BGH, StV 1982, 516; NStZ 1993, 535). Grundsätzlich kann auch schon das bloße Dabeisein die Tat eines anderen fördern oder erleichtern; jedoch bedarf die Feststellung einer strafbaren Beihilfe in solchen Fällen einer besonders sorgfältigen und genauen Begründung (BGH, wistra 1996, 19). Eine Beihilfe kann auch durch Unterlassen begangen werden, jedoch muss der Gehilfe dann Inhaber einer ⇨ Garantenstellung sein (§ 13 StGB). MERKE: Beihilfe ist nicht nur im Vorfeld der Tat oder während ihrer Begehung möglich, sondern auch noch nach Tatvollendung: Leistet der Gehilfe seine Unterstützung nach Vollendung, aber noch vor Beendigung der Haupttat, so spricht man von *sukzessiver* Beihilfe; auch diese wird von § 27 StGB erfasst. Eine *fahrlässige* Beihilfe ist zwar begrifflich möglich, jedoch nicht unter Strafe gestellt. Das Gleiche gilt für eine Beihilfe zur Fahrlässigkeitstat eines anderen. Ferner bleibt die nur versuchte Beihilfe straflos. Abzugrenzen ist die Beihilfe von der Mittäterschaft i. S. d. § 25 II StGB. Dabei sind diejenigen Grundsätze heranziehen, die allgemein für die Unterscheidung von ⇨ Täterschaft und ⇨ Teilnahme entwickelt worden sind. Die Strafe für den Gehilfen richtet sich nach der Strafdrohung für den Täter der Haupttat; sie ist jedoch obligatorisch zu mildern (§ 27 II StGB). In manchen Fällen hat der Gesetzgeber die Beihilfe zur *selbstständigen Straftat* erhoben; die Gehilfenschaft gilt dann nicht mehr als bloße Teilnahmeform, sondern ausnahmsweise als täterschaftlich verwirklichtes Delikt (vgl. insbesondere § 96 AufenthG). In diesem Falle besteht auch eine Versuchsstrafbarkeit.

Bei-Sich-Führen: Ein Täter oder anderer Beteiligter führt eine Waffe, ein gefährliches oder sonstiges Werkzeug oder ein Mittel

i. S. d. §§ 244 I Nr. 1, 250 I Nr. 1, 113 II Nr. 1 StGB bei sich, wenn er den betreffenden Gegenstand zugriffsbereit bei sich trägt oder zumindest in Reichweite hat. Insbesondere ist nicht erforderlich, dass der Täter oder Beteiligte den Gegenstand bereits unmittelbar in Händen hält. Vielmehr genügt es, wenn er den Gegenstand innerhalb von wenigen Augenblicken ergreifen und nach seinem Willen als Tatinstrument nutzbar machen kann.
MERKE: Wer ein Messer im *verschlossenen* Rucksack auf dem Rücken mit sich trägt, erfüllt die Tathandlung des Bei-Sich-Führens nach der Rechtsprechung nicht.

Beleidigung: 1. Unter einer Beleidigung i. e. S. des § 185 StGB versteht man die vorsätzliche Kundgabe von Nichtachtung oder Missachtung einer Person. Eine spezielle Beleidigungsabsicht auf Seiten des Beleidigers ist nicht erforderlich. Ehrenrührige *Unwerturteile* („Du Lump!") unterfallen immer (nur) dem § 185 StGB, gleichgültig, ob sie dem Betroffenen oder Dritten gegenüber geäußert werden. *Ehrenrührige Tatsachenbehauptungen* („Du Kinderschänder!") fallen hingegen nur dann in den Anwendungsbereich der eben genannten Norm, wenn sie unmittelbar dem Betroffenen gegenüber geäußert werden. Werden sie Dritten gegenüber geäußert oder an diese verbreitet, so sind allein die §§ 186, 187, 187a StGB einschlägig.
2. Der ebenfalls existierende Begriff der „Beleidigung" i. w. S. ist gleichzusetzen mit „Beleidigungsdelikt" i. S. d. §§ 185 ff. StGB (vgl. z. B. die Überschrift zum 14. Abschnitt des Besonderen Teils des StGB oder den Text des § 194 StGB, wo „Beleidigung" jeweils erkennbar als Beleidigungs*delikt* zu lesen ist). Eine spezielle Untergruppe der Beleidigungsdelikte bilden die ⇨ verleumderischen Beleidigungen, die im Zusammenhang mit der ⇨ Indemnität eine Rolle spielen.
3. Die Beleidigung speziell von Institutionen bzw. Einrichtungen nennt man „Kollektivbeleidigung". Kraft Gesetzes sind als solche beleidigungsfähig unter anderem Behörden und bestimmte politischen Körperschaften (§ 194 III, IV StGB). Andere „Kollektive" sind nur dann beleidigungsfähig, wenn sie eine recht-

lich anerkannte Funktion erfüllen *und* zu einer einheitlichen Willensbildung imstande sind (z. B. die Bundeswehr, die politische Parteien, das Rote Kreuz, nicht aber „die Polizei", „die Schutzpolizei", „die Kriminalpolizei"). Von dieser Kollektivbeleidigung i. e. S. ist zu unterscheiden die Beleidigung von Einzelpersonen „unter einer Kollektivbezeichnung", bei der *alle Mitglieder* der betroffenen Personengemeinschaft beleidigt werden. Eine solche Beleidigung ist strafbar, wenn der betroffene Personenkreis zahlenmäßig überschaubar *und* nach äußeren Merkmalen bestimmt oder bestimmbar ist, sodass er aus der Allgemeinheit deutlich hervortritt (z. B. die vor Ort befindlichen Polizisten, die Angehörigen der GSG 9, alle aktiven Soldaten der Bundeswehr, die in Deutschland lebenden Juden, nicht aber „die Akademiker", „die Behinderten", „die Katholiken").
4. Bei einer Beleidigung gegenüber Polizeibeamten ist stets zu klären, ob die herabsetzende Äußerung tatsächlich den anwesenden Beamten persönlich galt oder ob nur ganz allgemein Kritik an der polizeilichen Vorgehensweise geübt werden sollte. Im letztgenannten Fall wird eine strafbare Beleidigung in der Regel ausscheiden, weil die Äußerung von der Meinungsfreiheit gedeckt ist (st. Rspr., vgl. z. B. BayObLG, Beschl. vom 14.10.2024, – 206 StRR 343/24 –).

Beleidigung unter einer Kollektivbezeichnung: ⇨ Beleidigung.

Benehmen: Ein staatliches Organ handelt „im Benehmen" mit einem anderen staatlichen Organ, wenn es sich mit dem anderen Organ durch Information, Anhörung und Erörterung der Angelegenheit ausgetauscht hat, bevor es zur Tat schreitet, und zwar mit Ziel, nach Möglichkeit einen Konsens über das geplante Vorgehen zu erreichen. Dabei ist aber im Unterschied zum ⇨ Einvernehmen die Erzielung einer Übereinstimmung letztlich nicht erforderlich; die informierte und konsultierte Stelle muss also der gewählten Vorgehensweise im Ergebnis nicht unbedingt zustimmen. Im bundespolizeilichen Bereich verlangt das Gesetz ein

Handeln im Benehmen mit der Polizei des Landes z. B. in den §§ 1 VI, 12 IV BPolG. In Eilfällen wird es für zulässig gehalten, wenn die Herstellung des Benehmens erst im Nachhinein erfolgt.

Benutzer der Bahn: ⇨ Bahnbenutzer.

Beobachtung: ⇨ Observation, ⇨ Polizeiliche Überwachung der Grenzen.

Berechtigungsscheine: Die zusammenfassende Bezeichnung für solche ⇨ Urkunden, welche bestimmte Tätigkeiten erlauben bzw. bestimmte Besitzverhältnisse legitimieren und die gleichzeitig dem Nachweis dieser Gestattung im Rechtsverkehr dienen. Obwohl es auch privat erteilte Berechtigungsscheine gibt (z. B. vom Arbeitgeber ausgestellte Parkkarten oder betriebsintern erteilte ⇨ Führscheine für Sonderfahrzeuge oder Spezialmaschinen), sind aus polizeilicher Sicht vor allem die auf öffentlich-rechtlicher Grundlage von einer Behörde erteilten und damit *amtlichen* Berechtigungsscheine von Belang, wie z. B. Führerscheine, Jagdscheine, Fischereischeine, ⇨ Waffenscheine, ⇨ Waffenbesitzkarten oder Reisegewerbekarten. Vielfach setzt die Erteilung eines derartigen Berechtigungsscheins eine vorherige Sachkundeprüfung voraus (Führerscheinprüfung, Jägerprüfung etc.). Besteht im Hinblick auf einen amtlichen Berechtigungsschein eine rechtliche Verpflichtung des Inhabers zur Mitführung, so ist ein solcher Schein einem zuständigen Polizeibeamten auf Verlangen zur Prüfung auszuhändigen, wenn dies im Gesetz so bestimmt ist und die Person bei der betreffenden Tätigkeit angetroffen wird. Dies gilt auch dann, wenn die betroffene Person die in Rede stehende Tätigkeit gerade unterbrochen hat, sofern die Unterbrechung nur kurzfristig ist (OLG Düsseldorf, NJW 1980, 251). Beispiel: Ein Lkw-Fahrer macht im Zeitpunkt seiner Überprüfung gerade an einer Raststätte eine Pause.
MERKE: Die rechtliche Verpflichtung zur Mitführung eines amtlichen Berechtigungsscheins kann sich unmittelbar aus einer Rechtsvorschrift ergeben oder aber als vollziehbare Auflage in

einem Erlaubnisbescheid behördlich festgelegt sein. „Zur Prüfung aushändigen“ ist mehr als nur das schlichte Vorzeigen des Dokuments: Der Berechtigungsschein ist zu übergeben, damit er – ggf. eingehend – überprüft werden kann. Im Einzelfall kann über das Mitführen des Berechtigungsscheins hinaus auch das gleichzeitige Mitführen eines ⇨ amtlichen Ausweises vorgeschrieben sein (vgl. z. B. § 35 V WaffG). Die polizeiliche Überprüfungsbefugnis kann unter Umständen an zusätzliche Voraussetzungen geknüpft sein. So verlangt z. B. § 23 IV BPolG, dass die Überprüfung zur Erfüllung bundespolizeilicher Aufgaben erforderlich ist. In spezifischen Zusammenhängen gibt es „Berechtigungsscheine“, die dem amtlichen Nachweis einer bestimmten Rechtsstellung dienen. So kann etwa das Amtsgericht einer Person, der aufgrund des Beratungshilfegesetzes ein Anspruch auf Beratungshilfe zusteht, einen entsprechenden Berechtigungsschein ausstellen. Für finanzschwache Personen, die eine Wohnung suchen, können von den zuständigen Stellen sog. „Wohnungsberechtigungsscheine“ nach dem Wohnungsbindungsgesetz ausgestellt werden.

Berufshelfer: Die zusammenfassende Bezeichnung für Gehilfen, Auszubildende und Praktikanten, welche bei den in § 53 StPO genannten Berufsgeheimnisträgern zeitweise oder dauerhaft tätig sind und an deren beruflicher Tätigkeit als Hilfspersonen mitwirken. Berufshelfer stehen gemäß § 53a I 1 StPO in Ansehung des ⇨ Zeugnisverweigerungsrechts den eigentlichen Berufsgeheimnisträgern (Ärzte, Rechtsanwälte, Notare, Steuerberater etc.) gleich. Seit dem 9.11.2017 spricht das Gesetz nicht mehr wie früher von Berufshelfern, sondern – ohne sachliche Änderung der Rechtslage – von „mitwirkenden Personen“. Polizeibeamte im Sanitätsdienst sind im Regelfall keine Berufshelfer bzw. mitwirkende Personen im vorstehenden Sinne, denn bei ihnen fehlt es bereits an einem Berufsgeheimnisträger als Bezugsperson, auf den sich ihre Tätigkeit beziehen würde. Lediglich dann, wenn ein Polizeibeamter im Sanitätsdienst im Einzelfall als Hilfsperson eines Polizeiarztes etc. tätig wird, kommt eine Rechtsstellung i. S. d. § 53a StPO ausnahmsweise in Betracht.

MERKE: Über die Ausübung des Zeugnisverweigerungsrechts entscheidet nach § 53a I 2 StPO jedenfalls grundsätzlich nicht der Berufshelfer selbst, sondern der eigentliche Berufsgeheimnisträger, es sei denn, dass dessen Entscheidung in absehbarer Zeit nicht herbeigeführt werden kann. Wird der Berufsgeheimnisträger von seiner Schweigepflicht entbunden, so gilt diese Entbindung gemäß § 53a II StPO auch für seine Hilfspersonen. Vgl. auch ⇨ Schweigerechte.

Beschädigen: Unter der Beschädigung einer Sache i. S. d. § 303 I StGB versteht man jede körperliche Einwirkung auf eine Sache, durch welche entweder die stoffliche Unversehrtheit der Sache oder ihre bestimmungsgemäße Gebrauchstauglichkeit nicht nur unerheblich beeinträchtigt wird. Im ersten Falle spricht man von einer *Substanzverletzung*, im zweiten Falle von einer *Funktionseinbuße*. Dabei muss die entstandene Beeinträchtigung stets von einiger Erheblichkeit sein; bloße Bagatellbeeinträchtigungen sind tatbestandslos.
MERKE: Angesichts einer schwankenden Terminologie in Rechtsprechung und Schrifttum erscheint der folgende Hinweis angebracht: Richtigerweise wird man die Erheblichkeitsklausel nicht auf die Einwirkung, sondern auf die Folgen der Einwirkung zu beziehen haben. Das Ausmaß der Substanzverletzung bzw. Funktionseinbuße ist also in diesem Zusammenhang maßgeblich. Erheblich ist die entstandene Beeinträchtigung immer dann, wenn Zeit oder Mühe oder Kosten aufgewendet werden müssen, um sie wieder zu beseitigen.

Beschlagnahme: Die gesetzliche Bezeichnung für eine besondere Erscheinungsform der repressiven ⇨ Sicherstellung, die in der Strafprozessordnung teils vorgeschrieben und teils zugelassen ist. Nach § 94 II i. V. m. I StPO „bedarf" es der Beschlagnahme anstelle der einfachen oder formlosen Sicherstellung, wenn ein Gegenstand mit potenzieller Beweisbedeutung sich im Gewahrsam einer Person befindet und nicht freiwillig herausgegeben wird. Nach § 111b I StPO kann ein Gegenstand zur Sicherung der Vollstreckung beschlagnahmt werden, wenn die Annahme begründet ist, dass der Gegenstand der ⇨ Einziehung oder Unbrauchbarmachung unterliegt. Bei der Beschlagnahme sind in einem erhöhten Maße Förmlichkeiten und andere Bindungen zu beachten, z. B. betreffend die Anordnungsbefugnis, Belehrungspflichten oder Rechtsschutzmöglichkeiten (daher auch: „förmliche" Beschlagnahme). Einen spezialgesetzlich geregelten Sonderfall der Beschlagnahme stellt die einstweilige Beschlagnahme dar, die bei ⇨ Zufallsfunden in Betracht kommt.

Beschlagnahmeverbote: Diejenigen sich aus der Rechtsordnung ergebenden und von Amts wegen zu beachtenden Hinderungsgründe, welche die förmliche ⇨ Beschlagnahme bestimmter Gegenstände als potenzielle Beweismittel im Rahmen der Strafverfolgung verbieten. Solche Beschlagnahmeverbote können sich unmittelbar aus dem Gesetz ergeben (vgl. §§ 96, 97 StPO), sie können aber zum Teil auch aus der Verfassung abgeleitet werden. So fallen z. B. Tagebücher oder vergleichbare intime Privataufzeichnungen in den verfassungsrechtlich geschützten Kernbereich der freien und selbstbestimmten Persönlichkeitsentfaltung (vgl. ⇨ Kernbereich privater Lebensentfaltung). Sie sind daher von Verfassungs wegen grundsätzlich beschlagnahmefrei. Die Beschlagnahme derartiger schriftlicher Aufzeichnungen als Beweismittel in einem Strafverfahren kommt nur dann ausnahmsweise in Betracht, wenn deutlich überwiegende Allgemeininteressen dies im Einzelfall zweifelsfrei gebieten. Letzteres ist der Fall, wenn es um die Aufklärung von schweren und schwersten Straftaten geht.

Beschuldigter: Eine Person gilt im strafprozessualen Sinne als Beschuldigter, wenn eine Verfolgungsbehörde aufgrund eines ⇨ Tatverdachts gegen sie willentlich ein Strafverfahren mit dem Ziel der Überführung betreibt. Die sog. Beschuldigteneigenschaft setzt dabei im Näheren nach der st. Rspr. insbesondere des BGH zumindest grundsätzlich neben dem vorhandenen Verdacht subjektiv einen *Verfolgungswillen* der Strafverfolgungsbehörde voraus, der sich objektiv in einem entsprechenden *Willensakt* ma-

nifestiert hat (BGHSt 10, 8, 12; 34, 138, 140; 38, 214, 228; 51, 367, BGH, NJW 1985, 76; NJW 1994, 2804, 2807; NJW 1997, 1591, 1592; BGH, NStZ 2015, 291, 292). Der danach erforderliche Willensakt, der einen hinreichenden Rückschluss auf einen entsprechenden Verfolgungswillen zulässt, liegt vor allem in der Einleitung eines förmlichen Ermittlungsverfahrens gegen eine bestimmte Person. Fehlt es daran, so beurteilt sich das Vorliegen des notwendigen Willensaktes danach, wie sich das Verhalten der Strafverfolgungsbehörde nach außen, insbesondere in der Wahrnehmung des davon Betroffenen darstellt. Strafprozessuale Eingriffsmaßnahmen, die nach dem Gesetz nur gegen einen Beschuldigten zulässig sind, sind Handlungen, die ohne Weiteres auf einen Verfolgungswillen der Strafverfolgungsbehörde schließen lassen. Aber auch andere Ermittlungsmaßnahmen, die an einen Tatverdacht anknüpfen, können geeignet sein, die Beschuldigteneigenschaft des von der Maßnahme betroffenen Verdächtigen zu begründen, wenn sie erkennbar darauf abzielen, für seine Überführung geeignete ⇨ Beweismittel zu gewinnen.
MERKE: Speziell im Vernehmungsrecht geht der BGH davon aus, dass die Beschuldigteneigenschaft bejaht werden muss, sobald konkretisierter, verdichteter oder gesteigerter Tatverdacht vorliegt; eine Vernehmung des Betroffenen als tatverdächtiger Zeuge bzw. die Fortsetzung einer solchen Vernehmung ohne Beschuldigtenbelehrung ist dann unzulässig. Behandelt die Polizei einen eigentlich Unverdächtigten wie einen Beschuldigten, so ist dieser verfahrensrechtlich als Beschuldigter anzusehen, mit der Folge, dass ihm sämtliche Beschuldigtenrechte zu Gebote stehen.
Die in § 157 StPO ebenfalls genannten Begriffe „Angeschuldigter" und „Angeklagter" bezeichnen lediglich besondere Unterfälle des Beschuldigten. Angeknüpft wird dabei an das jeweils erreichte Stadium des Strafverfahrens: *Angeschuldigter* heißt der Beschuldigte nach Erhebung der öffentlichen Anklage durch die Staatsanwaltschaft; *Angeklagter* heißt der Beschuldigte bzw. Angeschuldigte nach Eröffnung des Hauptverfahrens durch das angerufene Strafgericht, d. h. also nach Zulassung der Anklage. Nach Eintritt der Rechtskraft des Strafurteils spricht man vom

„Verurteilten“ – erst damit ist ein wirklich neuer und eigenständiger Status erreicht. Der dringend Tatverdächtige (vgl. z. B. §§ 81, 112, 126a StPO) stellt hingegen wiederum nur eine besondere Erscheinungsform des Beschuldigten dar.

Besitz: Im Rahmen der Vorschriften des BGB bedeutet Besitz ein tatsächliches und willensgetragenes Herrschaftsverhältnis über eine Sache (vgl. §§ 854 ff. BGB). Derjenige, der eine Sachherrschaft in diesem Sinne ausübt, wird Besitzer genannt. Kennzeichnend für den Besitz ist, dass der Besitzer die faktische Verfügungsgewalt über die Sache innehat, er also – zumindest im Prinzip – jederzeit auf sie zugreifen bzw. auf sie einwirken kann. Unerheblich ist, ob die Sachherrschaft berechtigt oder unberechtigt ausgeübt wird. Im öffentlichen Recht spricht man nicht von Besitz, sondern von ⇨ Gewahrsam (Strafrecht) bzw. von ⇨ tatsächlicher Gewalt (Polizei- und Ordnungsrecht).

Besitz von Waffen oder Munition: ⇨ Umgang mit Waffen oder Munition.

Besondere Kategorien von personenbezogenen Daten: ⇨ Personenbezogene Daten.

Besonderes öffentliches Verfolgungsinteresse: Ein gesteigertes Interesse an der amtswegigen Verfolgung einer Straftat, das sich aus der angemessenen Berücksichtigung sowohl von Belangen der Allgemeinheit als auch von Interessen des Einzelnen ergeben kann und das im Falle seines Vorliegens bei vielen ⇨ Antragsdelikten den grundsätzlich erforderlichen ⇨ Strafantrag entbehrlich macht (daher: unechte oder relative Antragsdelikte). Es handelt sich bei dem „besonderen öffentlichen Interesse an der Strafverfolgung“ zwar um einen unbestimmten Rechtsbegriff; dieser ist jedoch verfassungsrechtlich unbedenklich, weil er im Wege der Auslegung und auch durch Verwaltungsvorschriften hinreichend konkretisierbar ist (BVerfGE 50, 216). Unabhängig von einem wirksam gestellten Strafantrag kann die Staatsanwaltschaft das

Strafverfahren von Amts wegen beispielsweise betreiben in den Fällen der §§ 183 II, 230 I 1, 248a, 257 IV 2, 263 IV, 265a III, 266 II, 303c StGB und der §§ 22 I 2 UWG, 109 UrhG. Ebenso wie der wirksam gestellte Strafantrag stellt das besondere öffentliche Verfolgungsinteresse eine Prozessvoraussetzung (Verfolgungsvoraussetzung) dar. Bejaht die Staatsanwaltschaft im Einzelfall ein solches besonderes öffentliches Verfolgungsinteresse, dann ist das zuständige Strafgericht an diese Beurteilung gebunden (st. Rspr. seit BGHSt 6, 282, 284). In Ansehung mancher unechter Antragsdelikte enthalten die RiStBV Konkretisierungen bezüglich der Frage, in welchen Fällen ein besonderes öffentliches Verfolgungsinteresse gegeben ist. So kommt es bei ⇨ *Beleidigungen* darauf an, ob die Ehrkränkung erheblich ist, was vielfach bei familiären Zwistigkeiten, Hausklatsch und Wirtshausstreitigkeiten zu verneinen sein wird (RiStBV Nr. 229). Bei *Körperverletzungen* liegt ein besonderes öffentliches Verfolgungsinteresse namentlich dann vor, wenn der Täter einschlägig vorbestraft ist, roh oder besonders leichtfertig gehandelt hat oder wenn durch die Tat eine erhebliche Verletzung verursacht wurde (RiStBV Nr. 234 I 1). Wurde die Körperverletzung *im Straßenverkehr* begangen, ist ein besonderes öffentlichen Verfolgungsinteresse vor allem auch dann anzunehmen, wenn die Tat unter Einwirkung von Alkohol oder anderen berauschenden Mitteln begangen wurde oder der Unfall nicht unerhebliche Folgen für andere gehabt hat (RiStBV Nr. 243 III 1). Vgl. ferner RiStBV Nr. 235 II, 242a.
MERKE: Im Übrigen lassen sich bei der Prüfung, ob ein den fehlenden Strafantrag ersetzendes besonderes öffentliches Verfolgungsinteresse bejaht werden kann, die zu § 376 StPO entwickelten Maßstäbe entsprechend anwenden (vgl. dazu RiStBV Nr. 86 II). Denn lässt sich ein ⇨ öffentliches Interesse i. S. d. § 376 StPO bejahen, so wird in der Regel trotz der begrifflichen Verschiedenheit im Ausgangspunkt zugleich auch das „besondere" öffentliche Interesse i. S. d. oben genannten Vorschriften vorliegen. Umgekehrt gilt: Wenn die Staatsanwaltschaft trotz fehlenden Strafantrages das amtswegige Verfahren unter Bejahung des „besonderen" öffentlichen Interesses weiterführt, dann liegt

darin zugleich die Bejahung des öffentlichen Interesse i. S. d. § 376 StPO, sofern es darauf ankommt, weil die Verfolgung eines ⇨ Privatklagedelikts in Rede steht.

Besondere technische Mittel: ⇨ Besondere technische Observationsmittel.

Besondere technische Observationsmittel: I. S. d. § 100h I StPO (ursprünglich: § 100c I Nr. 1 StPO, später § 100f I StPO, heute § 100h I StPO) solche Überwachungs- und Beobachtungsgeräte, die eine gewisse technische Komplexität aufweisen und deren Einsatz jedenfalls im Prinzip grundrechtsintensive Eingriffe in die Privatsphäre des Betroffenen ermöglicht. Wie der Gesetzestext selbst verdeutlicht, sind dabei aber nur solche Geräte gemeint, die für *Observationszwecke* geeignet und bestimmt sind. Daraus folgt, dass § 100h I StPO nur dann einschlägig ist, wenn der Einsatz der technischen Mittel im Rahmen einer ⇨ Observation erfolgt. Besondere technische Observationsmittel sind zunächst alle Geräte, welche die Herstellung von *Bildaufnahmen* ermöglichen, wie z. B. Fotoapparate oder Videokameras (§ 100h I Nr. 1 StPO). *„Sonstige"* besondere, für Observationszwecke geeignete technische Mittel (§ 100h I Nr. 2 StPO) sind solche Observationsmittel im obigen Sinne, die nicht schon unter die Nr. 1 fallen. Dies trifft insbesondere auf Peilsender und GPS-Geräte zu, die es ermöglichen, den aktuellen Aufenthaltsort eines Menschen zu bestimmen oder dessen Bewegungsrouten nachzuvollziehen.
MERKE: Technische Mittel in Gestalt von *Abhörgeräten* (z. B. sog. Wanzen, Laserschallgeräte oder Richtmikrofone), die es gestatten, das nichtöffentlich gesprochene Wort abzuhören und ggf. aufzuzeichnen, fallen entweder in den Anwendungsbereich der §§ 100c – 100e StPO (Abhören in ⇨ Wohnungen) oder des § 100f StPO (Abhören außerhalb von Wohnungen).

Besonders schwerer Fall: Die gesteigerte Erscheinungsform einer ⇨ Straftat, bei der das Unrecht der Tat und damit die Schuld des Täters stärker ausgeprägt ist als im Regelfall, weshalb der

Gesetzgeber die Anwendung eines verschärften Strafrahmens angeordnet hat. Die gesetzlichen Bestimmungen über besonders schwere Fälle stellen bloße *Strafzumessungsvorschriften* dar; sie haben keinen tatbestandlichen Charakter. Aus diesem Grunde lassen sie die Rechtsnatur des betreffenden Delikts stets unberührt (§ 12 III StGB). Besonders schwere Fälle können durch nähere Beschreibung im Gesetz *benannt* und damit zwingend sein. Sie können aber auch *unbenannt* sein; die Gesetzesformulierung lautet dann entweder schlicht „In besonders schweren Fällen“ (vgl. z. B. § 243 I 1 StGB) oder aber „oder liegt sonst ein besonders schwerer Fall vor“. Besonders schwere Fälle können auch durch sog. ⇨ „Regelbeispiele“ näher erläutert sein, was die heute häufigste Methode darstellt (vgl. z. B. § 243 I 2 Nr. 1–7 StGB). Das Gegenstück zu einem besonders schweren Fall bildet der ⇨ minder schwere Fall einer Straftat.
MERKE: Über RiStBV Nr. 15 haben sich die polizeilichen Ermittlungen stets auch auf solche Umstände zu erstrecken, die einen benannten oder unbenannten besonders schweren Fall oder ein Regelbeispiel ergeben können. Da die Normen über besonders schwere Fälle keinen Tatbestandscharakter haben, sondern jeweils lediglich einen bestimmten ⇨ Straftatbestand *ergänzen*, dürfen sie aufbautechnisch niemals am Anfang einer strafrechtlichen Prüfung stehen. Wer also z. B. eine Diebstahlsprüfung mit § 243 StGB beginnt, stellt nur unter Beweis, dass er das Wesen des § 243 StGB noch nicht richtig verstanden hat.

Besonders schwere Straftaten: Besonders schwere Straftaten etwa i. S. v. Art. 13 III 1 GG oder der §§ 100b I Nr. 1, 100c I Nr. 1, 100g II StPO sind solche ⇨ Vergehen oder ⇨ Verbrechen, die im Gesetz ausdrücklich als solche bezeichnet werden und die damit nach der Wertung des Gesetzgebers generell dem Bereich der schweren Kriminalität zuzurechnen sind. Regelmäßige Konsequenz einer solchen Einordnung ist, dass zur Verfolgung derartiger ⇨ Straftaten auch gravierende Grundrechtseingriffe zulässig sind. Speziell im Zusammenhang mit dem repressiven großen ⇨ Lauschangriff hat das BVerfG die Maxime aufgestellt, dass hier

als taugliche Anlasstaten nur solche Delikte in Betracht kommen, die bereits per se und nicht nur im Einzelfall über den Bereich der mittleren Kriminalität hinausgehen, weil ihre Begehung im Höchstmaß mit einer Freiheitsstrafe von *mehr als fünf Jahren* geahndet wird (so BVerfGE 109, 279, 343 ff. – sog. „Lauschurteil"). Die somit im Falle der akustischen Wohnraumüberwachung maßgebliche „Mindesthöchststrafe" von mehr als fünf Jahren Freiheitsstrafe ist obligatorisch und keiner Relativierung zugänglich. Bei der Betrachtung des in Rede stehenden Strafrahmens bleiben allerdings gesetzlich vorgesehene Strafmilderungen für minder schwere Fälle stets unberücksichtigt (BVerfGE 109, 279, 349).
MERKE: Welche Straftaten im vorstehenden Sinne als besonders schwere Straftaten einzuordnen sind, wird regelmäßig durch sog. „Straftatenkataloge" konkretisiert (vgl. z. B. §§ 100b II, 100g II 2 StPO). Im Rahmen eines Stufenmodells bilden die besonders schweren Straftaten die Spitzengruppe: Sie stehen noch über den ⇨ schweren Straftaten, die ihrerseits wiederum oberhalb der sog. ⇨ „Straftaten von erheblicher Bedeutung" einzuordnen sind (vgl. BT-Drs. 16/5846, 40; 18/12785, 54).

Bestand des Staates: Eines der überragend wichtigen kollektiven Rechtsgüter, das durch etliche Normen im Interesse der Allgemeinheit unmittelbar oder mittelbar geschützt wird (vgl. z. B. Art. 91 I GG, §§ 81 I Nr. 1, 82 I Nr. 1, 87–89 StGB, §§ 100a I Nr. 1a, 100c II Nr. 1a StPO, § 28 I Nr. 1 BPolG). Aus der in § 92 I StGB enthaltenen ⇨ Legaldefinition zum „Bestand der Bundesrepublik Deutschland" lässt sich folgern, dass der Bestand des Staates die Freiheit von fremder Botmäßigkeit, die staatliche Einheit Deutschlands und schließlich den Schutz vor Abtrennung eines zur Bundesrepublik Deutschland gehörenden Gebiets umfasst. Sinngemäß kann man diese Definition, die sich unmittelbar auf den Bund als Gesamtstaat bezieht, auf die einzelnen Bundesländer übertragen, denn jedes einzelne Bundesland hat auch für sich betrachtet Staatsqualität.
MERKE: Der Bestand des Staates steht im gleichen Range wie die ⇨ Sicherheit des Staates. Etliche Schutznormen dienen gleich-

zeitig dem Schutz beider Rechtsgüter. Eine ⇨ Gefahr für den Bestand des Staates ist stets eine ⇨ erhebliche Gefahr (vgl. § 14 II 2 BPolG).

Bestandsdaten: Nach der in § 3 Nr. 6 TKG enthaltenen ⇨ Legaldefinition diejenigen Daten eines Endnutzers, die für die Begründung, inhaltliche Ausgestaltung, Änderung oder Beendigung eines Vertragsverhältnisses über Telekommunikationsdienste erforderlich sind. Dazu gehören insbesondere der Name und die Anschrift des Kunden, die Art der vertragsgegenständlichen Endeinrichtung, der Beginn und ggf. das Ende des Vertragsverhältnisses. Bestandsdaten gehören zu den sog. ⇨ „Telekommunikationsdaten“. Gleichzeitig handelt es sich bei ihnen regelmäßig um ⇨ personenbezogene Daten.

Bestimmtheitsgrundsatz: Der im Rechtsstaat unverzichtbare Grundsatz, welcher besagt, dass Gesetzesbefehle und Verwaltungsanordnungen aus Gründen der Rechtssicherheit und Rechtsklarheit stets inhaltlich ausreichend bestimmt sein müssen, damit der jeweilige Adressat erkennen kann, was von Rechts wegen von ihm konkret erwartet wird. Auf verfassungsrechtlicher Ebene folgt der Bestimmtheitsgrundsatz zunächst – für den Bereich des Strafrechts – aus dem sog. „Gesetzlichkeitsprinzip“ (Art. 103 II GG). Dieses verlangt unter anderem, dass die Sanktionsnormen des materiellen Strafrechts inhaltlich so bestimmt sind, dass der durchschnittliche Bürger als Normadressat anhand der gesetzlichen Vorschrift jedenfalls im Regelfall erkennen kann, ob ein bestimmtes Verhalten strafbar ist oder nicht. In Grenzfällen muss wenigstens das Risiko eines strafbaren Handelns ersichtlich sein. Im Übrigen fordert das Rechtsstaatsprinzip ganz allgemein, dass jede Rechtsnorm nach Wortlaut und Inhalt so gefasst wird, dass ihr Regelungsgehalt jedenfalls im Wege der Gesetzesauslegung sicher feststellbar ist. Speziell für den Bereich des Verwaltungsrechts enthält § 37 I VwVfG auf einfachgesetzlicher Ebene die Vorgabe, dass ein ⇨ Verwaltungsakt (als besonders typische Handlungsform der öffentlichen Verwaltung) inhaltlich hinreichend bestimmt sein muss. Dies bedeutet, dass jeder Verwaltungsakt ungeachtet seiner äußeren Form aus Sicht des Adressaten oder eines sonstigen Beteiligten so verständlich, vollständig und in sich widerspruchsfrei formuliert sein muss, dass die mit ihm intendierte Regelung klar zu Tage tritt. Insbesondere muss im Falle einer ⇨ Polizeiverfügung deutlich werden, welches konkrete Verhalten dem Betroffenen geboten bzw. verboten wird. MERKE: Ist der Regelungsgehalt eines zunächst unklaren Verwaltungsaktes im Wege der Auslegung ermittelbar, so ist der Bestimmtheitsgrundsatz (noch) nicht verletzt. Bei einer solchen Auslegung ist der Grundsatz von Treu und Glauben zu berücksichtigen; außerdem sind die bürgerlich-rechtlichen Vorschriften der §§ 133, 157 BGB analog anwendbar (BVerwG, MDR 1965, 855; DVBl 1990, 371). Im Zweifel gehen Unklarheiten bei der Auslegung zu Lasten der Behörde. Kann einem Verwaltungsakt auch durch Interpretation kein eindeutiger Gehalt zugesprochen werden, so ist er wegen Verstoßes gegen § 37 I VwVfG zumindest schlicht rechtswidrig, mithin anfechtbar und aufhebbar. Durch nachträgliche Klarstellung kann allerdings mit Rückwirkung eine Heilung des Bestimmtheitsmangels eintreten (OVG RhPf, NVwZ 1990, 399). Erreicht die inhaltliche Unklarheit aber ein solches Ausmaß, dass der von der Behörde gewollte Regelungsgehalt schlechterdings überhaupt nicht erkennbar wird, so ist der Verwaltungsakt nach Maßgabe des § 44 I VwVfG wegen eines schwerwiegenden und offenkundigen Rechtsfehlers nichtig und damit gemäß § 43 III VwVfG unwirksam (HessVGH, NJW 1984, 1645; OVG RhPf, NVwZ 1990, 333; OVG NRW, NVwZ-RR 1993, 234). Zur Geltung des Bestimmtheitsgrundsatzes speziell im Bußgeldverfahren vgl. OLG Koblenz, NJW 1999, 3136.

Betäubungsmittel: Nach § 1 I BtMG sind Betäubungsmittel i. S. d. Gesetzes diejenigen Stoffe oder Zubereitungen, die in den Anlagen I–III des Betäubungsmittelgesetzes ausdrücklich aufgeführt sind. Unter einer *Zubereitung* versteht das Gesetz gemäß § 2 I Nr. 2 BtMG ein Stoffgemisch oder die Lösung eines Stoffes oder mehrerer Stoffe ohne Rücksicht auf den Aggregatzustand,

mit Ausnahme solcher Gemische und Lösungen, die natürlich vorkommen. Es handelt sich bei Betäubungsmitteln im vorstehenden Sinne durchweg um Substanzen, deren – unter Umständen auch nur einmaliger – Konsum nach wissenschaftlicher Erkenntnis mit gesteigerten Suchtgefahren verbunden ist. Die drei Gesetzesanlagen, die unmittelbarer Bestandteil des Gesetzes sind, können erforderlichenfalls jederzeit durch Rechtsverordnung des Bundes geändert oder ergänzt werden.
MERKE: Die Anlage I listet die sog. nicht verkehrsfähigen Betäubungsmittel auf (z. B. Cannabis, Cannabisharz, Methadol, Mescalin), die Anlage II nennt die zwar verkehrsfähigen, aber nicht verschreibungsfähigen Betäubungsmittel (z. B. Isomethadon, Mohnstrohkonzentrat, Nicocodin), und die Anlage III enthält die verkehrsfähigen *und* verschreibungsfähigen Betäubungsmittel (z. B. Amphetamin, Barbital, Cocain, Methadon, Morphin, Opium). Keine Betäubungsmittel stellen die sog. ⇨ „neuen psychoaktiven Stoffe“ dar, die als eigenständige Gruppe von Substanzen vom NpSG erfasst werden. Auch Arzneimittel sind keine Betäubungsmittel; für sie gilt das Arzneimittelgesetz (AMG). Vgl. ferner ⇨ Nicht geringe Menge sowie ⇨ Strafbarer Umgang mit Betäubungsmitteln.

Beteiligung: Im Strafrecht der zusammenfassende Obergriff für ⇨ Täterschaft und ⇨ Teilnahme, wobei die Teilnahme wiederum ⇨ Anstiftung und ⇨ Beihilfe einschließt. „Beteiligte“ i. S. d. Strafrechts sind also Täter, Anstifter und Gehilfen (vgl. z. B. §§ 29, 244 I Nr. 1, 250 I Nr. 1 StGB). Im Recht der ⇨ Ordnungswidrigkeiten wird nicht zwischen Täterschaft und Teilnahme unterschieden: Jeder, der sich an einer Ordnungswidrigkeit als Täter, Anstifter oder Gehilfe beteiligt, handelt als „Beteiligter“ ordnungswidrig und kann dementsprechend belangt werden (vgl. § 14 OWiG).

Betrieb der Bahn: ⇨ Bahnbetrieb.

Betriebsbremsung: ⇨ Schnellbremsung.

Betriebsgeheimnis: ⇨ Geheimnis.

Betroffener: ⇨ Geldbuße, ⇨ Ordnungswidrigkeit.

Bewegliche Sache: ⇨ Fremde bewegliche Sache, ⇨ herrenlose Sache.

Beweismittel: 1. Zunächst lässt sich speziell für das Strafverfahren aus der in § 94 I StPO enthaltenen Regelung herauslesen, dass Beweismittel solche Gegenstände sind, welche für die laufende Untersuchung von Bedeutung sein können, weil sie zumindest möglicherweise zur Aufklärung der in Rede stehenden ⇨ Straftat beitragen können. Kurzformel: Beweismittel sind Gegenstände mit potenzieller Beweisbedeutung. Als Gegenstände kommen dabei primär *körperliche* Gegenstände in Betracht, also bewegliche oder unbewegliche Sachen, die unmittelbar oder mittelbar für die Tat oder die Umstände ihrer Begehung Beweis erbringen können (BGH, NStZ 1997, 247; OLG Düsseldorf, JMBlNRW 1979, 226). Zivilrechtliche Schranken spielen in diesem Zusammenhang keine Rolle; auch eine menschliche Leiche oder Leichenteile oder Tiere können daher Beweismittel im vorstehenden Sinne sein. Nach neuerer Auffassung kommen aber entgegen der früher vorherrschenden Ansicht unter Umständen auch *unkörperliche* Gegenstände als Beweismittel in Betracht. Dies gilt insbesondere für elektronische Dateien oder sonstige elektronisch erfasste Daten (BVerfG, NJW 2005, 1917; 2007, 3433). Bei diesen ist zugleich auch der physische Datenträger immer ein Beweismittel. Bei *Spuren* ist ebenfalls entweder die Spur selbst oder zumindest der Spurenträger ein Beweismittel (etwa die Tatwaffe, auf der sich ein Fingerabdruck befindet).
2. Auf das Bußgeldverfahren lässt sich die obige Begriffsbestimmung sinngemäß übertragen, da § 94 StPO im Rahmen der Erforschung und Verfolgung einer ⇨ Ordnungswidrigkeit entsprechend anwendbar ist (§§ 46 I, II, 53 I 2 OWiG).
3. In den verschiedenen Prozessrechten wird zudem der Terminus „Beweismittel" als zusammenfassender Oberbegriff verwendet,

welcher diejenigen Möglichkeiten bezeichnet, mit deren Hilfe in der betreffenden Prozessart ein notwendiger Beweis zulässigerweise geführt werden darf. So benennen z. B. die §§ 371 ff. ZPO als zulässige Beweismittel im Zivilprozess den Beweis durch Augenschein, den Zeugenbeweis, den Beweis durch Sachverständige, den Urkundenbeweis und den Beweis durch uneidliche oder eidliche Parteivernehmung. Die sonstigen Prozessordnungen (VwGO, FGO, SGG, ArbGG) enthalten vergleichbare Festlegungen. Und für das Verwaltungsverfahren bestimmt § 26 I VwVfG in ähnlicher Weise, dass als Beweismittel zur Aufklärung des Sachverhaltes insbesondere in Betracht kommen die Einholung von Auskünften jeder Art, die Anhörung von Beteiligten, die Vernehmung von Zeugen oder Sachverständigen, die Einholung schriftlicher oder elektronischer Äußerungen von Beteiligten, Sachverständigen oder Zeugen, die Beiziehung von Urkunden oder Akten sowie die Einnahme des Augenscheins. Zusätzlich erlaubt § 27 VwVfG – unter den dort genannten Voraussetzungen – die Abnahme einer Versicherung an Eides statt.

Beweiszeichen: ⇨ Urkunde.

Beziehungsgegenstände: Im Strafrecht seit jeher die übliche Bezeichnung für „tatnotwendige" Gegenstände, deren Besitz, Gebrauch oder Mitführung bereits nach dem Gesetzeswortlaut unerlässlich ist, um einen bestimmten ⇨ Straftatbestand zu erfüllen. Beziehungsgegenstand in diesem Sinne ist z. B. das vom Täter im Zustand der Fahruntüchtigkeit im Verkehr geführte Fahrzeug im Rahmen des § 316 StGB. Das Gesetz nennt derartige Gegenstände seit dem Inkrafttreten des Gesetzes zur Reform der strafrechtlichen Vermögensabschöpfung (BGBl. I 2017, 872) am 1.7.2017 nunmehr ⇨ Tatobjekte.
MERKE: Wie bisher schon gilt weiterhin die Regel, dass solche Beziehungsgegenstände oder Tatobjekte *nicht* dem allgemeinen Einziehungstatbestand des § 74 I StGB unterfallen. Vielmehr unterliegen sie gemäß § 74 II StGB n. F. (vorher: § 74 IV StGB) der Einziehung allein nach Maßgabe besonderer Vorschriften,

welche die Einziehung spezialgesetzlich vorschreiben oder zulassen. Fehlt eine solche Spezialermächtigung, ist die Einziehung des Beziehungsgegenstandes bzw. Tatobjekts also unzulässig. Damit entfällt auch die Möglichkeit einer zeitlich vorgelagerten einziehungssichernden Beschlagnahme auf der Grundlage des § 111b I StPO.

Bordpolizist: ⇨ Flugsicherheitsbegleiter.

Bundesflagge: Die Flagge der Bundesrepublik Deutschland, die bei den zu ihrer Führung berechtigten Schiffen als Nachweis der Staatszugehörigkeit dient und in diesem Zusammenhang dem ⇨ Staatszugehörigkeitszeichen bei ⇨ Luftfahrzeugen gleichsteht (vgl. § 4 StGB). Auf welche Schiffe dies im Einzelnen zutrifft, ist in den §§ 1, 2, 10, 11 des Flaggenrechtsgesetzes i. V. m. der Flaggenrechtsverordnung näher geregelt. Die Farben der Bundesflagge sind schwarz-rot-gold (Art. 22 II GG). Als staatliches Symbol und zugleich als Hoheitszeichen der Bundesrepublik Deutschland ist die Bundesflagge strafrechtlich besonders geschützt (§ 90a I Nr. 2, II StGB).

Bundesorgane: ⇨ Verfassungsorgane.

Bußgeldverfahren: ⇨ Fahrverbot, ⇨ Geldbuße, ⇨ Ordnungswidrigkeit.

Butterflymesser: Nach der in der Anlage 1 zum Waffengesetz enthaltenen ⇨ Legaldefinition solche Faltmesser, die einen zweigeteilten und schwenkbaren Griff besitzen (vgl. Anlage 1, Abschnitt 1, Unterabschnitt 2, Nr. 2.1.4). Umgangssprachlich wird das Butterflymesser auch als *Balisong* bezeichnet. Ob es ursprünglich von den Philippinen oder aus Frankreich stammt, ist unklar. Im geschlossenen Zustand umschließen die beiden Griffhälften die Klinge vollständig, sodass beim Transport des nicht einsatzfähigen Messers keine Verletzungsgefahr besteht. Derartige ⇨ Messer sind ⇨ Waffen i. S. d. § 1 II Nr. 2b WaffG,

weil sie die objektive Eignung aufweisen, die Angriffs- oder Abwehrfähigkeit von Menschen zu beseitigen oder herabzusetzen *und* weil sie gleichzeitig im Waffengesetz ausdrücklich genannt sind. Gemäß § 2 III WaffG i. V. m. der Anlage 2 zum Waffengesetz gehören Butterflymesser zu den verbotenen Waffen, d. h. der ⇨ Umgang mit ihnen ist – mit Ausnahme der ⇨ Unbrauchbarmachung – generell verboten (vgl. Anlage 2, Abschnitt 1, Nr. 1.4.3). Der Verstoß gegen dieses Umgangsverbot stellt eine ⇨ Straftat dar (vgl. § 52 III Nr. 1 WaffG). Dies gilt allerdings nach dem Feststellungsbescheid des BKA vom 19.12.2006 (– KT 21/SO 11-5164.01 – Z-76 –) nicht für sog. „Mini-Butterflymesser", die lediglich eine Klingenlänge bis zu 41 mm und eine Klingenbreite bis zu 10 mm aufweisen und die z. B. als Schlüsselanhänger verwendet werden. Diesen Mini-Messern fehlt aufgrund ihrer konkreten Beschaffenheit die Eignung, die Angriffs- oder Abwehrfähigkeit von Menschen zu beseitigen oder herabzusetzen; es handelt sich deshalb bei ihnen ausnahmsweise nicht um Waffen i. S. d. § 1 II Nr. 2b WaffG.
MERKE: Ebenfalls nicht verboten sind sog. „Trainings-Butterflymesser", die statt einer Klinge lediglich ein stumpfes Metallstück zwischen den Griffen haben, das weder zum Schneiden noch zum Stechen geeignet ist. Ferner sind erlaubt sog. „Butterfly-Kämme", die deshalb wie die Butterfly-Trainer z. B. im Internet legal bestellt und erworben werden dürfen.

Containern: Die umgangssprachliche Bezeichnung für die eigenmächtige ⇨ Wegnahme von Lebensmitteln, die von Supermärkten etc. als unverkäuflich ausgesondert wurden und deshalb in Containern oder sonstigen Müllbehältern zur Abholung bereitliegen. Obwohl sich Stimmen mehren, die ein solches Tun für nicht strafwürdig halten, steht die Rechtsprechung bis dato unverändert auf dem Standpunkt, dass ein derartiges Verhalten den Tatbestand eines Diebstahls erfüllt. Denn die Entsorgung von Lebensmitteln durch einen Supermarkt in einen Abfallcontainer kann nicht zwingend als Eigentumsaufgabe im Sinne einer ⇨ Dereliktion gedeutet werden (vgl. BayObLG, Beschl. vom

2.10.2019, – 206 STRR 1013/19 und 206 StRR 1015/19 –). Danach gilt: Steht ein solcher Behälter abgesperrt auf dem Firmengelände zur Abholung durch ein Entsorgungsunternehmen bereit, so ist offenkundig, dass keine Einwilligung in eine Mitnahme der Lebensmittel durch beliebige Dritte vorliegt. Vielmehr soll das Eigentum erkennbar nur zugunsten einer ganz bestimmten anderen Person – dem Entsorgungsunternehmen – aufgegeben werden. Die abgelagerten Lebensmittel bleiben also für unbefugte Dritte „fremde" Sachen. Diese Argumentation hat das BVerfG für verfassungsrechtlich hinnehmbar erachtet (Beschl. vom 5.8.2020, – 2 BvR 1985/19 –).
MERKE: Ggf. kommt in solchen Konstellationen sogar – in Abhängigkeit von den konkreten Tatumständen – ein Diebstahl im ⇨ besonders schweren Falle in Betracht, wenn z. B. Zäune überwunden oder verschlossene Behältnisse aufgebrochen werden. Allerdings wäre im Einzelfall zu prüfen, ob es sich bei den in Rede stehenden Lebensmitteln nicht um ⇨ geringwertige Sachen handelt, was nach § 243 II StGB die Annahme eines besonders schweren Falles ausschließen würde.

Datei: ⇨ Dateisystem.

Dateisystem: Im neuen, am 25.5.2018 in Kraft getretenen nationalen sowie europäischen Datenschutzrecht ist der frühere Begriff „Datei" ersetzt worden durch den neuen Terminus „Dateisystem". Nach der dafür geltenden ⇨ Legaldefinition ist ein Dateisystem jede strukturierte Sammlung personenbezogener Daten, die nach bestimmten Kriterien zugänglich sind, unabhängig davon, ob diese Sammlung zentral, dezentral oder nach funktionalen oder geografischen Gesichtspunkten geordnet geführt wird (so Art. 4 Nr. 6 DSGV = § 46 Nr. 6 BDSG). Anders als im früheren Recht gibt es keine explizite Unterscheidung mehr zwischen automatisierten Dateien bzw. Dateisystemen und nicht automatisierten Dateien bzw. Dateisystemen.
MERKE: Die obige Begriffsbestimmung erfasst zumindest grundsätzlich auch Akten und Aktensammlungen in elektroni-

scher Form sowie in Papierform, denn der amtliche Erwägungsgrund Nr. 15 S. 3 der Präambel der DSGV bestimmt in diesem Zusammenhang klarstellend: „Akten oder Aktensammlungen sowie ihre Deckblätter, die nicht nach bestimmten Kriterien geordnet sind, sollten nicht in den Anwendungsbereich dieser Verordnung fallen." Positiv formuliert: Akten und Aktensammlungen fallen durchaus in den Anwendungsbereich der DSGV, sofern sie nur nach bestimmten Kriterien geordnet sind. Für die meisten Akten bzw. Aktensammlungen dürfte zutreffen, dass sie einen strukturierten Inhalt aufweisen und damit i. S. d. DSGV nach bestimmten Kriterien geordnet sind.

Dauerdelikt: Eine Straftat, die tatbestandlich dadurch gekennzeichnet ist, dass der Täter einen von ihm begründeten rechtswidrigen Zustand aufrechterhält oder durch tatbestandserhebliche Handlungen weiter verwirklicht (BGHSt 42, 215, 216). Ein typisches Dauerdelikt ist damit insbesondere die ⇨ Freiheitsberaubung i. S. d. § 239 StGB. Hingegen stellt § 129 I StGB in der Variante der mitgliedschaftlichen Beteiligung an einer kriminellen Vereinigung kein Dauerdelikt im vorstehenden Sinne dar. Weil es für die Strafbarkeit nach der genannten Vorschrift nicht ausreicht, bloß Mitglied in einer Vereinigung zu sein, begründet die Tatsache der Mitgliedschaft allein keinen rechtswidrigen Zustand; vielmehr ist eine *Beteiligung als Mitglied* erforderlich, also eine aktive Förderungshandlung, in der sich die Eingliederung des Täters in die Organisation und seine Unterordnung unter deren Willen manifestiert (so BGH, Beschl. vom 9.7.2015, – 3 StR 537/14 –).

Defensivnotstand: Ein spezieller Unterfall des ⇨ rechtfertigenden Notstandes, der jedoch wie der ⇨ Aggressivnotstand nicht im StGB, sondern im BGB geregelt ist. Gemäß § 228 S. 1 BGB handelt im Defensivnotstand, wer eine fremde Sache beschädigt oder zerstört, um eine von dieser Sache drohende Gefahr von sich oder einem anderen abzuwenden, sofern die Einwirkung auf die Sache zur Gefahrabwendung erforderlich ist und der angerichte-

te Schaden nicht außer Verhältnis zur Gefahr steht. Ein solcher Defensivnotstand – auch „Sachwehr" genannt – stellt einen ⇨ Rechtfertigungsgrund dar, welcher die Rechtswidrigkeit der Einwirkung auf die fremde Sache zivil- wie strafrechtlich entfallen lässt. So handelt z. B. der Eigentümer einer Schafherde nicht rechtswidrig, wenn er einen Hund erschießt, der in seine Weide eingedrungen ist und sich in eines der Schafe verbissen hat (OLG Hamm, NJW-RR 1995, 279).
MERKE: Hat allerdings der Notstandstäter die abgewehrte Gefahr selbst verschuldet, so ist er gemäß § 228 S. 2 BGB dem Eigentümer der beeinträchtigten Sache zum Schadensersatz verpflichtet. § 228 S. 1 BGB genießt unter dem Gesichtspunkt der Spezialität Anwendungsvorrang vor § 34 StGB.

Dereliktion: In der Rechtssprache die Bezeichnung für die bewusste und gewollte Aufgabe des ⇨ Eigentums an einer Sache, mit der Folge, dass diese Sache fortan ⇨ herrenlos wird, mithin in niemandes Eigentum steht. Eine bewegliche Sache wird gemäß § 959 BGB herrenlos, wenn der Eigentümer in der Absicht, auf das Eigentum zu verzichten, den ⇨ Besitz an der Sache aufgibt. Wer eine derartige herrenlose bewegliche Sache in Eigenbesitz nimmt, erwirbt an ihr das Eigentum, sofern die Aneignung nicht gesetzlich verboten ist und die Besitzergreifung nicht das Aneignungsrecht eines anderen verletzt (§ 958 BGB). Auch bei Grundstücken ist eine Dereliktion möglich (vgl. § 928 BGB). Anders als die Aneignung stellt die Dereliktion ein Rechtsgeschäft dar und setzt deshalb Geschäftsfähigkeit des Aufgebenden voraus.
MERKE: Eine Dereliktion ist noch nicht erfolgt, wenn ein Bankmitarbeiter die von einem Kunden zurückgegebene EC-Karte innerhalb der Bank zwecks späterer Müllentsorgung in einen Abfallbehälter wirft. Die Eigentumsaufgabe erfolgt in einem solchen Falle vielmehr erst mit der Annahme des Abfalls durch den zuständigen Abfallentsorger. Bis zu diesem Zeitpunkt bleibt die EC-Karte für Dritte ein taugliches Diebstahlsobjekt (OLG Hamm, Krim 2011, 613). Der Eigentümer einer Sache, von der eine ⇨ Gefahr ausgeht, kann sich seiner polizeirechtlichen Zu-

standsverantwortlichkeit durch eine Dereliktion nicht entziehen, weil er nach Maßgabe der polizeirechtlichen Störervorschriften trotz der Eigentumsaufgabe für die nunmehr herrenlose Sache i. S. d. Gefahrenabwehrrechts verantwortlich bleibt (vgl. die Leitbildvorschrift des § 5 III ME PolG, welche in die Polizeigesetze von Bund und Ländern Eingang gefunden hat).

Deskriptive Tatbestandsmerkmale: Solche ⇨ Tatbestandsmerkmale, die äußere oder innere ⇨ Tatsachen, Zustände oder Vorgänge der realen Welt beschreiben und deren Bedeutungsgehalt – jedenfalls im Kern – aus sich selbst heraus verständlich ist (z. B. Mensch, Frau, Sache, Behältnis, Gebäude, Habgier, Bereicherungsabsicht, beschädigen, zerstören oder wegnehmen). Derartige „beschreibende“ Tatumstände bereiten zumindest in der Regel bei der Rechtsanwendung keine größeren Schwierigkeiten. Gleichwohl können auch bei deskriptiven Tatumständen unter Umständen Auslegungsprobleme auftreten. So war z. B. umstritten, ab welchem Lebensalter eine weibliche Person im Rahmen des § 81d StPO a. F. als „Frau“ i. S. d. genannten Vorschrift anzusehen war. Obwohl diese Norm zwischenzeitlich eine geschlechtsneutrale Fassung erhalten hat, stellt sich die gleiche Streitfrage immer noch, nunmehr bei der Interpretation des Merkmals „Person“, welches an die Stelle der Formulierung „Frau“ getreten ist.
MERKE: Den Gegenbegriff zu den deskriptiven Tatbestandsmerkmalen bilden die sog. ⇨ „normativen Tatbestandsmerkmale“.

Detektionssystem: ⇨ Sicherheitsscanner.

Deutscher: Nach Art. 116 I GG ist Deutscher, wer entweder die deutsche Staatsangehörigkeit besitzt oder aber als sog. „Statusdeutscher“ gilt. Zu den Statusdeutschen gehören Personen deutscher Volkszugehörigkeit, die als Flüchtlinge oder Vertriebene im Gebiet des ehemaligen Deutschen Reichs in denjenigen Grenzen Aufnahme gefunden haben, die am 31.12.1937 galten. Ebenfalls zu den Statusdeutschen werden die Ehegatten und Abkömmlin-

ge der eben genannten Personen gerechnet. Wer weder deutscher Staatsangehöriger noch Statusdeutscher im obigen Sinne ist, der ist notwendigerweise ⇨ Ausländer.
MERKE: Deutschstämmige Spätaussiedler sind so lange als Ausländer zu behandeln, wie sie keine Aufnahme in Deutschland gefunden haben.

Devolutiveffekt: Die Eigenschaft eines förmlichen Rechtsbehelfs, eine Rechtssache in die nächsthöhere Instanz zu bringen, welche nunmehr zur Entscheidung aufgerufen ist. Wenn ein förmlicher Rechtsbehelf sowohl einen Devolutiveffekt als auch einen ⇨ Suspensiveffekt auslöst, dann bezeichnet man diesen Rechtsbehelf als Rechtsmittel. Die gerichtlichen Rechtsbehelfe der Berufung und Revision stellen deshalb regelmäßig Rechtsmittel dar.

Diebesfalle: Die gezielte Schaffung einer „tatanreizenden" Situation, etwa das auffällige Bereitlegen von Lockbeute oder das Inverkehrbringen eines präparierten Fangbriefs durch die Polizei oder durch den Eigentümer, um auf diese Weise verdächtige, beschuldigte oder noch unbekannte Personen eines Diebstahls sicher zu überführen. Greift der Täter tatsächlich auf die Beute zu, so liegt im Regelfall mangels vollendeter ⇨ Wegnahme nur ein *versuchter* Diebstahl vor. Denn der Berechtigte ist zum Zwecke der sicheren Überführung des Täters mit dem Gewahrsamsübergang (freilich nicht mit der Zueignung!) einverstanden, sodass letztlich kein Gewahrsams*bruch* gegeben ist (st. Rspr., vgl. BGHSt 16, 271, 278; OLG Düsseldorf, NJW 1988, 83 = Krim 1988, 590; NStZ 1992, 237 = Krim 1993, 688). Das Verhalten des Täters ist damit als ⇨ Versuch am untauglichen Objekt zu bewerten.
MERKE: Ein *vollendeter* Diebstahl kommt beim Zuschnappen einer Diebesfalle. ausnahmsweise dann in Betracht, wenn zwar der Eigentümer, also der materiell Berechtigte, nicht aber der Gewahrsamsinhaber in das Vorhaben eingeweiht ist: Der ahnungslose Gewahrsamsinhaber kann aufgrund seiner Unkenntnis gar nicht mit einem möglichen Gewahrsamswechsel einverstanden

sein, sodass dann die Annahme einer Wegnahme und damit eines vollendeten Diebstahls zutreffend erscheint. Die Konstruktion einer Diebesfalle ist nach ganz h. M. rechtmäßig. Insbesondere liegt weder objektiv noch subjektiv eine strafbare ⇨ Anstiftung zu einer ⇨ Straftat vor.

Dienstgeheimnis: ⇨ Geheimnis.

Dienststelle: 1. I. S. d. Verwaltungsorganisationsrechts die Bezeichnung für einen abgegrenzten Teil einer ⇨ Behörde mit eigener Funktion. Eine Dienststelle in diesem Sinne ist also stets nur eine Organisationseinheit innerhalb der Aufbaustruktur einer Behörde. Dienststellen besitzen zwar eine gewisse organisatorische Eigenständigkeit, etwa im Hinblick auf Personal, Sachmittel, Räume, Gebäude, Bezeichnung und Leitung; sie handeln aber nach außen stets nur unselbstständig als Repräsentant derjenigen Behörde, der sie angehören.
2. I. S. d. präventiven oder repressiven Befugnisnormen, welche ausdrücklich oder konkludent die Mitnahme einer Person „zur Dienststelle" erlauben, bedeutet Dienststelle letztlich so viel wie jede Örtlichkeit, an welcher Polizeiaufgaben erfüllt werden und an welcher der mit der Mitnahme verfolgte Zweck realisiert werden kann. Dienststelle in diesem weiten Sinne meint also nicht nur Gebäude und deren Räumlichkeiten; es kann sich vielmehr ggf. auch um ein Polizeifahrzeug, eine mobile Führungszentrale oder eine Gefangenensammelstelle handeln.
MERKE: Regelmäßig stellt sich die Mitnahme einer Person zur Dienststelle als ein Unterfall des ⇨ Festhaltens dar. Ist eine Person bereits festgenommen oder in Gewahrsam genommen worden, dann stellt die faktische Mitnahme des Betroffenen zur Dienststelle keine eigenständige Maßnahme dar, sondern ist nichts weiter als die praktische Durchführung der ⇨ Festnahme oder ⇨ Ingewahrsamnahme.

Direkter Vorsatz: Im Strafrecht eine verbreitete Bezeichnung für die zweite Stufe des ⇨ Vorsatzes, die in der Fachsprache teilweise auch *dolus directus zweiten Grades* genannt wird. Kennzeichnend für diese Vorsatzart oder Vorsatzform ist der Umstand, dass der Täter weiß oder als sicher voraussieht, dass die Tatbestandsverwirklichung die Folge seines Tuns ist, ohne dass es ihm darauf unbedingt ankäme. Charakteristisch für den direkten Vorsatz ist also das sichere Wissen um die Erfüllung des gesetzlichen Tatbestands; das Willenselement tritt demgegenüber in den Hintergrund, ohne jedoch zu entfallen. Das Gesetz umschreibt diese zweitstärkste Variante des Vorsatzes regelmäßig mit den Worten „wissentlich" oder „wider besseres Wissen" (vgl. z. B. §§ 164 I, 164 II, 226 II 2. Alt., 258 I 2. Alt., 258 II 2. Alt. StGB).

Dominanzentscheidung: Die Ermittlung des Schwergewichts einer ⇨ doppelfunktionalen Maßnahme anhand bestimmter anerkannter Kriterien, um die Rechtsnatur der betreffenden Maßnahme zu bestimmen: Polizeirechtliches oder strafprozessuales Handeln? Als mögliche Beurteilungskriterien für die zu treffende Dominanzentscheidung kommen dabei nach der Rechtsprechung vor allem in Betracht der sog. Empfängerhorizont, d. h. die Sichtweise des von der Maßnahme Betroffenen, die Erklärung der Polizei selbst sowie die Sichtweise eines verständigen Bürgers in der Lage des Betroffenen (vgl. insbesondere BVerwGE 47, 255, 264 f.). Zum letztgenannten Kriterium hat der VGH BW ausgeführt (NVwZ-RR 1989, 412): *„Soweit der Grund des polizeilichen Handelns dem Betroffenen nicht von der Polizei selbst genannt wurde, ist für die Abgrenzung der Aufgabenbereiche der Polizei maßgebend, wie sich der konkrete Sachverhalt einem verständigen Bürger in der Lage des Betroffenen bei natürlicher Betrachtungsweise darstellt".* „Erklärung der Polizei" kann z. B. sein eine ausdrücklich mitgeteilte Begründung für die Maßnahme, eine dem Betroffenen erteilte Rechtsbehelfsbelehrung oder sonstige Belehrungen oder Hinweise. So wird z. B. der Hinweis auf das Recht zur Konsultation eines Strafverteidigers kaum auf Gefahrenabwehr hindeuten. Zumindest Indizcharakter hat die Verwendung festdefinierter Rechtsbegriffe: Die Bezeichnung einer Freiheitsentziehung als „Ingewahrsamnahme" deutet auf

Prävention, die Benennung als „Festnahme“ oder gar „Verhaftung“ auf Repression. Im Schrifttum wird ergänzend teilweise auf den „objektiv möglichen Zweck“ abgestellt, beurteilt nach der Sachlage, wie sie im Zeitpunkt des polizeilichen Handelns erkennbar war. Vereinzelt wird in der Literatur sogar eine Dominanzentscheidung für entbehrlich gehalten, was jedoch nicht überzeugt.
MERKE: In der Polizeipraxis wird häufiger eine „chronologische“ Bewertung des Geschehens vorgenommen: Rechtsgutsverletzung abgeschlossen, gerade stattfindend oder noch bevorstehend? Im erstgenannten Falle soll im Zweifel ein repressives Einschreiten vorliegen, in den beiden letztgenannten Fällen soll im Zweifel davon ausgegangen werden, dass es primär um Prävention geht. Jedoch kann diese chronologische Methode nur einen Anhalt liefern, denn manche eindeutigen Strafverfolgungsmaßnahmen wie etwa die ⇨ vorläufige Festnahme eines ⇨ auf frischer Tat betroffenen Täters haben unvermeidlich „präventive“ Nebeneffekte, indem sie weitere Rechtsgutsverletzungen quasi zwangsläufig unterbinden. Solche einer Maßnahme immanenten Automatismen vermögen jedoch den Rechtscharakter einer im Übrigen eindeutigen Strafverfolgungsmaßnahme nicht zu verändern.

Doppelfunktionale Maßnahmen: Solche polizeilichen Maßnahmen, die dadurch gekennzeichnet sind, dass sie objektiv betrachtet gleichzeitig präventive wie repressive Zwecke verfolgen („Gemengelage“). Beispiele: Die Überwältigung eines Geiselnehmers, die Ergreifung eines Randalierers, der einen Staatsakt durch die Begehung von Straftaten stört, die Durchsuchung eines auf frischer Tat betroffenen und potenziell gewalttätigen Straftäters. Wegen der strikten Trennung von Polizeirecht einerseits und Strafrecht andererseits bedürfen derartige Maßnahmen einer eindeutigen rechtlichen Zuordnung, namentlich mit Blick auf die jeweils unterschiedlich geregelten Eingriffsvoraussetzungen, Verfahrensweisen, Rechtsschutzmöglichkeiten, Kostenansprüche oder Ersatzansprüche.

MERKE: Besonders wichtig ist die zutreffende rechtliche Einordnung einer doppelfunktionalen Maßnahme für die Beurteilung der Rechtmäßigkeit einer ggf. notwendigen Zwangsanwendung, da sich die Durchsetzung von Präventivmaßnahmen teilweise nach anderen Vorschriften und Grundsätzen beurteilt als die Durchsetzung von Strafverfolgungsmaßnahmen. Die Rechtsnatur einer – schon getroffenen oder erst geplanten – doppelfunktionalen Maßnahme bedarf mithin stets der Klärung. Dabei ist nicht stets Gefahrenabwehr von Strafverfolgung abzugrenzen; die gleiche Problematik kann sich auch stellen, wenn sowohl Gefahrenabwehr als auch die Verfolgung von Ordnungswidrigkeiten in Betracht kommen.

Dringende Gefahr: Ein besonderer Unterfall der ⇨ konkreten Gefahr, der dann gegeben ist, wenn der Schadenseintritt unmittelbar oder jedenfalls in Bälde bevorsteht und wenn zugleich bedeutsame Rechtsgüter gefährdet erscheinen. Die dringende Gefahr in diesem Sinne ist gewissermaßen eine Kombination aus einer leicht abgeschwächten ⇨ gegenwärtigen Gefahr und einer ⇨ erheblichen Gefahr: Einerseits muss eine gewisse zeitliche Dringlichkeit bestehen, ohne dass freilich der Schadenseintritt unbedingt schon *unmittelbar* bevorstehen müsste; anderseits müssen besonders wichtige Rechtsgüter gefährdet sein. Das Gesetz verlangt nur an wenigen Stellen in spezifischen Zusammenhängen eine dringende Gefahr in diesem Sinne (vgl. etwa Art. 13 IV GG, § 45 IV BPolG).

Dringender Tatverdacht: Dringend ist ein bestehender ⇨ Tatverdacht immer dann, wenn jemand mit hoher Wahrscheinlichkeit als Täter oder Teilnehmer einer Straftat in Erscheinung getreten ist. Dringender Tatverdacht in diesem Sinne ist die höchste Verdachtsstufe, welche die StPO kennt. Nur in wenigen Zusammenhängen verlangt das Gesetz das Vorliegen dieser besonderen Verdachtsstufe (vgl. z. B. §§ 81 II 1, 112 I 1, 126a StPO). Vor allem der Erlass eines ⇨ Untersuchungshaftbefehls setzt dringenden Tatverdacht voraus. Dies ist für Polizeivollzugsbeamte namentlich im Rahmen des § 127 II StPO von Bedeutung. Dabei

setzt dringender Tatverdacht nach wohl allgemeiner Auffassung grundsätzlich auch die Prognose *schuldhaften* Täterverhaltens voraus. Daran fehlt es, wenn dringende Gründe für die Annahme sprechen, dass der Täter im Zustand der Schuldunfähigkeit gehandelt hat. Im Rahmen des § 127 II StPO hätte dann die Verweisung auf die Voraussetzungen eines Unterbringungsbefehls (§ 126a StPO) Vorrang.
MERKE: Für die Verdächtigeneigenschaft bedarf es (nur) eines einfachen ⇨ Anfangsverdachts, für die Beschuldigteneigenschaft eines ⇨ konkretisierten Tatverdachts und für die Erhebung der Anklage eines ⇨ hinreichenden Tatverdachts (vgl. § 170 I StPO: „genügender Anlass").

Drittausländer: Nach der in Art. 1 SDÜ enthaltenen ⇨ Legaldefinition i. S. d. Schengener Durchführungsübereinkommens jede Person, die nicht Staatsangehöriger eines Mitgliedstaats der Europäischen Gemeinschaften ist. Neuere Regelungswerke sprechen zumeist – etwas moderner – nicht mehr vom Drittausländer, sondern stattdessen vom ⇨ Drittstaatsangehörigen. Vgl. auch ⇨ Ausländer.

Drittstaatsangehöriger: Nach der in Art. 2 Nr. 6 SGK enthaltenen ⇨ Legaldefinition i. S. d. Schengener Grenzkodexes jede Person, die nicht Unionsbürger i. S. d. Art. 20 I AEUV ist und auch nicht unter Art. 2 Nr. 5 SGK fällt. „Unionsbürger" ist jeder Staatsangehörige eines EU-Staates. Unter Art. 2 Nr. 5 SGK fallen die sog. Freizügigkeitsberechtigten, also diejenigen Personen, die, ohne Unionsbürger zu sein, gleichwohl kraft Assoziierung an den Freizügigkeitsrechten der EU partizipieren. Dies trifft zu auf die Familienangehörigen von Unionsbürgern, auf die Staatsangehörigen der EWR-Staaten Norwegen, Island und Liechtenstein und deren Familienangehörige sowie auf die Staatsangehörigen der Schweiz und deren Familienangehörige.

Drohende Gefahr: Eine gesteigerte ⇨ gegenwärtige Gefahr. Bei der drohenden Gefahr hat entweder der Schadenseintritt bereits begonnen oder er steht mit Sicherheit oder zumindest höchstwahrscheinlich zeitlich unmittelbar bevor, mit der Folge, dass für den Erlass der an sich gebotenen Grundverfügung keine Zeit mehr verbleibt, sondern sofortiges Handeln erforderlich ist. Eine drohende Gefahr wird z. B. in den §§ 7 I, 11 I Nr. 3 BPolG, in § 6 II VwVG und in Art. 91 I, II GG verlangt.

Drohnen: Im zivilen Bereich die umgangssprachliche Bezeichnung für kleinere Fluggeräte, die entweder per Funk ferngesteuert werden oder sogar autonom fliegen können und zumeist mit Bild- oder Filmkameras oder mit anderen Sensoren ausgestattet sind. Sie werden verbreitet auch Flugdrohnen genannt. Das Gesetz selbst spricht allerdings nicht von Drohnen, sondern verwendet in unterschiedlichen Zusammenhängen unterschiedliche Begriffe, wie unbemannte Luftfahrzeuge, Flugmodelle, unbemannte Luftfahrtsysteme, Flugkörper mit Eigenantrieb oder unbemannte Fluggeräte. Zu polizeilichen Zwecken eingesetzte Drohnen bezeichnet man üblicherweise entweder als „unbemannte Luftfahrtsysteme“ oder man benutzt die englische Entsprechung „Unmanned Aircraft Systems“ (UAS). Die deutsche Polizei verwendet bis dato Drohnen als spezielles Einsatzmittel nur gelegentlich, und zwar vornehmlich zur Unterstützung von Einsatzkräften durch Aufklärung und Dokumentation. Der Einsatz von Drohnen durch die Polizei zur Beobachtung von Personen stellt unstreitig einen Eingriff in das Recht auf informationelle Selbstbestimmung dar und bedarf deshalb einer gesetzlichen Ermächtigungsgrundlage. Auf den nicht offenkundigen Einsatz einer polizeilichen Drohne zur Beobachtung von Fußballfans muss in unzweideutigerweise hingewiesen werden, z. B. durch entsprechende Hinweisschilder (VG Sigmaringen, Urt. vom 20.10.2020, – 14 K 7613/18 –).
MERKE: Rechtliche Vorgaben für Drohnen finden sich zwischenzeitlich sowohl auf europäischer Ebene – vgl. insbesondere die DVO (EU) 2019/947 – als auch im nationalen Recht. Die innerdeutschen Vorschriften betreffend unbemannte Fluggeräte verteilen sich auf verschiedene Gesetze bzw. Rechtsverordnungen. Die entsprechenden Bestimmungen sind seit dem Inkraft-

treten des Gesetzes zur Anpassung nationaler Regelungen an die DVO (EU) 2019/947 (BGBl. I 2021, 1766) am 18.6.2021 im Wesentlichen enthalten in den §§ 1 I, II 1 Nr. 9, II 3, 31 II Nr. 16 Buchstabe f, Nr. 16a-16d, Nr. 17, IIa, IIIa, 58 I Nr. 18, Nr. 19, II, 66a, 66b LuftVG, in den §§ 21 I Nr. 5, II Nr. 2, Nr. 5 + Abschnitt 5a (§§ 21a-21k) LuftVO und in den §§ 1 I Nr. 8a, 6 I Nr. 8a, 14 I 1, 19 III, 108 I Nr. 3 LuftVZO.

Drohung: Im Strafrecht versteht man unter einer Drohung ganz allgemein die gezielte Ankündigung eines Übels, dessen Eintritt der Drohende in der Hand zu haben vorgibt und das – tatsächlich oder vermeintlich – für den Fall eintreten soll, dass sich der Bedrohte nicht willfährig verhält. Ob die Drohung ernst gemeint ist, spielt keine entscheidende Rolle. Es reicht aus, dass der Bedrohte die Drohung ernst nehmen soll. Eine Drohung im vorstehenden Sinne stellt stets einen Angriff auf die Willensfreiheit des Bedrohten dar. Bei der Nötigung und Erpressung (§§ 240 I, 253 I StGB) reicht zur Tatbestandserfüllung bereits die Drohung mit einem ⇨ empfindlichen Übel. Bei Raub, räuberischer Erpressung und räuberischem Diebstahl (§§ 249, 255, 252 StGB) muss der Täter mit einer ⇨ gegenwärtigen Gefahr für Leib oder Leben drohen. Im Falle des Widerstandes gegen ⇨ Vollstreckungsbeamte reicht als eine Form der ⇨ Widerstandsleistung die Drohung mit ⇨ Gewalt. Im Falle der strafbaren Bedrohung i. S. d. § 241 StGB ist Gegenstand der Drohung die Begehung einer Straftat, die entweder gegen den unmittelbar Bedrohten oder gegen eine ihm nahestehende Person begangen werden soll.

Durchbeförderung: Von einer solchen spricht man im Ausländerrecht, wenn ausländische Staaten ⇨ Ausländer aus ihrem Hoheitsgebiet über das Bundesgebiet in einen anderen Staat zurückführen oder aus einem anderen Staat über das Bundesgebiet wieder zurücknehmen (vgl. § 74a S. 1 AufenthG). Eine Durchbeförderung bedarf stets einer entsprechenden Gestattung seitens der zuständigen deutschen Behörden.

Durchsetzungsgewahrsam: Ein Unterfall des Gewahrsams im polizeigesetzlichen Sinne, welcher speziell dazu dient, eine ⇨ Platzverweisung durchzusetzen (vgl. z. B. im Bundesrecht § 39 I Nr. 2 BPolG). Voraussetzung für einen solchen Durchsetzungsgewahrsam ist, dass sich die ⇨ Ingewahrsamnahme zur Durchsetzung des Platzverweises als *unerlässlich* erweist, weil z. B. der des Platzes Verwiesene beharrlich verbotswidrig immer wieder an den Ort des Geschehens zurückkehrt. Beim Durchsetzungsgewahrsam wird also – ungewöhnlicherweise – eine bestimmte polizeiliche Standardmaßnahme (nämlich der Platzverweis) mithilfe einer anderen Standardmaßnahme (nämlich der Ingewahrsamnahme) durchgesetzt.

Durchsicht von Papieren: ⇨ Papiere, ⇨ Sicherstellung.

Durchsuchung: 1. Ganz allgemein versteht man unter einer Durchsuchung die planmäßige Suche nach Personen, Sachen oder Spuren, die zunächst noch verborgen sind, derer man aber im Falle ihres Vorhandenseins habhaft werden möchte. Die Durchsuchung kann der Gefahrenabwehr oder Strafverfolgung dienen. Sie kann sich auf Personen, auf Wohnungen oder andere Räumlichkeiten oder auf Fahrzeuge sowie andere Sachen beziehen. Dementsprechend kann man im Wesentlichen zwischen Personen-, Raum- und Sachdurchsuchung unterscheiden. Ein im Gesetz häufiger hervorgehobener Unterfall der Sachdurchsuchung ist die Durchsuchung „mitgeführter Sachen".
2. Speziell unter der Durchsuchung einer Person versteht man die gezielte Suche nach Sachen oder Spuren, die in, an oder unter der Kleidung, auf der Körperoberfläche oder in denjenigen natürlichen Körperöffnungen verborgen sein können, die ohne Weiteres einsehbar sind (Mund, Nase, Ohren, Bauchnabel, Achselhöhlen). Die Durchsuchung der von einer Person getragenen Kleidung gilt stets als Personendurchsuchung. Ebenso stellt das sog. ⇨ Abtasten eines Menschen einen Unterfall der Personendurchsuchung dar.
3. Speziell unter einer Wohnungsdurchsuchung versteht das BVerfG „das ziel- und zweckgerichtete Suchen staatlicher Orga-

ne nach Personen oder Sachen oder zur Ermittlung eines Sachverhalts, um etwas aufzuspüren, was der Inhaber der Wohnung nicht von sich aus offen legen oder herausgeben will“ (so BVerfGE 51, 97, 106, im Anschluss an die Rechtsprechung des BVerwG, vgl. BVerwGE 47, 31, 37; ebenso BVerwG, NJW 2005, 454, 455). Die Durchsuchung einer Wohnung erschöpft sich also nicht in einem Betreten der Wohnung, sondern umfasst als zweites Element die Vornahme von Handlungen in den Räumen (BVerfGE 76, 83, 89). Die Durchsuchung fungiert stets als Mittel zum Auffinden und Ergreifen einer Person, zum Auffinden, Sicherstellen oder zur Beschlagnahme einer Sache oder zur Verfolgung von Spuren. Eine Wohnung kann durchaus auch zur Vornahme anderer Amtshandlungen betreten werden. So ist z. B. die Besichtigung einer Wohnung zur Feststellung, ob der Inhaber seinen Beruf ordnungsgemäß ausübt, keine Durchsuchung der Wohnung. Dazu das BVerwG, NJW 2005, 454, 455: *„Kennzeichnend für die Durchsuchung ist demgegenüber die Absicht, etwas nicht klar zu Tage Liegendes, vielleicht Verborgenes aufzudecken oder ein Geheimnis zu lüften […]. Dem gemäß macht die beim Betreten einer Wohnung unvermeidliche Kenntnisnahme von Personen, Sachen oder Zuständen den Eingriff in die Wohnungsfreiheit noch nicht zu einer Durchsuchung.“* Eine Wohnungsdurchsuchung setzt begrifflich das Betreten von Räumen voraus, also ein physisches Eindringen in die Räumlichkeit. Das bloße Hineinleuchten mit der Taschenlampe in ein dunkles Zimmer, verbunden mit dem bloßen Hineinsehen in den Raum, kann deshalb noch nicht als Wohnungsdurchsuchung gewertet werden (BGH, Beschl. vom 6.5.2024, – 5 StR 550/23 = HRRS 2024 Nr. 762 –).
MERKE: Die Nachschau *im Intimbereich* eines Menschen wird bereits allein aufgrund ihrer Eingriffsintensität von der Rechtsprechung als körperliche *Unter*suchung eingestuft, was zutreffend erscheint (BayVGH, NVwZ-RR 1999, 310). Diese spezifische Art der Nachschau fällt also *nicht* in den Anwendungsbereich der präventiven oder repressiven Durchsuchungsvorschriften. Eine grobe Missachtung des Richtervorbehalts, die darin liegt, dass ein Durchsuchungsbefehl nicht beantragt wird, obwohl dies nach

den Umständen objektiv möglich und rechtlich geboten gewesen wäre, löst ein Beweisverwertungsverbot aus (BGH, Beschl. vom 21.4.2016, – 2 StR 394/15 = Krim 2018, 38 –, betreffend die Durchsuchung eines Pkw eines Tatverdächtigen ohne richterliche Anordnung). Dies gilt auch dann, wenn davon ausgegangen werden kann, dass der Richter im Falle seiner Einschaltung einen entsprechenden Durchsuchungsbeschluss erlassen hätte: Der Einwand eines hypothetisch rechtmäßigen Ermittlungsverlaufs ist also nach Ansicht des BGH in der geschilderten Konstellation irrelevant. Wenn im Rahmen einer rechtmäßigen strafprozessualen Wohnungsdurchsuchung Sachschäden entstehen, kommt ein Entschädigungsanspruch des betroffenen Eigentümers aus enteignendem Eingriff in Betracht, sofern das vom Eigentümer erbrachte Sonderopfer die Schwelle des Zumutbaren überschreitet (OLG Hamm, Urt. vom 20.12.2024, – 11 U 56/24 –). Auf polizeigesetzliche Entschädigungsansprüche (vgl. z. B. §§ 51 ff. BPolG) kann in diesem Zusammenhang nicht zurückgegriffen werden, weil diese ausschließlich bei präventiv-polizeilichen Maßnahmen anwendbar sind.

Echte Unterlassungsdelikte: ⇨ Unterlassungsdelikte.

ECRIS: Das Akronym steht für *European Crime Records Information System*, übersetzt „Europäisches Strafregisterinformationssystem“. Dieses elektronische Datenübermittlungssystem dient seit 2012 dem EU-weiten Informationsaustausch über Strafregistereintragungen. Es gewährleistet den Zugang zu den einzelnen nationalen Strafregistern und stellt so sicher, dass die in den Einzelregistern der Mitgliedstaaten enthaltenen Informationen online auf einheitliche, schnelle und zuverlässige Weise innerhalb der EU ausgetauscht werden können. So ist es möglich, Kenntnis von eventuellen früheren Verurteilungen eines aktuell ⇨ Beschuldigten zu erhalten, und zwar auch dann, wenn die Vorverurteilung nicht im gegenwärtigen Ermittlungsstaat, sondern in einem anderen EU-Staat erfolgt und deshalb dort registriert ist. Nach Maßgabe der jeweiligen nationalen Rechtsvorschriften kann der Informationsaustausch über ECRIS ggf. auch für außerstrafrechtliche Zwecke erfolgen, wie z. B. das Einbürgerungsverfahren, das Asylverfahren, die Waffenscheinerteilung oder die Kindesadoption. MERKE: ECRIS wurde durch den Beschluss des Rates 2009/316/JI errichtet und wird gemäß den Vorgaben des Rahmenbeschlusses 2009/315/JI betrieben. In Deutschland fungiert das Bundesamt für Justiz mit Sitz in Bonn als für den Datenaustausch zuständige Zentralstelle. ECRIS wird seit 2019 ergänzt durch das System ⇨ ECRIS-TNC.

ECRIS-TNC: Ein elektronisches System zur Ermittlung derjenigen Mitgliedstaaten der EU, in denen Informationen über frühere strafgerichtliche Verurteilungen von ⇨ Drittstaatsangehörigen sowie Staatenlosen vorliegen. ECRIS-TNC steht für *European Crime Records Information System – Third Country National*. Dieses System ergänzt seit 2019 das europäische Strafregisterinformationssystem ⇨ ECRIS. Rechtsgrundlage für die Einrichtung und den Betrieb von ECRIS-TNC ist die VO (EU) 2019/816, welche durch die VO (EU) 2019/818 geändert worden ist. Zur Umsetzung der Vorgaben der ECRIS-TNC-Verordnung wurde § 81b StPO mit Wirkung zum 1.10.2022 stark erweitert (vgl. § 81b II-V StPO n. F.).

EES: Die Kurzbezeichnung für das derzeit im Aufbau befindliche Entry-/Exit-System, also für das elektronische Ein- und Ausreise-System der Europäischen Union. Entwickelt und betrieben wird das EES von ⇨ eu-LISA. Im EES werden künftig die Ein- und Ausreisen von ⇨ Drittstaatsangehörigen in den Schengen-Raum erfasst, sofern diese lediglich für einen sog. „Kurzaufenthalt" in den Schengen-Raum einreisen. Außerdem sollen Einreiseverweigerungen zu Lasten von Drittstaatsangehörigen an den Außengrenzen im EES vermerkt werden. Die zentrale elektronische Erfassung der betreffenden Daten erleichtert die Berechnung der noch zulässigen Aufenthaltsdauer von eingereisten Personen im Schengen-Raum. Irreguläre Migration kann mithilfe des EES einfacher entdeckt werden. Zudem ist die Erkennung undokumentierter Reisender bei Kontrollen im Schengen-Raum über das EES anhand biometrischer Identifikatoren leichter. Die Rechtsgrundlage für das EES bildet die VO (EU) 2017/2226. Durch die zeitgleich erlassene VO (EU) 2017/2225 wurde der ⇨ Schengener Grenzkodex (SGK) an das EES angepasst. Das EES sollte eigentlich bereits seit Jahren im Wirkbetrieb sein, jedoch musste die Einführung des Systems immer wieder verschoben werden. Ein genaues Startdatum ist derzeit nicht bekannt.

Effekten: ⇨ Asservat.

Eigentum: 1. Im Bürgerlichen Recht die Bezeichnung für das absolute, d. h. gegenüber jedermann wirkende Herrschafts- und Verfügungsrecht über eine Sache. Der Inhaber dieses dinglichen (sachenrechtlichen) Vollrechts wird Eigentümer genannt; dieser ist im Rechtssinne streng vom Besitzer oder Gewahrsamsinhaber zu unterscheiden (vgl. ⇨ Besitz und ⇨ Gewahrsam). Das Wesen des Eigentums in diesem Sinne wird in § 903 BGB wie folgt umschrieben: Der Eigentümer hat das Recht, mit der ihm gehörenden Sache nach Belieben zu verfahren und Dritte von jeder Einwirkung auf die Sache auszuschließen, soweit nicht das Gesetz oder Rechte Dritter entgegenstehen. Die „beschränkten" dinglichen Rechte wie Nießbrauch, Hypothek oder Grundschuld lassen sich als rechtlich verselbstständigte Abspaltungen aus dem Vollrecht Eigentum interpretieren.
2. Im weiten verfassungsrechtlichen Sinne des Art. 14 GG versteht man unter Eigentum jede vermögenswerte Rechtsposition, die unter dem Schutze der Rechtsordnung steht. Dieser verfassungsrechtliche Eigentumsbegriff schließt das Eigentum im obigen engen Sinne des bürgerlichen Rechts mit ein, geht aber über dieses noch hinaus. Zum Eigentum im verfassungsrechtlichen Sinne gehören insbesondere auch Forderungen und andere Ansprüche des privaten Rechts, beschränkte dingliche Rechte wie Nießbrauch, Hypothek oder Pfandrecht, ferner Anwartschaften, der berechtigte Besitz und auch das Recht am eingerichteten und ausgeübten Gewerbebetrieb.

MERKE: Im sachenrechtlichen Sinne des BGB „gehört" eine Sache stets dem Eigentümer; wer dies ist, richtet sich nach den bürgerlich-rechtlichen Vorschriften über den Erwerb und Verlust des Eigentums. Im speziellen Sinne des § 102 StPO – betreffend die Durchsuchung beim Verdächtigen – bezieht sich der Begriff „gehören" jedoch auf die aktuellen Gewahrsamsverhältnisse und *nicht* auf das Eigentum: Dem Verdächtigen „gehören" Sachen i. S. d. § 102 StPO dann, wenn er über sie nach den erkennbaren Umständen eine willensgetragene Sachherrschaft ausübt. In § 274 I Nr. 1 StGB hingegen bezieht sich der Begriff „gehören" nach wohl allgemeiner Meinung auf die sog. Beweisführungsbefugnis: Eine Urkunde „gehört" i. S. d. genannten Vorschrift demjenigen, der berechtigt ist, mit der Urkunde im Rechtsverkehr Beweis zu erbringen. Bei Personalausweisen, Reisepässen, anderen Pässen, Passersatzpapieren und sonstigen Ausweisen ist dies stets derjenige, auf den das Ausweispapier ausgestellt ist: Dieser Person „gehört" i. S. d. § 274 I Nr. 1 StGB der Ausweis als Urkunde, unabhängig von den sachenrechtlichen Eigentumsverhältnissen am Ausweis.

Eigentumsaufgabe: ⇨ Dereliktion.

Einbrechen: ⇨ Einbruchsdiebstahl.

Einbruchsdiebstahl: Ein erschwerter Fall des Diebstahls, der dadurch gekennzeichnet ist, dass der Täter zur Ausführung der Tat in ein ⇨ Gebäude, einen Dienst- oder Geschäftsraum oder einen anderen umschlossenen Raum oder aber in eine ⇨ Wohnung einbricht, einsteigt, mit einem falschen Schlüssel oder einem anderen nicht zur ordnungsgemäßen Öffnung bestimmten Werkzeug eindringt oder sich in der betreffenden Räumlichkeit verborgen hält (vgl. § 243 I 2 Nr. 1 bzw. § 244 I Nr. 3 StGB). Die in § 243 I 2 Nr. 1 StGB bezeichneten Erscheinungsformen des Einbruchsdiebstahls stellen besonders schwere Fälle des Diebstahls in Gestalt sog. ⇨ Regelbeispiele dar, die lediglich eine Modifizierung des § 242 StGB auf der Rechtsfolgenseite bewirken. Beim Wohnungseinbruchsdiebstahl i. S. d. § 244 I Nr. 3 StGB hingegen handelt es sich um einen echten Qualifikationstatbestand, der den Grundtatbestand des Diebstahls unter dem Gesichtspunkt der ⇨ Spezialität verdrängt.

MERKE: Als *umschlossener Raum* gilt jede Räumlichkeit unter Einschluss von Grundflächen, die zumindest auch zum Betreten durch Menschen bestimmt ist und außerdem Vorrichtungen aufweist, die das Eindringen von Unbefugten verhindern sollen und zugleich objektiv geeignet sind, ein solches Eindringen nicht unerheblich zu erschweren (z. B. Höfe, Gärten, Obstplantagen, Lagerplätze, Friedhöfe zur Nachtzeit, umzäunte Weiden, sofern die Umzäunung auch dem Fernhalten Unbefugter dient, Schiffe, Wohnwagen, Eisenbahnwaggons, das Innere von Fahrzeugen sowie Teile eines Gebäudes wie Zimmer, Kammern, Keller oder Dachböden. *Einbrechen* ist das gewaltsame – nicht notwendigerweise substanzverletzende – Öffnen einer dem Zutritt entgegenstehenden Umschließung. *Einsteigen* ist jedes Betreten der geschützten Räumlichkeit durch eine Öffnung, die nicht zum ordnungsgemäßen Eintritt bestimmt ist, und zwar unter Überwindung von Hindernissen oder Schwierigkeiten, die sich aus den baulichen Gegebenheiten ergeben und die das Hineingelangen nicht unerheblich erschweren. Ein *falscher Schlüssel* ist ein solcher, der zur Tatzeit vom Berechtigten nicht oder nicht mehr zum Öffnen des betreffenden Verschlusses bestimmt ist, also insbesondere der nachgemachte oder entwidmete Schlüssel. Nicht erfasst wird die missbräuchliche Verwendung des richtigen Schlüssels. Auch Schlüssel in Codekartenform (wie z. B. mittlerweile in vielen Hotels üblich) sind Schlüssel im vorstehenden Sinne. Ein *anderes nicht zur ordnungsgemäßen Öffnung bestimmtes Werkzeug* ist etwa der Dietrich oder ähnliche Gerätschaften, die zum regelwidrigen Öffnen von Schlössern bestimmt und/oder geeignet sind, ohne Schlüssel zu sein. *Eindringen* ist jedes Betreten der geschützten Räumlichkeit in der Weise, dass sich der Eindringende einen festen Stützpunkt innerhalb des Raumgebildes verschafft, indem er z. B. einen Fuß in die Tür stellt. Das gleichzeitig notwendige Handeln ohne oder gegen den Willen des

Berechtigten folgt hier bereits aus dem Gebrauch eines falschen Schlüssels oder der Verwendung eines anderen Werkzeugs, das nicht zur ordnungsgemäßen Öffnung des Schlosses bestimmt ist.

Eindringen: ⇨ Widerrechtliches Eindringen, ⇨ Einbruchsdiebstahl.

Einfuhr von Betäubungsmitteln: In Ermangelung einer ⇨ Legaldefinition zum Einfuhrbegriff im BtMG ist unter Einfuhr von ⇨ Betäubungsmitteln in Anlehnung an das Internationale Einheitseinkommen von 1961 jedes tatsächliche Verbringen eines Betäubungsmittels in das deutsche Hoheitsgebiet zu verstehen. Ohne Bedeutung ist dabei, ob der Täter eine zugelassene Grenzübergangsstelle passiert hat, sich einer Zollkontrolle unterzogen oder diese umgangen hat oder ob er schlicht über die „grüne Grenze" oder über die See- bzw. Luftgrenze nach Deutschland gelangt ist. MERKE: Dieser betäubungsmittelrechtliche Einfuhrbegriff umfasst nicht nur das persönliche – eigenhändige – Verbringen des Betäubungsmittels ins Inland, sondern auch das vom Täter veranlasste Verbringen durch Dritte, wie etwa Kuriere oder Postdienste oder ahnungslose Reisende, denen das Betäubungsmittel heimlich untergeschoben worden ist. Ebenso wird erfasst das Verbringen nach Deutschland mit Hilfe von Tieren, z. B. durch den Einsatz von Hunden oder Brieftauben, oder – neuerdings – mithilfe sog. „Drohnen". Übrigens dürfen Betäubungsmittel auch im legalen Einfuhrverkehr (vgl. § 11 I 2 BtMG) nur über eine vom Bundesministerium der Finanzen bestimmte Zollstelle eingeführt werden (§ 4 BtMAHV).

Einsperren: Eingesperrt i. S. d. § 239 I StGB wird ein ⇨ Mensch dann, wenn er durch äußere Vorrichtungen objektiv daran gehindert wird, einen umschlossenen Raum zu verlassen. Bei den äußeren Vorrichtungen muss es sich nicht notwendigerweise um mechanische Hindernisse handeln wie z. B. Türen oder Gitter; es genügt bereits ein Verschluss des Ausgangs im Wege der Bewachung.

MERKE: Die im Gesetzestext besonders hervorgehobene Freiheitsberaubung durch „Einsperren“ stellt lediglich ein gesetzliches Beispiel dar, die eine besonders geläufige Tatvariante beschreibt. Eine Freiheitsberaubung kann daneben auch „in sonstiger Weise“ erfolgen, etwa durch Betäuben, Fesseln oder Anketten, durch andere Formen der Gewaltanwendung, durch Drohung oder durch die Anwendung von List.

Einsteigen: ⇨ Einbruchsdiebstahl.

Einstweilige Beschlagnahme: ⇨ Beschlagnahme, ⇨ Zufallsfunde.

Einvernehmen: Ein staatliches Organ handelt „im Einvernehmen“ mit einem anderen staatlichen Organ, wenn es sich mit dem anderen Organ zuvor über die in Aussicht genommene Vorgehensweise verständigt hat. Einvernehmen ist damit mehr als bloßes ⇨ Benehmen; beim Einvernehmen müssen die beteiligten Stellen einen *Konsens* über das zu wählende Vorgehen erzielen. Verlangt das Gesetz die Herstellung eines solchen Einvernehmens, dann darf erst gehandelt werden, wenn die Zustimmung der anderen Stelle auch tatsächlich vorliegt, weil es zu einer entsprechenden Übereinkunft gekommen ist. Im bundespolizeilichen Tätigkeitsbereich verlangt das Gesetz ein Handeln im Einvernehmen mit anderen Stellen z. B. in den §§ 2 I, 5 I, 66 I, 67 I BPolG.

Einziehung: Im Strafrecht die gesetzliche Bezeichnung für den Übergang des ⇨ Eigentums an einer Sache oder den Übergang eines sonstigen Rechts auf den Staat aufgrund gerichtlicher Anordnung als Folge strafbaren Handelns. Die Einziehung stellt sich damit als strafrechtliche Nebenfolge (i. w. S) dar. In § 11 I Nr. 8 StGB wird sie schlicht als „Maßnahme“ eingeordnet. Es handelt sich bei der Einziehung um eine sog. „Judikativenteignung“, also um eine Enteignung nicht durch Gesetz, sondern durch Richterspruch. Die Einziehung verfolgt teils strafähnliche und teils präventive Zwecke. Sie kann unmittelbar im Strafurteil selbst angeordnet werden, was der Regelfall ist. Sie kann aber auch in der Form einer selbstständigen Einziehung erfolgen, also unabhängig von einer Verurteilung (§ 76a StGB, vgl. auch ⇨ Selbständiges Verfahren). Die Rechtsgrundlage für die strafrechtliche Einziehung bilden in erster Linie die §§ 73 ff. StGB, die durch das Gesetz zur Reform der strafrechtlichen Vermögensabschöpfung vom 13.4.2017 (BGBl. I 2017, 872) mit Wirkung zum 1.7.2017 erheblich umgestaltet worden sind. MERKE: Seit dem eben genannten Datum unterscheidet das Gesetz systematisch zwischen 1. der Einziehung von ⇨ Taterträgen (§ 73, früher „Verfall" genannt), 2. der Einziehung von ⇨ Tatprodukten und ⇨ Tatmitteln (§ 74 I, III StGB) sowie 3. der Einziehung von ⇨ Tatobjekten (§ 74 II, III StGB), wobei die Letzteren in Rechtsprechung und Literatur herkömmlich meist als ⇨ Beziehungsgegenstände bezeichnet werden. Die Wirkungen der Einziehung sind in § 75 StGB normiert. Die Einziehung kann lediglich zugelassen oder gesetzlich vorgeschrieben vorschrieben sein. Aber selbst dann, wenn das Gesetz die Einziehung obligatorisch anordnet (vgl. etwa § 54 I WaffG), ist das Gericht gleichwohl gehalten, in jedem Einzelfall das verfassungsrechtlich garantierte Übermaßverbot zu beachten, welches die an sich vorgeschriebene Einziehung im konkreten Einzelfall unzulässig machen kann (BGH, NStZ 1981, 104; BayObLG, NStZ-RR 2001, 281). Die sich aus dem Gesetz ergebende grundsätzliche Bindungswirkung kann also in Ausnahmefällen durchbrochen werden.

Eisenbahn: 1. Nach der in § 2 I AEG enthaltenen ⇨ Legaldefinition sind Eisenbahnen öffentliche Einrichtungen oder privatrechtlich organisierte Unternehmen, die entweder als Eisenbahn*verkehrsunternehmen* darauf ausgerichtet sind, Eisenbahnverkehrsleistungen zu erbringen, oder die als Eisenbahn*infrastrukturunternehmen* eine Eisenbahninfrastruktur betreiben. Dabei versteht man unter Eisenbahnverkehrsleistungen die Beförderung von Personen oder Gütern auf einer Eisenbahninfrastruktur (§ 2 II 1 AEG). Die Eisenbahninfrastruktur ihrerseits umfasst die Betriebsanlagen der Eisenbahnen einschließlich der Bahnstromfernleitungen (§ 2 III AEG). Zu den Eisenbahnbetriebsanlagen ge-

hören insbesondere auch die Schienenwege (arg. e § 2 IIIa AEG). Eisenbahn i. S. d. § 2 I AEG ist zunächst die Deutsche Bahn AG als eine ⇨ Eisenbahn des Bundes. Eisenbahn i. S. d. § 2 I AEG sind aber daneben auch die vielen Regionalbahngesellschaften, die als private Träger ebenfalls im eigenen Namen und auf eigene Rechnung Eisenbahnverkehrsleistungen erbringen.
2. Eisenbahn im spezifischen Sinne des § 305 I StGB ist entgegen dem sonst üblichen Wortsinn nicht der auf den Schienen stattfindende Eisenbahnverkehr bzw. -betrieb, sondern der Schienenkörper mitsamt seinen Nebenanlagen als „Bauwerk“. Dies ergibt sich sowohl aus der amtlichen Paragrafenüberschrift („Zerstörung von Bauwerken“) als auch aus der Aufzählung der in § 305 I StGB genannten Tatobjekte, die alle dem Oberbegriff des Bauwerks zugeordnet werden können („oder ein anderes Bauwerk“). Die in der Vorschrift ebenfalls aufgeführten Schiffe bilden dabei entgegen dem ersten Anschein keine Ausnahme, denn gemeint sind damit an dieser Stelle nur die großen Seeschiffe, die i. S. d. bürgerlichen Rechts als „Schiffsbauwerke“ gelten. „Eisenbahn“ i. S. d. § 305 I StGB ist damit letztlich nur der Gleiskörper und alles, was damit technisch-baulich im Zusammenhang steht (Signalanlagen, Weichen, Oberleitungen etc.). Angriffe auf Lokomotiven, Waggons oder ganze Züge hingegen fallen (nur) in den Anwendungsbereich der §§ 303, 304, 315, 316b StGB.

Eisenbahnen des Bundes: Solche ⇨ Eisenbahnen, die ganz oder zumindest mehrheitlich im Eigentum des Bundes stehen (vgl. Art. 73 I Nr. 6a GG). Es handelt sich also dann um eine Eisenbahn *des Bundes*, wenn die Bundesrepublik Deutschland als juristische Person des öffentlichen Rechts der Inhaber bzw. Eigentümer der betreffenden Eisenbahn ist. Dies ist namentlich im Falle der Deutschen Bahn AG gegeben, weil der Bund derzeit der alleinige Inhaber der Bahnaktien ist. Im Falle eines Börsenganges der DB AG würde es ausreichen, wenn der Bund weiterhin zumindest eine Mehrheit der Bahnaktien hält, sodass er unverändert einen maßgeblichen Einfluss auf das Unternehmen behält. Vgl. auch ⇨ Gebiet der Bahnanlagen.

MERKE: Wenn die DB AG in ihrem Eigentum stehende Schienenwege an ein anderes privates Eisenbahnunternehmen verpachtet, welches dann auf den gepachteten Schienenwegen Beförderungsleistungen im eigenen Namen erbringt, dann gehören diejenigen Grundflächen, auf denen sich die Schienenwege befinden, nach wie vor zum „Gebiet der Bahnanlagen der Eisenbahnen des Bundes“ i. S. d. §§ 3 I, 12 I Nr. 5 BPolG. Denn am Eigentum der DB AG an den Schienenwegen und damit an der mittelbaren Rechtsinhaberschaft des Bundes ändert sich durch eine solche Verpachtung nichts. Denkmodell: Die Schienenwege gehören unverändert der DB AG, und diese gehört weiterhin dem Bund. Die bundespolizeilichen präventiven wie repressiven Zuständigkeiten im Rahmen der Aufgabe „Bahnpolizei“ bestehen also in diesen Fällen unverändert fort.

Elektro-Tretroller: ⇨ E-Scooter.

Empfindliches Übel: Im Rahmen von Nötigung und Erpressung (§§ 240 I, 253 I StGB) jeder Nachteil von einiger Erheblichkeit, der nach der Verkehrsanschauung geeignet erscheint, die Willensbildung des Genötigten i. S. d. Täters zu beeinflussen. Die ⇨ Drohung mit einem empfindlichen Übel stellt neben der Anwendung von ⇨ Gewalt ein sog. „Nötigungsmittel“ dar. Insbesondere die Androhung von Gewalt oder einer sonstigen Straftat wird regelmäßig als Drohung mit einem empfindlichen Übel im vorstehenden Sinne zu bewerten und damit tatbestandsmäßig sein.

Entry-/Exit-System: ⇨ EES.

Entschließungsermessen: ⇨ Ermessen.

Entschuldigender Notstand: Der in § 35 StGB geregelte Entschuldigungsgrund, der zwar nicht die Rechtswidrigkeit der Tat, wohl aber die Schuld des Täters ausschließt, mit der Folge, dass dieser nicht bestraft wird, obwohl er eine i. S. d. Strafgesetze tatbestandsmäßige und rechtswidrige Tat begangen hat. Voraus-

setzung für eine solche Entschuldigung ist nach § 35 I 1 StGB, dass der Täter in einer gegenwärtigen, nicht anders abwendbaren Gefahr für Leib, Leben oder Freiheit eine rechtswidrige Tat begangen hat, um die ⇨ Gefahr von sich, einem ⇨ Angehörigen oder einer anderen ihm nahestehenden Person abzuwenden.
MERKE: Auf einen entschuldigenden Notstand kann sich aber gemäß § 35 I 2 derjenige nicht berufen, der aufgrund besonderer Umstände gefahrtragungspflichtig war, mit der Folge, dass es ihm zugemutet werden konnte, die Gefahr hinzunehmen. Diese rechtliche Verpflichtung zur Gefahrtragung kann sich insbesondere aus dem Umstand ergeben, dass der Täter die Gefahr selbst verursacht hatte oder daraus, dass der Täter in einem besonderen Rechtsverhältnis stand, welches ihn zur Gefahrtragung verpflichtete (z. B. als Polizist, Feuerwehrmann, Bodyguard). Der entschuldigende Notstand gehört rechtssystematisch zu den sog. ⇨ „Schuldausschließungsgründen".

Entschuldigungsgründe: ⇨ Schuldausschließungsgründe.

Entziehen: Ein Entziehen i. S. d. § 235 StGB setzt voraus, dass der Täter dem Berechtigten die Ausübung des Personensorgerechts dadurch unmöglich macht, dass er – der Täter – den ⇨ Minderjährigen bzw. das ⇨ Kind für eine gewisse Dauer räumlich vom Berechtigten trennt.
MERKE: Der Trennungszeitraum muss von einiger Erheblichkeit sein; eine Dauer von wenigen Minuten reicht nach der Rechtsprechung zur Tatbestandserfüllung noch nicht aus. Ggf. ist aber im Falle einer nur kurzfristigen Trennungsaktion zu prüfen, ob ein strafbarer ⇨ Versuch gegeben ist, weil der ⇨ Vorsatz des Täters auf eine längerfristige Trennung gerichtet war, zu der es dann aber entgegen dem Täterwillen nicht gekommen ist. Der Versuch ist jedenfalls in den Fällen des § 235 I Nr. 2, II Nr. 1 StGB mit Strafe bedroht (§ 235 III StGB). „Eltern" i. S. d. § 235 StGB sind auch die Pflegeeltern.

Erforderlich: Eine hoheitliche Maßnahme ist erforderlich, wenn sie von den in Betracht kommenden möglichen und geeigneten

Maßnahmen diejenige darstellt, welche den einzelnen bzw. die Allgemeinheit voraussichtlich am wenigsten beeinträchtigt (vgl. z. B. §§ 15 I BPolG, 4 I LuftSiG, 2 I ME PolG). Daraus ergibt sich die bekannte Merkformel: Es ist zur Erreichung oder Förderung des jeweiligen Ziels oder Zwecks stets das *mildeste wirksame Mittel* zu wählen. Speziell im polizeilichen Bereich spricht man in diesem Zusammenhang häufig auch vom „Interventionsminimum". Entscheidend ist, ob in der konkreten Situation mit Blick auf das verfolgte Ziel eventuell eine geeignete Handlungsalternative zur Verfügung steht, welche sich aus Sicht des Adressaten bzw. der betroffenen Kreise als weniger einschneidender Rechtseingriff darstellen würde. Die Geeignetheit einer hoheitlichen Maßnahme bildet die erste Stufe der ⇨ Verhältnismäßigkeit.

Erforderliche Verteidigung: Im Rahmen der Voraussetzungen der ⇨ Notwehr ist eine Verteidigungshandlung dann erforderlich, wenn der Angegriffene im Rahmen der zur Verfügung stehenden und geeigneten Abwehrmöglichkeiten das jeweils *mildeste wirksame Verteidigungsmittel* wählt. Dabei gilt der Grundsatz: Auf unsichere oder zweifelhafte Abwehrmöglichkeiten muss sich der Verteidiger nicht verweisen lassen; erforderlich ist diejenige Verteidigung, die den Angriff sofort, sicher und endgültig bricht (st. Rspr., vgl. z. B. BGH, JR 1980, 210; BGH, NJW 1986, 2716, BGH, Krim 2018, 250). Grundsätzlich findet also bei der Notwehr im Rahmen der Erforderlichkeitsprüfung eine Güterabwägung nicht statt: Das Recht braucht dem Unrecht nicht zu weichen, und das Notwehrrecht ist ein „scharfes" Recht. Lediglich bei einem *krassen* Missverhältnis zwischen der dem Verteidiger drohenden Rechtsbeeinträchtigung und den auf dem Spiele stehenden Rechtsgütern des Angreifers kann es ausnahmsweise an einer zulässigen Notwehr fehlen, weil diese dann unter Umständen nicht mehr geboten erscheint: Nur eine durch Notwehr „gebotene" Tat bzw. Handlung kann nach dem Wortlaut des Gesetzes eine Tat rechtfertigen.

Erhebliche Gefahr: Eine solche ⇨ Gefahr für ein bedeutsames Rechtsgut wie ⇨ Bestand des Staates, Leben, Gesundheit,

Freiheit, wesentliche Vermögenswerte oder andere strafrechtlich geschützte Güter, die für die Allgemeinheit von gesteigerter Bedeutung sind (vgl. die in den §§ 14 II 2 BPolG, 2 Nr. 3 NPOG enthaltenen ⇨ Legaldefinitionen). Eine erhebliche Gefahr in diesem Sinne kann eine ⇨ konkrete Gefahr oder eine ⇨ abstrakte Gefahr sein. Die erhebliche Gefahr wird im Polizei- und Ordnungsrecht in vielen Zusammenhängen in Bezug genommen (vgl. z. B. im Bundesrecht die §§ 20 II Nr. 1, 29 I S, 30 II Nr. 2a, 32 III Nr. 2, 45 I Nr. 3 BPolG).

Erkennungsdienstliche Behandlung: Die Feststellung von körperlichen Merkmalen einer Person oder ihres Erscheinungsbildes im Wege der Anwendung bestimmter kriminalistischer Methoden aus Gründen der Strafverfolgung oder Gefahrenabwehr unter Einschluss der Verhütung von Straftaten. Anerkannte und übliche erkennungsdienstliche Maßnahmen sind insbesondere: Die Abnahme von Fingerabdrücken oder Handflächenabdrücken, die Aufnahme von Lichtbildern oder Bildaufzeichnungen, die Feststellung äußerer körperlicher Merkmale, die Durchführung von Messungen sowie die Aufzeichnung der Stimme mit Wissen des Betroffenen (vgl. §§ 10 III ME PolG, 24 III BPolG, 81b StPO).
MERKE: Die mit einer erkennungsdienstlichen Behandlung verfolgten polizeilichen Ziele können durchaus unterschiedlich ausfallen: Die Durchführung von erkennungsdienstlichen Maßnahmen kann ein bloßes Mittel zur präventiven oder repressiven ⇨ Identitätsfeststellung darstellen; es handelt sich dann lediglich um einen ⇨ Begleiteingriff, der im Gesetz ausdrücklich benannt ist (vgl. §§ 24 I Nr. 1 BPolG, 163b I 3 StPO). Die erkennungsdienstliche Behandlung kann aber auch als *selbstständige* Maßnahme erfolgen, z. B. für Zwecke des Strafverfahrens, also zwecks Überführung oder Entlastung eines Beschuldigten (§ 81b I 1. Alt. StPO), oder für „Zwecke des Erkennungsdienstes", also aus Gründen der Strafverfolgungsvorsorge (§ 81b I 2. Alt. StPO). Ziel kann schließlich auch noch sein die vorbeugende Verbrechensbekämpfung im Wege der Verhütung von Straftaten auf polizeigesetzlicher Grundlage (vgl. z. B. § 24 I Nr. 2 BPolG).

Erlaubnistatbestandsirrtum: Die im Strafrecht übliche Bezeichnung für einen Irrtum über die tatsächlichen Voraussetzungen eines anerkannten ⇨ Rechtfertigungsgrundes. Hauptfall: Eine irrig angenommene Notwehrlage, die zu einer entsprechenden Verteidigungsreaktion führt, obwohl es in Wahrheit an einem ⇨ gegenwärtigen rechtswidrigen Angriff fehlt. Der Erlaubnistatbestandsirrtum ist gesetzlich nicht geregelt. Er ist kein ⇨ Tatbestandsirrtum, weil er sich nicht auf Umstände bezieht, die zum gesetzlichen Tatbestand einer Strafrechtsnorm gehören würden. Er ist aber auch kein ⇨ Verbotsirrtum, weil ihm keine fehlerhafte rechtliche Bewertung zugrunde liegt, sondern eine Fehleinschätzung der realen Lebenssituation. Der Erlaubnistatbestandsirrtum bildet damit letztlich einen Irrtum eigener Art (sui generis).
MERKE: Nach allgemeiner Meinung führt ein solcher Irrtum im Ergebnis zum Wegfall der Vorsatzstrafbarkeit. Die Rechtsprechung wendet § 16 I 1 StGB analog an und verneint auf diesem Wege ein vorsätzliches Handeln des Täters (vgl. z. B. BGH; Beschl. vom 10.10.2024, – 4 StR 304/24 = HRRS 2025 Nr. 59 –, Rdnr. 9, m. w. N). Die h. L. hält im Gegensatz dazu die Rechtsfolge aus § 16 I 1 StGB („handelt nicht vorsätzlich“) für hier nicht passend, weil in den Fällen des Erlaubnistatbestandsirrtums am Vorhandensein eines Tätervorsatzes regelmäßig nicht zu zweifeln sei; sie verneint aber zumindest die sog. „Vorsatzschuld“ des Irrenden, weil dieser subjektiv rechtstreu ist, und lehnt so eine Strafbarkeit wegen vorsätzlicher Tatbegehung ebenfalls ab. Ob im Falle eines Erlaubnistatbestandsirrtums hilfsweise eine Bestrafung wegen fahrlässiger Tatbegehung in Betracht kommt, hängt davon ab, ob ein entsprechendes Fahrlässigkeitsdelikt überhaupt existiert, und ob dem Täter in der konkreten Situation tatsächlich ein Fahrlässigkeitsvorwurf gemacht werden kann (vgl. § 16 I 2 StGB).

Ermessen: Die einer ⇨ Behörde vom Gesetz häufig eingeräumte Freiheit, bei Vorliegen eines bestimmten Tatbestandes nach Gesetz- und Zweckmäßigkeit pflichtgemäß darüber zu entscheiden, ob bzw. wie im konkreten Falle gehandelt werden soll. Das Ermessen ist also ein von der Rechtsordnung gewährter Entscheidungsspielraum auf der Rechtsfolgenseite einer Rechtsnorm. Nach dem jeweiligen Bezugspunkt des Ermessens lassen sich unterscheiden das *Entschließungsermessen* (soll überhaupt gehandelt werden?), das *Mittelauswahlermessen* (welche Maßnahme soll getroffen werden?) und das *Adressatenauswahlermessen* (gegen wen soll eingeschritten werden?). In der Gesetzessprache wird ein der zuständigen Behörde eingeräumtes Ermessen verdeutlicht durch Formulierungen wie „die Behörde kann“ oder „die Behörde darf“ oder „die Behörde soll“. Eine Sollvorgabe bedeutet dabei im Regelfall ein „Muss“; lediglich in begründeten Ausnahmefällen darf von der gesetzlich vorgegebenen Regelrechtsfolge abgewichen werden. Ermessen darf aber nicht zu einem Handeln nach Willkür und Belieben führen. Vielmehr muss es stets *„pflichtgemäß“* ausgeübt werden. Allein das ⇨ pflichtgemäße Ermessen erweist sich damit als gesetzeskonforme Art der Ermessensbetätigung.

Ermessensfehler: Von einem Ermessensfehler spricht man zunächst dann, wenn eine ⇨ Behörde bei der Ausübung des ihr gesetzlich eingeräumten ⇨ Ermessens gegen die in § 40 VwVfG normierten Bindungen verstößt. Diese Vorschrift verbietet zum einen jede Ermessensbetätigung, welche dem Zweck der gesetzlichen Ermächtigung widerspricht *(Ermessensmissbrauch)*. Ermessensmissbräuchlich handelt die Behörde, wenn bei der Entscheidungsfindung im inneren Verfahrensgang rechtliche Mängel oder Defizite auftreten (Bestechlichkeit, Begünstigung, Schikane, sachwidrige Erwägungen, unzureichende Sachverhaltsaufklärung). Zum anderen verbietet § 40 VwVfG eine Ermessensbetätigung, welche die gesetzlichen Grenzen des Ermessens überschreitet *(Ermessensüberschreitung)*. Im Falle einer Ermessensüberschreitung verstößt das gefundene Entscheidungsergebnis als solches gegen das Gesetz (Unverhältnismäßigkeit, Verstoß gegen den Gleichbehandlungsgrundsatz, Wahl einer im Gesetz nicht vorgesehenen Rechtsfolge). Nicht ausdrücklich gesetzlich geregelt ist der denkbare dritte Fall, dass die Behörde ein ihr eingeräumtes Ermessen entweder gar nicht oder nur in einer verkürzten Art und Weise ausübt *(Ermessensunterschreitung)*. Im Falle einer solchen Ermessensunterschreitung hält sich die Behörde zu Unrecht für gebunden oder sie übersieht gesetzlich eröffnete Entscheidungsalternativen auf der Rechtsfolgenseite. Eine derartige Unterschreitung des gesetzlich eingeräumten Ermessens begründet nach allgemeiner Meinung ebenfalls einen Ermessensfehler. Dieser wird auch als Ermessensnichtgebrauch oder Ermessensmangel bezeichnet.

Ermessensreduzierung auf Null: Mit diesem Begriff bezeichnet man die spezifische Konstellation, dass das der zuständigen Behörde eingeräumte ⇨ Ermessen auf Grund der besonderen Gegebenheiten des Einzelfalles so sehr zusammenschrumpft, dass die Behörde letztlich nur noch eine *einzige* Entscheidung rechtsfehlerfrei treffen kann (st. Rspr. seit BVerwGE 11, 95, 97). Man spricht bei einer solchen „Ermessensverdichtung“ deshalb auch von einer Ermessensschrumpfung bzw. Ermessensreduzierung „auf Eins“. Namentlich für den Bereich der Gefahrenabwehr lässt sich feststellen, dass bei einer ⇨ gegenwärtigen Gefahr bzw. im Falle einer ⇨ erheblichen Gefahr regelmäßig eingeschritten werden *muss* (vgl. BVerwG, DVBl 1969, 586: Verpflichtung zum polizeilichen Einschreiten bei „besonders schweren Gefahrenfällen“). Dies gilt vor allem dann, wenn wichtige Rechtsgüter wie Leben, Gesundheit, körperliche Unversehrtheit oder bedeutende Sachwerte auf dem Spiele stehen.

Ermittlungsgeneralklausel: Zunächst die Kurzbezeichnung für die zugunsten der *Staatsanwaltschaft* in § 161 I 1 StPO enthaltene Befugnis, zum Zwecke der Aufklärung von Straftaten *Ermittlungen jeder Art* vorzunehmen oder durch die Behörden und Beamten des Polizeidienstes vornehmen zu lassen, soweit nicht andere gesetzliche Vorschriften ihre Befugnisse [die der Staatsanwaltschaft] besonders regeln. Im Weiteren die Kurzbezeichnung für die zugunsten der *Polizei* in § 163 I 2 StPO enthaltene vergleichbare Ermächtigung, zwecks Erforschung von Straftaten und insbesondere um die Verdunkelung einer Strafsache zu verhüten Ermittlungen jeder Art vorzunehmen, soweit nicht andere gesetzliche Vorschriften ihre Befugnisse [die der Polizei] besonders regeln. Die Ermittlungsgeneralklausel stellt damit für den Bereich der Strafverfolgung eine gewisse Parallele zur ⇨ polizeilichen Generalklausel aus dem Gefahrenabwehrrecht dar; sie bleibt freilich an inhaltlicher Bestimmtheit hinter dieser deutlich zurück. Deshalb können grundrechtsintensive Maßnahmen, die erheblich in den Rechtskreis des Betroffenen eingreifen, nicht durch die Ermittlungsgeneralklausel gerechtfertigt werden, sondern bedürfen zu ihrer Legitimation stets einer spezialgesetzlichen Rechtsgrundlage. MERKE: Strafprozessuale Ermittlungsmaßnahmen, die in Ermangelung einer einschlägigen Spezialbefugnis bedenkenfrei auf die Ermittlungsgeneralklausel gestützt werden können, sind z. B. der Einsatz von ⇨ Informanten oder ⇨ Vertrauenspersonen, die kurzfristige Observation ohne Einsatz besonderer technischer Mittel, die informatorische Befragung von Personen oder einfache Fahndungsmaßnahmen.

Ermittlungspersonen der Staatsanwaltschaft: Diejenigen staatlichen Amtswalter, die auf der Grundlage einer Bestellung durch oder aufgrund Gesetzes als weisungsgebundene Hilfsorgane der Staatsanwaltschaft bei der Strafverfolgung mitwirken und in dieser Eigenschaft im Eilfall, d. h. bei ⇨ Gefahr im Verzug eine Reihe von erweiterten Anordnungsbefugnissen i. S. d. StPO besitzen (vgl. z. B. §§ 81a II, 81c V, 98 II, 105 I 1, 111 II, 111b III, 111e I 2, 132 II, III, 163d II StPO). Im Vergleich zu den sonstigen Beamten des Polizeidienstes haben solche Ermittlungspersonen (früher: „Hilfsbeamte") der Staatsanwaltschaft also eine stärkere Rechtsstellung. Ausnahmsweise kann auch die Befugnis zur *Durchführung* einer Strafverfolgungsmaßnahme die Eigenschaft des Handelnden voraussetzen, Ermittlungsperson der Staatsanwaltschaft zu sein (vgl. § 111f I 1 StPO). Im Übrigen jedoch können Anordnungen im Ermittlungsverfahren von jedem Polizeibeamten aus- bzw. durchgeführt werden. Die Ermittlungspersonen der Staatsanwaltschaft sind in dieser Eigenschaft ver-

pflichtet, den Anordnungen der Staatsanwaltschaft ihres Bezirks und derjenigen Beamten Folge zu leisten, welche dieser Staatsanwaltschaft vorgesetzt sind (§ 152 I GVG). Diese Verpflichtung ergibt sich für die Beamten des Polizeidienstes allerdings ohnehin schon aus § 161 I 2 StPO; für Polizisten, welche die Ermittlungspersoneneigenschaft innehaben, hat § 152 I GVG also lediglich eine wiederholende oder bestätigende Bedeutung.
MERKE: Die Landesregierungen bzw. mit deren Ermächtigung die Landesjustizverwaltungen haben auf der Grundlage des § 152 II 1, 3 GVG Rechtsverordnungen erlassen, in denen diejenigen Beamten- oder auch Angestelltengruppen bezeichnet werden, denen nach Maßgabe des Landesrechts die Ermittlungspersoneneigenschaft zukommen soll. Dabei wird regelmäßig an das Erreichen eines bestimmten Dienstgrades und/oder an eine bestimmte Mindestdauer der Zugehörigkeit zum Vollzugsdienst angeknüpft. Im Bundesrecht bestimmt § 12 V 1 BPolG für den Bereich der Bundespolizei, dass diejenigen Polizeivollzugsbeamten als Ermittlungspersonen gelten, die mindestens vier Jahre dem Polizeivollzugsdienst angehören. Eine entsprechende Regelung enthält § 19 I 2 BKAG für den Fall, dass Vollzugsbeamte des Bundes oder der Länder Strafverfolgungsaufgaben nach Maßgabe der §§ 4 I, II, 18 I BKAG wahrnehmen. Vorrangig werden also bestimmte Beamte des Polizeivollzugsdienstes zu Ermittlungspersonen bestellt. Aber auch die Angehörigen anderer Berufsgruppen im öffentlichen Dienst (die nicht notwendigerweise Beamte im staatsrechtlichen Sinne sein müssen) können durch Gesetz oder Rechtsverordnung zu Ermittlungspersonen bestellt werden. Es handelt sich dabei um solche Berufsgruppen, deren Angehörige erfahrungsgemäß im Rahmen ihrer beruflichen Tätigkeit zumindest gelegentlich mit Straftaten in Berührung kommen und die deshalb jedenfalls partiell auch Strafverfolgungsaufgaben wahrzunehmen haben. Für die Bestellung speziell von *Angestellten* zu Ermittlungspersonen statuiert § 152 II 2 GVG bestimmte Mindesterfordernisse.

Erniedrigende Behandlung: ⇨ Unmenschliche oder erniedrigende Behandlung.

Ersatzfreiheitsstrafe: Diejenige Freiheitsstrafe, die kraft Gesetzes ersatzweise an die Stelle einer Geldstrafe tritt, weil die ursprünglich verhängte Geldstrafe vom Verurteilten nicht freiwillig bezahlt worden ist und von der Staatsanwaltschaft in ihrer Eigenschaft als Vollstreckungsbehörde auch nicht zwangsweise beigetrieben werden konnte (vgl. § 43 StGB). Die Nichtbeitreibung der Geldstrafe kann darauf beruhen, dass die tatsächlich versuchte Beitreibung erfolglos geblieben ist oder dass von vornherein – wegen Aussichtslosigkeit – ein sog. Beitreibungsverzicht ausgesprochen worden ist. Zur Vermeidung der drohenden Ersatzfreiheitsstrafe besteht in vielen Bundesländern noch die Möglichkeit, dass der Verurteilte die Vollstreckung der Ersatzfreiheitsstrafe durch freiwillige gemeinnützige Arbeit abwendet. Die Rechtsgrundlage für die entsprechenden Länderprogramme („Schwitzen statt sitzen") bildet Art. 293 EGStGB.
MERKE: In derartigen Fällen kommt es vor oder nach der Ladung zum Strafantritt nicht selten vor, dass der Betroffene abtaucht, um sich dem Vollzug der Ersatzfreiheitsstrafe zu entziehen. In dieser Situation ergeht dann im Regelfall ein staatsanwaltschaftlicher ⇨ Vollstreckungshaftbefehl i. S. d. § 457 StPO. Auf dessen Grundlage wird der Betroffene ausgeschrieben „zur Festnahme wegen Ersatzfreiheitsstrafe". Wird der Gesuchte aufgrund einer solchen Ausschreibung erkannt, so hat er noch die Möglichkeit, durch den Nachweis der zwischenzeitlich erfolgten Zahlung des geschuldeten Geldbetrages oder alternativ durch die umgehende Zahlung seine Inhaftnahme abzuwenden, was aus § 33 IV Nr. 7 StVollstrO folgt. Welcher konkrete Geldbetrag dabei maßgeblich ist, ist regelmäßig im Vollstreckungshaftbefehl vermerkt. Kann oder will der Betroffene nicht zahlen, wird er in Haft genommen und entweder der zuständigen oder hilfsweise der nächstgelegenen Justizvollzugsanstalt zugeführt.

Ersatzvornahme: Im Verwaltungsvollstreckungsrecht die Bezeichnung für das mildeste ⇨ Verwaltungszwangsmittel, welches darin besteht, dass eine ⇨ vertretbare Handlung auf Kosten des Pflichtigen entweder von der ⇨ Behörde bzw. Polizei selbst vorgenommen wird (Selbstvornahme) oder im Auftrag der Behörde bzw. Polizei von einem Dritten ausgeführt wird (Fremdvornahme). Die Kosten für die Ersatzvornahme können erforderlichenfalls im Wege des Verwaltungszwangsverfahrens beigetrieben werden. Im Bundesrecht und in einigen wenigen Landesrechten besteht die Besonderheit, dass die Ersatzvornahme – im Gegensatz zur Leitbildvorschrift des § 30 ME PolG – allein in der Form der *Fremdvornahme* vorgesehen ist. Die sog. Selbstvornahme hingegen gilt in diesen Fällen als Sonderfall des ⇨ unmittelbaren Zwanges (vgl. für das Bundesrecht die §§ 10, 12 a. E. VwVG).

Ersatzzwangshaft: ⇨ Verwaltungszwangsmittel, ⇨ Zwangsgeld.

Erschleichen einer Beförderungsleistung: Nach h. M. „erschleicht" bereits derjenige i. S. d. § 265a I StGB die Beförderung durch ein Verkehrsmittel, der sich durch ein objektiv der Ordnung widersprechendes Verhalten in den Genuss der Beförderungsleistung bringt und sich dabei mit dem Anschein der Ordnungsmäßigkeit umgibt, z. B. durch unbefangenes und unauffälliges Auftreten (st. Rspr., vgl. z. B. OLG Stuttgart, NJW 1990, 924; OLG Hamburg, NStZ 1991, 558; OLG Düsseldorf, NJW 2000, 2120). Die Überlistung von Kontrollmöglichkeiten, das Ausschalten oder Überwinden von Sicherungseinrichtungen oder die Vornahme täuschungsähnlicher Manipulationen ist mithin *nicht* erforderlich. Diese weite Auslegung des Tatbestandsmerkmals „erschleichen" ist entgegen einiger Stimmen im Fachschrifttum von Verfassungs wegen nicht zu beanstanden (so ausdrücklich BVerfG, NJW 1998, 1135).
MERKE: Nach h. M. erschleicht also bereits derjenige eine Beförderungsleistung in strafbarer Weise, der entgegen den Beförderungsbedingungen eine Fahrkarte nicht erwirbt, nicht löst oder nicht entwertet, aber durch ein unauffälliges bzw. unbefangenes Auftreten den Anschein erweckt, er habe alle Beförderungsbedingungen erfüllt, *sofern* der Betreffende vorsätzlich und in der Absicht handelt, das Beförderungsentgelt nicht zu entrichten.

Erweiterte Einziehung: ⇨ Einziehung.

Erweiterter Verfall: ⇨ Verfall.

Erwerb von Waffen oder Munition: ⇨ Umgang mit Waffen oder Munition.

E-Scooter: Die übliche Kurzbezeichnung für sog. „Elektro-Tretroller", die seit dem 15.6.2019 in Deutschland im öffentlichen Straßenverkehr mit gewissen Einschränkungen zugelassen sind. Da diese Roller in der in § 1 I 1 eKFV enthaltenen ⇨ Legaldefinition ausdrücklich als ⇨ Kraftfahrzeuge bezeichnet werden; gelten für den Fahrer die gleichen Promillegrenzen wie für Autofahrer (st. Rspr., vgl. unter anderem LG München I, Beschl. vom 29.11.2019, – 26 Qs 51/19 = DAR 2020, 11 –). Speziell für Fahrer unter 21 Jahren bedeutet dies, dass eine 0,0-Promillegrenze zu beachten ist. Der Fahrer muss zudem mindestens 14 Jahre alt sein. Einen Führerschein benötigt er nicht. Jeder Roller bedarf aber einer Allgemeinen Betriebserlaubnis (ABE) des Kraftfahrt-Bundesamtes; außerdem muss das Gefährt haftpflichtversichert sein und eine entsprechende Versicherungsplakette tragen. Die bauartbedingte Höchstgeschwindigkeit eines Rollers darf maximal 20 km/h betragen.
MERKE: Spezielle Rechtsvorschriften für E-Scooter finden sich in der Verordnung über die Teilnahme von Elektrokleinstfahrzeugen am Straßenverkehr – Elektrokleinstfahrzeuge-Verordnung – eKFV (BGBl. I 2019, 756). Gefahren werden darf danach nur auf Radwegen, Radfahrstreifen und in sog. „Fahrradstraßen"; gibt es nichts davon, muss auf die Fahrbahn ausgewichen werden. Auf Gehwegen und in Fußgängerzonen sind E-Scooter nicht zugelassen. Das Schild „Radfahrer frei", das es Radfahrern erlaubt, eine Einbahnstraße in falscher Richtung zu benutzen, gilt für E-Scooter nicht, weil diese als Kraftfahrzeuge gelten. Es besteht keine gesetzliche Helmpflicht für den Fahrer des Rollers.

ETIAS: Das Akronym steht für E*uropean* T*ravel* I*nformation and* A*uthorization* S*ystem*, übersetzt „Europäisches Reisein-

formations- und -genehmigungssystem“. Es handelt sich dabei um ein elektronisches System der EU, bei dem sich Bürger aus Nicht-EU-Staaten, die für sog. „Kurzaufenthalte“ von der Visum-Pflicht befreit sind, künftig online anmelden müssen, bevor sie in die EU einreisen dürfen. Im Rahmen dieser Anmeldung erfolgt eine Registrierung und Überprüfung des Anmelders, der – wenn keine Sicherheitsbedenken bestehen – eine Einreisegenehmigung erhält. Auf diese Weise soll gewährleistet werden, dass der Einreisewillige unter keinem Gesichtspunkt ein Sicherheitsrisiko darstellt. Der Anmelder benötigt für die Durchführung der Anmeldung lediglich einen gültigen Reisepass. Er muss außerdem in der Lage sein, die fällige Verfahrensgebühr auf elektronischem Wege sofort zu bezahlen. Die Einrichtung von ETIAS wurde 2016 von der Europäischen Kommission vorgeschlagen und 2018 vom Europäischen Parlament gebilligt; seitdem läuft die Entwicklung des Systems durch ⇨ eu-LISA. ETIAS sollte eigentlich bereits seit Jahren im Wirkbetrieb sein, seine Einführung wurde jedoch immer wieder verschoben. Ein fester Startzeitpunkt ist derzeit nicht festgelegt.
MERKE: Das europäische ETIAS ist mit dem US-amerikanischen System ESTA vergleichbar, das 2009 eingeführt wurde und identische Ziele verfolgt. ESTA steht für *Electronic System for Travel Authorization*. In Großbritannien wird seit dem 2.4.2025 das entsprechende System ETA verwendet (*Electronic Travel Authorization*).

EUDA: Die amtliche Abkürzung für *European Union Drugs Agency*, also die Drogenagentur der Europäischen Union, die ihren Sitz in Lissabon hat. EUDA ist die Nachfolgeeinrichtung der ehemaligen Europäischen Beobachtungsstelle für Drogen und Drogensucht (EMCDDA). Hauptaufgabe von EUDA ist es, der Union und den einzelnen Mitgliedstaaten Informationen, Frühwarnungen und Risikobewertungen im Zusammenhang mit Drogen zur Verfügung zu stellen. Dies betrifft insbesondere alle Aspekte, die mit Drogenkonsum, Drogensucht und Drogenmärkten zusammenhängen, unter Einschluss der illegalen Herstellung von Drogen und des illegalen Drogenhandels. Die Rechtsgrundlage für die Einrichtung und den Betrieb von EUDA bildet die VO (EU) 2023/1322, die seit dem 2.7.2024 gilt.

eu-LISA: Die amtliche Kurzbezeichnung für die „Agentur der Europäischen Union für das Betriebsmanagement von IT-Großsystemen im Raum der Freiheit, der Sicherheit und des Rechts". Die Agentur unterstützt die EU in technologischer Hinsicht durch die Planung, die Entwicklung und den Betrieb von diversen Datenverarbeitungssystemen, die primär die Bereiche innere Sicherheit und Justiz betreffen. Insbesondere verwaltet eu-LISA die Informationssysteme ⇨ Eurodac, ⇨ SIS sowie ⇨ VIS. Die Agentur ist außerdem für den Aufbau und Betrieb von ⇨ ECRIS, ⇨ EES und ⇨ ETIAS verantwortlich. Der Sitz der Agentur befindet sich in Tallin (Estland). Das technische Betriebsmanagement findet in Straßburg (Frankreich) statt, wo auch der Hauptrechner des Systems steht. Ein Back-up-System wird in Sankt Johann im Pongau (Österreich) vorgehalten. Der Wirkbetrieb von eu-LISA begann bereits am 1.12.2012. Die aktuelle Rechtsgrundlage für die Agentur bildet die VO (EU) 2018/1726.

Eurodac: Die amtliche Kurzbezeichnung für das Europäische System für den Abgleich der Fingerabdruckdaten von Asylbewerbern sowie von Personen, die beim illegalen Überschreiten der Grenzen aufgegriffen wurden. Technisch gesehen handelt es sich dabei um eine EU-weite biometrische Zentraldatenbank, in der Fingerabdrücke in digitaler Form gespeichert werden. Der damit ermöglichte schnelle Abgleich von Fingerabdrücken innerhalb der EU vereinfacht zunächst die Festlegung der Zuständigkeit für die Prüfung eines Asylantrags. Außerdem dürfen mittlerweile die für Gefahrenabwehr und Strafverfolgung zuständigen Behörden der Mitgliedstaaten sowie Europol unter bestimmten Voraussetzungen Eurodac-Abfragen vornehmen, um terroristische oder sonstige schwere Straftaten zu verfolgen oder zu verhüten. Der Wirkbetrieb von Eurodac begann bereits im Jahr 2003. Die aktuelle Rechtsgrundlage für Eurodac bildet die VO (EU)

Nr. 603/2013, die seit dem 20.7.2015 gültig und damit anwendbar ist. Angeschlossen an Eurodac sind zwar grundsätzlich nur EU-Staaten. Durch ein im Jahr 2020 unterzeichnetes Protokoll wurde jedoch der Geltungsbereich der Eurodac-Verordnung auf Norwegen und Island erweitert.

Eurojust: Abkürzung für *European Union Agency for Criminal Justice Cooperation*, sinngemäß übersetzt: Agentur der Europäischen Union für justizielle Zusammenarbeit in Strafsachen. Es handelt sich dabei um eine im Jahr 2002 gegründete Einrichtung der EU mit Sitz in Den Haag. Der Auftrag von Eurojust besteht in der Unterstützung der EU-Länder im Kampf gegen schwere Kriminalität, sofern von den kriminellen Aktivitäten zwei oder mehr Mitgliedstaaten betroffen sind oder eine Verfolgung auf gemeinsamer Grundlage erforderlich ist (Art. 85 AEUV). Eurojust erleichtert die Zusammenarbeit zwischen den nationalen Behörden durch die Koordinierung und Unterstützung von Ermittlungen und Verfahren, insbesondere in Fällen von ⇨ Terrorismus und ⇨ organisierter Kriminalität. Ferner kann Eurojust bei Kompetenzkonflikten vermitteln. Die heutige Rechtsgrundlage für die Errichtung, den Aufbau und Betrieb von Eurojust bildet neben Art. 85 AEUV die VO (EU) 2018/1727.

Europäischer Haftbefehl: Nach der in Art. 1 RB-EUHb enthaltenen ⇨ Legaldefinition eine justizielle Entscheidung, die in einem Mitgliedstaat der EU ergangen ist und die Festnahme und Übergabe einer gesuchten Person durch einen anderen Mitgliedstaat zur Strafverfolgung oder Vollstreckung einer Freiheitsstrafe oder einer freiheitsentziehenden Maßregel der Sicherung bezweckt. Beim Erlass eines Europäischen Haftbefehls (EUHb) ist das im Anhang des RB-EUHb enthaltene Musterformular zu verwenden. Welche justizielle Stelle für den Erlass eines EUHb zuständig ist, richtet sich nach dem Recht des betreffenden Mitgliedstaates.
MERKE: Die den EUHb ausmachende justizielle Entscheidung ist in der Sache letztlich (nur) ein Fahndungs- und Auslieferungsersuchen in besonderer Form, welches ein vereinfachtes und be-

schleunigtes Auslieferungsverfahren innerhalb der EU auslöst. In der Literatur wird der EUHb meist nur als spezielles „Fahndungsmittel“ eingestuft. Für die Vollziehung eines EUHb durch Ergreifung des Gesuchten sowie für das nachfolgende Verfahren ist auf die einschlägigen Vorschriften im nationalen Recht des ersuchten Staates zurückzugreifen (vgl. z. B. die §§ 19 S. 1, 81 Nr. 4, 83a, 83f, 83h IRG). Ist der Aufenthaltsort des Gesuchten unbekannt, so erfolgt die ⇨ Fahndung aufgrund eines EUHb durch dessen Einstellung in das SIS.

Europäische Staatsanwaltschaft: Eine auf EU-Ebene errichtete Staatsanwaltschaft, der die Verfolgung von ⇨ Straftaten zum Nachteil des EU-Haushalts obliegt, wie Subventions- oder Mehrwertsteuerbetrug, Korruption, ⇨ Geldwäsche oder die Zweckentfremdung von EU-Mitteln. Dazu kann die Europäische Staatsanwaltschaft (EUStA), die von einem EU-Generalstaatsanwalt geleitet wird, grenzüberschreitend ermitteln, auf Bankkonten zugreifen, Vermögenswerte beschlagnahmen, Haftbefehle beantragen und ggf. Anklage erheben. Die englischsprachige Bezeichnung der EUStA lautet *European Public Prosecutor's Office (EPPO)*. Getragen wird die Gemeinschaftseinrichtung derzeit von 24 der 27 EU-Mitgliedstaaten; nur Dänemark, Irland und Ungarn beteiligen sich vorerst noch nicht. Der Hauptsitz der EUStA befindet sich in Luxemburg. Jeder der beteiligten Staaten entsendet einen nationalen Staatsanwalt als sog. „Europäischen Staatsanwalt“ an den Hauptsitz, der die Behördenleitung bei der Aufgabenerfüllung unmittelbar unterstützt. Zudem bestimmt jeder beteiligte EU-Staat mindestens zwei sog. „Delegierte Europäische Staatsanwälte“, die im jeweiligen Staat verbleiben, um vor Ort der Zentrale in Luxemburg zuzuarbeiten. Deutschland hat bisher 21 derartige Delegationsstaatsanwälte ernannt. Als deren Dienstsitze dienen fünf sog. „Zentren“, die in Berlin, Frankfurt a. M., Hamburg, Köln und München angesiedelt sind und als nationale Außenstellen der Zentrale in Luxemburg fungieren. Die örtliche Zuständigkeit dieser delegierten EU-Staatsanwälte erstreckt sich jeweils auf das gesamte Bundesgebiet. Rechtsgrundlage für die Errichtung und Tätigkeit der EUStA ist primär die VO (EU) 2017/1939. In Deutschland gilt ergänzend das Europäische-Staatsanwaltschaft-Gesetz (EUStAG). Die Aufnahme des Wirkbetriebs erfolgte am 1.6.2021.

Europäisches Reiseinformations- und -genehmigungssystem: ⇨ ETIAS.

Europäisches Strafregisterinformationssystem: ⇨ ECRIS.

Europol: Name der Agentur der EU für die Zusammenarbeit auf dem Gebiet der Strafverfolgung mit Sitz im niederländischen Den Haag. Gemäß Art. 88 I EUV hat Europol den Auftrag, die Tätigkeit sowie die gegenseitige Zusammenarbeit der Polizeibehörden und der sonstigen Strafverfolgungsbehörden der Mitgliedstaaten der EU bei der Verhütung und Bekämpfung von Kriminalität und Terrorismus zu unterstützen und zu verstärken, soweit es um Kriminalitätsformen geht, die zwei oder mehr Mitgliedstaaten betreffen. Die Ziele, Aufgaben, Tätigkeit und Organisation von Europol im Detail sind nach aktueller Rechtslage auf der Ebene des europäischen Rechts in der VO (EU) 2016/794 geregelt (vorher: Beschluss des Rates 2009/371/JI sowie diverse Folgebeschlüsse; noch früher: Europol-Übereinkommen von 1995). Innerhalb des nationalen deutschen Rechts finden sich die maßgeblichen Regelungen im Europolgesetz. Die Agentur verfügt derzeit über mehr als 1.400 Mitarbeiter. Zusätzlich sind aktuell 264 Verbindungsbeamte bei Europol tätig.
MERKE: Europol ist im Wesentlichen als Informations-, Koordinations- und Analysestelle ausgestaltet. Klassische operative Polizeimaßnahmen sind nur erlaubt in Verbindung und in Absprache mit den Behörden der jeweils betroffenen Mitgliedstaaten (Art. 88 III 1 EUV). Insbesondere die Anwendung von Zwangsmaßnahmen ist allein den zuständigen nationalen Behörden vorbehalten (Art. 88 III 2 EUV). Dementsprechend bestimmt Art. 4 V VO (EU) 2016/794: „*Bei der Durchführung ihrer Aufgaben wendet Europol keine Zwangsmaßnahmen an.*“

EU-Visa-Verordnung: Kurzbezeichnung für die VO (EU) 2018/1806, welche mit Wirkung zum 18.12.2018 die frühere VO (EU) 539/2001 ersetzt hat. Die EU-Visa-Verordnung wird teilweise auch als EU-Visum-Verordnung bezeichnet und regelt im Kern, welche ⇨ Drittstaatsangehörigen bei Einreise in den Schengen-Raum mit dem Ziel eines Kurzaufenthaltes von bis zu drei Monaten im Besitz eines ⇨ Visums sein müssen (sog. „Negativstaater", vgl. die Länderliste in Anhang I) bzw. welche Drittstaatsangehörigen von dieser Visumpflicht befreit sind (sog. „Positivstaater", vgl. die Länderliste in Anhang II). Die EU-Visa-Verordnung gilt für alle EU-Staaten mit Ausnahme von Irland sowie zusätzlich für die sog. „Schengen-assoziierten Staaten", die zwar nicht Mitglied der EU sind, sich jedoch trotzdem am Schengen-System beteiligen und deshalb zum Schengen-Raum dazugehören (derzeit: Island, Liechtenstein, Norwegen, Schweiz).

Eventualvorsatz: ⇨ Bedingter Vorsatz.

Explosionsgefährliche Stoffe: Nach der in § 3 I Nr. 1a SprengG enthaltenen ⇨ Legaldefinition zunächst alle diejenigen Stoffe in Gestalt von festen oder flüssigen Stoffen und Gemischen, die durch eine gewöhnliche thermische, mechanische oder andere Beanspruchung zur Explosion gebracht werden können, sofern sich diese Stoffe bei der Durchführung bestimmter Prüfverfahren nach Maßgabe des EU-Rechts als explosionsgefährlich erwiesen haben, ferner gemäß § 3 I Nr. 1b SprengG auch alle Gegenstände, die Stoffe im vorstehenden Sinne enthalten.
MERKE: Im System des Sprengstoffgesetzes gehören gemäß § 1 II SprengG zu den explosionsgefährlichen Stoffen im Einzelnen 1. alle *Explosivstoffe*, 2. die sog. *„pyrotechnischen Gegenstände"* und 3. *sonstige explosionsgefährliche Stoffe*. Die sog. ⇨ Sprengstoffe i. S. d. Strafgesetzesbuches stellen stets zugleich explosionsgefährliche Stoffe i. S. d. Sprengstoffgesetzes dar, und zwar entweder in Form von Explosivstoffen oder in Gestalt von sonstigen explosionsgefährlichen Stoffen. Das mit Wirkung zum 1.7.2017 umfassend novellierte Sprengstoffgesetz regelt den *Um-*

gang und *Verkehr* mit explosionsgefährlichen Stoffen im obigen Sinne sowie deren *Einfuhr* und *Durchfuhr*.

Explosivmittel: In den Vorschriften über die polizeiliche Anwendung unmittelbaren Zwanges werden Explosivmittel im Bundes- bzw. Landesrecht entweder unmittelbar als ⇨ Waffen legaldefiniert (vgl. z. B. § 2 IV UZwG) oder diesen zumindest rechtlich gleichgestellt. Welche Mittel konkret als Explosivmittel im Rahmen polizeilicher Zwangsanwendung in Betracht kommen, hängt von der jeweiligen Rechtslage ab. Im Bundesrecht gelten gemäß den UZwVwV-BMI Abschnitt VIII. (1) als Explosivmittel die folgenden Einsatzmittel: Handgranaten, Sprenggeschosse, die aus Schusswaffen verschossen werden können, und schließlich noch Sprengmittel.

Explosivstoffe: ⇨ Explosionsgefährliche Stoffe.

FADO: Das Akronym FADO steht für *False and Authentic Documents Online*. Dabei handelt es sich um ein von der EU eingerichtetes internetbasiertes Bildspeicherungssystem, das online zugänglich ist und der Bekämpfung des Dokumenten- und Identitätsbetruges dient. Das System ermöglicht den schnellen Abruf und Austausch der Abbildungen von echten, verfälschten und gefälschten ⇨ Ausweisen und sonstigen Dokumenten zwischen den Mitgliedern der EU sowie einigen angeschlossenen Ländern (z. B. Norwegen, Island und die Schweiz). Die Rechtsgrundlage für FADO bildet nach heutigem Recht die VO (EU) 2020/493. Das ursprünglich beim Generalsekretariat des Rates der EU angesiedelte System soll mittelfristig von ⇨ Frontex geführt werden.

Fahndung: Unter Fahndung versteht man die planmäßige, allgemeine oder gezielte Suche nach Personen oder Sachen aus Gründen der Gefahrenabwehr, Strafverfolgung oder Strafvollstreckung. Zweck der Fahndung ist also stets das Auffinden von Menschen, Fahrzeugen oder anderen Sachen. Manchmal wird noch die Durchführung von ausländerrechtlichen Maßnahmen als

weiterer möglicher Auslöser für eine solche Suche genannt; dabei handelt es sich jedoch lediglich um einen besonderen Unterfall der Gefahrenabwehr, der nur deshalb gesondert erwähnt wird, weil er in der Praxis besonders häufig begegnet. Nach dem Zielobjekt der Fahndung lassen sich grundsätzlich unterscheiden Personenfahndung und Sachfahndung. Für einige Spezialfälle der Fahndung haben sich zusätzlich besondere Bezeichnungen herausgebildet (z. B. Alarmfahndung, Auslandsfahndung, ⇨ Grenzfahndung, Großfahndung, internationale Fahndung, Öffentlichkeitsfahndung, Ringalarmfahndung). Eingeleitet wird die Fahndung insbesondere durch die ⇨ Ausschreibung einer Person oder Sache zur Fahndung.
MERKE: Der Begriff „Fahndung" gehört primär – als sog. Grundbegriff – der polizeilichen Fachsprache an und bezeichnet in diesem Zusammenhang eine besonders wichtige *taktische Maßnahme*, also ein polizeitypisches Handeln, das in der Regel eine Außenwirkung entfaltet und mit Rechtseingriffen gegenüber dem Bürger verbunden ist. Der Begriff „Fahndung" ist aber in unterschiedlichen Zusammenhängen auch Bestandteil der Gesetzessprache und bildet damit zugleich einen Rechtsbegriff (vgl. z. B. §§ 30 BPolG, 131 III, 131a III, IV, 131c I StPO, 17 I Nr. 2 PassG, 3a I Nr. 2 PAuswG, vgl. ferner RiStBV Nr. 39 ff.).

Fahndungshilfsmittel: Fahndungshilfsmittel sind solche Informationssysteme, Dateien und Unterlagen, welche die Suche nach Personen oder Sachen ermöglichen oder unterstützen. Die wichtigsten Fahndungshilfsmittel sind beispielhaft aufgelistet zum einen in den RiStBV Nr. 40 und zum anderen in der PDV 384.1 Nr. 6. Dabei unterscheidet die Letztere zwischen internen, externen und sonstigen Fahndungshilfsmitteln.
MERKE: Besonders wichtige interne Fahndungshilfsmittel sind z. B. INPOL, SIS, AFIS oder DAD. Besonders wichtige externe Fahndungshilfsmittel sind z. B. das AZR, ZEVIS, GZR, die Einwohnermelderegister der Meldeämter oder das Internet. Sonstige Fahndungshilfsmittel sind Daten i. S. d. §§ 483 ff. StPO, soweit diese Fahndungsinformationen enthalten.

Fahrerlaubnis: Im Rahmen des Straßenverkehrsrechts die von der zuständigen ⇨ Behörde erteilte Erlaubnis, auf öffentlichen Straßen ein ⇨ Kraftfahrzeug zu führen. Ohne eine solche Erlaubnis ist das Führen von Kfz im ⇨ Straßenverkehr grundsätzlich unzulässig (§ 4 I 1 FeV). Das Erfordernis einer derartigen Gestattung ergibt sich aus dem Umstand, dass das Führen eines Kfz im öffentlichen Verkehrsraum besondere Anforderungen an die körperliche und geistige Eignung des Fahrers stellt und besondere Kenntnisse und Fertigkeiten voraussetzt. Bei der Fahrerlaubnis handelt es sich um einen begünstigenden ⇨ Verwaltungsakt, der ggf. mit Auflagen verbunden werden kann (z. B. betreffend die Pflicht zur Benutzung einer Sehhilfe). Ausnahmen von der Erlaubnispflicht – etwa für Elektrokleinstfahrzeuge (⇨ E-Scooter) – sind in einem gewissen Umfang zugelassen (§ 4 I 2 FeV). Das Vorhandensein einer Fahrerlaubnis wird durch einen ⇨ Führerschein nachgewiesen; dieser ist beim Führen des Fahrzeugs mitzuführen und zuständigen Personen auf Verlangen zur Prüfung auszuhändigen (§ 4 II FeV). Der straßenverkehrsrechtlichen Fahrerlaubnis entsprechen im Rahmen anderer Verkehrsarten vergleichbare Gestattungen, etwa der Triebfahrzeugführerschein im Eisenbahnverkehr oder die Pilotenlizenz im Luftverkehr. Für diese sonstigen Erlaubnisse gelten aber nicht die Regelungen der FeV, sondern jeweils eigene verkehrsspezifische Rechtsvorschriften.
MERKE: Im Falle einer strafgerichtlichen Verurteilung – insbesondere wegen eines Verkehrsdelikts – kann eine Fahrerlaubnis im Urteil durch das Strafgericht entzogen werden (§§ 69 ff. StGB). Sprechen dringende Gründe für die Annahme, dass es im strafgerichtlichen Verfahren zu einer derartigen Entziehung der Fahrerlaubnis. kommen wird, kann dem Beschuldigten schon im Ermittlungsverfahren die Fahrerlaubnis durch richterliche Anordnung vorläufig entzogen werden (§ 111a StPO). Ist ein solcher Verlauf absehbar, darf die Polizei schon vorher den Führerschein nach § 94 III StPO sicherstellen bzw. beschlagnahmen; diese Maßnahme hat ein sofort wirksames Fahrverbot zur Folge (arg. e § 21 II Nr. 2 StVG). Ganz unabhängig von einem Strafverfahren besteht für die zuständige Verkehrsbehörde ggf. die Möglichkeit,

eine erteilte Fahrerlaubnis auf verwaltungsrechtlicher Grundlage wegen zutage getretener Ungeeignetheit zu beschränken oder zu entziehen (vgl. für den Straßenverkehr § 3 StVG sowie §§ 3, 46, 47 FeV).

Fahrlässigkeit: 1. Im Zivilrecht nach der in § 276 II BGB enthaltenen ⇨ Legaldefinition die Außerachtlassung der im Verkehr erforderlichen Sorgfalt. Gemeint ist in diesem Zusammenhang die im Verkehr *objektiv* erforderliche Sorgfalt; es findet also ein rein objektiver Sorgfaltsmaßstab Anwendung. Die so beschriebene zivilrechtliche Fahrlässigkeit gilt als reine Schuldform. Bei einem gesteigert fahrlässigen Verhalten spricht man im Zivilrecht von *grober* Fahrlässigkeit. Eine solche ist gegeben, wenn die im Verkehr objektiv erforderliche Sorgfalt in besonders ungewöhnlichem Maße verletzt worden ist, oder mit anderen Worten: Wenn der Betreffende dasjenige außer Acht gelassen hat, was im gegebenen Falle jedermann ohne Weiteres hätte einleuchten müssen.
2. Im Strafrecht setzt Fahrlässigkeit die Außerachtlassung der objektiv erforderlichen sowie dem Täter subjektiv möglichen und zumutbaren Sorgfalt voraus. Die strafrechtliche Fahrlässigkeit besitzt also eine objektive und eine subjektive Komponente. Abzustellen ist folglich immer auch auf die individuellen Kenntnisse, Fähigkeiten und Fertigkeiten des konkreten Täters, indem gefragt wird, ob gerade *diesem* Täter sorgfaltsgerechtes Verhalten überhaupt möglich und zumutbar war. Konstruktiv wird die Fahrlässigkeit i. S. d. Strafrechts teilweise – wie im Zivilrecht – als reine Schuldform verstanden; nach a. A. weist der strafrechtliche Fahrlässigkeitsbegriff eine Doppelnatur auf. Nach der letztgenannten Auffassung ist die objektive Sorgfaltspflichtverletzung zum Tatbestand und die subjektive Sorgfaltspflichtverletzung zur Ebene der Schuld zu rechnen. Praktische Auswirkungen hat dieser reine Konstruktionsstreit regelmäßig nicht.
3. Eine gesteigerte Fahrlässigkeit wird im Strafrecht als *Leichtfertigkeit* bezeichnet. Diese strafrechtliche Leichtfertigkeit entspricht der groben Fahrlässigkeit i. S. d. Zivilrechts. Leichtfertiges Handeln wird z. B. in § 251 StGB – Raub mit Todes-

folge – verlangt. Dazu hat der BGH (Urteil vom 3.6.2015, – 5 StR 628/14 –) wörtlich ausgeführt: „Leichtfertig i. S. d. § 251 StGB handelt, wer die sich ihm aufdrängende Möglichkeit eines tödlichen Verlaufs aus besonderem Leichtsinn oder besonderer Gleichgültigkeit außer Acht lässt. Das Gewicht der Fahrlässigkeit hängt dabei nicht nur vom Umfang der Tatsachenkenntnis, sondern auch vom Grad der Vermeidbarkeit ab, also inwieweit sich die Gefahr des Erfolgseintritts namentlich wegen der besonderen Gegebenheiten der Opfersituation (hier: schwerer Asthmaanfall einer unter Schock stehenden hochbetagten Frau) aufdrängen musste; demgemäß kann unbewusste Fahrlässigkeit genügen."

Fahruntüchtigkeit: Die akute oder dauerhafte Unfähigkeit einer Person, ein ⇨ Fahrzeug im Verkehr sicher zu führen. Dieses Unvermögen kann auf dem Genuss von alkoholischen Getränken, auf dem Konsum von anderen berauschenden Mitteln (Drogen, Arzneimittel, ⇨ neue psychoaktive Stoffe) oder auf geistigen oder körperlichen Mängeln beruhen. Eine Fahruntüchtigkeit in diesem Sinne kommt nicht nur bei ⇨ Kraftfahrzeugen, sondern auch bei anderen Fahrzeugen und im Prinzip in Bezug auf jede denkbare Verkehrsart in Betracht; sie spielt in etlichen Zusammenhängen eine Rolle (vgl. z. B. die §§ 315a, 315c, 316 StGB sowie § 46 FeV). Im Zusammenhang mit Alkohol im ⇨ Straßenverkehr ist es üblich, zwischen relativer und absoluter Fahruntüchtigkeit zu unterscheiden. Von *relativer* Fahruntüchtigkeit spricht man, wenn eine bestimmte Mindestalkoholisierung (bei Autofahrern: ab einer BAK von 0,3 Promille) vorliegt und zusätzlich eine sog. „Ausfallerscheinung" – etwa ein Fahrfehler – feststellbar ist. Eine *absolute* Fahruntüchtigkeit ist gegeben, wenn bestimmte Mindestgrenzwerte erreicht oder überschritten werden (bei Autofahrern: ab einer BAK von 1,1 Promille; bei Radfahrern: ab einer BAK von 1,6 Promille). Die für Autofahrer maßgeblichen Grenzwerte gelten auch für die in Deutschland seit 2019 zugelassenen ⇨ E-Scooter. Die für die absolute Fahruntüchtigkeit maßgeblichen Grenzwerte müssen nicht notwendig im Tatzeitpunkt erreicht oder überschritten sein: Es reicht viel-

mehr aus, dass der Fahrer in diesem Zeitpunkt eine Alkoholmenge im Körper hat, die in der Folgezeit zu einer BAK führt, die den Grenzwert zur absoluten Fahruntüchtigkeit erreicht oder überschreitet (sog. „Anflutungsphase“, vgl. BGH, NJW 1974, 246; BGH, 1990, 2393; BVerfG, NJW 1995, 125).
MERKE: Verliert ein Fahrer wegen alkoholisierter Teilnahme am Verkehr seine Fahrerlaubnis, so wird bei einer festgestellten BAK ab 1,6 Promille die Neuerteilung einer Fahrerlaubnis in der Regel vom erfolgreichen Bestehen einer MPU abhängig gemacht: Die Rückerlangung der Fahrerlaubnis ist dann also keineswegs ein Selbstläufer. Alkoholisierte Fußgänger können zwar nicht im eigentlichen Sinne fahruntüchtig, jedoch „verkehrsuntüchtig“ sein. Dazu OLG Jena, Urt. vom 15.6.2017, – 1 U 540/16 = NJW 2018, 77 –: *„Eine alkoholbedingte Verkehrsuntüchtigkeit ist bei einem Fußgänger auch ohne Ausfallerscheinungen jedenfalls bei einer BAK ab 2,0 Promille unwiderleglich anzunehmen.“* Da auch Fußgänger als Verkehrsteilnehmer gelten, kann es in einem solchen Falle passieren, dass dem Betroffenen eine vorhandene Fahrerlaubnis nach § 46 FeV entzogen wird.

Fahrverbot: Das entweder von einem Strafgericht oder von einer Verwaltungsbehörde verhängte zeitlich befristete Verbot, wegen einer begangenen Rechtsverletzung ⇨ Kraftfahrzeuge jeder oder einer bestimmten Art im ⇨ Straßenverkehr zu führen. Im *Strafrecht* stellt das Verbot gemäß § 44 StGB eine Nebenstrafe dar, die im Strafurteil neben der Hauptstrafe verhängt werden kann. Dabei genügt es seit dem 24.8.2017, dass das Fahrverbot zur Einwirkung auf den Betroffenen oder zur Verteidigung der Rechtsordnung erforderlich erscheint; eine Straftat, die im Zusammenhang mit dem Führen eines Kfz steht, ist – anders als vorher – nicht mehr notwendig. Das strafrechtliche Fahrverbot gilt für mindestens einen Monat und für maximal sechs Monate. Im *Ordnungswidrigkeitenrecht* handelt es sich um eine Nebenfolge i. S. d. § 66 I Nr. 5 OWiG, die nach § 25 StVG im Bußgeldbescheid neben der Geldbuße verhängt werden kann oder ggf. verhängt werden muss, wenn der Betroffene seine Pflichten

als Kraftfahrzeugführer grob oder beharrlich verletzt hat. Eine *grobe Pflichtverletzung* liegt vor, wenn sich der Verkehrssünder besonders verantwortungslos verhält, indem er eine abstrakt oder konkret gesteigert gefährliche Ordnungswidrigkeit begeht (z. B. einen Rotlichtverstoß oder eine drastische Geschwindigkeitsüberschreitung inner- oder außerorts). Ein *beharrlicher Pflichtenverstoß* ist ein solcher, der vom Betroffenen innerhalb einer überschaubaren Zeitspanne wiederholt begangen wird, sodass auf einen Mangel an rechtstreuer Gesinnung sowie auf fehlende Einsicht in das zuvor begangene Unrecht geschlussfolgert werden kann. Das ordnungsrechtliche Fahrverbot gilt für mindestens einen Monat und für maximal drei Monate.
MERKE: Vollstreckt wird das Fahrverbot durch die vorübergehende Abgabe des ⇨ Führerscheins bei einer zuständigen staatlichen Stelle, sofern der Schein von einer deutschen ⇨ Behörde oder von der Behörde eines EU- oder EWR-Staates ausgestellt worden ist; in anderen Fällen wird das Fahrverbot im Führerschein vermerkt. Das vorsätzliche oder fahrlässige Führen eines Kfz im Straßenverkehr trotz eines wirksam verhängten Fahrverbots stellt eine Verkehrsstraftat dar (§ 21 I Nr. 1 2. Alt. bzw. § 21 II Nr. 1 StVG). Entgegen einem verbreiten Missverständnis wird der Täter dabei genau genommen nicht wegen Fahrens ohne Fahrerlaubnis bestraft, denn durch die Verhängung eines Fahrverbots erfolgt gerade *keine* Entziehung der Fahrerlaubnis; vielmehr wird deren Geltung lediglich befristet suspendiert, d. h. der Betroffene darf für einen bestimmten Zeitraum von seiner fortbestehenden Fahrerlaubnis keinen Gebrauch machen. Bestraft wird der Täter vielmehr wegen Führens eines Kfz entgegen einem wirksam verhängten Fahrverbot.

Fahrzeuge: Als Fahrzeuge i. S. d. § 316 StGB gelten alle Gefährte, die dem Personentransport, der Güterbeförderung oder der Arbeitsverrichtung dienen und aufgrund ihrer Beschaffenheit und Geschwindigkeit mit einer erhöhten Betriebsgefahr verbunden sind. Erfasst werden damit primär ⇨ Kraftfahrzeuge aller Art. Als Kraftfahrzeug und damit als Fahrzeug gilt in diesem Zusammenhang auch ein sog. „Segway“, also ein elektrisch betriebener

Stehroller (so OLG Hamburg, Beschl. vom 19.12.2016, – 1 Rev 76/16 –). Das Gleiche gilt für die seit Sommer 2019 in Deutschland zugelassenen sog. „E-Scooter" (Elektro-Roller). Daneben erfasst § 316 StGB aber unter anderem auch Fahrräder, Pferdefuhrwerke, elektrisch betriebene Rollstühle, Ruderboote, Segelboote und Segelflugzeuge. Keine Fahrzeuge im vorstehenden Sinne sind hingegen traditionelle, also mechanisch angetriebene Tretroller, Tretautos für Kinder, Kinderwagen, Rollschuhe, Inline-Skater und rein mechanisch bewegte Rollstühle.

Faktisches Opportunitätsprinzip: Kein eigentlicher Rechtsbegriff, aber die gelegentlich gebrauchte Bezeichnung für das Phänomen, dass die Polizei in Ansehung erkannter oder vermuteter Straftaten zwar grundsätzlich nicht dazu befugt ist, nach Ermessen darüber zu entscheiden, ob sie strafverfolgend tätig wird oder nicht, weil sie – im Gegensatz zur Staatsanwaltschaft – formal streng an das ⇨ Legalitätsprinzip gebunden ist, dass die Polizei aber gleichwohl auf Grund der Umstände im Einzelfall dazu gezwungen sein kann, auf das Ergreifen von Strafverfolgungsmaßnahmen zumindest partiell bzw. vorläufig zu verzichten. So können etwa fehlende oder zu geringe oder ungeeignete Kräfte oder das Erfordernis der vorrangigen Abwehr dringender Gefahren dazu führen, dass die Verfolgung erkannter Straftaten auf Grund einer entsprechenden Güterabwägung oder im Hinblick auf den Grundsatz der ⇨ Verhältnismäßigkeit jedenfalls vorübergehend zurückstehen muss. Beispiel: Nach einer schweren Katastrophe lässt die Polizei Plünderer ungehindert ziehen, weil alle vor Ort vorhandenen Einsatzkräfte für die Rettung von Menschenleben aus unmittelbarer Lebensgefahr benötigt werden. Auch bei Hausbesetzungen, Großdemonstrationen, Blockadeaktionen oder Tumulten kann es unter Umständen dazu kommen, dass die Polizei trotz der Geltung des Legalitätsprinzips nur punktuelle bzw. nur nachträgliche repressive Maßnahmen ergreift, weil sie sich zu einem Mehr an Strafverfolgung momentan faktisch außerstande sieht oder weil sie der Gefahrenabwehr den Vorrang einräumen muss oder weil sie unkontrollierbare Eskalationen vermeiden will

(„Deeskalation“). Dabei kann das bewusste Absehen von einem unmittelbaren repressiven Einschreiten durch eine ⇨ rechtfertigende Pflichtenkollision legitimiert sein (Lebensrettung statt Verfolgung eines Ladendiebs). Ferner mag im Einzelfall eine Unzumutbarkeit normgerechten Verhaltens in Betracht kommen (ein unbewaffneter Polizist lässt eine Gruppe schwer bewaffneter und gewalttätiger Verbrecher ohne Eingreifen entkommen, weil ein Eingreifen ersichtlich chancenlos wäre). Beruht die Nichtergreifung sofortiger strafverfolgender Maßnahmen auf schlichter tatsächlicher Unmöglichkeit (der am Bein verletzte Polizist vermag einem Straftäter nicht nachzueilen), so ist eine Verletzung des Legalitätsprinzips schon deshalb zu verneinen, weil eine freie Entscheidung für oder gegen die Strafverfolgung in solchen Fällen gar nicht möglich ist. Ferner begründet das bloße zeitliche Zurückstellen der Strafverfolgung, sofern dieses auf sachlich einleuchtenden Gründen beruht, keinen Verstoß gegen das Legalitätsprinzip, weil eine solche Vorgehensweise keinen endgültigen Verzicht auf Verfolgung bedeutet: Das Legalitätsprinzip zwingt nicht ausnahmslos zu einem sofortigen bzw. direkten Einschreiten. Eine bewusste Verzögerung des unmittelbaren Zugriffs auf verdächtige bzw. beschuldigte Personen und die damit verbundene Hinausschiebung der Anklageerhebung ist z. B. häufig im Rahmen des Einsatzes eines ⇨ Verdeckten Ermittlers unvermeidbar, um eine möglichst umfassende und vollständige Aufklärung und Ahndung von Straftaten zu erreichen. Das Legalitätsprinzip kann in diesen Fällen nicht verletzt sein, denn die strafprozessualen Ermittlungen als solche laufen ja bereits.
MERKE: Im Auge zu behalten ist allerdings, dass es der Polizei nicht zusteht, angesichts erkannter Straftaten aus eigener Machtvollkommenheit auf *jedwede* Strafverfolgungstätigkeit zu verzichten: Zumindest die nachträgliche Erstattung einer ⇨ Strafanzeige ist immer möglich (und geboten). Überdies ist die Polizei stets gehalten, im Rahmen des Möglichen etwaige Beweise für die momentan zurückgestellte Strafverfolgung zu sichern (z. B. Videodokumentation, Feststellung der Personalien von ⇨ Zeugen, Notierung eigener Beobachtungen).

Fallmesser: Nach der in der Anlage 1 zum Waffengesetz enthaltenen ⇨ Legaldefinition solche ⇨ Messer, deren Klingen beim Lösen einer Sperrvorrichtung durch ihre Schwerkraft oder durch eine Schleuderbewegung aus dem Griff hervorschnellen und selbsttätig oder beim Loslassen der Sperrvorrichtung festgestellt werden (vgl. Anlage 1, Abschnitt 1, Unterabschnitt 2, Nr. 2.1.2). Vor dem Freisetzen der Klinge liegt diese verborgen im Griff, sodass Fallmesser leicht zu verstecken und zu transportieren sind. Zudem haben sie den Vorteil, dass sie mit nur einer Hand und innerhalb eines Augenblicks einsatzbereit gemacht werden können. Mit derartigen Messern, die damals Flieger-Kappmesser genannt wurden, stattete man im Zweiten Weltkrieg insbesondere die Fallschirmjäger und sonstiges fliegendes Personal der deutschen Luftwaffe aus, damit sich diese ggf. auch nur mit einer Hand nach der Landung mit einem Fallschirm schnell vom Fallschirmgurt befreien konnten. Fallmesser sind ⇨ Waffen i. S. d. § 1 II Nr. 2b WaffG, weil sie die objektive Eignung aufweisen, die Angriffs- oder Abwehrfähigkeit von Menschen zu beseitigen oder herabzusetzen *und* weil sie gleichzeitig im Waffengesetz ausdrücklich genannt sind. Sie gelten als besonders gefährliche Messer, weshalb sie gemäß § 2 III WaffG i. V. m. der Anlage 2 zum Waffengesetz zu den verbotenen Waffen gehören, d. h. der ⇨ Umgang mit ihnen ist – mit Ausnahme der ⇨ Unbrauchbarmachung – grundsätzlich verboten (vgl. Anlage 2, Abschnitt 1, Nr. 1.4.1). Der Verstoß gegen dieses Umgangsverbot stellt eine ⇨ Straftat dar (vgl. § 52 III Nr. 1 WaffG). Allerdings hat das BKA bestimmte Fallmesser, die als sog. „Rettungsmesser" ausgestaltet sind, durch den Feststellungsbescheid vom 28.8.2003 (– KT 21/ ZV 25 – 5164.01 – Z – 20/2003 –) als Werkzeuge eingestuft und damit vom Messerbegriff ausgenommen, sofern bestimmte Voraussetzungen erfüllt sind: Die Klinge muss einen nahezu geraden, durchgehenden Rücken haben, sich zur Schneide hin verjüngen, anstelle der Spitze abgerundet und stumpf sein, im vorderen Teil hinter der abgerundeten Klingenspitze eine hakenförmige Schneide haben, über eine gebogene Schneide verfügen, deren Länge 60 % der Klingenlänge nicht übersteigt und im hinteren

Bereich einen wellenförmigen Schliff aufweisen. Derartige Rettungsmesser dürfen ohne waffenrechtliche Erlaubnis hergestellt und vertrieben sowie von jedermann erworben, besessen und geführt werden.

Falsa demonstratio: In der Rechtssprache der Fachausdruck für die „falsche Bezeichnung" eines Rechtsaktes oder einer sonstigen Maßnahme. Gemeint ist damit letztlich eine aus dem römischen Recht überkommene Rechtsregel, die wörtlich lautet: „Falsa demonstratio non nocet" = „Eine falsche Bezeichnung schadet nicht". Es handelt sich dabei um einen allgemeingültigen Rechtsgrundsatz, der sowohl im Privatrecht als auch im öffentlichen Recht Anwendung findet und der zumindest teilweise auch gesetzlichen Niederschlag gefunden hat. So bestimmt etwa § 300 StPO, dass die unrichtige Bezeichnung eines zulässigen Rechtsmittels unschädlich ist. Auf andere Rechtsbehelfe und Anträge im Straf- oder Bußgeldverfahren lässt sich die genannte Vorschrift entsprechend anwenden (BGH, NJW 1970, 1198). Bedeutung für das polizeiliche oder sonstige hoheitliche Tätigwerden gewinnt die Rechtsregel von der *falsa demonstratio* immer dann, wenn eine nach objektivem Recht zulässige Maßnahme von dem handelnden Beamten versehentlich unzutreffend bezeichnet wird (z. B. „Festnahme" statt richtig „Ingewahrsamnahme" oder „Beschlagnahme" statt richtig „Sicherstellung"). Sofern die inhaltliche Bestimmtheit der Maßnahme durch die Falschbezeichnung nicht in Frage gestellt wird (vgl. § 37 I VwVfG) und auch die Rechtsstellung des Betroffenen im Übrigen nicht beeinträchtigt ist, führt allein der fehlerhafte Sprachgebrauch nach allgemeiner Überzeugung *nicht* zur Rechtswidrigkeit der fraglichen Maßnahme.

Falscher Schlüssel: ⇨ Einbruchsdiebstahl.

Falschgeld: „Falsches" Geld entsteht nach der in § 36 I 1 BBankG enthaltenen ⇨ Legaldefinition immer dann, wenn Bargeld in Gestalt von Banknoten oder Münzen nachgemacht oder verfälscht wird Ein *Nachmachen* in diesem Sinne ist gegeben, wenn Geldscheine oder Münzen unbefugt so nachgeahmt werden, dass der Eindruck von echtem Geld entsteht. *Verfälscht* werden echte Geldscheine oder Münzen, wenn sie nachträglich unbefugt verändert werden, namentlich in der Weise, dass der Anschein eines höheren Nennwertes hervorgerufen wird. Kennzeichnend für Falschgeld ist also stets, dass es entgegen dem äußeren Anschein nicht vom Staat oder von einer staatlich ermächtigten Stelle als Wertträger beglaubigt ist und daher kein zum Umlauf im allgemeinen Wirtschaftskreislauf bestimmtes gesetzliches Zahlungsmittel darstellt. MERKE: Nachgemachte oder verfälschte Banknoten werden umgangssprachlich als „Blüten" bezeichnet. Im amtlichen Sprachgebrauch nennt man nachgemachte oder verfälschte Banknoten oder Münzen „Falsifikate". Euro-Banknoten dürfen seit der Einführung des Euro als Bargeld am 1.1.2002 ausschließlich mit Genehmigung der Europäischen Zentralbank (EZB) ausgegeben werden (sog. „Notenprivileg", ursprünglich geregelt in Art. 106 EGV, heute in Art. 128 I 1 AEUV). Zur Ausgabe berechtigt sind dabei neben der EZB auch die nationalen Zentralbanken (Art. 128 I 2 AEUV). Die Ausgabe von deutschem Euro-Münzgeld hingegen richtet sich nach dem sog. Münzgesetz (BGBl. I 1999, 2402), wobei allerdings *der Umfang* dieser Ausgabe wiederum der Genehmigung der EZB bedarf (Art. 128 II 1 AEUV). Zur Frage der Strafbarkeit der Herstellung, Verbreitung etc. von Falschgeld vgl. die §§ 146 ff. StGB. Eine ergänzende Regelung enthält – oft übersehen – § 128 OWiG.

Faltmesser: ⇨ Butterflymesser.

Faustmesser: Nach der in Anlage 1 zum Waffengesetz enthaltenen ⇨ Legaldefinition sind Faustmesser solche ⇨ Messer, die mit einem Griff versehen sind, der quer zur feststehenden oder feststellbaren Klinge verläuft, und die außerdem bestimmungsgemäß in der geschlossenen Faust geführt oder eingesetzt werden (vgl. Anlage 1, Abschnitt 1, Unterabschnitt 2, Nr. 2.1.3). Ein derartiges Messer liegt besonders gut in der Hand; die Klinge ragt zwischen den Fingern heraus. Bauartbedingt kann man mit einem solchen Messer besonders kraftvolle und sichere Stöße bzw. Schnitte ausführen. Faustmesser waren und sind deshalb namentlich bei Jägern und Kürschnern ein gängiges Werkzeug, das beim Aufbrechen, Häuten und Zerwirken von Wild hilfreich ist. Faustmesser mit einer spitzen und dolchartigen Klinge bezeichnet man als „Stoßdolche". Faustmesser mit einer besonders breiten und halbrunden Klinge werden traditionell von den Inuit bzw. Eskimos benutzt und von diesen „Ulu" genannt. Faustmesser gelten ungeachtet ihrer konkreten Form als ⇨ Waffen i. S. d. § 1 II Nr. 2b WaffG, weil sie die objektive Eignung aufweisen, die Angriffs- oder Abwehrfähigkeit von Menschen zu beseitigen oder herabzusetzen *und* weil sie gleichzeitig im Waffengesetz ausdrücklich genannt sind. Gemäß § 2 III WaffG i. V. m. der Anlage 2 zum Waffengesetz gehören Butterflymesser zu den verbotenen Waffen, d. h. der ⇨ Umgang mit ihnen ist – mit Ausnahme der ⇨ Unbrauchbarmachung – generell verboten (vgl. Anlage 2, Abschnitt 1, Nr. 1.4.2). Der Verstoß gegen dieses Umgangsverbot stellt eine ⇨ Straftat dar (vgl. § 52 III Nr. 1 WaffG). Allerdings macht § 40 III 1 WaffG von diesem grundsätzlichen Waffenverbot eine Ausnahme. Nach der genannten Vorschrift dürfen die Inhaber einer jagdrechtlichen Erlaubnis und Angehörige von Leder oder Pelz verarbeitenden Berufen Umgang mit Faustmessern haben, sofern sie diese bei der Ausübung ihrer Tätigkeit benötigen.

Fernmeldegeheimnis: ⇨ Geheimnis, ⇨ Telekommunikation.

Fernmeldeverkehr: ⇨ Telekommunikation.

Fesseln: ⇨ Hilfsmittel der körperlichen Gewalt.

Festhalten: Das Festhalten einer Person zum Zwecke der ⇨ Identitätsfeststellung aus Gründen der Gefahrenabwehr oder Strafverfolgung umfasst nicht nur das Anhalten einer Person sowie das anschließende Festhalten des Betroffenen an Ort und Stelle, sondern schließt darüber hinaus die nach den Umständen erforderliche Mitnahme zur Dienststelle ein. Dies gilt nach wohl allgemeiner Auffassung auch dann, wenn die Mitnahme zur Dienststelle als besondere Erscheinungsform des Festhaltens im Gesetz nicht ausdrücklich erwähnt wird (Beispiel: § 163b StPO). Das Festhalten einer Person zum Zwecke der Identitätsfeststellung aus präventiven oder repressiven Gründen ist nach h. M. nicht als bloße ⇨ Freiheitsbeschränkung, sondern bereits als ⇨ Freiheitsentziehung einzuordnen, wofür in der Tat beachtliche Gründe sprechen: Das Gesetz eröffnet für die genannte Maßnahme regelmäßig einen Zeitrahmen von bis zu 12 Stunden, spricht selbst durchgängig in diesem Zusammenhang von einer „Freiheitsentziehung" und ordnet auch auf der Ebene des einfachen Gesetzesrechts einen Richtervorbehalt in dem Sinne an, dass unverzüglich eine richterliche Entscheidung über die Zulässigkeit und Fortdauer des Festhaltens einzuholen ist, es sei denn, dass die Herbeiführung der richterlichen Entscheidung voraussichtlich längere Zeit in Anspruch nehmen würde, als zur Feststellung der Identität notwendig wäre.

Festnahme: Vornehmlich im Strafprozessrecht der zusammenfassende Oberbegriff für die Ergreifung einer Person aus Gründen der Strafverfolgung unter Einschluss der Strafvollstreckung. In der Regel erfolgt eine solche repressive Festnahme durch ein staatliches Organ (Richter, Staatsanwaltschaft, Polizei); nur ausnahmsweise kann auch einer Privatperson ein Festnahmerecht zustehen (§ 127 I 1 StPO). Im Bereich der Strafverfolgung kann die Festnahme erfolgen als ⇨ vorläufige Festnahme oder als förmliche ⇨ Verhaftung. Da im Falle einer polizeilichen Festnahme der Verlust der Fortbewegungsfreiheit das von der Polizei verfolgte Primärziel darstellt und überdies der Festgenommene als Folge der Festnahme räumlich auf eine eng begrenzte Örtlichkeit beschränkt wird (Hauptfall: Einsperrung), stellt sich die Festnahme einer Person unabhängig von der Dauer der Maßnahme stets als ⇨ Freiheitsentziehung dar.
MERKE: In seltenen Fällen wird der Begriff der Festnahme vom Gesetzgeber auch im Verwaltungsrecht verwendet, um die hoheitliche Ergreifung einer Person aus *präventiven* Gründen zu bezeichnen (vgl. § 71 III Nr. 1 AufenthG). Den Normalfall einer

Freiheitsentziehung aus präventiven Gründen stellt allerdings die ⇨ Ingewahrsamnahme auf der Rechtsgrundlage des einschlägigen Polizeigesetzes dar. Auch die PDV 100 unterscheidet deshalb im Kern zu Recht terminologisch streng zwischen den (repressiven) Festnahmen und den (präventiven) Ingewahrsamnahmen.

Feuerwaffen: Im Waffenrecht die Bezeichnung für solche ⇨ Schusswaffen, bei denen ein ⇨ Geschoss *mittels heißer Gase* durch einen oder aus einem Lauf getrieben wird, so die in der Anlage 1 zum Waffengesetz enthaltene ⇨ Legaldefinition (Abschnitt 1, Unterabschnitt 1, Nr. 2.1).

Fluchtgefahr: 1. Im Strafprozessrecht nach der in § 112 II Nr. 2 StPO enthaltenen ⇨ Legaldefinition ein ⇨ Haftgrund, der dann bejaht werden kann, wenn aufgrund bestimmter Tatsachen bei Würdigung der Umstände des Einzelfalles die Gefahr besteht, dass der ⇨ Beschuldigte sich dem Strafverfahren entziehen werde. Fluchtgefahr in diesem Sinne verlangt mehr als der bloße ⇨ Fluchtverdacht i. S. d. § 127 I 1 StPO, der sich vergleichsweise einfach begründen lässt. Die st. Rspr. verlangt zur Bejahung von Fluchtgefahr eine gründliche Prüfung von Tat und Täter, welche z. B. Aspekte wie die Lebenssituation des Täters (fester Wohnsitz, Arbeitsplatz, Familie, Finanzen, Auslandsbeziehungen), die Schwere der drohenden Strafe, die Vorgeschichte der Tat sowie das Nachtatverhalten mit einschließt.
2. Im Rahmen des Ausländerrechts ist die Frage des Vorliegens von Fluchtgefahr als Voraussetzung für die Anordnung von Abschiebungshaft anhand der in § 62 AufenthG enthaltenen Vorgaben zu beurteilen. § 62 III Buchstabe a AufenthG legt fest, unter welchen Voraussetzungen Fluchtgefahr i. S. d. Gesetzes widerleglich vermutet werden darf. § 62 III Buchstabe b AufenthG nennt konkrete Anhaltspunkte, die auf eine Fluchtgefahr im vorstehenden Sinne hindeuten.

Fluchtverdacht: Die durch Tatsachen begründete Annahme, ein ⇨ auf frischer Tat betroffener oder ein ⇨ auf frischer Tat verfolgter Täter wolle sich der Strafverfolgung durch alsbaldige Flucht entziehen. Im Rahmen des § 127 I 1 StPO lässt sich ein Fluchtverdacht in diesem Sinne bejahen, wenn bei verständiger Würdigung aller Umstände des konkreten Falles und unter Berücksichtigung der Lebenserfahrung der Schluss gerechtfertigt erscheint, der Täter werde sich umgehend der Strafverfolgung entziehen, sofern er nicht unverzüglich ergriffen wird. Indizien, die einen solchen Schluss zulassen, sind insbesondere das Leisten von Widerstand, ein tatsächlicher Fluchtversuch, wohl auch schon das erkennbare Ausspähen nach Fluchtmöglichkeiten. Fluchtverdacht bezeichnet damit eine schwächere Verdachtsstufe als ⇨ Fluchtgefahr i. S. d. § 112 II Nr. 2 StPO.

Flughafen: Nach der in § 38 I LuftVZO enthaltenen ⇨ Legaldefinition ein ⇨ Flugplatz, der nach Art und Umfang des vorgesehenen Flugbetriebs einer Sicherung durch einen Bauschutzbereich i. S. d. § 12 LuftVG bedarf. § 38 II LuftVZO unterscheidet im Weiteren zwei Arten von Flughäfen, nämlich *Verkehrsflughäfen* (= Flughäfen des allgemeinen Verkehrs) und *Sonderflughäfen* (= Flughäfen für besondere Zwecke). Kurzformel: Ein Flughafen ist ein großer und besonders gesicherter Flugplatz.

Flugplatz: I. S. d. Luftverkehrs- und Luftsicherheitsrechts versteht man unter einem Flugplatz eine Einrichtung, die ganz oder teilweise für die Ankunft, den Abflug oder sonstige Bewegungen von Luftfahrzeugen bestimmt ist, einschließlich der dafür notwendigen Gebäude, Anlagen und sonstigen Vorrichtungen. Nach § 1 I 1 LuftVG gibt es drei Arten von Flugplätzen, nämlich ⇨ Flughäfen, Landeplätze und Segelfluggelände. Das Gesetz verwendet das Tatbestandsmerkmal „Flugplatz“ z. B. in dem §§ 5 I, II, III, 11 I, 19 I LuftSiG.

Flugplatzgelände: Ein festgelegtes Gebiet auf dem Lande oder zu Wasser, auf dem ein ⇨ Flugplatz betrieben wird, und zwar unter Einschluss derjenigen Flächen, auf denen sich sog. Außenanlagen befinden. Äußerlich kenntlich gemacht werden die zum

Flugplatzgelände gehörenden Grundflächen in der Praxis regelmäßig durch die vorhandene Einzäunung. Das Gesetz verwendet das Tatbestandsmerkmal „Flugplatzgelände" z. B. in § 16 I LuftSiG.

Flugsicherheitsbegleiter: Nach der in Art. 17 II des Prümer Vertrages enthaltenen ⇨ Legaldefinition Polizeibeamte oder entsprechend ausgebildete staatliche Bedienstete, welche die Aufgabe haben, die Sicherheit an Bord von Luftfahrzeugen aufrechtzuerhalten. Weitere Rahmenregelungen betreffend Flugsicherheitsbegleiter finden sich in Art. 17 II-V, 18, 19 des Prümer Vertrages. In Deutschland werden ausschließlich speziell geschulte Polizeivollzugsbeamte in Zivil verdeckt eingesetzt, um deutsche Passagiermaschinen während des Fluges zum Schutz vor Entführungen und Terroranschlägen zu begleiten. Zuständig hierfür ist nach § 4a BPolG ausschließlich die Bundespolizei. Äußerlich lassen sich diese Sicherheitskräfte nicht von normalen Passagieren unterscheiden. Flugsicherheitsbegleiter (FSB) werden im internationalen Sprachgebrauch meist als *Air Marshal* oder *Sky Marshal* bezeichnet.
MERKE: Der Einsatz solcher „Bordpolizisten" wurde im Gefolge der Terroranschläge in den USA am 11. September 2001 auf das World Trade Center in New York und auf das Pentagon in Washington als neuartige Maßnahme zur Erhöhung der Luftsicherheit von vielen Ländern eingeführt. Die Rechtsgrundlage für den Einsatz von Flugsicherheitsbegleitern bildet im Rahmen der deutschen Rechtsordnung der im Jahr 2002 in das Gesetz eingefügte § 4a BPolG. Im Jahr 2008 hat das Europäische Parlament zudem EU-einheitliche Mindeststandards aufgestellt, welche an Bordpolizisten und deren Einsatz zu stellen sind. Alle Kosten für einen mitfliegenden Flugsicherheitsbegleiter sind gemäß § 62 II Nr. 2 BPolG von der jeweiligen Airline zu tragen, soweit es sich bei dieser um ein deutsches Luftfahrtunternehmen handelt. Dies gilt auch für passagierbezogene Zusatzkosten wie Beförderungssteuern, Einreise- und Zollgebühren und Start- bzw. Landeentgelte (BGH, Urt. vom 26.7.2018, – III ZR 391/17 –).

Formelle Subsidiarität: ⇨ Subsidiarität.

Fortbewegungsfreiheit: ⇨ Freiheitsberaubung, ⇨ Freiheitsbeschränkung, ⇨ Freiheitsentziehung.

Freie Willensbestimmung: ⇨ Hilflose Lage.

Freiheitliche demokratische Grundordnung: Nach einer vom BVerfG schon früh entwickelten Definition die das Staatswesen der Bundesrepublik prägende Ordnung, welche unter Ausschluss jeglicher Gewalt- und Willkürherrschaft eine rechtsstaatliche Herrschaftsordnung auf der Grundlage der Selbstbestimmung des Volkes nach dem Willen der jeweiligen Mehrheit und der Freiheit und Gleichheit darstellt (grundlegend: BVerfGE 2, 12). Der Begriff der freiheitlichen demokratischen Grundordnung wird sowohl im Grundgesetz als auch im einfachen Gesetzesrecht an etlichen Stellen in Bezug genommen (vgl. z. B. Art. 10 II 2, 18 S. 1, 21 II, 87a IV, 91 GG, §§ 86 II, 93 II StGB, § 1 I 1 PartG, § 1 BVerfSchG). Zu den grundlegenden Prinzipien dieser Gestaltungs- und Werteordnung gehören nach der in § 4 II BVerfSchG enthaltenen Aufzählung, welche sich an die Rechtsprechung des BVerfG anlehnt, zwingend die folgenden Elemente: a) Das Recht des Volkes, die Staatsgewalt in Wahlen und Abstimmungen und durch besondere Organe der Gesetzgebung, der vollziehenden Gewalt und der Rechtsprechung auszuüben und die Volksvertretung in allgemeiner, unmittelbarer, freier, gleicher und geheimer Wahl zu wählen, b) die Bindung der Gesetzgebung an die verfassungsmäßige Ordnung und die Bindung der vollziehenden Gewalt und der Rechtsprechung an Recht und Gesetz, c) das Recht auf Bildung und Ausübung der parlamentarischen Opposition, d) die Ablösbarkeit der Regierung und ihre Verantwortlichkeit gegenüber der Volksvertretung, e) die Unabhängigkeit der Gerichte, f) der Ausschluss jeder Gewalt- und Willkürherrschaft und g) die im Grundgesetz konkretisierten Menschenrechte. Die einzelnen Elemente der so verstandenen freiheitlich-demokratischen Grundordnung ergeben in ihrer Gesamtheit den Kerngehalt des demokratischen Rechtsstaats.

MERKE: Der Begriff der freiheitlichen demokratischen Grundordnung ist etwas enger als der Begriff der verfassungsmäßigen Ordnung i. S. d. Art. 2 I GG und etwas weiter als der Begriff der Verfassungsgrundsätze i. S. d. § 92 II StGB. In das Beamtenverhältnis darf nach den Vorgaben in den Beamtengesetzen von Bund und Ländern nur berufen werden, wer die Gewähr dafür bietet, dass er jederzeit für die freiheitlich-demokratische Grundordnung eintritt. Der Beamte muss sich durch sein gesamtes Verhalten zur freiheitlichen demokratischen Grundordnung bekennen und für deren Erhaltung eintreten.

Freiheitsberaubung: Unter *Freiheit* i. S. d. § 239 I StGB versteht man die potenzielle Fortbewegungsfreiheit eines Menschen, also die Möglichkeit, nach freiem Willen den gegenwärtigen Aufenthaltsort zu verlassen und sich fortzubegeben. *Beraubt* wird ein Mensch seiner potenziellen Fortbewegungsfreiheit, wenn diese ohne oder gegen seinen Willen durch den Täter aufgehoben wird. Dabei ist gleichgültig, durch welches Mittel der Freiheitsverlust bewirkt wird: Das im Gesetztext besonders hervorgehobene ⇨ Einsperren stellt lediglich ein gesetzliches Beispiel dar. Eine Freiheitsberaubung „in sonstiger Weise" kann z. B. erfolgen durch Betäuben, Fesseln oder Anketten, durch andere Formen der Gewalt, durch Drohung oder auch im Wege der Anwendung von List.
MERKE: Vollendet ist die Freiheitsberaubung in dem Moment, in welchem die Fortbewegungsfreiheit aufgehoben ist. Auf eine bestimmte Dauer des Freiheitseingriffs stellt das Gesetz nicht ab. Auch kurzfristige Freiheitseingriffe sind damit grundsätzlich tatbestandsmäßig (BGHSt 14, 314, 315). Allerdings sollen nach einer Auffassung in der Rechtsprechung *ganz kurzfristige* Eingriffe in die Fortbewegungsfreiheit dem Tatbestand der Freiheitsberaubung nicht unterfallen. Ein Freiheitseingriff, der nur wenige Sekunden andauert, reicht nach dieser Ansicht zur Tatbestandserfüllung noch nicht aus (so BGH, NStZ 2003, 371). Hält man diese Einschränkung für richtig, muss der Freiheitseingriff also über den bloßen Augenblicksbereich hinausgehen und damit die

Bagatellgrenze überschreiten. Erfolgt der Freiheitsverlust *mit* dem Willen des Opfers, so ist schon der objektive Tatbestand des § 239 I StGB nicht erfüllt, weil es an einer „Beraubung" fehlt. Es handelt sich dann um ein sog. tatbestandsausschließendes Einverständnis, nicht etwa um eine rechtfertigende Einwilligung, die (nur) einen ⇨ Rechtfertigungsgrund darstellen würde.

Freiheitsbeschränkung: I. w. S. des Art. 104 GG zunächst *alle* hoheitlichen Eingriffe in die „Freiheit der Person", welche die körperliche Fortbewegungsfreiheit eines Menschen tangieren, indem sie die Möglichkeit des Betroffenen einschränken oder aufheben, nach freiem Willen seinen derzeitigen Aufenthaltsort zu verlassen und sich – wohin auch immer – fortzubegeben. Diese Freiheitsbeschränkungen i. w. S. lassen sich weiter unterteilen in ⇨ Freiheitsentziehungen einerseits und *sonstige* Freiheitsbeschränkungen andererseits, die man auch als Freiheitsbeschränkungen i. e. S. bezeichnen kann. Nur die letzteren sind regelmäßig gemeint, wenn im polizeilichen Bereich schlicht von „Freiheitsbeschränkungen" die Rede ist. Für diese ist kennzeichnend, dass sie sich zwar als Freiheitseingriff im obigen Sinne darstellen, aber noch nicht die Intensität einer Freiheits*entziehung* erreichen. Dies trifft regelmäßig dann zu, wenn die Einschränkung oder Aufhebung der Fortbewegungsfreiheit lediglich die notwendige Begleiterscheinung einer Polizeimaßnahme darstellt, die eigentlich ein ganz anderes Ziel als den Freiheitsverlust verfolgt, und wenn sich der Freiheitseingriff gleichzeitig üblicherweise in einem überschaubaren zeitlichen Rahmen hält (Faustformel: 2 bis 3 Stunden). Vor diesem Hintergrund sind etwa das Anhalten zur Identitätsfeststellung oder zur Befragung, die Mitnahme und das ⇨ Festhalten zur ⇨ erkennungsdienstlichen Behandlung oder die Zuführung zum Arzt zwecks Blutentnahme allgemein als bloße Freiheitsbeschränkungen anerkannt, die dementsprechend keinem verfassungsrechtlichen Richtervorbehalt unterliegen. Auch die Verbringung eines abzuschiebenden ⇨ Ausländers zum ⇨ Flughafen sowie die kurzfristige Festhaltung dort bis zum Abflug wäre nach dieser Betrachtungsweise als Freiheitsbeschrän-

kung einzustufen (BVerwGE 62, 325, 328). Das Gleiche gilt für die zwangsweise Verbringung einer Person zum Gesundheitsamt zwecks amtsärztlicher Untersuchung auf der Grundlage des Gesetzes betreffend Geschlechtskrankheiten (BGH, NJW 1982, 753, 754). Auch Platzverweisungen stellen sich in diesem Sinne als bloße Freiheitsbeschränkungen dar. Dazu das BVerfG wörtlich (BVerfGE 94, 166, 198): *„Dem gemäß liegt eine Freiheitsbeschränkung [...] vor, wenn jemand durch die öffentliche Gewalt daran gehindert wird, einen Ort oder Raum aufzusuchen oder sich dort aufzuhalten, der ihm an sich (tatsächlich und rechtlich) zugänglich ist [...].“* Allerdings können derartige bloße Freiheitsbeschränkungen im konkreten Einzelfall in eine Freiheitsentziehung umschlagen, wenn sie nämlich eine Zeit in Anspruch nehmen oder in Anspruch zu nehmen drohen, welche die übliche Zeitspanne im Sinne der obigen Faustformel deutlich überschreitet. In derartigen Fällen gewinnt der Freiheitseingriff aufgrund seiner zeitlichen Dauer eine Intensität, welche den Rechtscharakter der Maßnahme verändert.
MERKE: Auch das BVerfG betrachtet die Freiheitsentziehung lediglich als einen – besonders intensiven – Spezialfall der Freiheitsbeschränkung (i. w. S.). Dies entspricht durchaus der verfassungsrechtlichen Rechtslage, denn Art. 104 GG geht eindeutig vom Begriff der Freiheitsbeschränkung aus und stellt dann im Weiteren besondere Anforderungen an diejenigen Freiheitsbeschränkungen, die sich als Freiheitsentziehung darstellen. Dazu BVerfGE 10, 302, 323: *„Art. 2 Abs. 2 Satz 2 GG wiederholt und ergänzt den Vorbehalt für alle Freiheits*beschränkungen. *Für den schwersten Eingriff, die* Entziehung *der Freiheit, hingegen schränkt Art. 104 Abs. 2 GG den Vorbehalt des Gesetzes, dem das Grundrecht auf Unverletzlichkeit der Freiheit in Art. 2 Abs. 2 Satz 3 GG unterworfen ist, durch den weiteren, verfahrensrechtlichen Vorbehalt richterlicher Entscheidung ein [...].“* [Hervorhebungen auch im Original]

Freiheitsentziehung: Solche hoheitlichen Eingriffe in die „Freiheit einer Person“, die zielgerichtet und unmittelbar auf die Aufhebung der körperlichen Fortbewegungsfreiheit gerichtet sind. Mit „Fortbewegungsfreiheit“ ist dabei wie bei der ⇨ Freiheitsbeschränkung die Möglichkeit des Betroffenen gemeint, nach freiem Willen seinen derzeitigen Aufenthaltsort zu verlassen und sich – wohin auch immer – fortzubegeben. Kennzeichnend für eine Freiheitsentziehung im vorstehenden Sinne ist also, dass der Verlust der Bewegungsfreiheit das finale *Primärziel* des staatlichen Handelns darstellt und nicht nur die vorübergehende Begleiterscheinung einer Maßnahme bildet, die eigentlich ein ganz anderes Ziel verfolgt. Deshalb handelt es sich bei einer ⇨ Ingewahrsamnahme, einer ⇨ vorläufigen Festnahme, einer ⇨ Verhaftung bzw. Inhaftnahme oder einer sonstigen ⇨ Festnahme einer Person *immer* um eine Freiheitsentziehung. Die eben genannten Maßnahmen sind zwar jedenfalls grundsätzlich auf eine längere Dauer angelegt und erweisen sich auch de facto oft als längerfristig. Jedoch spielt die angedachte oder tatsächliche Dauer des Freiheitseingriffes letztlich keine entscheidende Rolle: Selbst wenn z. B. die in Gewahrsam genommene Person schon nach wenigen Minuten wieder freigelassen wird, oder wenn die vorläufig festgenommene Person von der Polizei selbst gegen Sicherheitsleistung (§ 127a StPO) alsbald wieder auf freien Fuß gesetzt wird, ändert dies nichts daran, dass die getroffene Maßnahme rein begrifflich bis zur Freilassung als Freiheitsentziehung einzuordnen ist. Eine längere Zeitdauer des Freiheitseingriffs mag also rein tatsächlich durchaus häufiger mit einer Freiheitsentziehung verbunden sein; der genannte Umstand stellt aber gleichwohl kein *konstitutives* Wesensmerkmal der Freiheitsentziehung dar, sofern es sich um einen gezielten Primäreingriff in die Fortbewegungsfreiheit handelt. Allerdings kann das Zeitelement dann – ausnahmsweise – eine entscheidende Bedeutung gewinnen, wenn sich eine Maßnahme im Ausgangspunkt zwar zunächst als bloße Freiheitsbeschränkung darstellt, diese aber aufgrund überlanger Dauer im konkreten Einzelfall letztlich in eine Freiheitsentziehung umschlägt. In diesem Sonderfall kann also auch der zeitlichen Dauer des Eingriffs eine Relevanz für die rechtliche Beurteilung zukommen. Es handelt sich dabei aber um

eine grundsätzlich andersartige Situation, weil in einem solchen Falle ursprünglich noch keine Freiheitsentziehung vorgelegen hat. Eine häufiger vorgeschlagene und auch von der Rechtsprechung akzeptierte Faustformel nennt einen Zeitraum von zwei bis drei Stunden als typisch für bloße Freiheitsbeschränkungen. Wird die eben genannte Zeitgrenze überschritten, ist im Zweifel von einer Freiheitsentziehung auszugehen. Nach der Rechtsprechung des BVerfG ist zumindest im Regelfall kennzeichnend für eine Freiheitsentziehung, dass die Fortbewegungsfreiheit des Betroffenen *vollständig* und in jeder Richtung aufgehoben wird. Das Gericht dazu wörtlich (BVerfGE 94, 166, 198): *„Der Tatbestand einer Freiheitsentziehung (Art. 104 Abs. 2 GG) kommt ohnehin nur in Betracht, wenn die – tatsächlich und rechtlich an sich gegebene – körperliche Bewegungsfreiheit durch staatliche Maßnahmen* nach jeder Richtung hin *aufgehoben wird.“* [Hervorhebung nicht im Original] Nach dieser Betrachtungsweise ist also für eine Freiheitsentziehung notwendig und typisch, dass der Betroffene örtlich auf einen eng begrenzten Raum beschränkt wird, sodass ihm im Hinblick auf seinen Aufenthaltsort kein relevanter Entscheidungsfreiraum mehr verbleibt. Ein solcher vollständiger Freiheitsverlust in räumlicher Hinsicht ist typischerweise verbunden mit einem Einsperren des Betroffenen in einen Raum, mit der Unterbringung in einer Anstalt oder mit der Einschließung in einem Dienst-Kfz. Ebenso wäre die präventivpolizeiliche „Einkesselung“ einer Menschenmenge ein Beispiel für eine Freiheitsentziehung unter diesem Gesichtspunkt der Art und Weise der Vollziehung des Freiheitseingriffes. Und in der Tat ordnet die Rechtsprechung den sog. „Polizeikessel“ als Unterfall der Ingewahrsamnahme und damit als Freiheitsentziehung ein.
MERKE: Stellt sich ein Freiheitseingriff als Freiheitsentziehung im vorstehenden Sinne dar, so gelten sämtliche in Art. 104 II GG aufgeführten Verfahrensgarantien. Dabei ist insbesondere zu beachten, dass immer dann, wenn die Polizei einer Person aus eigener Macht vollkommen die Freiheit entzogen hat, unverzüglich eine nachträgliche richterliche Entscheidung über die Zulässigkeit und Fortdauer des Freiheitseingriffes herbeizuführen ist. Die

bekannten Klauseln „es sei denn, dass“ auf der Ebene des einfachen Gesetzesrechts stellen dabei zulässige Konkretisierungen einer verfassungsimmanenten Ausnahme auf der Grundlage des Art. 104 II 4 GG dar, die dem Grundgedanken der von der Verfassung verbürgten Verfahrensgarantien nicht widersprechen, weil sie den Freiheitseingriff im Interesse des Betroffenen selbst auf das notwendige Minimum reduzieren.

Freiheitsstrafe: ⇨ Kriminalstrafen.

Fremde bewegliche Sache: Unter einer *Sache* versteht man im Rahmen der Eigentumsdelikte (§§ 242 ff. StGB) nur körperliche Gegenstände. Als *beweglich* gilt eine Sache, wenn sie im natürlichen Sinne fortschaffbar ist. Dabei genügt es, wenn die Sache erst durch die Tat selbst transportabel gemacht wird. Eine im vorstehenden Sinne bewegliche Sache ist für den Täter dann *fremd*, wenn sie nicht in seinem Alleineigentum steht und auch nicht herrenlos ist (sog. „Negativdefinition“). Anders ausgedrückt: Fremd ist für den Täter jede bewegliche Sache, die einem anderen – jedenfalls auch – gehört (sog. Positivdefinition). Das bloße Miteigentum eines anderen bewirkt also bereits, dass die Sache täterfremd wird. Die Fremdheit der beweglichen Sache beurteilt sich nach den Vorschriften des BGB (§§ 929 ff. BGB). Ist die weggenommene Sache zwar objektiv fremd, hatte der Täter dies jedoch nicht erkannt, so liegt ein sog. ⇨ „Tatbestandsirrtum“ vor. Dieser führt über § 16 I StGB zum Vorsatzausschluss und damit zur Straflosigkeit. Beispiel: Verwechslung eines Mantels an der Garderobe.

Fremdes Geheimnis: ⇨ Geheimnis.

Fremdvornahme: ⇨ Ersatzvornahme.

Frontex: Die übliche Kurzbezeichnung für die Europäische Agentur für die Grenz- und Küstenwache mit Sitz in Warschau, abgeleitet aus der frz. Bezeichnung *frontières extérieures* (= Außengrenzen). Vor dem 6.10.2016 lautete die amtliche Benennung dieser Organisation noch Europäische Agentur für die operative Zusammenarbeit an den Außengrenzen der Mitgliedstaaten der Europäischen Union. Frontex wurde mit Wirkung zum 1.5.2005 eingerichtet und nahm am 3.10.2005 ihre Tätigkeit auf. Im Rahmen des gemeinsamen Schutzes der Außengrenzen der EU erfüllt Frontex als europäische Gemeinschaftsagentur vor allem Koordinierungs-, Analyse- und Unterstützungsaufgaben. MERKE: Aktuelle Rechtsgrundlage für Frontex ist die VO (EU) 2016/1624, die im Jahr 2016 die Vorläuferverordnung – VO (EG) 2007/2004 – abgelöst hat.

Führen eines Fahrzeugs: I. S. d. § 316 StGB führt jemand ein ⇨ Fahrzeug, wenn er dieses unter Ausnutzung von Antriebskräften in Bewegung setzt oder in Bewegung hält oder es unter Benutzung der vorhandenen technischen Vorrichtungen lenkt und steuert (so mit leicht wechselnden Formulierungen die st. Rspr., vgl. z. B. BGHSt 35, 390). Kein Führen liegt vor, wenn jemand nur auf dem Fahrersitz eines Autos Platz nimmt. Auch das Einschalten der Scheinwerfer oder das Anlassen des Motors oder allein das Lösen der Handbremse sind nur reine Vorbereitungshandlungen zum späteren Führen. Lässt jedoch ein Fahrradfahrer das Rad, auf dem er sitzt, einen Hang herabrollen, so ist von einem Führen auszugehen, selbst wenn der Radfahrer nicht in die Pedale tritt: Entscheidend für das Führen eines Fahrrades ist, dass die Räder rollen und die Füße vom Boden gelöst sind (BayVGH, Urt. vom 17.11.2014, – 11 ZB 14.1755 –).

Führen von Waffen oder Munition: ⇨ Umgang mit Waffen oder Munition.

Führerschein (im Straßenverkehr): Die von der zuständigen ⇨ Behörde erteilte amtliche Bescheinigung, welche belegt, dass die im Führerschein genannte Person eine ⇨ Fahrerlaubnis besitzt, die es dem Inhaber gestattet, bestimmte ⇨ Kraftfahrzeuge im ⇨ Straßenverkehr zu führen (vgl. § 2 StVG). Der Führerschein stellt damit ein Beweispapier und zugleich eine ⇨ Urkunde i. S. d.

Strafrechts dar. Fahren ohne Führerschein ist lediglich eine Verkehrsordnungswidrigkeit, während das Fahren ohne Fahrerlaubnis eine Verkehrsstraftat darstellt. Führerscheine, die mutmaßlich der Einziehung unterliegen, werden nicht nach § 111b StPO, sondern auf der speziellen Grundlage des § 94 III StPO polizeilich sichergestellt bzw. beschlagnahmt, worauf § 111b I 3 StPO in der seit dem 1.7.2017 geltenden Neufassung ausdrücklich hinweist. Die spätere tatsächliche Einziehung des Führerscheins aufgrund strafgerichtlicher Verurteilung ist allein Sache des Gerichts und richtet sich nach § 69 III 2 StGB (deutsche Führerscheine) bzw. nach § 69b II 1 StGB (EU-/EWR-Führerscheine). Sonstige Führerscheine, die von einem Drittstaat ausgestellt wurden, unterliegen nicht der Einziehung; für sie gilt vielmehr das in § 69b II 2 StGB geregelte Verfahren.
MERKE: Kfz-Führerscheine im EU-einheitlichen Scheckkartenformat (mit weißem Rand) gibt es bereits seit 1999. Aufgrund der RL 2006/126/EG (Dritte EU-Führerschein-Richtlinie) werden seit dem 19.1.2013 modifizierte Führerscheine im EU-einheitlichen Scheckkartenformat ausgegeben; diese gelten als besonders fälschungssicher und haben keinen weißen Rand mehr. In Art. 3 III der Richtlinie ist bestimmt, dass ab dem 19.1.2033 nur noch Führerscheine im Umlauf sein bzw. ausgestellt werden dürfen, die dem modifizierten Standard entsprechen. Die Mitgliedstaaten der EU müssen also sicherstellen, dass bis zum Ablauf des 18.1.2033 alle alten Führerscheine (grau, rosa, im alten Scheckkartenformat) umgetauscht worden sind. Zu den insoweit geltenden Umtauschfristen vgl. Anlage 8e der FeV.

Funkzellenabfrage: Nach der in § 100g III 1 StPO enthaltenen ⇨ Legaldefinition die Erhebung aller in einer bestimmten Funkzelle angefallenen ⇨ Verkehrsdaten. Die unter Richtervorbehalt stehende Funkzellenabfrage ist erst mit Wirkung zum 18.12.2015 in das Gesetz eingefügt worden und nur zulässig zur Aufklärung von ⇨ Straftaten von erheblicher Bedeutung (§ 100g III 1 i. V. m. I 1 Nr. 1 StPO) bzw. von ⇨ besonders schweren Straftaten (§ 100g III 2 i. V. m II StPO). Umstritten ist, ob im Rahmen einer Funkzellenabfrage nach § 100g III 1 StPO auch retrograde ⇨ Standortdaten erhoben werden dürfen, was im Falle des § 100g III 2 StPO nach allgemeiner Auffassung erlaubt ist (verneinend BGH, NStZ 2018, 47 [ER], bejahend LG Stade, Beschl. vom 26.10.2018, – 70 Qs 133/18 –).

Für den öffentlichen Dienst besonders Verpflichtete: Damit meint das Gesetz solche Personen, die zwar keine Amtsträger sind, die aber bei einer Behörde oder sonstigen Stelle, die Aufgaben der öffentlichen Verwaltung wahrnimmt, oder bei einem nachgeordneten Verwaltungsträger beschäftigt oder im Auftrag tätig sind *und* die auf die gewissenhafte Erfüllung ihrer Obliegenheiten aufgrund eines Gesetzes förmlich verpflichtet worden sind (§ 11 I Nr. 4 StGB). Das dabei in Bezug genommene Gesetz ist das Gesetz über die förmliche Verpflichtung nichtbeamteter Personen (Verpflichtungsgesetz), welches die Einzelheiten der förmlichen Verpflichtung regelt. Es handelt sich bei den betreffenden Personen typischerweise um Personal mit Unterstützungsfunktion, wie etwa Schreibkräfte, Büroboten, Reinigungspersonal, Berater, Gutachter, Techniker oder sonstige Servicekräfte. Wenn diese Personen in sensiblen Bereichen tätig werden sollen, können sie über die förmliche Verpflichtung den Amtsträgern gleichgestellt werden. Sie unterliegen dann im Falle einer Pflichtverletzung (z. B. Geheimnisverrat oder Bestechlichkeit) den gleichen strafrechtlichen Restriktionen wie die Amtsträger.

Garantenstellung: Eine durch besondere rechtliche oder tatsächliche Umstände begründete Situation einer Person, welche zur Folge hat, dass der Betreffende für die Abwendung bestimmter schädlicher Erfolge strafrechtlich einzustehen hat (vgl. § 13 I StGB). Der Inhaber einer solchen Garantenstellung wird kurz Garant genannt; die ihn treffende Erfolgsabwendungspflicht heißt Garantenpflicht. Wer Garant in diesem Sinne ist, kann Täter eines unechten ⇨ Unterlassungsdelikts sein, d. h. der Betreffende macht sich strafbar, wenn allein durch sein Untätigbleiben ein ⇨ Straftatbestand verwirklicht wird.

MERKE: Die Vorschrift des § 13 I StGB beschreibt zwar die grundsätzliche Erfolgsabwendungspflicht des Garanten, trifft aber keinerlei Festlegungen zu der Frage, unter welchen konkreten Voraussetzungen eine Garantenstellung entsteht. Die Klärung dieser Frage hat der Gesetzgeber vielmehr bewusst der Rechtsprechung überlassen, die im Laufe der Zeit eine ganze Reihe von einschlägigen Fallgruppen entwickelt hat. Beispiele: Garantenstellung aus Vertrag oder Gesetz, aus beruflicher Stellung, aus enger Lebensbeziehung, aus tatsächlicher Gewährübernahme, aus Gefahrgemeinschaft oder aus Verantwortlichkeit für eine Gefahrenquelle, wobei sich die genannten Aspekte zum Teil auch überschneiden können.

Gaspistole: ⇨ Reizstoffwaffen.

GEAS: Die Kurzbezeichnung für das im Frühjahr 2024 beschlossene Gemeinsame Europäische Asylsystem, welches eine weitreichende Reform der bis dahin geltenden Regelungen über das Migrations- und Asylwesen innerhalb der EU beinhaltet. Die betreffenden Gesetzgebungsakte umfassen eine ganze Reihe von überwiegend neuen EU-Verordnungen und EU-Richtlinien. Dazu zählen insbesondere die Asylverfahrens-Verordnung, die Asyl- und Migrationsmanagement-Verordnung (welche die DÜ-III-Verordnung ersetzen soll), die Rückkehrgrenzverfahrens-Verordnung, die Screening-Verordnung, die Krisen-Verordnung, die Anerkennungs-Verordnung, die Resettlement-Verordnung, die EU-Asylagentur-Verordnung, die reformierte Eurodac-Verordnung sowie die EU-Aufnahme-Richtlinie. Die betreffenden Rechtsakte sind am 11.6.2024 formal in Kraft getreten. Allerdings gilt eine zweijährige Umsetzungsfrist. Die neuen bzw. reformierten Rechtsakte sind deshalb im Wesentlichen erst ab Mitte 2026 tatsächlich anwendbar.

Gebäude: 1. Ein Gebäude i. S. d. §§ 305 I, 306 I Nr. 1, 306a I Nr. 1 StGB ist jedes durch Wände und Dach begrenzte, mit dem Erdboden zumindest durch die eigene Schwere fest verbunde-

ne Bauwerk, welches zum Aufenthalt von Menschen bestimmt ist und das sich aufgrund seiner statischen Festigkeit durch eine gewisse Dauerhaftigkeit auszeichnet. Gebäude in diesem Sinne sind insbesondere: Wohn- und Bürohäuser, Bungalows, Baracken, Hütten, Scheunen, Schuppen und Ställe. Auch noch nicht fertiggestellte, türen- und fensterlose Rohbauten und Abrisshäuser sind gemeint (so BGHSt 6, 107; streitig). Nicht aber: Zelte, Traglufthallen, Baubuden, auf Blöcken stehende Bauwagen, Telefonzellen oder überdachte Bushaltestellen.
2. Ein Gebäude im etwas spezielleren Sinne des § 243 I 2 Nr. 1 StGB ist jedes durch Wände und Dach begrenztes, mit dem Erdboden zumindest durch die eigene Schwere fest verbundenes Bauwerk, welches jedenfalls auch zum Aufenthalt von Menschen bestimmt ist und das aufgrund entsprechender Vorrichtungen dazu geeignet und bestimmt ist, Unbefugte fernzuhalten. Auf der einen Seite unterfallen Rohbauten und Abrisshäuser ohne Türen bzw. Fenster *dieser* Definition *nicht*, weil ihnen – anders als bei den oben genannten Vorschriften – die Eignung fehlt, den Zutritt von Unbefugten abzuwehren. Auf der anderen Seite bedarf es im Rahmen des § 243 I 2 Nr. 1 StGB – anders als im Falle der §§ 305 I, 306 I Nr. 1, 306a I Nr. 1 StGB – *keiner* baulichen Dauerhaftigkeit aufgrund statischer Festigkeit, sodass in diesem Zusammenhang auch ein Zirkuszelt als „Gebäude“ angesehen werden kann (RGSt 10, 103). Ein Gleiches wird konsequenterweise dann gelten müssen, wenn ein Gegenstand aus einem Zelt entwendet wird, welches religiösen Zwecken dient (vgl. § 243 I 2 Nr. 4 StGB). Der Gebäudebegriff des § 243 I 2 Nr. 1 StGB ist also teils enger, teils aber auch weiter als der bei den Sachbeschädigungs- und Brandstiftungsdelikten verwendete Gebäudebegriff.

Gebiet der Bahnanlagen: 1. Zum Gebiet der ⇨ Bahnanlagen gehören alle Grundflächen, auf denen sich Anlagen einer ⇨ Eisenbahn befinden. Als Bahnanlagen gelten dabei zunächst Bauwerke, aber auch alle sonstigen Einrichtungen einer Eisenbahn, die unter Berücksichtigung der örtlichen Verhältnisse zur Abwicklung oder Sicherung des Reise- oder Güterverkehrs auf der Schiene erforderlich sind, einschließlich sog. „Nebenbetriebsanlagen" (vgl. § 4 I 1, 2 EBO). Fahrzeuge hingegen gehören nicht zu den Bahnanlagen (§ 4 I 4 EBO).

2. Im Rahmen speziell der §§ 3 I, 12 I Nr. 5 BPolG ist zudem maßgeblich, dass es sich um das Gebiet der Bahnanlagen einer ⇨ Eisenbahn *des Bundes* handelt. Das ist der Fall, wenn die Bundesrepublik Deutschland als juristische Person des öffentlichen Rechts der Inhaber bzw. Eigentümer des betreffenden Eisenbahnunternehmens ist und wenn diesem Unternehmen die Rechtsmacht über das betroffene Bahngebiet zusteht, etwa aufgrund von Eigentum, Miete oder Pacht. „Eisenbahn des Bundes" ist namentlich die Deutsche Bahn AG, weil der Bund derzeit der alleinige Inhaber der Bahnaktien ist. Im Falle eines Börsenganges der DB AG würde es ausreichen, wenn der Bund weiterhin zumindest eine Mehrheit der Bahnaktien hält, sodass er einen maßgeblichen Einfluss auf das Unternehmen behält.

MERKE: Für die Frage, ob der Bahnbetrieb eines bestimmten Bahnunternehmens „auf dem Gebiet der Bahnanlagen der Eisenbahnen des Bundes" stattfindet, ist nicht entscheidend, ob es sich bei dem betroffenen Eisenbahnunternehmen um eine Privatbahn oder um eine im Eigentum des Bundes stehende Eisenbahn handelt. Maßgeblich ist allein, dass der Betrieb auf einem Schienennetz stattfindet, das einer Bundeseisenbahn – insbesondere der Deutschen Bahn AG – gehört. Relevant ist also in diesem Zusammenhang das sachenrechtliche Eigentum am Streckennetz. Aus diesem Grunde bleibt die Bundespolizei auch dann als Bahnpolizei präventiv wie repressiv zuständig, wenn im konkreten Falle ein *privates* Eisenbahnunternehmen betroffen ist, welches das Schienennetz der DB AG benutzt. Keine Rolle spielt ferner, ob es sich dabei um ein inländisches oder ausländisches Eisenbahnunternehmen handelt. Ebenso ist im Hinblick auf Bahnhöfe, Vorplätze, Ladeflächen etc. unerheblich, ob die DB AG die Eigentümerin der betroffenen Grundflächen im sachenrechtlichen Sinne ist. Es reicht aus, dass sie zumindest aufgrund von Miete oder Pacht die *Rechtsmacht* über die betreffenden Flächen besitzt und dass diese – ausdrücklich oder konkludent – dem Bahnbetrieb gewidmet sind.

Gebotensein einer Tat bzw. Handlung: ⇨ Notwehr.

Gebühren: Nach der in § 3 IV BGebG enthaltenen ⇨ Legaldefinition solche öffentlich-rechtlichen Geldleistungen, welche der Gebührengläubiger vom Gebührenschuldner für individuell zurechenbare öffentliche Leistungen erhebt. Welche staatlichen Handlungen bzw. Vergünstigungen dabei im Einzelnen als „Leistungen" in Betracht kommen, erläutert § 3 I BGebG; wann eine solche Leistung individuell zurechenbar ist, ergibt sich aus § 3 II BGebG. Keine Gebühren sind solche ⇨ Kosten, die sich begrifflich als ⇨ Auslagen darstellen.

Geeignet: Eine hoheitliche Maßnahme ist geeignet, wenn sie den jeweils verfolgten Zweck erreicht oder zumindest fördert, sie sich mithin als „zwecktauglich" darstellt. Dazu das BVerfG wörtlich (NVwZ 1997, 1109, 1111): *„Ein Mittel ist bereits dann geeignet, wenn mit seiner Hilfe der gewünschte Erfolg gefördert werden kann [..]). Es ist nicht erforderlich, dass der Erfolg in jedem Einzelfall auch tatsächlich erreicht wird oder jedenfalls erreichbar ist; die Möglichkeit der Zweckerreichung genügt [..])."* Verboten sind damit also nur solche Eingriffe oder Belastungen des Bürgers, die bei objektiver Betrachtung ersichtlich untauglich zur Förderung oder Erreichung des verfolgten Ziels sind. Die Geeignetheit einer hoheitlichen Maßnahme bildet die erste Stufe der ⇨ Verhältnismäßigkeit und wird deshalb in etlichen Vorschriften als Rechtmäßigkeitsvoraussetzung ausdrücklich erwähnt (vgl. z. B. §§ 15 I BPolG, 4 I LuftSiG, 2 I ME PolG).

Gefahr: Unter einer Gefahr im Rechtssinne versteht man ganz allgemein eine Sachlage, bei der die hinreichende Wahrscheinlichkeit oder zumindest die Möglichkeit besteht, dass zukünftig ein Schaden an einem anerkannten Schutzgut eintreten wird, insbesondere an einem Schutzgut, das von der ⇨ öffentlichen Sicherheit oder der ⇨ öffentlichen Ordnung umfasst ist. Kurzformel: Eine Gefahr besteht bei hinreichender Wahrscheinlichkeit oder Möglichkeit eines Schadenseintritts.

MERKE: Dieser allgemeine Obergriff der Gefahr bildet den Ausgangspunkt für eine ganze Reihe von spezielleren Gefahrbegriffen, die zumeist im Gefahrenabwehrrecht relevant sind, teilweise aber auch ins Strafrecht oder sogar ins Verfassungsrecht gehören. Zu diesen gehören insbesondere die ⇨ konkrete Gefahr, die ⇨ abstrakte Gefahr, die ⇨ gegenwärtige Gefahr, die ⇨ erhebliche Gefahr, die ⇨ dringende Gefahr, die ⇨ drohende Gefahr und die ⇨ gemeine Gefahr. Eine echte Gefahr im obigen Sinne bildet – terminologisch vielleicht etwas verwirrend – auch die sog. ⇨ „Anscheinsgefahr". Keine echte Gefahr stellt hingegen die sog. ⇨ Scheingefahr dar, die auch Putativgefahr genannt wird. Abzugrenzen von der Gefahr ist der bloße ⇨ Gefahrenverdacht, der eine Art Vorstufe der Gefahr bildet („Gefahr einer Gefahr").

Gefährderanschreiben: ⇨ Gefährderansprache.

Gefährderansprache: Eine Maßnahme der Straftatenverhütung, die darin besteht, dass die Polizei einen potenziellen Gefahrverursacher – z. B. einen polizeibekannten Randalierer oder Hooligan– im Vorfeld von künftigen Ereignissen wie Fußballspiel, Versammlung, Aufzug, Wirtschaftsgipfel etc. unmittelbar und gezielt anspricht, um dem Betreffenden zu verdeutlichen, dass er sich im „Visier der Polizei" befindet und dass die Polizei eine sich abzeichnende Gefahrenlage nicht dulden wird. Nach mittlerweile h. M. hat auch eine solche Vorfeldmaßnahme bereits Grundrechtsrelevanz, weil sie zumindest in das Grundrecht der allgemeinen Handlungsfreiheit aus Art. 2 I GG eingreift: Ziel der Gefährderansprache ist es, den potenziellen Störer zu verunsichern und ihn möglichst dazu zu bewegen, sein Verhalten entsprechend einzurichten, ggf. auch ein bestimmtes – rechtswidriges – Vorhaben aufzugeben. Sollte es bei einer Gefährderansprache im Einzelfall darum gehen, den Adressaten von der geplanten Teilnahme an einer künftigen Versammlung abzubringen, so sind sogar noch weitere Grundrechte betroffen (Art. 5 I, Art. 8 I GG). Die Gefährderansprache stellt somit eine Eingriffsmaßnahme dar, die einer gesetzlichen Rechtsgrundlage bedarf. In diesem Zusammenhang

sind mittlerweile einige spezialgesetzliche Befugnisnormen von den Bundesländern geschaffen worden (vgl. z. B. §§ 29 I PolG BW, 14 I VersG NRW). Ansonsten kann hilfsweise auf die ⇨ polizeiliche Generalklausel zurückgegriffen werden (vgl. NdsOVG, Urt. vom 22.9.2005, – 11 L C 51/04 = NordÖR 2005, 536 –).
MERKE: Erfolgt eine Gefährderansprache nicht in mündlicher, sondern in schriftlicher Form, so wird die betreffende Mitteilung als „Gefährderanschreiben" bezeichnet.

Gefahrenverdacht: Eine Situation, in der zwar das Vorliegen einer ⇨ konkreten Gefahr für die ⇨ öffentliche Sicherheit oder die ⇨ öffentliche Ordnung noch nicht sicher feststeht, in der jedoch ⇨ Tatsachen darauf hindeuten, dass eine solche Gefahr bestehen könnte. Bei Bestehen eines solchen Gefahrenverdachts sind nach h. M. polizeiliche Erforschungsmaßnahmen von geringer Eingriffsintensität erlaubt, um herauszufinden, ob eine konkrete Gefahr tatsächlich besteht oder nicht.
MERKE: Abzugrenzen ist der Gefahrenverdacht im vorstehenden Sinne von den Begriffen ⇨ Anscheinsgefahr und ⇨ Scheingefahr.

Gefahr im Verzug: 1. Generell ist aus polizeilicher Sicht Gefahr im Verzug im Rahmen von Gefahrenabwehr oder Strafverfolgung immer dann gegeben, wenn ohne sofortiges Handeln die Erreichung des angestrebten Zwecks bzw. Erfolgs vorhersehbar vereitelt oder wesentlich erschwert werden würde. Typische Rechtsfolge bei Gefahr im Verzug ist, dass anstelle der grundsätzlich entscheidungsbefugten Instanz (meist: der Richter) nunmehr eine andere Stelle entscheiden bzw. handeln darf, etwa die Staatsanwaltschaft oder ihre Ermittlungspersonen oder die Polizei (vgl. z. B. die §§ 28 III, 46 I 1 BPolG, 81a II, 98 I, 100b I 2, 104 I, 105 I, 111 II, 111e I StPO, 20 I 1 ME PolG).
2. Gefahr im Verzug im speziellen Sinne des § 127 II StPO (betreffend die vorläufige Festnahme durch Beamte des Polizeidienstes oder die Staatsanwaltschaft) besteht immer dann, wenn die mit der Einholung eines (schriftlichen) richterlichen ⇨ Unter-

suchungshaftbefehls bzw. ⇨ Unterbringungsbefehls verbundene Zeitverzögerung entweder die Festnahme als solche oder die Belange einer geordneten Strafverfolgung im Übrigen gefährden würde. Dies ist regelmäßig der Fall, wenn unter Verzicht auf die sofortige Ergreifung des ⇨ Beschuldigten die Befürchtung gerechtfertigt erscheint, dieser werde sich der Strafverfolgung durch Flucht entziehen oder die Strafsache verdunkeln oder erneut Straftaten begehen.

3. Speziell bei der Führerscheinbeschlagnahme auf der Grundlage der §§ 94 III i. V. m. II, 111a StPO i. V. m. § 69 StGB besteht Gefahr im Verzug i. S. d. § 98 I StPO immer dann, wenn nach den Umständen die Annahme gerechtfertigt erscheint, dass der Betroffene ohne die Abnahme des Führerscheins weitere Trunkenheitsfahrten unternehmen oder sonst Verkehrsvorschriften in schwerwiegender Weise verletzen werde (BGHSt 22, 385).

MERKE: In einer viel beachteten Grundsatzentscheidung hat das BVerfG im Jahre 2001 anlässlich einer Wohnungsdurchsuchung darin erinnert, dass die *richterliche* Anordnung von Strafverfolgungsmaßnahmen (soweit sie gesetzlich vorgesehen ist) den Regelfall bildet, und dass der Ausnahmefall der nichtrichterlichen Anordnung aufgrund von Gefahr im Verzug im Einzelfall jeweils gründlich geprüft und dargetan sein muss (BVerfG, Urt. vom 20.2.2001, – 2 BvR 1444/00 = BVerfGE 103, 142 = NJW 2001, 1121 – sog. „Gefahr-im-Verzug-Entscheidung“). Seitdem hat sich die richterliche Kontrolldichte bezüglich der Einhaltung des sog. Richtervorbehalts erheblich verschärft. Dies gilt nicht nur für die Frage, ob ggf. Gefahr im Verzug bestanden hat oder nicht, sondern ebenso für die Frage der Beachtung des verfassungsrechtlichen Richtervorbehaltes bei präventiven oder repressiven Freiheitsentziehungen (vgl. Art. 104 II GG). Zumindest eine grobe Missachtung des Richtervorbehalts (hier: im Zusammenhang mit der Durchsuchung eines Pkw), die darin liegt, dass ein richterlicher Durchsuchungsbefehl nicht beantragt wurde, obwohl dies nach den Umständen objektiv möglich und rechtlich geboten gewesen wäre, löst ein Beweisverwertungsverbot aus (BGH, Beschl. vom 21.4.2016, – 2 StR 394/15 = Krim 2018, 38 –). Dies gilt auch dann, wenn davon ausgegangen werden kann, dass der Richter im Falle seiner Einschaltung eine entsprechende Durchsuchungsanordnung erlassen hätte. Der Einwand eines hypothetisch rechtmäßigen Ermittlungsverlaufs ist also nach Ansicht des BGH in der geschilderten Konstellation irrelevant.

Gefährlicher Eingriff: ⇨ Ähnlicher, ebenso gefährlicher Eingriff.

Gefährliches Werkzeug: 1. Unter einem gefährlichen Werkzeug i. S. d. § 224 I Nr. 2 StGB versteht die h. M. jeden beweglichen (festen) Gegenstand, der aufgrund seiner objektiven Beschaffenheit und der konkreten Art seiner Verwendung geeignet ist, erheblichere Verletzungen hervorzurufen. Beispiele: Küchenmesser, Schraubendreher, Schere, Baseballschläger, Eisenstange, Holzknüppel, soweit die genannten Gegenstände gezielt zur Verletzung eines Menschen eingesetzt werden. Auch ein Kfz kann ein gefährliches Werkzeug i. S. d. § 224 I Nr. 2 StGB sein, sofern bereits der Anstoß selbst eine unmittelbare Körperverletzung bewirkt (st. Rspr., vgl. z. B. BGH, HRRS 2021 Nr. 351). Ebenso kommt ein Turnschuh als gefährliches Werkzeug in Betracht, jedenfalls dann, wenn der Träger mit dem beschuhten Fuß heftig gegen den Kopf eines anderen Menschen tritt (BGH, Beschl. vom 25.1.2023, – 6 StR 298/22 –). Hingegen stellen sog. „K.-o.-Tropfen“ weder für sich genommen noch bei Verabreichung mittels eines Getränks ein gefährliches Werkzeug dar, weil es sich bei den Tropfen um einen flüssigen Stoff handelt (BGH, Beschl. vom 8.10.2024, – 5 StR 382/24 = HRRS 2024 Nr. 1612 –). Allerdings kommt dann die Begehungsweise gemäß § 224 I Nr. 1 StGB in Betracht. Die in § 224 I Nr. 2 StGB ebenfalls erwähnte „Waffe“ ist nach dem Wortlaut des Gesetzes lediglich ein spezieller Unterfall des gefährlichen Werkzeugs. Gemeint sind hier alle ⇨ Waffen im technischen Sinne. Für diese ist kennzeichnend, dass sie *ihrem Wesen nach* – also nach Bauart und Zweck – dazu bestimmt sind, Menschen zu verletzen oder zu töten (z. B. militärisches Kampfmesser, Säbel, ⇨ Schusswaffe).

2. Im Rahmen der §§ 244 I Nr. 1a, 250 I Nr. 1a StGB kann die obige Definition des gefährlichen Werkzeugs nicht 1:1 übernommen werden, weil die eben genannten Strafvorschriften schon das bloße ⇨ Bei-Sich-Führen des gefährlichen Werkzeugs zur Tatbestandserfüllung ausreichen lassen. Mithin kann auf „die Art der konkreten Verwendung“ in diesem Zusammenhang *nicht* abgestellt werden. Deshalb lässt es die Rechtsprechung insoweit bereits genügen, dass der mitgeführte Gegenstand nach seiner objektiven Beschaffenheit *generell* geeignet erscheint, erheblichere Verletzungen zuzufügen, falls er wie eine Waffe gegen einen Menschen eingesetzt wird. Ein gefährliches Werkzeug i. S. d. § 244 I Nr. 1a, 250 I Nr. 1a StGB ist daher jeder bewegliche Gegenstand, der nach seiner objektiven Beschaffenheit und der Art seiner *möglichen* Verwendung geeignet erscheint, ggf. erheblichere Verletzungen hervorzurufen. Auf einen entsprechenden „Verwendungsvorbehalt“ oder „Widmungsakt“ des Täters oder gar auf eine „Verwendungsabsicht“ kommt es – nach dem eindeutigen Wortlaut des Gesetzes – hier nicht an. Kurzformel: Es reicht die *abstrakt-objektive Gefährlichkeit* des mitgeführten Gegenstandes aus. Als gefährliches Werkzeug i. S. d. genannten Strafvorschriften ist daher auch ein vom Täter beim Diebstahl oder Raub mitgeführtes Taschenmesser anzusehen (BGH, NJW 2008, 2861, 2864).
3. Im Rahmen des mit Wirkung zum 5.11.2011 neu gefassten § 113 II 2 Nr. 1 StGB – Einbeziehung von gefährlichen Werkzeugen, die der Täter beim Widerstand bei sich führt – kann im Ausgangspunkt konsequenterweise nichts anderes gelten (also: die abstrakt-objektive Gefährlichkeit reicht aus). Allerdings stellt das eben genannte Regelbeispiel ausdrücklich darauf ab, dass der Täter das gefährliche Werkzeug bei der Tatbegehung einsetzen will („um dieses bei der Tat zu verwenden“). Hier muss die Verwendungsabsicht also feststehen. Dabei gilt: Der tatsächliche Einsatz des gefährlichen Werkzeugs bei der Widerstandsleistung oder beim tätlichen Angriff lässt den Rückschluss auf eine entsprechende Verwendungsabsicht zu. Diese muss nicht unbedingt von vornherein gehegt worden sein; die Verwendungsabsicht kann auch erst während der Tatbegehung spontan entstanden sein.

Gefangener: Ein Gefangener i. S. d. §§ 120, 121 StGB ist jede Person, welcher aufgrund staatlicher Polizei-, Straf- oder sonstiger Zwangsgewalt in zumindest formell ordnungsgemäßer Weise die körperliche Fortbewegungsfreiheit gezielt entzogen worden ist, mit der Folge, dass der Betroffene nunmehr unter der Kontrolle der die Verwahrung vollziehenden Behörde steht, die seine Flucht jedenfalls im Prinzip physisch verhindern kann (vgl. unter anderem BGHSt 37, 388). Hingegen soll nicht entscheidend sein, ob der Freiheitseingriff auch materiell in jeder Hinsicht legitimiert ist. Eine solche Gefangenschaft liegt namentlich vor bei Straf-, Untersuchungs-, Auslieferungs-, Ordnungs- und Zwangshaft, ferner bei einer gerichtlich angeordneten Vorführung (etwa nach § 134 StPO). Auch eine *polizeiliche* ⇨ vorläufige Festnahme führt dazu, dass der Festgenommene ein Gefangener im vorstehenden Sinne ist (RGSt 12, 427; BayObLG, DAR 1982, 248; OLG Koblenz, OLGSt § 120 StGB Nr. 1). Nichts anderes kann gelten bei einer polizeilichen ⇨ Ingewahrsamnahme i. S. d. Polizeigesetze. Ausscheiden sollen hingegen die Fälle der nur *privaten* vorläufigen Festnahme nach § 127 I 1 StPO, die kein staatliches Gewaltverhältnis begründet (RGSt 67, 293), sowie die bloßen Mitnahme- bzw. Festhaltungsfälle (z. B. Mitnahme zur Blutprobe), bei denen sich der Freiheitsverlust nur als zeitlich begrenzter Begleitaspekt der eigentlichen Maßnahme darstellt (BayObLG, MDR 1984, 511). Auch die Unterbringung durch einen Vormund oder Betreuer begründet keine Gefangeneneigenschaft i. S. d. § 120 StGB (BGHSt 9, 262), weil es hier an einer staatlichen Veranlassung der Maßnahme fehlt. Sonstige auf behördliche Anordnung in einer Anstalt *„Verwahrte"* i. S. d. § 120 IV StGB, die einem Gefangenen gleichstehen, sind namentlich in einem psychiatrischen Krankenhaus, in einer Entziehungsanstalt oder in der Sicherungsverwahrung untergebrachte Personen (§ 61 Nr. 1–3 StGB), ferner diejenigen, die gemäß § 81 StPO zur Anstaltsbeobachtung oder aus Gründen des Selbst- oder Drittschutzes nach Maßgabe des einschlägigen Landesgesetzes über den Schutz psychisch Kranker („PychKG") in einer dafür vorgesehenen Einrichtung untergebracht worden sind. Im Rahmen des

§ 121 StGB stehen nur Sicherungsverwahrte einem Gefangenen gleich (§ 121 IV StGB).
MERKE: Einen Gefangenen im vorstehenden Sinne *befreit*, wer das staatliche Gewaltverhältnis über den Betroffenen unbefugt aufhebt. Ist es einem Gefangenen lediglich gelungen, mithilfe der ihm zugeschmuggelten Säge die Gitterstäbe seines Haftraums zu durchsägen und sich aus dem Gebäude abzuseilen, nicht aber, das Anstaltsgelände zu verlassen, weil er noch vor Überwindung des Zaunes von Vollzugsbediensteten entdeckt und ergriffen wird, so liegt lediglich eine – gemäß § 120 III StGB strafbare – *versuchte* Gefangenenbefreiung vor, weil der Gefangene bei einer solchen Fallgestaltung seine Freiheit letztlich nicht wiedererlangt hat (BGH, NStZ-RR 2000, 139).

Gegenstände, die dem öffentlichen Nutzen dienen: Im Rahmen des § 304 I StGB die Bezeichnung für solche Gegenstände, die der Allgemeinheit direkt zugänglich sind und deren Gebrauch oder sonstige Nutzung folglich einen *unmittelbaren* öffentlichen Nutzen bedingt. Die Unmittelbarkeit der öffentlichen Nutznießung ist bei § 304 StGB ein *ungeschriebenes* objektives Tatbestandsmerkmal (BGH, NJW 1983, 1437). Positivbeispiele: Ein Telefonhäuschen, Notrufmelder oder Postbriefkasten, eine im Stadtpark aufgestellte Bank, der Personenbeförderungswaggon. Auch ein im Bahnhofsbereich einer U-Bahn allgemein zugänglich aufgestellter Feuerlöscher fällt in den Anwendungsbereich des § 304 I StGB (BayObLG, NJW 1988, 837). Negativbeispiele: Polizeifahrzeuge (vgl. BGH, a. a. O.), Lokomotiven, Güterbeförderungswaggons.
MERKE: Bei Rettungsfahrzeugen (Notarztwagen, Krankenwagen, Feuerwehrauto) ist die Rechtslage streitig; aber auch hier scheint eine unmittelbare Nutznießung zweifelhaft zu sein, weil die genannten Fahrzeuge mit Polizeifahrzeugen vergleichbar sind.

Gegenüberstellung: Eine Aufklärungsmaßnahme im Strafverfahren, die darin besteht, dass der ⇨ Beschuldigte dem Opfer oder einem sonstigen ⇨ Zeugen zwecks Identifizierung des Täters oder

zur Klärung von Widersprüchen gegenübergestellt wird. Erfolgt eine solche Maßnahme bereits im Ermittlungsverfahren, so kann sie sich auf die in § 58 II StPO enthaltene Rechtsgrundlage stützen. Da das Gesetz in diesem Zusammenhang keinen Vorbehalt bezüglich der Anordnungskompetenz enthält, darf auch die Polizei selbst eine solche Gegenüberstellung anordnen, ggf. nach Rücksprache mit der Staatsanwaltschaft. Der Zeuge ist zur Mitwirkung an einer Gegenüberstellung verpflichtet, sofern ihm kein ⇨ Zeugnisverweigerungsrecht zusteht. Der Beschuldigte muss die Gegenüberstellung als rein passive Ermittlungsmaßnahme dulden.
MERKE: Eine Gegenüberstellung ist als Einzelgegenüberstellung oder als Wahlgegenüberstellung möglich. Soll sie der Identifizierung des Täters dienen, so ist gemäß RiStBV Nr. 18 die Form der Wahlgegenüberstellung zu wählen. Diese Vorschrift erlaubt ausdrücklich auch eine Durchführung mittels elektronischer Bildtechnik wie z. B. eine Wahlvideogegenüberstellung. Ferner gilt die Beobachtung durch einen venezianischen Spiegel bei der Maßnahme als zulässig. Eine Gegenüberstellung kann ggf. auch am Tatort vorgenommen werden. Auch im Hauptverfahren, also in der mündlichen Verhandlung vor dem erkennenden Strafgericht, kann eine Gegenüberstellung erfolgen, dann auf der Grundlage der in § 244 II StPO enthaltenen Generalklausel, die dem Gericht einen weiten Ermessensspielraum bezüglich der Einzelheiten der Beweisaufnahme einräumt. Bei einer solchen Gegenüberstellung vor Gericht wird die zu identifizierende Person in Augenschein genommen und der andere Teil als Zeuge vernommen (vgl. KG NJW 1979, 1668). Vgl. auch ⇨ Wahllichtbildvorlage.

Gegenwärtige Gefahr: Eine ⇨ konkrete Gefahr, bei der das schädigende Ereignis bereits begonnen hat oder unmittelbar oder in allernächster Zeit mit einer an Sicherheit grenzenden Wahrscheinlichkeit bevorsteht (vgl. die in § 3 Nr. 3b SOG LSA enthaltene ⇨ Legaldefinition, ähnlich § 2 Nr. 2 NPOG). Kennzeichnend für die gegenwärtige Gefahr ist, dass das Umschlagen der bloßen Gefahr (= drohender Schadenseintritt) in eine tatsächliche Störung (= eingetretener Schaden) bereits begonnen hat oder zeitlich direkt oder jedenfalls in naher Zukunft ersichtlich bevorsteht. Der Begriff der gegenwärtigen Gefahr wird im Gesetz in etlichen Zusammenhängen verwendet (vgl. für das Bundesrecht z. B. die §§ 20 I Nr. 1, 45 I Nr. 3, 47 I Nr. 1 BPolG sowie § 10 I Nr. 1 UZwG).

Gegenwärtiger rechtswidriger Angriff: Im Rahmen der Voraussetzungen von ⇨ Notwehr bzw. ⇨ Nothilfe ist ein *Angriff* jede von einem Menschen drohende Verletzung rechtlich geschützter Güter oder Interessen. Droht die Verletzung durch ein ⇨ Tier, so liegt ein Angriff i. S. d. Notwehrrechts (nur) dann vor, wenn ein Mensch das Tier gezielt als Angriffswerkzeug einsetzt, indem er es auf einen anderen Menschen hetzt; ansonsten finden die sog. Notstandsrechte Anwendung (vgl. §§ 228, 904 BGB). *Gegenwärtig* ist ein Angriff, wenn er unmittelbar bevorsteht, gerade stattfindet oder noch andauert. Als *rechtswidrig* gilt der Angriff nach der h. L. vom Erfolgsunrecht grundsätzlich dann, wenn der Angegriffene den drohenden Verletzungserfolg nach der Rechtsordnung nicht zu dulden braucht. Ein objektiv rechtswidriges hoheitliches Handeln speziell von ⇨ Amtsträgern soll nach einer Entscheidung des BGH nur dann als rechtswidriger Angriff i. S. d. Notwehrrechts gelten, wenn die in Rede stehende Diensthandlung im speziellen Sinne des § 113 III StGB nicht rechtmäßig ist (Urt. vom 9.6.2015, – 1 StR 606/14 –). Das erscheint allerdings wenig plausibel, denn dann können bloße Formalfehler ein Notwehrrecht des betroffenen Bürgers auslösen, während schwere materielle Rechtsfehler (z. B. Fehlen einer Befugnisnorm, Verstöße gegen den Grundsatz der ⇨ Verhältnismäßigkeit) vom Betroffenen hingenommen werden müssen. MERKE: Glaubt jemand irrtümlich, er werde angegriffen und verteidigt sich der Betreffende dann gegen den vermeintlichen Angriff, so spricht man von Putativnotwehr. Es kommen dann – jedenfalls grundsätzlich – die Regeln über den sog. ⇨ „Erlaubnistatbestandsirrtum" zur Anwendung.

Geheimnis: Als Geheimnis im strafrechtlichen Sinne gelten in Anlehnung an die in § 93 I StGB enthaltene ⇨ Legaldefinition

des Begriffs „Staatsgeheimnis“ generell solche ⇨ Tatsachen, Gegenstände oder Erkenntnisse, die nur einem begrenzten Personenkreis bekannt bzw. zugänglich sind und die zugleich ihrem Wesen nach geheimhaltungsbedürftig erscheinen. Die Geheimhaltungsbedürftigkeit wird sich dabei regelmäßig bereits aus der Natur der Sache ergeben. Vielfach geht diese „natürliche“ Geheimhaltungsbedürftigkeit aber auch Hand in Hand mit einer ausdrücklichen Geheimhaltungspflicht, die auf Vertrag, Gesetz oder Weisung beruhen kann. Getroffene oder sogar vorgeschriebene Schutzvorkehrungen, welche die Vertraulichkeit von Informationen etc. sicherstellen sollen, haben Indizcharakter und sprechen für das Vorliegen eines Geheimnisses im Rechtssinne.
MERKE: Das Strafrecht schützt in unterschiedlichen Zusammenhängen eine ganze Reihe von bestimmten Geheimnissen, insbesondere vor Verrat, also vor unbefugter Offenbarung, teilweise aber auch vor unbefugter Verwertung oder Nutzung. Vgl. §§ 94-97 StGB betreffend Staatsgeheimnisse, § 97a StGB betreffend sog. „illegale Geheimnisse“, §§ 203, 204 StGB betreffend fremde Geheimnisse wie z. B. Privatgeheimnisse, Betriebsgeheimnisse oder Geschäftsgeheimnisse, § 206 StGB betreffend das Postgeheimnis und das Fernmeldegeheimnis, § 353b StGB betreffend das Dienstgeheimnis sowie § 355 StGB betreffend das Steuergeheimnis. Speziell Geschäftsgeheimnisse sind seit dem 26.4.2019 strafrechtlich zusätzlich durch § 23 des Gesetzes zum Schutz von Geschäftsgeheimnissen (GeschGehG) geschützt. Zudem findet sich in § 2 Nr. 1 GeschGehG seit dem genannten Datum eine Legaldefinition für den Begriff des Geschäftsgeheimnisses.

Gehilfe: ⇨ Beihilfe, ⇨ Beteiligter, ⇨ Teilnahme.

Gehilfenschaft: ⇨ Beihilfe, ⇨ Beteiligter, ⇨ Teilnahme.

Gehören: ⇨ Eigentum.

Geldbuße: Die im Bußgeldverfahren gegen den Betroffenen wegen einer ⇨ Ordnungswidrigkeit verhängte Sanktion in Form

einer Geldzahlung. Die Geldbuße – umgangssprachlich auch als Bußgeld bezeichnet – beträgt mindestens 5 Euro und – sofern das Gesetz nichts anderes bestimmt – höchstens 1.000 Euro (§ 17 I OWiG). Die Geldbuße ist als bloße Pflichtenmahnung angesichts eines begangenen Verwaltungsunrechts streng zu unterscheiden von der Geldstrafe, die zu den sog. ⇨ „Kriminalstrafen" gehört und deshalb einen ganz anderen Stellenwert hat.
MERKE: Droht das Gesetz für vorsätzliches und fahrlässiges Handeln eine Geldbuße an, ohne dabei im Höchstmaß zu unterscheiden, so kann fahrlässiges Handeln im Höchstmaß nur mit der Hälfte des angedrohten Höchstbetrages der Geldbuße geahndet werden (§ 17 II OWiG). Die Beitreibung der Geldbuße im Falle einer ausgebliebenen Zahlung richtet sich nach den §§ 95 ff. OWiG; dabei kommt ggf. auch die Anordnung von Erzwingungshaft in Betracht.

Geldstrafe: ⇨ Kriminalstrafen.

Geldwäsche: 1. Im allgemeinen Sprachgebrauch die Bezeichnung für das gezielte Einschleusen illegal erworbenen Vermögens in den legalen Wirtschafts- und Finanzkreislauf unter Verschleierung der wahren Herkunft dieses Vermögens, mit der Folge, dass auf diese Weise aus vorher „schwarzem" Geld nunmehr „weißes" (gewaschenes) Geld wird. Die wohl wichtigste Quelle für rechtswidrig erlangte Vermögensgegenstände, die über eine solche Geldwäsche formal legalisiert werden, dürfte die ⇨ Organisierte Kriminalität sein.
2. Im Anwendungsbereich des Gesetzes über das Aufspüren von Gewinnen aus schweren Straftaten (Geldwäschegesetz – GwG) gilt nach der in § 1 GwG getroffenen Festlegung als Geldwäsche jede Straftat i. S. d. § 261 StGB. Der damit in Bezug genommene Begriff der Geldwäsche als ⇨ Straftatbestand erfasst im Einzelnen die in § 261 I, II, V StGB beschriebenen Verhaltensweisen. Danach macht sich insbesondere derjenige strafbar, der vorsätzlich a) einen Gegenstand, der aus einer rechtswidrigen Katalogtat herrührt, verbirgt oder b) dessen Herkunft verschleiert oder c)

die Ermittlung der Herkunft, das Auffinden, die Einziehung oder die Sicherstellung eines solchen Gegenstandes vereitelt oder gefährdet.
3. Im Rahmen der RL (EU) 2018/1673 über die strafrechtliche Bekämpfung der Geldwäsche gelten als Geldwäsche die in Art. 3 der Richtlinie beschriebenen (vorsätzlichen oder fahrlässigen) Verhaltensweisen. Dazu gehören a) der Umtausch oder Transfer von Vermögensgegenständen in Kenntnis der Tatsache, dass diese Gegenstände aus einer kriminellen Tätigkeit stammen, zum Zwecke der Verheimlichung oder Verschleierung des illegalen Ursprungs der Vermögensgegenstände oder der Unterstützung einer Person, die an einer solchen Tätigkeit beteiligt ist, damit diese den Rechtsfolgen ihrer Tat entgeht, b) die Verheimlichung oder Verschleierung der wahren Natur, Herkunft, Lage, Verfügung oder Bewegung von Vermögensgegenständen oder von Rechten oder Eigentum an Vermögensgegenständen in Kenntnis der Tatsache, dass diese Gegenstände aus einer kriminellen Tätigkeit stammen, c) der Erwerb, der Besitz oder die Verwendung von Vermögensgegenständen, in Kenntnis der Tatsache, dass sie aus einer kriminellen Tätigkeit stammen, wobei diese Kenntnis im Zeitpunkt der Übernahme der Gegenstände vorhanden gewesen sein muss.
MERKE: Als „Vermögensgegenstände" gelten im Zusammenhang mit der Bekämpfung der Geldwäsche nach der in Art. 2 Nr. 2 der RL (EU) 2018/16773 enthaltenen ⇨ Legaldefinition Vermögenswerte aller Art, ob körperlich oder unkörperlich, beweglich oder unbeweglich, materiell oder immateriell, sowie Rechtstitel oder Urkunden in jeder (einschließlich elektronischer oder digitaler) Form, die das Eigentumsrecht oder Rechte an solchen Vermögenswerten belegen. § 1 VII GwG enthält für den Anwendungsbereich des Geldwäschegesetzes eine gleichlautende Festlegung.

Gemeine Not: Von einer *gemeinen Not* i. S. d. §§ 115 III, 323c I, II StGB spricht man, wenn eine die Allgemeinheit betreffende Notlage eintritt, z. B. das Auftreten eines existenziellen Versorgungsengpasses (Ausfall der Wasserversorgung, Unterbrechung der Stromzufuhr, Hungersnot), der Ausbruch einer gefährlichen Epidemie oder der Austritt einer radioaktiven Wolke aus einem Kernkraftwerk. „Gemein" ist hier also – etwas altertümelnd – gemeint i. S. v. „allgemein". Die gemeine Not überschneidet sich teilweise mit den übrigen in § 323c StGB beschriebenen Notsituationen des ⇨ Unglücksfalls bzw. der ⇨ Gemeingefahr, sodass eine trennscharfe Abgrenzung nicht immer möglich – aber auch nicht notwendig – ist.

Gemeingefahr: Vor allem im Strafrecht die Bezeichnung für eine ⇨ Gefahr, die einer unbestimmten Vielzahl von Personen oder Sachen droht und die damit regelmäßig für die *Allgemeinheit* (oder große Teile derselben) besteht. Eine solche „gemeine Gefahr" ist regelmäßig zu bejahen, wenn Naturgewalten oder ähnlich unkontrollierbare Kräfte entfesselt worden sind, deren Wirken nicht mehr ohne Weiteres der menschlichen Beherrschbarkeit unterliegt und die ihrer Art nach geeignet sind, Leib oder Leben einer größeren Anzahl von Menschen bzw. bedeutende Sachwerte zu gefährden. Beispiele: Überschwemmungen, Großbrände, Waldbrände, Erdbeben, Giftgaswolken, Verstrahlungen oder Seuchen. Unmittelbar als Tatbestandsmerkmal wird eine in diesem Sinne (all)gemeine Gefahr vorausgesetzt in den §§ 115 III, 145 I Nr. 2, 243 I 2 Nr. 6, 323c I, II StGB. Auch in Art. 13 IV GG wird der Begriff der gemeinen Gefahr im vorstehenden Sinne verwendet. Die in den §§ 312, 313, 314 StGB beschriebenen Gefahrensituationen stellen zumindest der Sache nach Gemeingefahren im obigen Sinne dar.

Gemeingefährliche Mittel: Im Rahmen des § 211 II StGB tötet mit gemeingefährlichen Mitteln, wer zum ⇨ Töten eines Menschen ein Tatmittel einsetzt, dessen Wirkung auf Leib oder Leben anderer Menschen er nach den konkreten Umständen nicht sicher in der Hand hat (z. B. Zünden einer Bombe, Werfen einer Handgranate, Schießen mit einer automatischen Waffe auf eine Menschengruppe, Vergiften eines Brunnens). Ausreichend ist dabei, dass eine konkrete Gefährdung anderer Personen nach den Umständen möglich war. Kein ⇨ Mord (durch Unterlassen) mit einem gemeingefährlichen Mittel liegt vor, wenn der Täter lediglich durch Untätigbleiben eine bereits vorhandene gemeingefährliche Situation zur Tötung ausnutzt, sei die Situation nun zufällig entstanden, durch dritte Personen verursacht oder von ihm selbst ohne Tötungsvorsatz herbeigeführt (BGH, Urt. vom 7.7.2009, – 3 StR 204/09 –). Hingegen kann ein gemeingefährliches Mittel zu bejahen sein, wenn ein Tötungsmittel eingesetzt wird, das seiner Natur nach eigentlich nicht gemeingefährlich ist, jedoch in der konkreten Tatsituation eine Vielzahl von Menschen an Leib und Leben gefährdet, weil der Täter die Ausdehnung der ⇨ Gefahr nicht in seiner Gewalt hat (BGH, Urt. vom 16.3.2006, – 4 StR 594/05 –, unter Hinweis auf BGH, NStZ 2006, 167, 168 – absichtliche Herbeiführung eines Verkehrsunfalls in Selbstmordabsicht). Der Einsatz gemeingefährlicher Mittel im vorstehenden Sinne zur Tatbegehung gehört zur zweiten Gruppe der sog. ⇨ „Mordmerkmale“, bei der es um die Art und Weise der Tatausführung geht.

Generalklausel: ⇨ Ermittlungsgeneralklausel, ⇨ Polizeiliche Generalklausel.

Generalbundesanwalt: Der Leiter der Bundesanwaltschaft, welche die einzige Staatsanwaltschaft des Bundes darstellt. Der Generalbundesanwalt übt das Amt des Staatsanwalts beim BGH sowie zum Teil auch bei den Oberlandesgerichten aus (§§ 142 I Nr. 1, 142a GVG). Die offizielle Behördenbezeichnung lautet: „Der Generalbundesanwalt beim Bundesgerichtshof“. Der Generalbundesanwalt besitzt wichtige Strafverfolgungszuständigkeiten im Bereich der Staatsschutzdelikte und der Schwerkriminalität (§§ 120, 74a GVG). Diese repressiven Zuständigkeiten sind teilweise „beweglich“ ausgestaltet, d. h. die Zuständigkeit im konkreten Fall hängt vielfach davon ab, ob der Generalbundesanwalt die Verfolgung aufgrund der besonderen Bedeutung der Strafsache übernimmt. Er verfügt über eine Hauptdienststelle mit drei Abteilungen in Karlsruhe sowie über eine ausgelagerte Dienststelle in Leipzig (beim 5. Strafsenat des BGH). In diesen beiden Dienststellen sind ca. 100 Bundesanwälte sowie abgeordnete Oberstaatsanwälte, Staatsanwälte und Richter im Rahmen der Strafverfolgung tätig. Früher fungierte der Generalbundesanwalt auch noch in mehrfacher Hinsicht als sog. „Registerbehörde", indem er unter anderem das Bundeszentralregister führte. Diese Aufgabe ist zwischenzeitlich auf das neu geschaffene Bundesamt für Justiz in Bonn übergegangen. Der Generalbundesanwalt gehört gemäß § 36 I Nr. 5 BBG zu den sog. „politischen Beamten" i. S. d. § 31 I BRRG.

Generalstaatsanwalt: Die Bezeichnung für den Leiter der bei einem OLG eingerichteten Staatsanwaltschaft. Das GVG spricht insoweit vom „ersten Beamten" der Staatsanwaltschaft bei den Oberlandesgerichten (§§ 145 I, 147 Nr. 3 GVG). In denjenigen Bundesländern, die jeweils nur über ein einziges OLG verfügen (z. B. Bremen, Saarland, Schleswig-Holstein), gibt es konsequenterweise auch nur einen Generalstaatsanwalt, der dann die hierarchische Spitze der gesamten Landesstaatsanwaltschaft bildet. In denjenigen Bundesländern hingegen, die mehrere Oberlandesgerichte eingerichtet haben (z. B. Bayern, Niedersachsen, Nordrhein-Westfalen), sind dementsprechend auch mehrere Generalstaatsanwälte vorhanden. In einigen Bundesländern gehört der Generalstaatsanwalt gemäß dem Landesbeamtengesetz zu den politischen Beamten i. S. d. § 31 I BRRG; er kann also ggf. ohne Angabe von Gründen in den einstweiligen Ruhestand versetzt werden. Im Bundesland Berlin besteht die terminologische Besonderheit, dass auch der Leiter der Staatsanwaltschaft beim LG Berlin die Amtsbezeichnung „Generalstaatsanwalt" führt. Der stets der Landesebene zugehörige Generalstaatsanwalt darf nicht verwechselt werden mit dem ⇨ Generalbundesanwalt, der eine Strafverfolgungsbehörde *des Bundes* darstellt.

Gepäck: Im Luftsicherheitsrecht unterscheidet man nach den in Art. 3 der VO (EG) 300/2008 enthaltenen ⇨ Legaldefinitionen die folgenden Gepäckarten: Als *Handgepäck* bezeichnet man Gepäck, das in der Kabine eines Luftfahrzeuges befördert werden soll. Das Gegenstück zum Handgepäck bildet *aufgegebenes Gepäck*. Darunter versteht man Gepäck, das im Frachtraum eines Luftfahrzeuges befördert werden sollen. Hierbei wird unterschieden zwischen begleitetem aufgegebenem Gepäck und unbegleitetem aufgegebenem Gepäck. *Begleitetes aufgegebenes Gepäck* nennt man Gepäck, das zur Beförderung im Frachtraum eines Luftfahrzeugs entgegengenommen wird und bei dem derjenige Fluggast, der es aufgibt, mit an Bord der Maschine sein wird bzw. ist. *Unbegleitetes aufgegebenes Gepäck* nennt man Gepäck, das zur Beförderung im Frachtraum eines Luftfahrzeugs entgegengenommen wird und bei dem derjenige Fluggast, der es aufgibt, *nicht* mit an Bord der Maschine sein wird bzw. ist.

Gerechtfertigte Annahme: Jede Schlussfolgerung, die unter Berücksichtigung der Lebenserfahrung, der Denkgesetze und der bekannten naturwissenschaftlich-technischen Gesetzmäßigkeiten aus bestimmten festgestellten ⇨ Tatsachen gezogen werden darf. Für präventives oder repressives Handeln der Polizei reicht in vielen Zusammenhängen eine in diesem Sinne gerechtfertigte Annahme aus, ohne dass das Gesetz völlige Gewissheit als Voraussetzung für das polizeiliche Einschreiten verlangen würde (vgl. z. B. §§ 22 I 1, 25 I Nr. 1 BPolG, 111 I 1, 111b I StPO, 9 I Nr. 2, 11 I Nr. 1 ME PolG).

Geringwertige Sache: Bis zu welchem Geldwert eine Sache i. S. d. §§ 243 II, 248a StGB als geringwertig zu gelten hat, wird nicht einheitlich beantwortet. Teilweise wird die Auffassung vertreten, dass die Geringwertigkeit schon bei 25 Euro endet, teilweise werden 30 Euro für maßgeblich gehalten. Zunehmend findet sich die Meinung, dass die Grenze der Geringwertigkeit (erst) bei 50 Euro erreicht sei (so z. B OLG Frankfurt a. M., Beschl. vom 28.10.2016, – 1 Ss 80/16 –). Angesichts der Preisentwicklung der letzten Jahre erscheint die letztgenannte Auffassung am ehesten überzeugend. Hält man dies für zutreffend, so gilt: Eine

gestohlene oder unterschlagene Sache ist geringwertig i. S. d. oben genannten Vorschriften, wenn ihr objektiver Verkehrswert 50 Euro nicht übersteigt. Im Zweifel wird die zuständige Staatsanwaltschaft entscheiden müssen, welche Geringwertigkeitsgrenze als maßgeblich anzusehen ist. Werden mehrere Sachen gestohlen oder unterschlagen, so ist der Geldwert der einzelnen Beutestücke zusammenzurechnen.
MERKE: Gegenstände, die allein unter Berücksichtigung ihrer Sachsubstanz keinen messbaren oder relevanten objektiven Verkehrswert besitzen, jedoch aufgrund der mit ihnen verknüpften funktionalen Möglichkeiten im Verkehr als wertvoll gelten (z. B. Akten, Führerscheine, Scheckkarten, Sparbücher), sind *nicht* als geringwertig anzusehen (sog. funktioneller Wert, vgl. OLG Hamm, Krim 2011, 613 – EC-Karte). Bei einer zum Verkauf bestimmten Sache richtet sich die Geringwertigkeit nach dem konkreten Verkaufspreis unter Einschluss der Mehrwertsteuer (Umsatzsteuer); auf die Wiederbeschaffungs- oder Herstellungskosten kommt es hingegen nicht an (BGH, Beschl. vom 30.5.2017, – 3 StR 136/17 = Krim 2018, 24 –). Die Vorschrift des § 248a StGB über das grundsätzliche Erfordernis eines ⇨ Strafantrages bei Geringwertigkeit findet in verschiedenen Zusammenhängen entsprechende Anwendung, was ihr Bedeutung über die Eigentumskriminalität hinaus verleiht (vgl. z. B. §§ 248c III, 263 IV, 265a III StGB).

Geschäftsgeheimnis: ⇨ Geheimnis.

Geschosse: Als Geschosse i. S. d. Waffengesetzes gelten alle festen Körper (= Projektile, z. B. Kugeln, Stahlbolzen oder Injektionsnadeln), aber auch gasförmige, flüssige oder feste Stoffe in Umhüllungen, *sofern* diese festen Körper oder umhüllten Stoffe als ⇨ Waffen oder für ⇨ Schusswaffen bestimmt sind (vgl. die in Anlage 1, Abschnitt 1, Unterabschnitt 3, Nr. 3, enthaltene ⇨ Legaldefinition).

Gesetzeskonkurrenz: Ein zwischen zwei erfüllten Straftatbeständen bestehendes Rangverhältnis, welches bewirkt, dass der

nachrangige ⇨ Straftatbestand von dem vorrangigen Tatbestand verdrängt wird bzw. diesem gegenüber zurücktritt, mit der Folge, dass *nur* der vorrangige Straftatbestand zur Anwendung gelangt, obwohl der andere Tatbestand formal ebenfalls erfüllt ist. Gesetzeskonkurrenz in diesem Sinne beruht im Falle der Handlungs*einheit* (vgl. § 52 StGB) auf dem Gedanken der ⇨ Spezialität, ⇨ Konsumtion oder ⇨ Subsidiarität und im Falle der Handlungs*mehrheit* (vgl. § 53 ff. StGB) auf dem Gedanken der mitbestraften Vor- bzw. Nachtat. Dabei beschreiben die Begriffe „mitbestrafte Vortat" bzw. „mitbestrafte Nachtat" letztlich ebenfalls Anwendungsfälle der Konsumtion oder Subsidiarität.
MERKE: Liegt Handlungseinheit, aber keine Gesetzeskonkurrenz vor, so ist ⇨ Tateinheit (auch: Idealkonkurrenz) gegeben und die Strafbildung richtet sich nach § 52 StGB. Liegt Handlungsmehrheit, aber keine Gesetzeskonkurrenz vor, so ist Tatmehrheit (auch: Realkonkurrenz) gegeben und die Strafbildung erfolgt gemäß den §§ 53 ff. StGB.

Gesetzmäßigkeit der Verwaltung: ⇨ Vorbehalt des Gesetzes, ⇨ Vorrang des Gesetzes.

Gestrecktes Vollstreckungsverfahren: Eine gängige Kurzbezeichnung für den „Normalfall" der Verwaltungsvollstreckung, d. h. der zwangsweisen Durchsetzung eines tatsächlich erlassenen ⇨ Verwaltungsaktes, der auf eine Handlung, Duldung oder Unterlassung gerichtet ist, mithilfe der vom Gesetz zur Verfügung gestellten ⇨ Verwaltungszwangsmittel und gegen den Willen des betroffenen ⇨ Adressaten. Im Idealfall sieht das gestreckte Verfahren der Verwaltungsvollstreckung so aus, dass der Verwaltungsakt ergeht (der in diesem Zusammenhang meist als *Grundverfügung* bezeichnet wird), dass nachfolgend der Verwaltungszwang angedroht wird, dann ein Verwaltungszwangsmittel festgesetzt und schließlich angewendet wird. Das gestreckte Vollstreckungsverfahren erweist sich damit als deutlich gestuft und bildet rechtssystematisch das Gegenstück zum sog. ⇨ Sofortvollzug, bei dem auf den Erlass einer Grundverfügung und

– jedenfalls grundsätzlich – auch auf die Androhung des Verwaltungszwanges verzichtet wird. Wie beim Sofortvollzug ist aber auch für die gestreckte Vollstreckung kennzeichnend, dass der entgegenstehende Wille des Pflichtigen gebeugt oder sogar gebrochen wird. Kernvoraussetzung für die Zulässigkeit der gestreckten Verwaltungsvollstreckung ist die *Wirksamkeit* und *Vollstreckbarkeit* des in Rede stehenden Verwaltungsaktes (wobei die Wirksamkeit als Vollstreckungsvoraussetzung jedenfalls bundesrechtlich in § 6 I VwVG stillschweigend vorausgesetzt wird). *Wirksam* ist der Verwaltungsakt, wenn er – im Wesentlichen ordnungsgemäß – bekannt gegeben worden und nicht nichtig ist (vgl. §§ 43 I, III, 44 I, II VwVfG). *Vollstreckbar* ist der Verwaltungsakt, wenn er unanfechtbar geworden ist (weil die einschlägigen Rechtsbehelfsfristen ungenutzt abgelaufen sind oder der Rechtsweg erfolglos ausgeschöpft worden ist) oder wenn er kraft Gesetzes oder aufgrund behördlicher Anordnung ⇨ sofort vollziehbar ist (weil förmliche Rechtsbehelfe gemäß § 80 II VwGO oder Spezialvorschrift gegen ihn keine aufschiebende Wirkung zeitigen) oder wenn auf die Einlegung von Rechtsbehelfen wirksam verzichtet worden ist (vgl. § 6 I VwVG, der den letztgenannten Fall nicht ausdrücklich erwähnt, obwohl dieser ebenfalls als Variante der Unanfechtbarkeit anerkannt ist). Kommt als Verwaltungszwangsmittel das schärfste Mittel – nämlich der ⇨ unmittelbare Zwang – zur Anwendung, wie es im polizeilichen Bereich häufig der Fall ist, dann sind ergänzend auch noch die besonderen Vorschriften über die *Art und Weise* der Anwendung des unmittelbaren Zwanges zu berücksichtigen, wie sie nach dem Vorbild der §§ 35 ff. ME PolG etwa im UZwG des Bundes enthalten sind.

Gesundheitsschädigung: Unter einer Gesundheitsschädigung i. S. d. § 223 I 2. Alt. StGB ist jedes Hervorrufen oder Steigern eines im medizinischen Sinne pathologischen (krankhaften) Zustandes zu verstehen, wie z. B. Vergiftung, Übelkeit, Bewusstlosigkeit, Desorientierung, blutende Wunden. Im Regelfall wird es sich um die Herbeiführung eines länger andauernden krankhaften Zustandes handeln. Begriffsnotwendig ist dies jedoch nicht:

Das Bewirken einer kurzfristigen Übelkeit oder Bewusstlosigkeit würde also ebenfalls genügen. *Überschneidungen* mit § 223 I 1. Alt. StGB sind durchaus denkbar und praktisch häufig.

Gewahrsam: 1. Im Polizeirecht zunächst die Bezeichnung für das über eine Person begründete Herrschaftsverhältnis, kraft dessen der Betroffene seine körperliche Fortbewegungsfreiheit verliert, indem er – durch Einsperrung in einen Raum oder auf andere Weise – auf eine eng begrenzte Örtlichkeit beschränkt wird. Ein solcher Gewahrsam ist also letztlich das Ergebnis des Vorganges, der üblicherweise als ⇨ Ingewahrsamnahme bezeichnet wird. Auch der sog. Polizeikessel begründet einen Gewahrsam i. S. d. Polizeirechts.
2. Im Strafrecht die übliche Bezeichnung für eine willensgetragene Herrschaft über eine Sache. Wie beim bürgerlich-rechtlichen Begriff des ⇨ Besitzes ist auch für den Gewahrsam im vorstehenden Sinne kennzeichnend, dass der Gewahrsamsinhaber die tatsächliche Verfügungsgewalt über die Sache innehat, mit der Folge, dass er – zumindest im Prinzip – jederzeit auf diese zugreifen bzw. auf sie einwirken kann. Unerheblich ist, ob die Sachherrschaft berechtigt oder unberechtigt ausgeübt wird. Von Bedeutung ist dieser strafrechtliche Gewahrsamsbegriff namentlich im Zusammenhang mit dem Tatbestandsmerkmal der ⇨ Wegnahme.
3. Im speziellen Sinne des § 8 UZwG, der an die Leitbildvorschrift des § 40 ME PolG angelehnt ist und die Fesselung von Personen betrifft, welche sich im „Gewahrsam" der Polizei befinden, ist der Begriff Gewahrsam richtigerweise *weit* auszulegen. Gewahrsam in diesem Sinne meint jede Freiheitsentziehung oder Freiheitsbeschränkung aus Gründen der Gefahrenabwehr oder Strafverfolgung.
MERKE: Im Kern sind die Begriffe Besitz und Gewahrsam identisch. Jedoch gibt es auch geringfügige Unterschiede: Zum einen gelten die besitzrechtlichen Fiktionen der §§ 855, 857 BGB für den strafrechtlichen Gewahrsamsbegriff weder direkt noch analog. Zum anderen kennt das Strafrecht auch keinen „mittelbaren" Gewahrsam, der dem mittelbaren Besitz i. S. d. §§ 868 ff. BGB

entsprechen würde. Der Gewahrsamsbegriff ist somit stärker an den tatsächlichen Gegebenheiten orientiert. Im Gefahrenabwehrrecht entspricht dem strafrechtlichen Gewahrsamsbegriff der Begriff der ⇨ tatsächlichen Gewalt.

Gewalt: Unter Gewalt i. S. d. Strafrechts versteht man die Entfaltung körperlicher Kraft durch den Täter, die auf das Tatsubjekt oder Tatobjekt physisch einwirkt und sich damit zumindest auch körperlich spürbar auswirkt. Teilweise reicht bereits Gewalt gegen Sachen aus (Beispiele: §§ 240, 253 StGB), vielfach verlangt das Gesetz aber etwas enger Gewalt gegen eine Person (Beispiele: §§ 249, 252, 255 StGB). In den letztgenannten Fällen muss sich also die Kraftentfaltung gegen einen Menschen richten. Da die Strafdrohungen in denjenigen Vorschriften, die Gewalt gegen eine Person voraussetzen, durchweg streng sind, können nach h. M. nur Kraftentfaltungen von einiger Erheblichkeit tatbestandsmäßig sein. Ob etwa das heftige Wegstoßen eines Menschen schon als Gewalt gegen eine Person angesehen werden kann, ist umstritten (verneinend LG Gera, NJW 2000, 159; bejahend LG Freiburg i. B., Beschl. vom 31.7.2006, – 2 Qs 67/06 –). Der früher bei der Nötigung vertretene „vergeistigte" Gewaltbegriff, für den unter Umständen auch schon die Anwendung „psychischer" Gewalt ausreichen konnte, ist im Jahre 1995 in der sog. Sitzblockaden-Entscheidung des BVerfG aufgegeben worden (Einzelheiten: BVerfGE 92, 1). Vgl. auch ⇨ körperliche Gewalt und ⇨ tatsächliche Gewalt.

Gewalttätigkeiten: Unter Gewalttätigkeiten gegen Personen oder Sachen i. S. d. §§ 124, 125, 125a StGB versteht man ein aktives und aggressives Handeln, das unter Einsatz physischer Kraft erfolgt, von einiger Erheblichkeit ist und sich gegen die Unversehrtheit von Menschen oder Sachen richtet, ohne dass es unbedingt zu einer tatsächlichen Schädigung kommen muss. Beispiele: Abgabe von Schüssen (auch aus einer Gaspistole), Schleudern von Brandsätzen, Werfen von Steinen, Stiche, Schläge, Tritte, das Durchbrechen von Polizeiketten oder Polizeisperren, im Regelfall auch das Ab- oder Wegdrängen anderer Personen, Anheben, Schaukeln oder Umwerfen von Fahrzeugen, Einwerfen oder Zertrümmern von Scheiben, Zerstörung von Einrichtungsgegenständen, nach der Rechtsprechung auch das Werfen von sog. Blutbeuteln auf ⇨ Kraftfahrzeuge. Gegenbeispiele: Nicht das Werfen von Eiern, Tomaten oder Schneebällen, nicht die passive Sitzblockade, nicht das gewaltlose Besetzen von Räumen, jedenfalls nicht ohne Weiteres das Errichten von Barrikaden.

Gewerbsmäßig: I. S. d. Strafrechts handelt ein Täter gewerbsmäßig, wenn er sich durch wiederholte Tatbegehung eine fortlaufende Einnahmequelle von einiger Dauer und einigem Umfang für sich selbst verschaffen will. Da also maßgeblich auf die *Absicht* des Täters abzustellen ist, sich eine Einnahmequelle im vorstehenden Sinne verschaffen zu wollen, kann gewerbsmäßiges Handeln zumindest nach der Rechtsprechung bereits bei der *ersten* Tat vorliegen, sofern der Täter bei der Verwirklichung der ersten der von ihm ins Auge gefassten Tathandlungen schon von einem Gewinnstreben im obigen Sinne geleitet wird (vgl. unter anderem BGH, Beschl. vom 22.2.2011, – 4 StR 622/10 –; BGH, Urt. vom 10.11.2021, – 2 StR 433/20 = HRRS 2022 Nr. 500 –). Gewerbsmäßigkeit im obigen Sinne setzt also nicht zwangsläufig voraus, dass mehrere Taten begangen worden sind. Bei vielen Delikten stellt die Gewerbsmäßigkeit der Tatbegehung ein strafschärfendes Merkmal dar (vgl. z. B. § 243 I 2 Nr. 3 StGB), ähnlich wie das ebenfalls qualifizierende Tatbestandsmerkmal ⇨ „bandenmäßig".

Gleichgestellte Gegenstände: Im Waffenrecht gehören zu den Gegenständen i. S. d. § 1 II Nr. 1b WaffG, die den ⇨ Schusswaffen gleichgestellt sind, gemäß der Anlage 1 zum Waffengesetz *zwei Gruppen* von Gegenständen. Gleichgestellte Gegenstände im vorstehenden Sinne sind danach zunächst solche tragbaren Gegenstände, die zum *Abschießen von Munition* bestimmt sind, *ohne* dass bereits eine Schusswaffe i. e. S. des § 1 II Nr. 1a WaffG gegeben wäre (z. B. Schießbleistifte oder Signalpatronen mit Handzündung). Gleichgestellte Gegenstände sind aber nach der genannten Anlage ferner tragbare Gegenstände, bei denen bestimmungsgemäß *feste Körper* gezielt verschossen werden, deren Antriebsenergie *durch Muskelkraft* eingebracht und durch eine *Sperrvorrichtung* gespeichert werden kann (z. B. Armbrüste). MERKE: Die den Schusswaffen gleichgestellten Gegenstände i. S. d. § 1 II Nr. 1b WaffG bilden nach den Schusswaffen die *zweite* Hauptgruppe von Waffen i. S. d. Waffengesetzes. Weitere Erläuterungen zu den gleichgestellten Gegenständen im vorstehenden Sinne finden sich in Anlage 1 zum Waffengesetz, Abschnitt 1, Unterabschnitt 1, Nr. 1.2.

Grausam: Im Rahmen des § 211 II StGB tötet grausam, wer dem Opfer aus gefühlloser, unbarmherziger Gesinnung besonders schwere Qualen körperlicher oder seelischer Art zufügt. Die unbarmherzige Gesinnung braucht nicht im Wesen des Täters zu wurzeln; es genügt, wenn sie ihn während der Begehung der Tat beherrscht. Sie kann durch eine hochgradige Erregung oder auf Grund einer heftigen Gemütsbewegung ausgeschlossen sein. Die Grausamkeit im vorstehenden Sinne gehört zu den sog. ⇨ „Mordmerkmalen der zweiten Gruppe". Diese Merkmale betreffen die Art und Weise der Tatausführung und haben daher zumindest primär einen objektiven Charakter.

Grenze: Eine vorgestellte, amtlich festgelegte oder zumindest allgemein akzeptierte Trennungslinie, die das Gebiet zweier Staaten zu Lande, zu Wasser und in der Luft voneinander scheidet. Dementsprechend kann man zwischen Landgrenzen, Seegrenzen und Luftgrenzen unterscheiden. Vollbezeichnung: Staatsgrenze. Von einer „grünen Grenze" spricht man, wenn eine Landgrenze außerhalb einer zugelassenen Grenzübergangsstelle überschritten wird (z. B. Überschreiten der Staatsgrenze im Wald oder über Wiesen oder Felder).

Grenzerlaubnis: Die in § 61 III BPolG in Bezug genommene Gestattung, eine ⇨ Grenze auch außerhalb zugelassener Grenzübergangsstellen oder außerhalb der festgesetzten Verkehrs-

stunden oder mit anderen als den zugelassenen Verkehrsarten zu überschreiten. Die Erteilung einer solchen Erlaubnis durch die Bundespolizei ist möglich, wenn dafür ein besonderes Bedürfnis besteht und öffentliche Belange nicht entgegenstehen. Es handelt sich bei der Grenzerlaubnis um einen begünstigenden ⇨ Verwaltungsakt, der in der Regel schriftlich erteilt wird, mit einer Nebenbestimmung (Bedingung, Auflage, Befristung) versehen und jederzeit widerrufen werden kann. Unter den in § 61 V BPolG genannten Voraussetzungen dürfen auch Behörden der Zollverwaltung Grenzerlaubnisse erteilen.
MERKE: Da die Bundesrepublik Deutschland keine Landgrenzen mehr hat, die als Schengen-Außengrenzen zu qualifizieren wären, hat die Bedeutung der Grenzerlaubnis gegenüber früher deutlich nachgelassen. Ihre Erteilung kann aber immer noch in Betracht kommen, z. B. bei Wassersportlern in der Nord- oder Ostsee, welche das Bundesgebiet über die Seegrenze verlassen oder erreichen wollen, oder bei Geschäfts-, Hobby-, oder Sportfliegern, oder im Falle der vorübergehenden Wiedereinführung der routinemäßigen Grenzkontrollen an den Landgrenzen.

Grenzfahndung: Unter Grenzfahndung i. S. d. §§ 2 II Nr. 2b, 30 BPolG versteht man die planmäßige, allgemeine oder gezielte polizeiliche Suche nach Personen, Fahrzeugen oder anderen Sachen, die in einem funktionalen Zusammenhang mit einem Grenzübertritt steht. Die Suche kann aus Gründen der Gefahrenabwehr, Strafverfolgung oder Strafvollstreckung erfolgen. Grenzfahndung in diesem Sinne kann insbesondere (aber nicht nur) an der ⇨ Grenze oder im grenznahen Raum stattfinden. Die Grenzfahndung bildet einen einzelnen Ausschnitt aus der Globalaufgabe ⇨ Grenzschutz, deren Wahrnehmung zu den Kernaufgaben der Bundespolizei gehört (vgl. § 2 I BPolG). Der Anstoß zur Grenzfahndung wird meist von außen kommen (z. B. Ausschreibung, Ersuchen um Fahndung oder Mitfahndung). Jedoch kann die Grenzfahndung ggf. aus aktuellem Anlass auch ohne Anstoß von außen aufgrund eigener Entschließung der Bundespolizei erfolgen (sog. „Initiativfahndung“).

MERKE: Das Gesetz benennt die Aufgabe der Grenzfahndung in § 2 II Nr. 2b BPolG – ohne nähere Definition – im Zusammenhang mit der ⇨ polizeilichen Kontrolle des grenzüberschreitenden Verkehrs. Daraus lässt sich folgern, dass eine Grenzfahndung nur erfolgen kann im Zusammenhang mit einem bereits erfolgten oder beabsichtigten oder vermuteten oder zumindest möglichen Grenzübertritt. In räumlicher Hinsicht kann Grenzfahndung betrieben werden an den zugelassenen Grenzübergangsstellen (Land, ⇨ Flughafen, Seehafen), an der grünen Grenze, an besonderen Kontrollpunkten im oder außerhalb des Grenzraums sowie in fahrenden Zügen. Einen speziellen Unterfall der Grenzfahndung bildet die Grenzalarmfahndung.

Grenzkontrolle: ⇨ Polizeiliche Kontrolle des grenzüberschreitenden Verkehrs.

Grenzkontrollstelle: Eine festgelegte Örtlichkeit, an der vorübergehend oder dauerhaft die ⇨ polizeilichen Kontrolle des grenzüberschreitenden Verkehrs betrieben wird. Letztlich ein Unterfall der polizeilichen ⇨ Kontrollstelle.

Grenzpolizei: ⇨ Bayerische Grenzpolizei, ⇨ Grenzschutz.

Grenzpolizeiliche Erfahrung: Das sach- und fachkundige Wissen um in der Vergangenheit liegende ⇨ Tatsachen, Ereignisse oder Vorgänge, welches bestimmte Schlussfolgerungen für die Gegenwart erlaubt oder sogar gebietet, soweit es um Tatsachen, Ereignisse oder Vorgänge geht, die den früheren objektiv ähneln und die damit vergleichbar erscheinen.

Grenzschutz: Die amtliche Kurzbezeichnung für den „grenzpolizeilichen Schutz des Bundesgebietes“, welcher grundsätzlich der Bundespolizei obliegt, der jedoch im ⇨ Einvernehmen mit dem Bund auch von einem Bundesland mit eigenen Kräften wahrgenommen werden kann, soweit es sich um Aufgaben des grenzpolizeilichen Einzeldienstes handelt (§ 2 I BPolG). Ein

solches Einvernehmen besteht derzeit mit den Ländern Bremen, Hamburg und Bayern. Die in § 2 II BPolG enthaltene Aufzählung konkretisiert die *Globalaufgabe* „Grenzschutz“ näher. Danach umfasst der grenzpolizeiliche Schutz des Bundesgebietes drei Einzelaufgaben, nämlich 1. die ⇨ polizeiliche Überwachung der Grenzen, 2. die ⇨ polizeiliche Kontrolle des grenzüberschreitenden Verkehrs und 3. im Grenzgebiet bis zu einer Tiefe von 30 km und von der seewärtigen Begrenzung an bis zu einer Tiefe von 50 km die Abwehr von Gefahren, welche die ⇨ Sicherheit der Grenze beeinträchtigen.
MERKE: Die grundsätzliche Übertragung der Polizeiaufgabe „Grenzschutz“ auf die Bundespolizei stellt eine Ausnahme von Art. 30 GG dar, wonach (auch) die Erfüllung von Polizeiaufgaben prinzipiell Sache der Bundesländer ist. Dass gleichwohl der Grenzschutz im Kern vom Bund nach Bundesrecht und mit eigenen Kräften wahrgenommen werden darf, legitimiert sich einerseits aus Art. 73 I Nr. 5 GG (Gesetzgebungskompetenz des Bundes unter anderem für den Grenzschutz) und andererseits aus Art. 87 I 2 GG (Zulässigkeit der Einrichtung von „Bundesgrenzschutzbehörden“ durch den Bund). Nach der mit Wirkung zum 1.7.2005 erfolgten Umbenennung des früheren Bundesgrenzschutzes in heute Bundespolizei ist die eben genannte Vorschrift zwar terminologisch überholt, jedoch in der Sache nach wie vor gültig.

Grenzübergangsstelle: Ein amtlich festgelegter und öffentlich bekannt gemachter Ort, an dem die deutsche Staatsgrenze legal überschritten werden kann. Über die Zulassung und ggf. Schließung solcher Grenzübergangsstellen (GÜSt) entscheidet nach § 61 I BPolG das BMI im Benehmen mit dem Bundesministerium der Finanzen und gibt diese Entscheidungen im Bundesanzeiger bekannt. Es ist gemäß § 61 II BPolG Sache der Bundespolizei, im Benehmen mit dem Hauptzollamt für die einzelnen Grenzübergangsstellen Verkehrsstunden entsprechend dem Verkehrsbedürfnis festzusetzen; die festgesetzten Verkehrsstunden sind an der jeweiligen Grenzübergangsstelle durch Aushang bekanntzugeben. Durch die Erteilung einer sog. ⇨ „Grenzerlaubnis" kann die Bundespolizei nach § 61 III BPolG es gestatten, die Grenze auch außerhalb festgelegter Grenzübergangsstellen oder außerhalb der festgesetzten Verkehrsstunden oder ggf. mit anderen als den grundsätzlich zugelassenen Verkehrsarten zu überschreiten. MERKE: Unter Geltung des Schengen-Rechts haben die in § 61 BPolG enthaltenen Vorschriften nur noch eine grundsätzliche Bedeutung. Sie werden überlagert von der in Art. 22 SGK getroffenen Festlegung, dass die Binnengrenzen innerhalb des Schengen-Raums unabhängig von der Staatsangehörigkeit der betreffenden Personen an jeder Stelle ohne Grenzkontrollen überschritten werden dürfen. Diese EU-rechtliche und damit vorrangige Regelung macht allerdings die Vorgaben aus § 61 BPolG nicht etwa in Gänze obsolet: Für die Rechtslage an den See- und Luftgrenzen sowie an den Landgrenzen zumindest im Falle der Wiedereinführung routinemäßiger Grenzkontrollen bleiben die in § 61 BPolG enthaltenen Vorschriften anwendbar.

Grenzüberschreitender Verkehr: Die zusammenfassende Bezeichnung für alle Bewegungen von Personen oder Sachen, die im Wege des ⇨ Grenzübertritts in das Bundesgebiet hinein- oder hinausführen.

Grenzübertritt: Jedes Überschreiten der ⇨ Grenze durch eine Person, gleichgültig, ob es sich dabei um eine Landgrenze, Seegrenze oder Luftgrenze handelt. Folge des Grenzübertritts ist, dass sich der Betreffende nunmehr – legal oder illegal – im Inland aufhält.

Grenzübertrittsberechtigung: Zum Grenzübertritt berechtigt ist eine Person einschließlich der von ihr mitgeführten Sachen, wenn die erforderlichen ⇨ Grenzübertrittspapiere vorhanden, vollzählig, echt, gültig und auf die betreffende Person ausgestellt sind, ordnungsgemäß kontrolliert wurden und wenn außerdem von der Person keine Gefahr für die ⇨ öffentliche Sicherheit oder die ⇨ öffentliche Ordnung ausgeht.

Grenzübertrittspapiere: Alle Dokumente und sonstigen schriftlichen Unterlagen, die jemand im Falle eines Grenzübertritts nach geltendem Recht bei sich führen muss und von deren Vorhandensein und Gültigkeit der legale Grenzübertritt abhängig gemacht werden kann. Hierzu gehören bei *Personen* namentlich Pässe, Passersatzpapiere, Personalausweise, sonstige ⇨ amtliche Ausweise, Grenzerlaubnisse, Aufenthaltserlaubnisse und sonstige Erlaubnisse, Berechtigungsnachweise aller Art, Impfzeugnisse und Sichtvermerke. Auf *Sachen* bezogene Grenzübertrittspapiere sind insbesondere Erlaubnisse aller Art, Einfuhrgenehmigungen, sonstige Genehmigungen, Fahrzeug- und Frachtpapiere und sonstige Nachweise.

Grenzüberwachung: ⇨ Polizeiliche Überwachung der Grenzen.

Grobe Fahrlässigkeit: ⇨ Fahrlässigkeit.

Grob verkehrswidrig: Wer im ⇨ Straßenverkehr vorsätzlich bestimmte Verkehrsverstöße grob verkehrswidrig und rücksichtslos begeht und dadurch Leib oder Leben eines anderen Menschen oder fremde Sachen von bedeutendem Wert gefährdet, macht sich nach § 315c I Nr. 2 StGB wegen Gefährdung des Straßenverkehrs strafbar. Grob verkehrswidrig handelt in diesem Zusammenhang, wer in besonders schwerwiegendem Maße gegen Verkehrsvorschriften verstößt. Als grob verkehrswidrig in diesem Sinne gelten insbesondere die doppelte Überschreitung der zulässigen Höchstgeschwindigkeit, das Überholen bei außerordentlich schlechter Sicht sowie das Rechtsüberholen mit anschließendem schneidenden Linkseinscheren.
MERKE: § 315c StGB stellt ein sog. „konkretes Gefährdungsdelikt“ dar. Bei den in § 315c I Nr. 2 StGB aufgezählten (schweren) Verkehrsverstößen handelt es sich um die sog. „sieben Todsünden im Straßenverkehr“. Die Tat ist nach § 315c III StGB auch dann strafbar, wenn dem Täter bezüglich der Tathandlung und/oder des Gefährdungserfolges lediglich Fahrlässigkeit zur Last fällt.

Grundsatz der Selbstbelastungsfreiheit: ⇨ Selbstbelastungsfreiheit.

Grundsatz der Verhältnismäßigkeit: ⇨ **Verhältnismäßigkeit.**

Grundtatbestand: ⇨ Straftatbestand.

Grundverfügung: ⇨ Gestrecktes Vollstreckungsverfahren.

Habgier: Ein Tatmotiv, das vom Gesetzgeber im System der Tötungsdelikte als sog. ⇨ „Mordmerkmal" eingestuft wird. Aus Habgier tötet, wer – strebend nach Gewinn um jeden Preis – um bloßer materieller Vorteile willen ein Menschenleben auslöscht. Unter Habgier versteht man dabei die ungewöhnliche, ungesunde und sittlich anstößige Steigerung des Erwerbstriebes; sie lässt sich aber auch charakterisieren als maßlos übersteigerte und rücksichtslose Erwerbssucht. Gleichgültig ist, ob das Ziel des Täters in einem Zuwachs seines Vermögens oder aber in der Ersparnis von Aufwendungen liegt. Die Habgier als Tötungsantrieb gehört nach der in § 211 II StGB enthaltenen Formulierung zugleich zu den sog. ⇨ „niedrigen Beweggründen".

Haftbefehl: Die schriftliche, in der Regel von einem Richter ausgefertigte und mit einer Begründung versehene Anordnung, eine Person aus bestimmten Gründen amtlich in Haft zu nehmen. Nur ganz ausnahmsweise lässt es das Gesetz zu, dass ein Haftbefehl auch von einem nichtrichterlichen Staatsorgan ausgestellt wird, wie das Beispiel des ⇨ Vollstreckungshaftbefehls zeigt, der von der Staatsanwaltschaft in ihrer Eigenschaft als Strafvollstreckungsbehörde erlassen wird (§§ 451, 457 StPO). Ein Haftbefehl kann aus sehr unterschiedlichen Gründen ergehen; die meisten davon betreffen die Strafverfolgung oder Strafvollstreckung. Der wohl geläufigste Haftbefehl ist der die Strafverfolgung sichernde ⇨ Untersuchungshaftbefehl i. S. d. §§ 112 ff. StPO. Liegen die Voraussetzungen für ein beschleunigtes Strafverfahren vor, so kommt der Erlass eines ⇨ Hauptverhandlungshaftbefehls in Betracht

(§ 127b II, III StPO); dieser stellt letztlich eine spezielle Variante des normalen U-Haftbefehls dar. Ein sog. ⇨ „Ungehorsamshaftbefehl" kann bei unentschuldigtem Ausbleiben des Angeklagten z. B. auf der Grundlage des § 230 II StGB ergehen; vergleichbare Regelungen enthalten die §§ 236, 329 IV, 412 S. 1 StPO. Eine weitere Art des strafprozessualen Haftbefehls bildet der ⇨ Sicherungshaftbefehl (§ 453c StPO), der wie der Vollstreckungshaftbefehl auf die Sicherstellung der ⇨ Strafvollstreckung gerichtet ist. Ebenfalls repressiven Zwecken dient der im Rahmen der internationalen Rechtshilfe in Strafsachen ergehende, eine Auslieferungshaft anordnende ⇨ Auslieferungshaftbefehl (§ 17 IRG). Dieser kann entweder als „normaler" Auslieferungshaftbefehl ergehen, wenn nämlich ein Auslieferungsersuchen bereits gestellt wurde (§ 15 IRG), oder in der besonderen Form des „vorläufigen" Auslieferungshaftbefehls, wenn ein Ersuchen um Auslieferung noch nicht vorliegt, jedoch zu erwarten ist. Weiterhin können sog. „Abschiebungs-", „Zurückschiebungs-" und „Zurückweisungshaftbefehle" auf der Grundlage des Ausländerrechts nach Maßgabe der §§ 62, 62a AufenthG ergehen. *Diese* Haftbefehle dienen allerdings nicht repressiven, sondern präventiven Zwecken, indem sie letztlich staatliche Belange und öffentliche Interessen der Bundesrepublik Deutschland schützen. Sie werden im Alltag oft zusammenfassend als „Abschiebehaftbefehle" bezeichnet. Schließlich ist – unter engen Voraussetzungen – der Erlass von Haftbefehlen sogar im Rahmen der zivilprozessualen Zwangsvollstreckung auf der Grundlage der ZPO möglich, um den Zugriff auf die Person des Schuldners und sein Vermögen zu gewährleisten. Die Vollziehung eines bestehenden Haftbefehls im Wege der ⇨ Festnahme wird ⇨ Verhaftung oder auch Inhaftnahme genannt.

Haftgrund: Im Rahmen der §§ 112 ff. StPO die zweite Kernvoraussetzung für den Erlass eines ⇨ Untersuchungshaftbefehls. Das Gesetz benennt die folgenden fünf Haftgründe: Flucht bzw. Sich-Verborgen-Halten, ⇨ Fluchtgefahr, ⇨ Verdunkelungsgefahr, ⇨ Schwere der Tat und Wiederholungsgefahr (vgl. §§ 112 II, III, 112a, 113 StPO).

Handeltreiben mit Betäubungsmitteln: Nach der Rechtsprechung des BGH ist Handeltreiben mit Betäubungsmitteln i. S. d. §§ 29 ff. BtMG jede eigennützige und auf Umsatz gerichtete Tätigkeit. Dabei ist es unerheblich, ob es tatsächlich zu eigenen Umsatzgeschäften oder auch nur zur Anbahnung bestimmter Geschäfte gekommen ist; das bloße Bemühen des Täters, Handel mit Betäubungsmitteln zu betreiben, genügt bereits. Selbst ein ⇨ Besitz an dem zum Umsatz vorgesehenen Rauschgift ist nicht unbedingt erforderlich. Auch eine einmalige oder nur gelegentliche oder nur vermittelnde Tätigkeit soll für die Annahme vollendeten Handeltreibens ausreichen (st. Rspr., vgl. BGHSt 29, 239 f.; 30, 359, 361; BGH, NStZ 2000, 207 f.). Damit kommt ein bloßer ⇨ Versuch des Handeltreibens praktisch kaum in Betracht; das verbotene Handeltreiben mit Betäubungsmitteln stellt faktisch weitgehend ein unechtes Unternehmensdelikt dar, bei dem der Versuch der Vollendung gleichgestellt ist (vgl. § 11 I Nr. 6 StGB). Trotz mancher Kritik im Schrifttum und zum Teil auch in der Rechtsprechung hat der BGH an dieser weiten Auslegung stets festgehalten (vgl. BGH – GrS -, NJW 2005, 3790).

Handgepäck: ⇨ Gepäck.

Handlungseinheit: Von Handlungseinheit spricht man im Rahmen der strafrechtlichen Konkurrenzlehre, wenn sich das Strafgesetze verletzende Verhalten des Täters bei zutreffender Gesamtwürdigung als *eine einzige Handlung* darstellt. *Eine* Handlung in diesem Sinne kann unter Umständen auch aus mehreren verschiedenen und zeitlich gestreckten Teilakten bestehen, welche jedoch so eng miteinander verknüpft sind, dass sie als zusammengehöriges Tun erscheinen. Die einfachste Form der Handlungseinheit ist *eine* Handlung *im natürlichen Sinne* (z. B. Körperverletzung durch einen Faustschlag, Niederstrecken des Opfers mit einem Schuss, Werfen einer Handgranate in eine Versammlung). Daneben unterscheidet man – mit teilweise schwankender Terminologie – noch die *tatbestandliche* Handlungseinheit (z. B. Überschneidung von Dauerdelikt und Einzeltat), die

natürliche Handlungseinheit (z. B. die Zusammenfassung einer Vielzahl von Schlägen und Tritten zu *einer* Körperverletzung) sowie schließlich die *rechtliche* Handlungseinheit, die bei einem fortgesetzten kriminellen Verhalten denkbar ist, jedoch in der heutigen Rechtsprechung keine große Rolle mehr spielt. Lässt sich keine Handlungseinheit im obigen Sinne feststellen, so liegt automatisch Handlungs*mehrheit* vor.
MERKE: Handlungseinheit führt stets zur Annahme von ⇨ Tateinheit (Idealkonkurrenz), sofern keine ⇨ Gesetzeskonkurrenz in Form der ⇨ Spezialität, ⇨ Konsumtion oder ⇨ Subsidiarität vorliegt. Handlungsmehrheit führt zur Annahme von ⇨ Tatmehrheit (Realkonkurrenz), sofern keine Gesetzeskonkurrenz in Gestalt der mitbestraften Vortat oder mitbestraften Nachtat gegeben ist.

Handlungsmehrheit: ⇨ Handlungseinheit, ⇨ Gesetzeskonkurrenz, ⇨ Tatmehrheit.

Hauptstrafen: ⇨ Kriminalstrafen.

Hauptverhandlungshaftbefehl: Ein spezieller Unterfall des ⇨ Untersuchungshaftbefehls, der in § 127b II, III StPO seine Rechtsgrundlage findet und gewährleisten soll, dass ein Beschuldigter im Rahmen des beschleunigten Strafverfahrens (§§ 417 ff. StPO) in der mündlichen Verhandlung auch tatsächlich zur Verfügung steht. Aufgrund der in § 127b II 1 StPO enthaltenen Verweisung auf § 127b I StPO kommt der Erlass eines Hauptverhandlungshaftbefehls nur dann in Betracht, wenn eine unverzügliche Entscheidung im beschleunigten Strafverfahren wahrscheinlich *und* aufgrund bestimmter Tatsachen zu befürchten ist, dass der Betreffende der Hauptverhandlung fernbleiben wird. Letzteres ist bei bestimmten Personengruppen zumindest im Regelfall naheliegend (reisende Straftäter, Hooligans, Ausländer ohne festen Wohnsitz oder Aufenthalt in Deutschland und – nach allerdings umstrittener Auffassung – auch Obdachlose).
MERKE: Ein Hauptverhandlungshaftbefehl darf nur ergehen, wenn die Durchführung der Hauptverhandlung – ergänze: im be-

schleunigten Strafverfahren – binnen einer Woche ab der Festnahme zu erwarten ist (§ 127b II 1 StPO). Der Hauptverhandlungshaftbefehl ist zudem auf höchstens eine Woche zu befristen, gerechnet ab dem Tage der Festnahme (§ 127b II 2 StPO). Über den Erlass des Hauptverhandlungshaftbefehls soll der für die Durchführung des beschleunigten Verfahrens zuständige Richter entscheiden (§ 127b III StPO).

Hausfriedensbruch: ⇨ Hausrecht, ⇨ Sich-Nicht-Entfernen (trotz Aufforderung des Berechtigten), ⇨ Widerrechtliches Eindringen.

Hausrecht: Im Kern das auf Vertrag, Gesetz oder Annexkompetenz beruhende Recht, über eine bestimmte Räumlichkeit frei verfügen zu dürfen und Dritte von der Benutzung der Räumlichkeit ausschließen zu können. Das Hausrecht umfasst eine Reihe von Einzelbefugnissen, insbesondere das Recht, über den Zugang und Aufenthalt von Personen zu entscheiden sowie eine Hausordnung aufzustellen (BGH, NJW 1982, 947). Es ermächtigt damit unter anderem zum Aussprechen von Hausverweisen und Hausverboten. Das *private Hausrecht* beruht auf vertraglicher Vereinbarung (Miete, Pacht, Leihe etc.) oder auf dem Eigentumsrecht (vgl. § 903 BGB); es steht dem einzelnen Bürger in seiner jeweiligen sozialen Rolle als Mieter, Pächter, Eigentümer etc. zu. Das *öffentlich-rechtliche Hausrecht* hingegen ist eine im öffentlichen Recht wurzelnde Befugnis eines jeden Hoheitsträgers, die namentlich zur Störungsabwehr eingesetzt werden kann. Es ist vereinzelt ausdrücklich geregelt (vgl. Art. 40 II 1 GG) und im Übrigen als ungeschriebener Annex zur Sachkompetenz des jeweiligen Verwaltungsträgers anerkannt (BVerwG, DÖV 1971, 137; BayVGH, DVBl 1981, 1000; OVG SH, NJW 2000, 3440, 3441). Das öffentlich-rechtliche Hausrecht findet seine Legitimation in der Erkenntnis, dass es stets auch Aufgabe und Befugnis eines jeden Hoheitsträgers sein muss, seine eigene Funktionsfähigkeit nach innen wie außen zu gewährleisten, hier: durch den Schutz der räumlichen Sphäre, innerhalb derer sich die Aufgabenerfüllung

vollzieht. Es wird von den jeweils zuständigen Organen ausgeübt (z. B. Behördenleiter, Gerichtspräsident, Hochschulrektor, ggf. auch nachgeordnete, zur Ausübung des Hausrechts ermächtigte Amtswalter).
MERKE: Die Ausübung des Hausrechts kann vom Inhaber auf einen Dritten übertragen werden. Strafrechtlich geschützt wird das Hausrecht – genauer: Teilaspekte desselben – durch die §§ 123, 124 StGB. Die Übertragung des Hausrechts *zur Ausübung* (z. B. vom Geschäftsinhaber auf Ladenpersonal) beinhaltet nicht automatisch das Recht zur Strafantragsstellung im Falle eines Hausfriedensbruches. Vielmehr muss das Antragsrecht zusätzlich gesondert übertragen werden bzw. der – etwa von einem Ladenangestellten – unberechtigt gestellte Strafantrag vom Antragsberechtigten innerhalb der gesetzlichen Drei-Monats-Frist nachträglich ausdrücklich gebilligt werden (OLG Brandenburg, NJW 2002, 693). Das Hausrecht kann durch öffentlich-rechtliche Bindungen überlagert werden (z. B. gemäß PBefG, AEG, EVO). Deshalb behält der mit einem Hausverbot der Deutschen Bahn AG belegte Störer dennoch das Recht, den Bahnhof zum Zwecke des Reisens zu betreten. Nach ganz h. M. ist das Hausrecht *notwehrfähig*, darf also erforderlichenfalls mit den Mitteln der ⇨ Notwehr oder des Besitzschutzes (§§ 858–860 BGB) gegen Störer verteidigt werden (vgl. z. B. LG Nürnberg-Fürth, Urt. vom 10.1.1995, – 13 S 8728/94 –: Der Hausrechtsinhaber darf einen Besucher, der trotz Aufforderung den geschützten Raum – hier: Ladenlokal – nicht verlässt, notfalls selbst mit Gewalt entfernen). Vgl. auch ⇨ Bahnhofsverbot, ⇨ Bahnhofsverweisung.

Hausverbot: ⇨ Bahnhofsverbot, ⇨ Hausrecht.

Heimtückisch: Heimtückisch tötet i. S. d. § 211 II StGB nach h. M., wer die objektiv gegebene Arg- und Wehrlosigkeit eines Menschen zu dessen Tötung ausnutzt und dabei in feindseliger Willensrichtung gegen sein Opfer handelt. Arglos ist, wer sich zu Beginn des Angriffs keiner Feindseligkeiten seitens des Täters versieht. Wehrlos ist, wer infolge seiner Arglosigkeit in seiner natürlichen Verteidigungsbereitschaft erheblich eingeschränkt ist. Ausgenutzt wird die Arg- und Wehrlosigkeit, wenn der Täter die von ihm gezielt geschaffene oder zufällig vorgefundene Lage bewusst zum Überraschungsangriff ausnutzt, um dem Opfer die Möglichkeit zur Abwehr oder Flucht zu nehmen. Eine engere Meinung im Schrifttum verlangt zusätzlich einen besonders verwerflichen Vertrauensbruch, um heimtückisches Handeln i. S. d. § 211 II StGB annehmen zu können. Diese Auffassung erscheint aber namentlich deshalb nicht überzeugend, weil dann der tödliche Überfall aus dem Hinterhalt auf ein fremdes Opfer nicht mehr als heimtückischer Mord gewertet werden könnte, obwohl gerade ein solcher „Meuchelmord" von jeher als besonders verwerflich galt und nach tradiertem Rechtsempfinden das klassische Beispiel einer „Mordtat" bildet. Die Heimtücke im vorstehenden Sinne gehört zur zweiten Gruppe der Mordmerkmale, bei der es um die Art und Weise der Tatausführung geht. Die Heimtücke gehört zu den sog. ⇨ „Mordmerkmalen", welche gemäß § 211 II StGB die vorsätzliche ⇨ Tötung eines Menschen zum ⇨ Mord machen.

Heranwachsender: Im Rahmen der Strafverfolgung ist ein Heranwachsender nach der in § 1 II JGG enthaltenen ⇨ Legaldefinition jede Person, welche zur Zeit der Tat mindestens 18, aber noch nicht 21 Jahre alt ist. Anders formuliert: Als Heranwachsende gelten die 18-, 19- und 20-Jährigen.
MERKE: Auf Heranwachsende ist unter den in § 105 I JGG genannten Voraussetzungen im Wesentlichen Jugendstrafrecht anzuwenden. Dieses kommt zum Zuge, wenn die Gesamtwürdigung der Persönlichkeit des Täters bei Berücksichtigung auch der Umweltbedingungen ergibt, dass er zur Zeit der Tat nach seiner sittlichen und geistigen Entwicklung noch einem Jugendlichen gleichstand *oder* wenn es sich nach der Art, den Umständen oder den Beweggründen der Tat um eine typische Jugendverfehlung handelt. Ab Vollendung des 21. Lebensjahres ist die Anwendung des strengeren Erwachsenenstrafrechts zwingend. In der Praxis werden etwa zwei von drei Strafsachen gegen Heranwachsende nach dem milderen Jugendstrafrecht abgeurteilt.

Herrenlose Sache: Im streng juristischen Sinne ist eine Sache immer dann herrenlos, wenn sie in niemandes Eigentum steht. Anders ausgedrückt: Eine Sache ist herrenlos, wenn sie niemandem gehört. Herrenlosigkeit in diesem Sinne tritt vor allem ein durch ⇨ Dereliktion, also durch die Aufgabe des Eigentums an einer Sache. In der *Alltagssprache*, die sich ja nicht immer streng an juristischen Begrifflichkeiten orientiert, bezeichnet man als „herrenlos“ häufig auch solche Sachen, die sich aktuell niemanden eindeutig zuordnen lassen („herrenloser Koffer auf dem Bahnsteig“). Ein solcher Gegenstand, der zumindest zeitweilig keiner Person sicher zugeordnet werden kann, ist im Rechtssinne an sich allenfalls besitzlos bzw. gewahrsamslos. Solange jedoch alle Beteiligten wissen, was gemeint ist, ist der fragliche Sprachgebrauch trotzdem als unproblematisch anzusehen.
MERKE: Auch Tiere können im juristischen Sinne herrenlos sein, mit der Folge, dass sie in niemandes Eigentum stehen. Dies gilt namentlich für wild lebende Tiere.

Hieb- und Stoßwaffen: Im Waffenrecht die zusammenfassende Kurzbezeichnung für alle diejenigen tragbaren Gegenstände, die ihrem Wesen nach dazu bestimmt sind, unter unmittelbarer Ausnutzung der Muskelkraft *durch Hieb, Stoß, Stich, Schlag oder Wurf* Verletzungen beizubringen (vgl. Anlage 1 zum Waffengesetz, Abschnitt 1, Unterabschnitt 2, Nr. 1.1). Beispiele: Dolche, Stilette, Seitengewehre (Bajonette), Degen, Säbel, Florette, Stockdegen, sog. Totschläger, Stahlruten, Schlagringe, Gummiknüppel, militärische Kampfmesser, auch die Schlagstöcke der Polizei. Nicht gemeint sind hingegen Werkzeuge oder Gerätschaften des täglichen Lebens, die bestimmungsgemäß nicht dem Angriff auf Personen oder der Verteidigung dienen, wie z. B. Äxte, Beile, Sensen, Sicheln, Taschenmesser, Tischmesser, Küchenmesser oder Schlachtmesser.
MERKE: In der Systematik des Waffengesetzes gehören die Hieb- und Stoßwaffen zu den ⇨ tragbaren Gegenständen i. S. d. § 1 II Nr. 2a WaffG. Für diese ist kennzeichnend, dass sie *ihrem Wesen nach* dazu bestimmt sind, die Angriffs- oder Abwehrfähig-

keit von Menschen zu beseitigen oder herabzusetzen (daher auch: Waffen im technischen Sinne).

Hilfeleistung: ⇨ Beihilfe.

Hilflose Lage: Eine hilflose Lage ist jede Notsituation, in welcher eine Person aus persönlichen oder äußeren Gründen außerstande ist, sich mit eigenen Kräften und Mitteln selbst zu helfen. Eine hilflose Lage im vorstehenden Sinne ist i. S. d. polizeigesetzlichen Vorschriften über die ⇨ Ingewahrsamnahme von Personen (vgl. z. B. §§ 13 I Nr. 1 ME PolG, 39 I Nr. 1 BPolG) zunächst dann gegeben, wenn sich jemand *in einem die freie Willensbestimmung ausschließenden Zustand* befindet. Damit ist jeder Zustand einer Person gemeint, in dem aus Gründen, die in der Person selbst liegen, die Bildung, Äußerung oder Betätigung eines freien Willens des Betroffenen ausgeschlossen ist. Diese „endogenen" Gründe können physiologischer oder psychologischer Natur sein. Die Hauptfälle eines Ausschlusses der freien Willensbestimmung bilden Trunkenheit, Drogenrausch, psychische Störungen, Schockzustände, altersbedingte oder sonstige Gebrechlichkeit und pathologische Anfälle, sofern die genannten Defektzustände ein erhebliches Ausmaß erreichen. Eine *„sonstige"* hilflose Lage ist gegeben, wenn die Notsituation nicht darauf zurückführen ist, dass sich der Betreffende in einem die freie Willensbestimmung ausschließenden Zustand befindet, sondern wenn *äußere* Ursachen die hilflose Lage begründen. Beispiel: Eine akut an Leib oder Leben von Dritten bedrohte Person wird vorübergehend in Schutzgewahrsam genommen. Neben den Polizeigesetzen von Bund und Ländern kennt auch das Strafrecht vereinzelt das Tatbestandsmerkmal der hilflosen Lage (vgl. z. B. § 221 I StGB). MERKE: Im Falle einer versuchten Selbsttötung geht die st. Rspr. davon aus, dass sich der Betreffende in einem „psychischen Ausnahmezustand" befindet, welcher die freie Willensbestimmung zumindest vorübergehend ausschließt. In diesen Fällen ist die Polizei berechtigt und zugleich verpflichtet, zum Zwecke der Rettung des Suizidwilligen einzuschreiten, notfalls auch unter

Anwendung ⇨ unmittelbaren Zwanges. Gleichzeitig nimmt die st. Rspr. im Falle eines Suizidversuches einen ⇨ Unglücksfall i. S. d. § 323c StGB an, sodass im Falle des Untätigbleibens eine Strafbarkeit wegen unterlassener Hilfeleistung in Betracht kommen kann.

Hilflose Person: Jede Person, die sich in einer ⇨ hilflosen Lage befindet, weil sich der Betroffene entweder in einem die freie Willensbestimmung ausschließenden Zustand oder aber in einer sonstigen hilflosen Lage befindet. Die Polizeigesetze verwenden den Begriff der hilflosen Person namentlich im Zusammenhang mit den Vorschriften betreffend die ⇨ Durchsuchung von Sachen (vgl. z. B. §§ 18 I Nr. 2c ME PolG, 44 I Nr. 2c BPolG). Auch das Strafrecht kennt vereinzelt das Tatbestandsmerkmal der hilflosen Person (vgl. z. B. § 243 I Nr. 6 StGB).

Hilfsmittel der körperlichen Gewalt: Im polizeilichen Zwangsrecht die Sammelbezeichnung für solche technischen oder natürlichen Einsatzmittel, die dazu dienen, unmittelbaren Zwang im Rahmen von Gefahrenabwehr oder Strafverfolgung in einer gesteigerten Form anzuwenden, wenn die sog. „einfache körperliche Gewalt" im Einzelfall nicht ausreicht. Zu den Hilfsmitteln der körperlichen Gewalt gehören namentlich Fesseln, Wasserwerfer, technische Sperren, Diensthunde, Dienstpferde und Dienstfahrzeuge. Weitere Hilfsmittel körperlicher Gewalt, die in den einschlägigen Zwangsregelungen von Bund und Ländern nicht ausdrücklich benannt sind, können etwa sein technische Mittel wie Ketten, Vorhängeschlösser, Werkzeuge, aber auch Bagger, Kräne, Räumgeräte oder Schneidwerkzeuge. Die Einordnung sonstiger Hilfsmittel der körperlichen Gewalt erfolgt allerdings nicht einheitlich: So gehören z. B. Reizstoffe sowie Sprengmittel nach der Leitbildvorschrift des § 36 III ME PolG ebenfalls zu den Hilfsmitteln der körperlichen Gewalt. Im Bundesrecht hingegen zählen Reizstoffe und Explosivmittel bereits zu den Waffen (vgl. § 2 IV UZwG).

Hinreichender Tatverdacht: In der Strafverfolgungspraxis die gängige Kurzbezeichnung für eine Situation, in welcher die Ermittlungen in einer Strafsache „genügenden Anlass" zur Erhebung der Anklage bieten (§ 170 I StPO). Genügender Anlass zur Anklageerhebung im vorstehenden Sinne und damit ein hinreichender Tatverdacht besteht immer dann, wenn nach Abschluss der Ermittlungen das Ermittlungsergebnis dafürspricht, dass es im Falle einer Anklage mit überwiegender Wahrscheinlichkeit zu einer Verurteilung kommen wird. Faustformel: Die Verurteilungswahrscheinlichkeit bei Anklage beträgt 50 % plus X. Der hinreichende Tatverdacht ist zu unterscheiden vom ⇨ Anfangsverdacht, vom ⇨ konkretisierten Tatverdacht und vom ⇨ dringenden Tatverdacht.

Hinterlistiger Überfall: Ein *Überfall* i. S. d. § 224 I Nr. 3 StGB ist ein plötzlicher Angriff, der das Opfer unversehens trifft. *Hinterlistig* erfolgt ein solcher Überfall, wenn der Täter in einer auf Verdeckung seiner wahren Absichten berechneten Weise zu Werke geht, um gerade hierdurch dem Opfer die Abwehr des Angriffs zu erschweren oder unmöglich zu machen, etwa durch betontes Vortäuschen von Friedfertigkeit.

Identitätsfeststellung: Die Identität einer Person ist im Rahmen von Gefahrenabwehr oder Strafverfolgung dann polizeilich „festgestellt", wenn aufgrund der durchgeführten Maßnahmen zumindest die folgenden Angaben zur Person zur Überzeugung der Polizei feststehen, und zwar dergestalt, dass nennenswerte Zweifel ausgeschlossen erscheinen: Vor- und Familienname, ggf. der Geburtsname, Geburtsort und Geburtsdatum, Anschrift und Staatsangehörigkeit. Weitere Angaben, z. B. über Familienstand und Beruf, sind nach der Rechtsprechung nicht in jedem Falle immer automatisch zur Identitätsfeststellung notwendig, sondern nur „in besonders gelagerten Fällen" (so BayObLG, NJW 1979, 1054; OLG Celle, VRS 53, 458; OLG Koblenz, VRS 58, 441; OLG Düsseldorf, VRS 69, 235).
MERKE: Zur soeben zitierten Rechtsprechung ist allerdings ergänzend anzumerken, dass jedenfalls im Rahmen eines strafpro-

zessualen Ermittlungsverfahrens mit Blick auf RiStBV Nr. 110 II Buchstabe a) durchaus auch Angaben zum Familienstand und Beruf regelmäßig notwendig erscheinen. Die gleiche Schlussfolgerung lässt sich auch aus den §§ 41, 42, 46 II StGB ziehen, die für das Strafverfahren eine Ermittlung der „persönlichen und wirtschaftlichen Verhältnisse“ des Täters ausdrücklich vorsehen. Im Bußgeldverfahren, das ja ebenfalls auf die Verhängung einer Sanktion abzielt, kann dann konsequenterweise nichts anderes gelten.

Immunität: Der befristete oder dauerhafte Schutz vor Strafverfolgung, der aus der Innehabung eines rechtlichen Sonderstatus folgt, welcher mit bestimmten Ämtern kraft Verfassung, durch Gesetz oder aufgrund völkerrechtlicher Vereinbarung verbunden ist. Rechtstechnisch handelt es sich bei der Immunität um ein *Strafverfolgungshindernis* (Prozesshindernis). Dieses schützt den Amtsinhaber zeitweilig oder dauerhaft davor, für begangene Delikte strafrechtlich zur Verantwortung gezogen zu werden, sofern dem Betreffenden nicht im Einzelfall die Immunität entzogen wird. Die parlamentarische Immunität der Bundestagsabgeordneten, die regelmäßig nur für die Dauer des Mandats besteht, ergibt sich im Kern aus Art. 46 II–IV GG. Die Verfassungen der Bundesländer enthalten vergleichbare Bestimmungen in Ansehung der Landtagsabgeordneten. Die sog. diplomatische Immunität, die Personen mit Diplomatenstatus zukommt, findet ihre Rechtsgrundlage in Art. 32 und Art. 39 II 2 WÜD. Die diplomatische Immunität schützt dauerhaft vor Strafverfolgung bei Straftaten, die im Rahmen der Amtsausübung begangen worden sind; im Übrigen schiebt sie die Strafverfolgung nur auf. Bei schwerem Missbrauch der diplomatischen Immunität kann der Entsendestaat dem Diplomaten seine Immunität *entziehen*; danach steht der Strafverfolgung im Aufnahmestaat nichts mehr entgegen. Die Immunität ist zu unterscheiden vom verwandten, aber nicht identischen Rechtsinstitut der ⇨ Indemnität.
MERKE: Die Immunität eines Bundestagsabgeordneten entfällt gemäß Art. 46 II GG, falls der Abgeordnete bei Begehung der Tat

oder im Laufe des folgenden Tages festgenommen wird. Es handelt sich dabei um eine verfassungsunmittelbare Einschränkung der Immunität, welche das gesamte nachfolgende Strafverfahren möglich macht, ohne dass es noch einer Genehmigung des Bundestages bedürfte. „Festnahme“ im speziellen Sinne des Art. 46 II GG ist nach der Rechtsprechung jede ⇨ Freiheitsentziehung oder ⇨ Freiheitsbeschränkung, die aus Gründen der Strafverfolgung erfolgt, also neben der ⇨ Festnahme im engeren Sinne von ⇨ Verhaftung oder ⇨ vorläufiger Festnahme auch das ⇨ Festhalten zwecks ⇨ Identitätsfeststellung oder die Mitnahme zur Blutprobe (OLG Bremen, NJW 1966, 743; OLG Oldenburg, NJW 1066, 1764). Die landesrechtlich begründete Immunität eines Landtagsabgeordneten wirkt über § 152a StPO auch für die anderen Bundesländer sowie für den Bund; sie ist also nicht etwa nur im Bundesland des Betroffenen von der Landes- bzw. Bundespolizei zu beachten, sondern in ganz Deutschland gültig. Vgl. ergänzend die in den RiStBV Nr. 191 ff. enthaltenen Regelungen zur parlamentarischen bzw. diplomatischen Immunität sowie das Rundschreiben des BMI zur „Indemnität und Immunität der Abgeordneten“ vom 10.1.1983 (GMBl. 1983, 37).

Inbrandsetzung: Eine Sache ist i. S. d. §§ 306 ff. StGB in Brand gesetzt, wenn sie so vom Feuer ergriffen ist, dass dieses auch nach Entfernen oder Erlöschen des Zündstoffes selbstständig weiterbrennen kann. Speziell ein Gebäude ist allerdings (erst) dann in Brand gesetzt, wenn ein Gebäudeteil im vorstehenden Sinne vom Feuer ergriffen ist, der für den bestimmungsgemäßen Gebrauch von wesentlicher Bedeutung ist. Derartige „funktionswesentliche“ Gebäudeteile sind nach der Rechtsprechung insbesondere die Haustür, der Fußboden, eine Treppe oder der Dachstuhl, nicht aber einzelne Inventarstücke, ein an der Wand befestigtes Regal oder die Tapete an der Wand. Demgegenüber ist keine Inbrandsetzung, sondern eine „Zerstörung durch Brandlegung“ i. S. d. §§ 306 ff. StGB gegeben, wenn der bloße Versuch einer Inbrandsetzung bereits zu erheblichen Schäden durch Rauch, Ruß, Gas, Wasser oder freigesetzte chemische Substanzen geführt hat.

Ebenso genügt es für eine Zerstörung durch Brandlegung, wenn eine versuchte Inbrandsetzung nicht wie geplant zu einem Brand, sondern zu einer Explosion geführt hat, die das Tatobjekt ganz oder teilweise zerstört hat. Gleichzeitig wird dann regelmäßig eine Strafbarkeit des Täters wegen fahrlässiger Herbeiführung einer Explosion i. S. d. § 308 StGB gegeben sein.

Indemnität: Der dauerhafte Schutz der Parlamentsabgeordneten vor strafrechtlicher, dienstrechtlicher oder sonstiger Verantwortlichkeit in Ansehung bestimmter Handlungen, die im Zusammenhang mit der Mandatsausübung stehen. Anders als die ⇨ Immunität stellt das Rechtsinstitut der Indemnität nach h. M. einen persönlichen *Strafausschließungsgrund* dar, welcher stets dauerhaft wirkt. Indemnität der Bundestagsabgeordneten im vorstehenden Sinne besteht zum einen in Ansehung von wahrheitsgetreuen Berichten über die öffentlichen Sitzungen des Bundestages und seiner Ausschüsse; solche Berichte bleiben gemäß Art. 42 III GG von jeder Verantwortlichkeit frei. Weiterhin genießen die Bundestagsabgeordneten nach Art. 46 I GG Indemnität im Hinblick auf Abstimmungen oder Äußerungen, die im Bundestag oder in einem seiner Ausschüsse getan wurden; lediglich für ⇨ verleumderische Beleidigungen gilt dies nicht. Die Abgeordneten der Landtage genießen Indemnität in vergleichbarer Weise nach Maßgabe der Landesverfassungen. Vgl. ergänzend auch die in den §§ 36, 37 StGB enthaltenen Indemnitätsregelungen, die allerdings überwiegend nur wiederholenden Charakter haben.

Indirekte Tatsachen: ⇨ Tatsachen.

Indirekter Vorsatz: ⇨ Bedingter Vorsatz.

Indizien: Unter Indizien versteht man festgestellte ⇨ Tatsachen, aus denen sich mit hoher Wahrscheinlichkeit auf einen bestimmten Geschehensablauf, einen Zustand oder einen Umstand schließen lässt. Indizien werden auch Beweisanzeichen genannt. Ein einzelnes Indiz ist weniger als ein Beweis, jedoch mehr als eine bloße Behauptung. Mithilfe von Indizien lässt sich der sog. ⇨ Indizienbeweis führen. Eine besonders große Rolle spielen Indizien im Rahmen des Strafverfahrens. Hier lassen z. B. Fingerabdrücke, DNA-Spuren oder ermittelte Standortdaten wichtige Rückschlüsse bei der Aufklärung des Sachverhaltes zu.

Indizienbeweis: Ein Unterfall des ⇨ Beweises, für den kennzeichnend ist, dass er auf der Grundlage von ⇨ Indizien geführt wird. Von einem Indizienbeweis spricht man immer dann, wenn aufgrund einer oder mehrerer ⇨ Tatsachen auf die zu beweisende Haupttatsache folgerichtig geschlossen werden kann. Dabei sind jeweils die anerkannten Denkgesetze sowie feststehende Erfahrungssätze zu berücksichtigen. Die Rechtsprechung sieht als das Kernstück des Indizienbeweises weniger die im Einzelfall vorliegenden Indizien als solche an, sondern vielmehr den daran anknüpfenden Denkprozess, kraft dessen auf das Vorhandensein der rechtserheblichen Haupttatsache geschlossen werden kann (vgl. BGHZ 53, 245, 266). Indizienbeweise sind im Zivilprozess, im Strafverfahren und auch in anderen Verfahrensarten zulässig. Ihre Hauptrolle spielen sie im Strafprozess. Ein Indizienbeweis kann sich auf äußere Umstände beziehen, z. B. auf die Frage, wer mit einer bestimmten Waffe geschossen hat, oder ob der Beschuldigte an einem Tatort anwesend war. Oft dienen Indizienbeweise aber dazu, sog. „innere Tatsachen“ bzw. subjektive Tatbestandsmerkmale nachzuweisen, wie etwa bestimmte Absichten, Motive, Gesinnungen oder das Wissen und Wollen beim Vorsatz.
MERKE: Die Beweisführung muss sich beim Indizienbeweis nicht immer unmittelbar auf den zu beweisenden Umstand beziehen. Sie kann auch indirekt erfolgen, indem zunächst andere Tatsachen bewiesen werden, die dann wiederum bestimmte weitere Rückschlüsse zulassen.

Indiztatsachen: ⇨ Indizien, ⇨ Indizienbeweis, ⇨ Tatsachen.

Informant: Im Bereich der Strafverfolgung nach der in der Anlage D der RiStBV enthaltenen ⇨ Legaldefinition eine Person, die im Einzelfall bereit ist, gegen Zusicherung der Vertraulichkeit den Strafverfolgungsbehörden Informationen zu geben, die bei der Aufklärung von Straftaten helfen können. Den rechtlichen Rahmen für den Einsatz derartiger repressiver Informanten bildet die ⇨ Ermittlungsgeneralklausel i. V. m. den in der Anlage D der RiStBV niedergelegten Regelungen. Kennzeichnend für derartige „Hinweisgeber“ ist die Tatsache, dass es nur punktuelle vertrauliche Kontakte mit den Strafverfolgungsbehörden gibt; eine auf längere Dauer angelegte „Zusammenarbeit“ findet nicht statt. Dies unterscheidet den Informanten von der ⇨ Vertrauensperson. Grundsätzlich ist es denkbar, Hinweisgeber auch zum Zwecke der Gefahrenabwehr einzusetzen; explizite Regelungen für derartige „präventive“ Informanten finden sich allerdings nur selten.

Informationelle Selbstbestimmung: ⇨ Personenbezogene Daten.

Ingewahrsamnahme: Der Vorgang der Ergreifung einer Person mit dem Ziel, den Betroffenen aus Gründen der Gefahrenabwehr auf der Grundlage des einschlägigen Polizeigesetzes in ⇨ Gewahrsam zu nehmen. Die Ingewahrsamnahme ist eine typische präventive Art der ⇨ Freiheitsentziehung und damit insbesondere abzugrenzen von den Fällen der repressiven ⇨ Festnahme. Der Rechtsnatur nach handelt es sich bei der Ingewahrsamnahme richtiger Ansicht nach um eine Doppelmaßnahme, die einerseits als ⇨ Realakt und andererseits als ⇨ Verwaltungsakt zu qualifizieren ist. Nach einer etwas anderen Auffassung ist die Ingewahrsamnahme als solche ein reiner Realakt; die zu seiner Verwirklichung erlassenen Begleitverfügungen (z. B. die Aufforderung, stehen zu bleiben, mitzukommen oder die Zelle zu betreten) sollen demgegenüber Verwaltungsakte in Gestalt von ⇨ Polizeiverfügungen darstellen.
MERKE: Die Bestimmungen über eine polizeiliche Ingewahrsamnahme in den Polizeigesetzen von Bund und Ländern sind der Leitbildvorschrift des § 13 ME PolG nachgebildet, enthalten aber zumeist noch eine moderne Erweiterung, betreffend den sog. ⇨ „Durchsetzungsgewahrsam“. Während der Begriff der

„Ingewahrsamnahme“ eher einen Vorgang beschreibt, zielt der ähnliche Begriff „Gewahrsam“ mehr auf das daraus resultierende Ergebnis i. S. d. Beschreibung eines herbeigeführten Zustandes.

Inland: Unter Inland i. S. d. § 3 StGB versteht man im Wesentlichen das deutsche Binnenland, ferner die dem Festland vorgelagerten Eigengewässer wie Buchten, Meeresarme oder Seehäfen (die zum Teil auch als „innere Gewässer“ bezeichnet werden), das sich daran (ab der Niedrigwassergrenze) anschließende deutsche Küstenmeer (innerhalb der 12-See-Meilen-Grenze) sowie den Luftraum über dem deutschen Territorium, soweit der letztere technisch beherrschbar ist bzw. – nach a. A. – unterhalb der Grenze zum Weltraum (Faustformel: bis 100 km Höhe). Genau genommen gehört auch noch das unterirdische Erdreich zum „Inland“, jedenfalls soweit es Menschen zugänglich ist (Bergwerke, Stollen, Höhlen, Schächte etc.). Jedes Gebiet, das nicht im obigen Sinne zum deutschen Inland gehört, ist im strafrechtlichen Sinne zwangsläufig *Ausland* (vgl. z. B. § 7 StGB). Dabei ist nicht entscheidend, ob das betreffende Gebiet unter eine Staatshoheit fällt; auch hoheitsfreie Gebiete wie z. B. die hohe See, die Antarktis oder der Weltraum sind vom Auslandsbegriff mit erfasst.
MERKE: Für Straftaten, die im Inland im obigen Sinne begangen worden sind, gilt das deutsche Strafrecht, unabhängig von der Nationalität des Täters bzw. Opfers (sog. „Territorialprinzip“ oder „Gebietsgrundsatz“). Für nicht im Inland begangene Straftaten kann das deutsche Strafrecht gleichwohl Anwendung finden, und zwar dann, wenn sich dies aus den §§ 4–7 StGB ergibt. Die Geltung des deutschen Strafrechts für Inlands- oder Auslandstaten schließt keineswegs aus, dass daneben noch andere Strafrechtsordnungen anwendbar sind (z. B. die des Heimatstaats des ausländischen Täters oder Opfers). Ergänzt wird § 3 StGB durch die in § 9 StGB getroffene Regelung betreffend den strafrechtlichen Tatortbegriff.

Innere Sicherheit: ⇨ Sicherheit des Staates.

Innere Sicherheit des Luftverkehrs: ⇨ Sicherheit des Luftverkehrs.

Internationale Rechtshilfe in Strafsachen: Eine Form der wechselseitigen zwischenstaatlichen Unterstützung in Angelegenheiten der Strafverfolgung unter Einschluss der Strafvollstreckung. Im Unterschied zur innerstaatlichen ⇨ Rechtshilfe i. S. d. deutschen Rechts erfasst die internationale Rechtshilfe in Strafsachen auch Unterstützungsleistungen einer ⇨ Behörde gegenüber anderen Behörden oder Gerichten. Hauptanwendungsfall ist die Auslieferung von Straftätern oder ⇨ Beschuldigten an das Ausland. Durch die Einführung des Europäischen Haftbefehls ist das Auslieferungsverfahren im Verhältnis der EU-Staaten zueinander vereinfacht und beschleunigt worden. Aber auch Durchlieferung, Rücklieferung oder Vollstreckungshilfe oder einzelne Ermittlungshandlungen können im Rahmen der internationalen Rechtshilfe in Strafsachen vorgenommen werden.
MERKE: Das Verfahren für die internationale Rechtshilfe in Strafsachen ist in den als bundeseinheitliche Verwaltungsvorschrift erlassenen Richtlinien für den Verkehr mit dem Ausland in strafrechtlichen Angelegenheiten (RiVASt) näher geregelt. *Freiwillige* Rechtshilfe kann nach den Bestimmungen des Gesetzes über die internationale Rechtshilfe in Strafsachen (IRG) geleistet werden. Das IRG betrifft die sog. „vertragslose Rechtshilfe“ und besitzt damit eine Auffangfunktion: Alle völkerrechtlichen Vereinbarungen über die internationale Rechtshilfe in Strafsachen, die wirksam in innerstaatliches dt. Recht transformiert worden sind, gehen den Bestimmungen im IRG vor. Weitere wichtige Regelungswerke sind das Europäische Übereinkommen über die Rechtshilfe in Strafsachen (EuRHÜ) nebst Zusatzprotokoll sowie das Europäische Auslieferungsübereinkommen (EuAuslÜ). Auch das Schengener Durchführungsübereinkommen (SDÜ) regelt in Art. 48–53 SDÜ Fälle der internationalen Rechtshilfe in Strafsachen, die im Verhältnis von Schengen-Staaten zueinander geleistet werden kann. Art. 48 I SDÜ stellt dabei klar, dass die Bestimmungen des EuRHÜbk in Strafsachen durch das SDÜ ergänzt und

deren Anwendung erleichtert werden soll. Darüber hinaus gibt es eine Reihe bi- bzw. multilateraler Abkommen zur Verbesserung der grenzüberschreitenden Verbrechensbekämpfung. Hierzu zählen das Übereinkommen zur Bekämpfung der widerrechtlichen Inbesitznahme von Luftfahrzeugen und das Europäische Übereinkommen zur Bekämpfung des Terrorismus (EuTerrÜ). Weiterhin gehören in diesen Kontext eine Reihe von bilateralen Vereinbarungen zwischen Deutschland und seinen Nachbarstaaten.

Internationaler Haftbefehl: Eigentlich kein wirklich selbstständiger Typus eines ⇨ Haftbefehls, aber die allgemein übliche Bezeichnung für einen Haftbefehl, der nach dem nationalen Recht des erlassenden Staates ergeht und dann zum Zwecke seiner Vollziehung grenzüberschreitend und damit international ausgeschrieben wird. Meistens geht es bei einem internationalen Haftbefehl um Strafverfolgung oder Strafvollstreckung. In der Sache stellen deshalb die meisten internationalen Haftbefehle in der in Deutschland üblichen Terminologie entweder ⇨ Untersuchungshaftbefehle oder aber ⇨ Vollstreckungshaftbefehle dar. Der ⇨ Europäische Haftbefehl lässt sich als spezialisierter Unterfall eines internationalen Haftbefehls begreifen, der allerdings einige Besonderheiten aufweist. Insbesondere gilt der Europäische Haftbefehl als vorweggenommenes Auslieferungsersuchen desjenigen Mitgliedstaates der EU, in dem der Europäische Haftbefehl erlassen worden ist; er löst deshalb im Falle der Ergreifung des Gesuchten innerhalb der EU ein vereinfachtes und stark beschleunigtes Auslieferungsverfahren aus.

Irrtum: Im Rechtssinne versteht man unter einem Irrtum jede unrichtige, d. h. der Wirklichkeit nicht entsprechende Vorstellung über ⇨ Tatsachen. Eine solche Fehlvorstellung kann zunächst bewirkt werden durch die irrige Annahme nicht existenter Tatsachen (sog. „positive Fehlvorstellung"). Sie kann aber auch allein aufgrund der schlichten Unkenntnis bestimmter Tatsachen entstehen. MERKE: Speziell im Bereich des Strafrechts sind als wichtige Irrtumsarten zu unterscheiden der ⇨ Tatbestandsirrtum (§ 16

StGB), der ⇨ Verbotsirrtum (§ 17 StGB) sowie der (gesetzlich nicht geregelte) ⇨ Erlaubnistatbestandsirrtum.

IT-Grundrecht: Ein vom BVerfG entwickeltes ungeschriebenes Grundrecht des Bürgers, das die Vertraulichkeit und Integrität informationstechnischer Systeme gewährleistet, zu denen z. B. Smartphones, Computer und Tablets gehören. Dieses IT-Grundrecht ist zwar nicht ausdrücklich im GG normiert, kann aber nach Ansicht des BVerfG im Wege der Verfassungsinterpretation aus Art. 2 I i. V. m. Art. 1 I GG hergeleitet werden (grundlegend: BVerfGE 120, 274, 302 ff.). Das IT-Grundrecht verhindert, dass der Staat nach Willkür und Belieben private informationstechnische Systeme durch Maßnahmen wie etwa die sog. ⇨ „Online-Durchsuchung" heimlich infiltriert und ausforscht. Es handelt sich bei diesem neuen Abwehrrecht um eine besondere Ausprägung des Grundrechts auf freie Entfaltung der Persönlichkeit („allgemeine Handlungsfreiheit"). Durch diese Konkretisierung wird der Bedeutung der heutzutage umfänglichen privaten Nutzung informationstechnischer Systeme für die Persönlichkeitsentfaltung angemessen Rechnung getragen. Das neue IT-Grundrecht wird im Hinblick auf seine Bedeutung von manchen mit dem Recht auf Unverletzlichkeit der ⇨ Wohnung verglichen.

Jugendlicher: Im Rahmen der Strafverfolgung ist ein Jugendlicher nach der in § 1 II JGG enthaltenen ⇨ Legaldefinition jede Person, welche zur Zeit der Tat mindestens 14, aber noch nicht 18 Jahre alt ist. Anders formuliert: Als Jugendliche gelten die 14- bis 17-Jährigen.
MERKE: Ein jugendlicher Täter ist nicht automatisch strafrechtlich verantwortlich, sondern nur dann, wenn er zur Tatzeit nach seiner sittlichen und geistigen Entwicklung reif genug war, das Unrecht der Tat einzusehen und nach dieser Einsicht zu handeln (§ 3 S. 1 JGG). Ob dies der Fall ist, muss notfalls durch Einschaltung der Jugend- und Gerichtshilfe oder mithilfe von Sachverständigen geklärt werden.

Jugendsachen: Jugendsachen i. S. d. PDV 382 (Bearbeitung von Jugendsachen) sind – entgegen der etwas missverständlichen Bezeichnung der Vorschrift – alle Strafsachen, die sich gegen Jugendliche *oder Kinder* richten.

Jugendstrafe: Die gesetzliche Bezeichnung für die wegen einer Jugendstraftat verhängten Freiheitsstrafe, die nicht in einer normalen ⇨ Justizvollzugsanstalt, sondern in einer besonderen Jugendstrafanstalt vollzogen wird (§ 17 I JGG). Dieser sog. „Jugendstrafvollzug“ richtet sich nach den entsprechenden Landesgesetzen der einzelnen Bundesländer. Anders als die im JGG vorgesehenen Erziehungsmaßregeln und Zuchtmittel hat die Jugendstrafe den Rechtscharakter einer echten ⇨ Kriminalstrafe: Die Jugendstrafe ist die Freiheitsstrafe im Jugendstrafrecht. Sie wird verhängt, wenn wegen der schädlichen Neigungen des ⇨ Jugendlichen, die in der Tat hervorgetreten sind, Erziehungsmaßregeln oder Zuchtmittel nicht ausreichen oder wenn wegen der Schwere der Schuld eine Strafe erforderlich ist (§ 17 II JGG). Das Mindestmaß der Jugendstrafe beträgt sechs Monate, das Höchstmaß grundsätzlich fünf Jahre, bei schweren ⇨ Verbrechen jedoch 10 Jahre; die Strafrahmen des allgemeinen Strafrechts gelten nicht (§ 18 I JGG). Die Strafe ist so zu bemessen, dass die erforderliche erzieherische Einwirkung möglich ist (§ 18 II JGG). Wie bei der Erwachsenenfreiheitsstrafe besteht auch bei der Jugendstrafe die Möglichkeit einer Strafaussetzung zur Bewährung bereits im Urteil, mit der Folge, dass die Strafe vorerst nicht vollzogen wird (§§ 21 ff. JGG). Ebenso ist die Aussetzung des Straf*rests* zur Bewährung nach Verbüßung eines Teils der Jugendstrafe möglich, wenn dies im Hinblick auf die Entwicklung des Jugendlichen, auch unter Berücksichtigung des Sicherheitsinteresses der Allgemeinheit, verantwortet werden kann. In der Regel ist eine solche Strafrestaussetzung zur Bewährung erst nach Ablauf von sechs Monaten möglich; bei Strafen von mehr als einem Jahr nach Verbüßung eines Drittels der Strafe (§ 88 JGG).
MERKE: Wird ein ⇨ Heranwachsender nach Jugendstrafrecht verurteilt, so kommt die Verhängung einer Jugendstrafe unter den in § 105 I JGG genannten Voraussetzungen in Betracht.

Das Höchstmaß der Jugendstrafe beträgt in einem solchen Falle grundsätzlich 10 Jahre (§ 105 III 1 JGG). Handelt es sich allerdings bei der begangenen Tat um Mord und reicht das grundsätzliche Höchstmaß von 10 Jahren wegen der besonderen Schwere der Schuld nicht aus, so beträgt das Höchstmaß ausnahmsweise 15 Jahre (§ 105 III 2 JGG).

Justizvollzugsanstalt: Gemäß § 139 StVollzG die gesetzliche Bezeichnung für diejenigen Anstalten der Landesjustizverwaltungen, in denen die Freiheitsstrafe sowie die Unterbringung in der Sicherungsverwahrung vollzogen werden, soweit die genannten Sanktionen nach Erwachsenenstrafrecht verhängt worden sind. Die in der Praxis übliche Abkürzung für Justizvollzugsanstalt lautet JVA. Die Unterbringung in der Sicherungsverwahrung hat getrennt von der Strafhaft zu erfolgen, d. h. entweder in eigens dafür eingerichteten Anstalten oder in besonders gesicherten Abteilungen innerhalb einer JVA (§ 140 I StVollzG). Teilweise wird auch Untersuchungshaft in besonderen Abteilungen der JVA vollzogen, soweit es in einer Region an speziell eingerichteten Untersuchungsgefängnissen fehlt. Die Errichtung, der Betrieb und die Unterhaltung von JVA ist Sache der Bundesländer; „Bundesgefängnisse" – wie sie z. B. in den USA existieren – gibt es in Deutschland nicht. Bundesweit gibt es rund 200 JVA. Zwischen einigen Ländern bestehen Vollzugsgemeinschaften zur besseren Ausnutzung von Kapazitäten. Die gesetzliche Grundlage für die Rechte und Pflichten der Strafgefangenen und sonstigen Vollzugsinsassen sowie für Leistungspflichten und Eingriffsbefugnisse der zuständigen Strafvollzugsbehörden bildete ursprünglich das StVollzG des Bundes. Aufgrund der im Jahre 2006 erfolgten Föderalismusreform besitzen die Bundesländer allerdings seit dem 1.1.2008 selbst die fakultative Gesetzgebungszuständigkeit für das Strafvollzugsrecht und haben dementsprechend sukzessive eigene Landesstrafvollzugsgesetze erlassen. Deshalb kommt in den Ländern das StVollzG des Bundes allenfalls noch lückenschließend zur Anwendung, soweit sich das betreffende Landesgesetz als unvollständig erweist.

MERKE: Der Vollzug von ⇨ Jugendstrafen – also von Freiheitsstrafen, die nach Jugendstrafrecht verhängt worden sind – erfolgt nicht in einer JVA, sondern in besonderen Jugendstrafanstalten; der sog. „Jugendarrest“ wird in besonderen Jugendarrestanstalten verbüßt. Die ⇨ Abschiebungshaft ist nach der in § 62a I 1 AufenthG enthaltenen Regelung grundsätzlich in speziellen Hafteinrichtungen zu vollziehen, die in der Praxis Abschiebehafteinrichtungen (AHE) genannt werden. Nur ausnahmsweise darf Abschiebungshaft unter den in § 62a I 2 AufenthG genannten Voraussetzungen in einer JVA oder einer sonstigen Haftanstalt vollzogen werden.

Kausalität: 1. Im Bereich des Strafrechts der notwendige Ursachenzusammenhang zwischen Tathandlung und Taterfolg, der nach der sog. *Äquivalenztheorie* immer dann zu bejahen ist, wenn die Tathandlung eine *nicht hinwegdenkbare Bedingung* („conditio sine qua non“) für den Eintritt des Taterfolges bildet. Ob dies der Fall ist, muss anhand einer hypothetischen Betrachtung unter Berücksichtigung des vorhandenen Erfahrungswissens ermittelt werden: Es ist die Frage zu stellen, ob der verbotene Erfolg auch dann eingetreten wäre, wenn der Täter nicht oder anders oder zu einem anderen Zeitpunkt gehandelt hätte. Im speziellen Rahmen eines Unterlassungsdelikts ist die Kausalitätsprüfung mithilfe einer etwas abweichenden Formel zu prüfen. Hier ist nämlich zu fragen, ob das rechtlich erwartete Verhalten (z. B. die Hilfeleistung) *hinzugedacht* werden kann, ohne dass der schädliche Erfolg entfiele. Bejahendenfalls würde es an dem notwendigen Ursachenzusammenhang fehlen.

2. Im Bereich des Zivilrechts bezeichnet Kausalität ebenfalls den notwendigen Ursachenzusammenhang zwischen einem bestimmten Verhalten und dem daraus resultierenden Erfolg. Dieser Ursachenzusammenhang wird jedoch etwas anders festgestellt als im Strafrecht. Nach der im Zivilrecht überwiegend vertretenen sog. *Adäquanztheorie* ist Kausalität immer dann zu bejahen, wenn der aufgrund des Verhaltens eingetretene Erfolg sich unter Berücksichtigung der Lebenserfahrung als *wahrscheinliche* Folge des

Verhaltens darstellt. Nur in diesem Sinne „adäquat kausal" herbeigeführte Folgen gelten demnach im Rahmen des Zivilrechts als „verursacht".

Kernbereich privater Lebensgestaltung: Eine Sphäre der freien Entfaltung der Persönlichkeit, die unantastbar und damit gegen jede Form der staatlichen Überwachung geschützt ist. Das BVerfG hat diesen absoluten Schutzbereich des Einzelnen aus der in Art. 1 I GG garantierten ⇨ Menschenwürde abgeleitet, in einer Reihe von Entscheidungen konkretisiert und insbesondere im Urt. vom 3.3.2004, – 1 BvR 2378/98 = BVerfGE 109, 279 – wie folgt näher bestimmt: *„Zur Entfaltung der Persönlichkeit im Kernbereich privater Lebensgestaltung gehört die Möglichkeit, innere Vorgänge wie Empfindungen und Gefühle sowie Überlegungen, Ansichten und Erlebnisse höchstpersönlicher Art zum Ausdruck zu bringen, und zwar ohne Angst, dass staatliche Stellen dies überwachen. Vom Schutz umfasst sind auch Gefühlsäußerungen, Äußerungen des unbewussten Erlebens sowie Ausdrucksformen der Sexualität."* Wird in den so definierten Schutzbereich – etwa im Rahmen staatlicher Wohnraumüberwachung oder Telekommunikationskontrolle – eingegriffen, dann ist ein solcher Eingriff stets rechtswidrig; im Rahmen der Strafverfolgung wäre ein Beweisverwertungsverbot die unmittelbare Rechtsfolge. Der Gesetzgeber hat aus der Rechtsprechung des BVerfG Konsequenzen gezogen und den verfassungsrechtlich gebotenen Schutz des Kernbereichs privater Lebensgestaltung mittlerweile im einfachen Gesetzesrecht an verschiedenen Stellen ausdrücklich verankert (vgl. z. B. § 100d I–IV StPO).
MERKE: Ob eine bestimmte Information dem Kernbereich privater Lebensgestaltung zuzurechnen ist, hängt nach st. Rspr. des BVerfG davon ab, *„in welcher Intensität sie aus sich heraus die Sphäre anderer oder Belange der Gemeinschaft berührt [...]. Maßgebend sind die Besonderheiten des jeweiligen Einzelfalles [...]. Allerdings gehören nicht zum Kernbereich Äußerungen, die in unmittelbarem Bezug zu konkreten strafbaren Handlungen stehen, wie etwa Angaben über die Planung bevorstehender oder*

Berichte über begangene Straftaten“ (so wörtlich das BVerfG, Beschl. vom 7.12.2011, – 2 BvR 2500/09 und 2 BvR 1857/10 –).

Kinder: Im Rechtssinne bezeichnet man als Kinder alle Personen, die das 14. Lebensjahr noch nicht vollendet haben. Strafrechtlich betrachtet sind Kinder strafunmündig und damit schuldunfähig (§ 19 StGB). Diese ⇨ Strafunmündigkeit ist eine besondere Form der Schuldunfähigkeit. Sie stellt materiellrechtlich einen Schuldausschließungsgrund und strafprozessual ein – unbehebbares – Strafverfolgungshindernis dar. Die zivilrechtliche Haftung von Kindern beginnt grundsätzlich bereits mit Vollendung des 7. Lebensjahres, sofern die erforderliche Zurechnungsfähigkeit im Einzelfall gegeben ist (§ 828 I i. V. m. III BGB). Eine Sonderregelung gilt allerdings für die fahrlässige Herbeiführung von Verkehrsunfällen: Hier beginnt die zivilrechtliche Haftung von Kindern erst mit Vollendung des 10. Lebensjahres (§ 828 II BGB), sofern im Einzelfall die Fähigkeit des Kindes zur Unrechtseinsicht gegeben ist (§ 828 III BGB). Nach der Rechtsprechung soll diese Privilegierung allerdings für Schadensereignisse im Rahmen des ruhenden Verkehrs *nicht* gelten.

Kleiner Waffenschein (KWS): Eine erst 2003 eingeführte spezielle Variante des ⇨ Waffenscheins, die unter erleichterten Voraussetzungen von der zuständigen Erlaubnisbehörde erteilt wird und zum *Führen* von in bestimmter Weise gekennzeichneten Schreckschuss-, Reizstoff- und Signalwaffen berechtigt (§ 10 IV 4 WaffG). Eine Waffe führt im waffenrechtlichen Sinne, wer die tatsächliche Gewalt über sie außerhalb der eigenen Wohnung oder der eigenen Geschäftsräume oder außerhalb des eigenen befriedeten Besitztums oder außerhalb einer Schießstätte ausübt (WaffG Anlage 1 Abschnitt 2 Nr. 4). Der Erwerb und Besitz einer Schreckschuss-, Reizstoff- oder Signalwaffe ist hingegen erlaubnisfrei, sofern das gesetzlich vorgeschriebene Zulassungszeichen – PTB im Kreis – vorhanden ist (WaffG Anlage 2 Abschnitt 2 Unterabschnitt 2 Nr. 1.3). Der Kleine Waffenschein wird ohne Sachkunde-, Bedürfnis- oder Haftpflichtversicherungsnachweis erteilt (WaffG Anlage 2 Abschnitt 2 Unterabschnitt 3 Nr. 2 und Nr. 2.1). Vgl. auch ⇨ SRS-Waffen.

Kollegialgerichts-Richtlinie: Grundsatz, welcher besagt, dass einem Beamten, der eine objektiv rechtswidrige Entscheidung getroffen hat, im Regelfall kein Verschulden zur Last fällt, wenn ein mit mehreren Rechtskundigen besetztes Kollegialgericht im Rahmen der judikativen Überprüfung der Entscheidung die Amtstätigkeit für rechtmäßig erachtet, selbst wenn später ein anderes Gericht zu einer abweichenden Auffassung gelangt. Diese richterrechtlich entwickelte Maxime entspricht der st. Rspr. der Zivil- und Verwaltungsgerichte (vgl. z. B. BGH, VersR 1988, 38; NJW 1998, 751; NJW 1998, 878; OLG Oldenburg, VersR 1991, 206; BVerwG, ZBR 1997, 229). Hinter diesem Grundsatz steht die Überlegung, dass ein Vertreter der Exekutive nicht klüger sein muss als ein ganzes Gremium von rechtskundigen Personen. Nur ausnahmsweise soll ein schuldhaftes Handeln des Beamten trotz einer ihn bestätigenden Kollegialgerichtsentscheidung in Betracht kommen. Dies soll namentlich dann der Fall sein, wenn das Kollegialgericht die Rechtslage nur im einstweiligen Rechtsschutzverfahren summarisch geprüft hat (BGH, NJW 1986, 2954), wenn das Gericht erkennbar von einem falschen Sachverhalt ausgegangen ist (BGH, NVwZ 1987, 258), wenn das Gericht die Rechtslage trotz eindeutiger und klarer Vorschriften verkannt oder eine unmissverständliche Gesetzesbestimmung „handgreiflich falsch" ausgelegt hat oder wenn der verantwortliche Beamte kraft seiner Stellung oder seiner besonderen Einsicht es besser als das Kollegialgericht hätte wissen müssen (VGH BW, NVwZ-RR 1997, 395).
MERKE: Die Annahme fehlenden Verschuldens liegt im Übrigen – d. h. unabhängig von der Kollegialgerichts-Richtline – ebenfalls nahe, wenn ein Einsatzleiter der Polizei unter Einsatzbedingungen über einen rechtlich und tatsächlich schwierigen Sachverhalt unter Zeitdruck zu entscheiden hat und sich seine Entscheidung später nach gründlicher Prüfung der Rechtslage im gerichtlichen Verfahren als im Ergebnis rechtswidrig herausstellt (OLG Nürnberg, NVwZ-RR 1991, 67 = Kr 19991, 375).

Kollektivbeleidigung: ⇨ Beleidigung.

Konkrete Gefahr: Eine Sachlage, bei der im einzelnen Falle die hinreichende Wahrscheinlichkeit besteht, dass in absehbarer Zeit ein Schaden für ein Schutzgut der öffentliche Sicherheit und oder Ordnung eintreten wird (vgl. die in § 2 Nr. 1 NPOG enthaltene ⇨ Legaldefinition). *Im einzelnen Falle* bedeutet dabei, dass die Schadenswahrscheinlichkeit aufgrund der gegebenen Sachlage bereits hier und jetzt feststellbar ist und nicht nur eventuell in der Zukunft einmal eintritt. Die konkrete Gefahr bildet im Polizeialltag den Normalfall; sie wird typischerweise sofort an Ort und Stelle durch den Erlass von Polizeiverfügungen, durch polizeiliches Eigenhandeln oder durch die Beauftragung Dritter bekämpft. Den Gegenbegriff zur konkreten Gefahr bildet die (nur) ⇨ abstrakte Gefahr. Besondere Unterfälle der konkreten Gefahr stellen die ⇨ dringende Gefahr, die ⇨ drohende Gefahr und die ⇨ gegenwärtige Gefahr dar.
MERKE: Die Bundespolizei hat in ihrem besonderen Aufgabenbereich solche konkreten Gefahren zu bekämpfen, die i. S. d. §§ 1–7 BPolG aufgabenspezifisch sind, d. h. die solche Aufgaben betreffen, deren Wahrnehmung gerade der Bundespolizei obliegt (vgl. § 14 II 1 BPolG).

Konkretisierter Tatverdacht: Ein ⇨ Tatverdacht gegen eine Person, der nicht nur vage und unbestimmt ist, sondern der sich bereits in gewisser Weise verfestigt hat. Ein derartiger konkretisierter, gesteigerter oder verdichteter Verdacht kann und muss bejaht werden, wenn bestimmte ⇨ Tatsachen darauf hindeuten, dass jemand nicht nur „nicht ausschließbar“, sondern bereits mit einer gewissen Ernstlichkeit als Täter oder Teilnehmer einer Straftat in Betracht kommt. Ein Tatverdacht auf dieser Verdachtsstufe führt nach st. Rspr. des BGH im Vernehmungsrecht dazu, dass der Betreffende obligatorisch als ⇨ Beschuldigter i. S. d. StPO anzusehen ist und infolgedessen nicht oder nicht mehr als tatverdächtiger Zeuge vernommen werden darf. Der konkretisierte Tatverdacht im vorstehenden Sinne ist stärker als der einfache ⇨ Anfangsverdacht, er muss aber noch nicht den Grad eines ⇨ hinreichenden Tatverdachts oder ⇨ dringenden Tatverdachts erreicht haben.

Konsumtion: Ein Unterfall der ⇨ Gesetzeskonkurrenz, der sowohl bei ⇨ Handlungseinheit als auch bei Handlungsmehrheit in Betracht kommt. Konsumtion ist immer dann gegeben, wenn ein ⇨ Straftatbestand in einem bestimmten anderen Tatbestand zwar nicht formal enthalten ist, er aber regelmäßig und typischerweise mit der Begehung des anderen – gewichtigeren – Delikts zusammentrifft, sodass sein Unrechts- und Schuldgehalt durch die Bestrafung wegen des anderen Delikts mit abgegolten ist. So konsumiert z. B. der Einbruchsdiebstahl als besonders schwerer Fall des Diebstahls (§§ 242, 243 I Nr. 1, 244 I Nr. 3 StGB) nach h. M. in aller Regel den meist mit verwirklichten Hausfriedensbruch (§ 123 StGB) sowie eine gleichzeitig begangene Sachbeschädigung (§ 303 StGB), mit der Folge, dass unter Verdrängung der §§ 123, 303 StGB nur wegen §§ 242, 243 StGB angeklagt und bestraft wird. Ebenso liegt beim Überfall auf einen Menschen, der sich rechtlich meist als Raub bzw. räuberische Erpressung darstellt, regelmäßig auch eine Freiheitsberaubung vor, der jedoch – weil typisches Begleitdelikt – nach h. M. neben dem Raubdelikt keine selbstständige Bedeutung beizumessen ist. Bei Vorliegen einer Handlungsmehrheit spricht man in der Regel nicht unmittelbar von Konsumtion, sondern von *mitbestrafter Vortat* bzw. *mitbestrafter Nachtat*. Diese Rechtsfiguren beruhen letztlich entweder auf dem Gedanken der Konsumtion oder unter Umständen auf dem Gedanken der ⇨ Subsidiarität.

Kontakt- oder Begleitperson: 1. Nach der in § 2 Nr. 17 NPOG enthaltenen ⇨ Legaldefinition eine Person, die mit einer anderen Person, von der Tatsachen die Annahme rechtfertigen, dass diese eine Straftat begehen wird, in einer Weise in Verbindung steht, die erwarten lässt, dass durch sie Hinweise über die angenommene Straftat gewonnen werden können, weil Tatsachen die Annahme rechtfertigen, dass die Person von der Planung oder Vorbereitung der Tat, von der Verwertung der Tatvorteile oder von einer Vorbereitungshandlung Kenntnis hat oder daran wissentlich oder unwissentlich mitwirkt. Gemäß § 1 VI des Hamburgischen Gesetzes über die Datenverarbeitung der Polizei sind Kontakt- oder Begleitpersonen im Sinne dieses Gesetzes solche Personen, die mit einer Person, von der tatsächliche Anhaltspunkte die Annahme rechtfertigen, dass diese Person Straftaten begehen wird, in einer Weise in Verbindung stehen, welche die Erhebung ihrer ⇨ personenbezogenen Daten zur vorbeugenden Bekämpfung dieser Straftaten erfordert. Nach § 3 II 1 ATDG können Kontaktpersonen insbesondere solche Personen sein, bei denen tatsächliche Anhaltspunkte vorliegen, dass sie mit terrorverdächtigen oder gewaltbereiten Personen nicht nur flüchtig oder in zufälligem Kontakt in Verbindung stehen und durch sie weiterführende Hinweise für die Aufklärung oder Bekämpfung des internationalen Terrorismus zu erwarten sind. Andere Sicherheitsgesetze des Bundes oder der Länder enthalten vergleichbare Begriffsbestimmungen. Gemeinsamer Kern der vorstehenden Legaldefinitionen ist, dass es um Personen geht, die zu einer anderen, straftatgeneigten oder straftatverdächtigen Person, ggf. auch zu einem Beschuldigten oder Verurteilten (vgl. § 19 I 1 Nr. 3 i. V. m. § 18 I 1 Nr. 1 bis Nr. 3 BKAG) in einer persönlichen oder geschäftlichen oder ähnlichen Beziehung stehen und bei denen tatsachengestützt vermutet werden darf, dass über ihre Inanspruchnahme Erkenntnisse über die eigentliche Zielperson gewonnen werden können, die dann im Rahmen der Straftatenverhütung oder Strafverfolgungsvorsorge oder Strafverfolgung nützlich sind. Dies kann insbesondere zutreffen auf Angehörige, Geschäftspartner oder auch Kinder, die als Drogenkuriere eingesetzt werden. In der Konsequenz erlaubt das Gesetz (vgl. z. B. §§ 38 II Nr. 3, 40 I 2 SächsPolG) bestimmte Maßnahmen auch gegen die Kontakt- oder Begleitperson, wie z. B. Erhebung und Speicherung personenbezogener Daten, polizeiliche Beobachtung, Verwendung von ⇨ besonderen technischen Mitteln zur Anfertigung von Bildaufnahmen oder Tonaufzeichnungen, Einsatz einer ⇨ Vertrauensperson etc. Im Falle eines Dateneingriffs gilt die Kontakt- oder Begleitperson

als Betroffener i. S. d. datenschutzrechtlichen Bestimmungen, sodass unter Umständen eine Benachrichtigungspflicht besteht.
2. Eine Kontaktperson im speziellen Sinne des § 34a EGGVG ist ein Rechtsanwalt (nicht aber der Strafverteidiger), der einem Gefangenen, der von einer sog. „Kontaktsperre" betroffen ist (vgl. § 31 EGGVG), auf Antrag beigeordnet wird, um diesen rechtlich zu betreuen.

Kontrolle: Im polizeitaktischen wie rechtlichen Sinne die zusammenfassende Bezeichnung für die allgemeine oder gezielte Überprüfung von Personen, Fahrzeugen oder sonstigen Sachen aus Gründen der Gefahrenabwehr oder Strafverfolgung unter Einschluss der Strafvollstreckung.

Kontrolle des grenzüberschreitenden Verkehrs: ⇨ Polizeiliche Kontrolle des grenzüberschreitenden Verkehrs.

Kontrollstelle: Die allgemeine Bezeichnung für eine festgelegte Örtlichkeit, an welcher die Polizei Personen, Fahrzeuge oder andere Sachen überprüft. Dieser *taktische* Kontrollstellenbegriff ist rechtlich betrachtet neutral: Welche polizeiliche Zuständigkeit dem Einrichten und Betreiben der jeweiligen Kontrollstelle zugrunde liegt und welche Befugnisnormen dort zur Anwendung kommen können, hängt letztlich von der konkreten Situation ab, insbesondere von den im Einzelfall verfolgten polizeilichen Zielen. Zu denjenigen Kontrollstellen, für die sich eine bestimmte Bezeichnung eingebürgert hat, gehören namentlich die ⇨ Grenzkontrollstelle, die ⇨ repressive Kontrollstelle sowie die ⇨ Verkehrskontrollstelle.

Körperliche Gewalt: Im Rahmen des polizeilichen Zwangsrechts versteht man unter körperlicher Gewalt jede unmittelbare körperliche Einwirkung auf Personen oder Sachen (vgl. die Leitbildvorschrift des § 36 II ME PolG, der die Polizeigesetze von Bund und Ländern durchgängig nachgebildet sind, vgl. z. B. für das Bundesrecht § 2 II UZwG). Gemeint sind dabei aber nur solche Einwirkungen, die ohne Zuhilfenahme von ⇨ Hilfsmitteln körperlicher Gewalt oder von ⇨ Waffen erfolgen (arg. e § 36 III, IV ME PolG etc.). Man spricht deshalb aus Klarstellungsgründen häufig auch von „einfacher" körperlicher Gewalt. Diese stellt im Rahmen der Anwendung ⇨ unmittelbaren Zwangs die mildeste Zwangsstufe dar.

Körperliche Misshandlung: Eine körperliche Misshandlung i. S. d. § 223 I 1. Alt. StGB ist jede üble, unangemessene Behandlung eines anderen Menschen, die dessen körperliche Unversehrtheit oder sein körperliches Wohlbefinden nicht nur unerheblich beeinträchtigt. Beispiele: Schläge, Ohrfeigen, Fausthiebe, Kopfstöße oder Fußtritte. Eine körperliche Misshandlung in diesem Sinne kann sich mit einer ⇨ Gesundheitsschädigung i. S. d. § 223 I 2. Alt. StGB im Einzelfall überschneiden.

Körperscanner: ⇨ Sicherheitsscanner.

Körperverletzung: ⇨ Körperliche Misshandlung, ⇨ Gesundheitsschädigung.

Kosten: Nach der in § 3 III 1 BGebG enthaltenen ⇨ Legaldefinition sind Kosten i. S. d. Gesetzes solche, die nach betriebswirtschaftlichen Grundsätzen als Einzel- und Gemeinkosten ersatzfähig sind, insbesondere Personal- und Sachkosten sowie kalkulatorische Kosten. Zu den Gemeinkosten zählen nach § 3 III 2 BGebG auch die Kosten der Rechtsaufsicht bzw. Fachaufsicht. Kosten im vorstehenden Sinne sind entweder ⇨ Gebühren oder ⇨ Auslagen.

Kraftfahrzeuge: 1. I. S. d. § 248b StGB sind Kraftfahrzeuge alle Fahrzeuge, die durch Maschinenkraft bewegt werden, Landfahrzeuge allerdings nur insoweit, als sie nicht an Bahngleise gebunden werden (so die ⇨ Legaldefinition in § 248b IV StGB). Erfasst werden also insbesondere Autos, Motorräder, Hubschrauber sowie motorgetriebene Flugzeuge und Schiffe, nicht hingegen Eisen- oder Straßenbahnen.

2. I. S. d. Straßenverkehrsgesetzes sind Kraftfahrzeuge alle Landfahrzeuge, die durch Maschinenkraft bewegt werden, ohne an Bahngleise gebunden zu sein (so die in § 1 II StVG enthaltene Legaldefinition). Diese Begriffsbestimmung ist enger als die in § 248b IV StGB enthaltene, weil sie sich ausschließlich auf – nicht gleisgebundene – *Land*fahrzeuge erstreckt und somit Luftfahrzeuge und Schiffe von vornherein ausgrenzt. Nach h. M. soll dieser vergleichsweise enge Kraftfahrzeugbegriff auch im Rahmen des § 69 StGB Geltung beanspruchen. Das Gleiche gilt für § 316a StGB, was sich in diesem Zusammenhang bereits aus dem zusätzlichen Tatbestandsmerkmal „unter Ausnutzung der besonderen Verhältnisse des Straßenverkehrs" folgern lässt. Als Kraftfahrzeuge im straßenverkehrsrechtlichen Sinne gelten auch die in Deutschland seit Sommer 2019 zugelassenen ⇨ E-Scooter (Elektro-Roller).
3. Kraftfahrzeuge der Polizei, der Bundeswehr, der Feuerwehr, des Katastrophenschutzes oder eines Rettungsdienstes i. S. d. § 305a I Nr. 3 StGB sind alle nicht an Gleise gebundenen Fahrzeuge, die durch Maschinenkraft bewegt werden, also nicht nur Landfahrzeuge, sondern auch Hubschrauber sowie alle motorgetriebenen Flugzeuge, Schiffe und Boote. Dies lässt sich aus einer entsprechenden Anwendung der in § 248b IV StGB enthaltenen ⇨Legaldefinition folgern, die im Rahmen des § 305a I Nr. 3 entsprechend anwendbar erscheint. Die eigentumsrechtliche Zuordnung der betreffenden Kraftfahrzeuge spielt keine Rolle, sodass z. B. auch geleaste Fahrzeuge der Polizei etc. geschützt sind.
MERKE: Ursprünglich waren gesetzlich nur geschützt die Kraftfahrzeuge der Polizei und der Bundeswehr, und zwar in § 305a I Nr. 2 StGB a. F. Mit Wirkung zum 5.11.2011 ist diese Regelung verschoben worden in den § 305a I Nr. 3 StGB n. F. Gleichzeitig wurde der Kreis der geschützten Tatobjekte erweitert auf Kraftfahrzeuge auch der Feuerwehr, des Katastrophenschutzes und von Rettungsdiensten. Zu den Einzelheiten vgl. Art. 1 des Vierundvierzigsten Gesetzes zur Änderung des Strafgesetzbuches – Widerstand gegen Vollstreckungsbeamte – vom 1.11.2011 (BGBl. I 2011, 2130).

Kriminalstrafen: Die zusammenfassende Bezeichnung für die im materiellen Strafrecht vorgesehenen Sanktionen, die im Gegensatz zu den ⇨ Maßregeln der Besserung und Sicherung als gezielte Übelszufügung durch den Staat gemeint sind und die dem gerechten Ausgleich von Unrecht und Schuld dienen sollen. Das gegenwärtige Strafrecht kennt als Hauptstrafen zum einen die *Freiheitsstrafe* (§§ 38, 39 StGB) und zum anderen die *Geldstrafe* (§§ 40 ff. StGB) sowie – als sog. „Nebenstrafe" – das strafgerichtlich verhängte ⇨ *Fahrverbot* (§ 44 StGB). Die sog. ⇨ *Ersatzfreiheitsstrafe* (§ 43 StGB) tritt ggf. an die Stelle einer uneinbringlichen Geldstrafe, was ihr eine Sonderstellung einräumt. *Jugendstrafe* nennt man speziell die nach Jugendstrafrecht gegen einen Jugendlichen oder Heranwachsenden verhängte Freiheitsstrafe (§§ 17 ff. JGG). Die 1992 eingeführte sog. *„Vermögensstrafe"* als dritte Hauptstrafe (vgl. § 43a StGB a. F.) wurde später durch das BVerfG wegen mangelnder Bestimmtheit für nichtig erklärt (Urt. vom 20.3.2002, – 2 BvR 794/95 = BGBl. II 2002, 1340 –). Zu einer zunächst angestrebten verfassungskonformen Neuregelung durch den Bundesgesetzgeber kam es letztlich nicht. Mit Wirkung zum 1.7.2017 wurde § 43a StGB deshalb endgültig aufgehoben (vgl. Art. 1 Nr. 5 und Nr. 6 des Gesetzes zur Reform der strafrechtlichen Vermögensabschöpfung vom 13.4.2017 = BGBl. I 2017, 872).
MERKE: Bei der Bemessung einer Kriminalstrafe sind die in den §§ 46 ff. StGB festgelegten Grundsätze zu beachten. Bei Anwendung von Jugendstrafrecht sind vorrangig die in den §§ 2, 18 II JGG normierten Vorgaben zu berücksichtigen. Die Verhängung einer Kriminalstrafe im Rahmen eines Strafverfahrens ist stets mit einem entsprechenden gesellschaftlichen Unwerturteil verbunden, im Gegensatz zur Auferlegung einer bloßen ⇨ Geldbuße, die lediglich als Pflichtenmahnung für begangenes Verwaltungsunrecht dient und als Sanktion im Bußgeldverfahren verhängt werden kann.

Kriminelle Vereinigung: ⇨ Bandenmäßig.

Kronzeuge: Die in der Strafverfolgungspraxis übliche Kurzbezeichnung für einen ⇨ Beschuldigten, der sein Wissen über bereits begangene oder geplante ⇨ Straftaten den Verfolgungs- bzw. Sicherheitsbehörden freiwillig offenbart, mit dem Ziel, für diese Kooperation im Gegenzug eine gewisse Strafmilderung oder unter Umständen sogar Straffreiheit zu erlangen. Der Begriff des Kronzeugen stammt ursprünglich aus dem angelsächsischen Rechtskreis und wurde zeitweilig (von 1989 bis 1999) auch im deutschen Strafverfahrensrecht verwendet. Im aktuellen Gesetzesrecht taucht der Begriff als solcher nicht mehr auf. Es gibt aber gleichwohl eine Reihe von Vorschriften, die in der Sache den Rückgriff auf Kronzeugen im vorstehenden Sinne erlauben und näher regeln. Eine allgemein anwendbare sog. „Kronzeugenregelung“ enthält (seit 2009) der § 46b StGB. Spezielle oder „kleine“ Kronzeugenregelungen mit beschränktem Anwendungsbereich finden sich in den §§ 129 VI, 129a VII StGB, 31 BtMG. MERKE: Eine verwandte Regelung enthält § 25 IVa AufenthG in Ansehung von vollziehbar ausreisepflichtigen ⇨ Ausländern, die in einem laufenden Strafverfahren als ⇨ Zeuge benötigt werden und deshalb unter bestimmten Voraussetzungen eine ⇨ Aufenthaltserlaubnis erhalten können.

Kurzaufenthalt: Nach der in § 1 II AufenthV enthaltenen ⇨ Legaldefinition ein Aufenthalt im gemeinsamen Gebiet der Schengen-Staaten von höchstens drei Monaten innerhalb einer Frist von sechs Monaten von dem Tag der ersten Einreise an.

Kurzfristige Observation: ⇨ Observation.

Lagebild: ⇨ Lageerkenntnisse.

Lageerkenntnisse: Diejenigen Einsichten oder Feststellungen, die sich aus einer bestimmten Lage ableiten lassen. Dabei versteht man unter einer Lage im polizeilichen Sinne die Gesamtheit aller Umstände, Gegebenheiten und Entwicklungen, die das polizeiliche Handeln bestimmen und beeinflussen. Der unbestimmte

Rechtsbegriff „Lageerkenntnisse“ deckt sich damit weitgehend mit dem polizeifachlichen Begriff des Lagebildes: Ein Lagebild ist die Gesamtheit der zu einem bestimmten Zeitpunkt zusammengeführten polizeilich bedeutsamen Erkenntnisse.
MERKE: Lageerkenntnisse sind Voraussetzung für die Zulässigkeit von sog. lagebildabhängigen ⇨ Kontrollen der Bundespolizei in Zügen und auf dem ⇨ Gebiet der Bahnanlagen gemäß § 22 Ia 1. Alt. BPolG. Maßgeblich sind dabei sowohl die örtlichen Lagebilder der Bundespolizeidirektionen als auch die übergeordneten Lagebilder des Bundespolizeipräsidiums. Weisen entsprechende Lageerkenntnisse oder alternativ ⇨ grenzpolizeiliche Erfahrungen darauf hin, dass bestimmte Züge oder aber Gebiete, auf denen sich Bahnanlagen befinden, zur unerlaubten Einreise genutzt werden, dann gilt die genannte Befugnisnorm auch auf den betroffenen Bahnstrecken oder Bahnhöfen *im Inland* (also außerhalb des Grenzraums). Maßnahmen gemäß § 22 Ia 1. Alt. BPolG können also nicht automatisch in *jedem* Zug oder auf *jedem* Binnenbahnhof durchgeführt werden. Fehlt es an entsprechenden Lageerkenntnissen bzw. grenzpolizeilichen Erfahrungen, dann entfällt die Möglichkeit zur Durchführung der im Gesetz aufgeführten lagebildabhängigen Kontrollen. Diese Rechtslage trägt dem verfassungsrechtlich normierten ⇨ Bestimmtheitsgrundsatz und dem aus dem Rechtsstaatsprinzip abgeleiteten Grundsatz der Berechenbarkeit staatlichen Handelns Rechnung. Allein die ⇨ Tatsache, dass auf manchen Bahnstrecken oder Binnenbahnhöfen *vereinzelt* Personen festgestellt wurden, die unerlaubt in die Bundesrepublik Deutschland eingereist sind, begründet noch keine Lageerkenntnis dahingehend, dass die betreffenden Züge bzw. der betreffende Bahnhof systematisch, d. h. regelmäßig oder doch gehäuft zur unerlaubten Einreise genutzt wird. Lageerkenntnisse bzw. grenzpolizeiliche Erfahrungen i. S. d. § 22 Ia 1. Alt. BPolG liegen nur dann vor, wenn feststeht oder zumindest geschlussfolgert werden kann, dass bestimmte Züge oder Bahnhöfe typischerweise für unerlaubte Einreisen genutzt werden. Beispiele: Erkannte konstante Reisewege oder erkannte ständige Abholstellen. In Bezug auf Verkehrsflughä-

fen mit grenzüberschreitendem Verkehr erlaubt § 22 Ia 2. Alt. BPolG die dort genannten Maßnahmen *ohne Bindung* an irgendwelche Lageerkenntnisse bzw. grenzpolizeiliche Erfahrungen. In diesem Zusammenhang handelt es sich also tatsächlich um echte verdachts- und ereignisunabhängige Kontrollen im Sinne der ⇨ Schleierfahndung.

Landseite: Nach der in Art. 3 XII der VO (EG) Nr. 300/ 2008 enthaltenen ⇨ Legaldefinition der Bereich eines ⇨ Flughafens, angrenzendes Gelände und angrenzende Gebäude bzw. Teile davon, bei denen es sich nicht um die ⇨ Luftseite handelt. Zur Landseite gehören damit insbesondere alle öffentlich zugänglichen Bereiche.

Langfristige Observation: ⇨ Observation.

Lebensgefährliche Behandlung: I. S. d. § 224 I Nr. 5 StGB liegt eine das Leben gefährdende Behandlung bereits dann vor, wenn nach den Tatumständen der Eintritt einer konkreten Lebensgefahr für das Opfer der ⇨ Körperverletzung möglich war. Ob eine solche Gefahr tatsächlich eingetreten ist, spielt keine Rolle. Beispiele: Würgen oder Untertauchen des Opfers bis zur Bewusstlosigkeit, den Kopf des Opfers gegen eine Wand schlagen, heftige Tritte gegen den Kopf des wehrlosen Opfers.

Legaldefinition: Eine durch Rechtsvorschrift vom Normgeber vorgegebene Begriffsbestimmung, welche den Rechtsanwender im Rahmen der Rechtsanwendung inhaltlich bindet. Solche Legaldefinitionen finden sich sowohl im Bereich der echten Rechtsnormen (Verfassung, förmliches Gesetz, Rechtsverordnung etc.) als auch auf der sekundären Ebene des administrativen Innenrechts, also im Bereich der ⇨ Verwaltungsvorschriften (Richtlinien, Runderlasse, Dienstvorschriften etc.). Derartige verbindliche Begriffsvorgaben sollen letztlich die Rechtsanwendung lenken, vereinfachen und vereinheitlichen. Gerade im polizeilichen Einsatzrecht spielen Legaldefinitionen in vielen Zusammenhän-

gen eine beachtliche Rolle (vgl. z. B. § 11 StGB, § 14 II BPolG, § 3 SOG LSA, § 157 StPO, Art. 1 SDÜ, Art. 2 SGK).
MERKE: Dabei kommt es in manchen Zusammenhängen auch zu Festlegungen, die eher überraschend wirken. So ist z. B. nach § 11 I Nr. 7 StGB „Behörde" im Sinne des Strafgesetzbuches „auch ein Gericht". Hat eine Paragrafenüberschrift im Einzelfall amtlichen Charakter, so kann sich daraus mittelbar eine Legaldefinition ergeben. Aus dieser Erkenntnis folgt etwa, dass § 19 StGB nicht nur die Frage der Strafmündigkeit regelt, sondern über seine Überschrift zugleich auch den Begriff „Kind" für das Strafrecht legaldefiniert.

Legalitätsprinzip: Im Strafprozessrecht der wichtige Grundsatz, dass die Staatsanwaltschaft, soweit nicht gesetzlich ein anderes bestimmt ist, bei „zureichenden tatsächlichen Anhaltspunkten" für das Vorliegen einer verfolgbaren Straftat verpflichtet ist, die Ermittlungen aufzunehmen und nach Abschluss der Ermittlungen bei „genügendem Anlass" die Anklage gegen den ⇨ Beschuldigten zu erheben (vgl. §§ 152 II, 160, 170 I StPO). Auf dem Umweg über die §§ 161, 163 StPO richtet sich das Legalitätsprinzip letztlich – teils mittelbar, teils unmittelbar – auch an die Polizei, soweit es um die gesetzliche Verpflichtung zur Aufnahme von Ermittlungen bei Vorliegen eines ⇨ Anfangsverdachts geht. Das Anklagemonopol allerdings liegt allein bei der Staatsanwaltschaft. Im Wesentlichen beruht das Legalitätsprinzip auf dem verfassungsrechtlich verankerten Gleichbehandlungsgrundsatz. Strafrechtlich abgesichert ist es über den ⇨ Straftatbestand der Strafvereitelung bzw. der Strafvereitelung im Amt (§§ 258, 258a StGB). Wenn ein ⇨ Verdeckter Ermittler – grundsätzlich mit Zustimmung der Staatsanwaltschaft – vorübergehend gegen erkannte ⇨ Straftaten nicht einschreitet, sondern nur beobachtet, weil dies zur Erforschung wesentlich schwererer Straftaten erforderlich erscheint, so ist dies legitim: Weder liegt darin ein Verstoß gegen das ⇨ Legalitätsprinzip noch macht sich der Beamte wegen Strafvereitelung im Amt durch Unterlassen strafbar (BGH, Urt. vom 22.12.2020, – 1 StR 165/19 –).

MERKE: Nur ausnahmsweise wird das Legalitätsprinzip im Strafverfahren durchbrochen und durch das ⇨ Opportunitätsprinzip ersetzt. Auch die Möglichkeit der Staatsanwaltschaft, die amtswegige Verfolgung eines ⇨ Privatklagedelikts bei fehlendem ⇨ öffentlichem Verfolgungsinteresse unter Verweisung des Verletzten auf den Privatklageweg einzustellen, stellt eine Durchbrechung des strafprozessualen Legalitätsprinzips dar (§§ 374, 376 StPO; vgl. ferner RiStBV Nr. 86, 87, 172, 229 ff.). Außerdem bedingt die Existenz der sog. „Antragsdelikte" eine gewisse Relativierung des Legalitätsprinzips. Nur scheinbar wird das Legalitätsprinzip in den Fällen des sog. ⇨ „faktischen Opportunitätsprinzips" durchbrochen.

Legende: ⇨ Verdeckter Ermittler.

Leichenöffnung: Die innere und gründliche Untersuchung eines menschlichen Leichnams, die nur aufgrund behördlicher Entscheidung (z. B. nach dem IfSG) oder nach gerichtlicher bzw. – im Eilfall – staatsanwaltschaftlicher Anordnung (§ 87 IV 1 StPO) oder aber auf besonderen Wunsch oder mit Zustimmung der verantwortlichen Hinterbliebenen durchgeführt wird. Die Leichenöffnung wird auch als „äußere" Leichenschau, Autopsie, Obduktion oder Sektion bezeichnet. Sie ist regelmäßig gerichtet auf die Feststellung der Todesart (natürlicher oder unnatürlicher Tod?), der Todesursache und ggf. des genauen Todeszeitpunkts.
MERKE: Die Voraussetzungen sowie die Durchführung einer sog. „klinischen Leichenöffnung" sind in den Sektionsgesetzen der Bundesländer geregelt. Für eine strafprozessuale Leichenöffnung im Rahmen eines sog. ⇨ „Todesermittlungsverfahrens" oder im Falle eines bereits laufenden Ermittlungsverfahrens gelten die vorrangigen und ausführlichen Regelungen in den §§ 87 II-IV, 88-91 StPO i. V. m. den in RiStBV Nr. 33 ff. enthaltenen Vorschriften.

Leichenschau: Im engen Sinne die gesetzlich vorgeschriebene Untersuchung einer menschlichen Leiche, die im Wege einer Besichtigung der äußerlichen Beschaffenheit des Leichnams erfolgt

und die jedenfalls grundsätzlich durch einen Arzt vorzunehmen ist. Diese „äußere" Leichenschau dient der Feststellung des Todes, des Todeszeitpunkts, der Todesart und der Todesursache. Dabei ist bezüglich der Todesart zu unterscheiden zwischen natürlichem und ⇨ unnatürlichem Tod. Die rechtliche Grundlage für die Leichenschau bilden primär die Bestattungsgesetze der Bundesländer. Danach ist für die Durchführung der Leichenschau ein ⇨ Arzt zuständig, z. B. der Hausarzt, der behandelnde Arzt, der Notarzt oder der Amtsarzt. Im Sonderfall einer geplanten Feuerbestattung ist üblicherweise eine zweite Leichenschau gesetzlich vorgeschrieben. Die Durchführung einer ordnungsgemäßen Leichenschau ist die Voraussetzung für die Ausstellung der Todesbescheinigung bzw. des Leichenschauscheines; ihr Ergebnis (natürlicher oder unnatürlicher Tod?) entscheidet über den weiteren Ablauf. Sofern die Leichenschau nicht aufgrund der Umstände des Einzelfalles ohnehin umgehend erfolgt, besteht für denjenigen Hinterbliebenen, dem die Totenfürsorge obliegt, die Rechtspflicht, eine Leichenschau umgehend nach dem Sterbefall und vor der Bestattung zu veranlassen.
MERKE: Speziell im Rahmen eines ⇨ Todesermittlungsverfahren nach § 159 I StPO oder im Falle eines bereits laufenden Ermittlungsverfahrens wäre in Abweichung von der normalen Rechtslage vorrangig § 87 I StPO heranzuziehen, der durch die in RiStBV Nr. 33 ff. enthaltenen Vorschriften ergänzt wird. Danach besteht die Besonderheit, dass diese strafprozessuale Leichenschau von der ⇨ Staatsanwaltschaft, auf deren Antrag auch von einem Richter vorzunehmen ist, (nur) im Regelfall unter Hinzuziehung eines Arztes (§ 87 I 1 StPO). Die Hinzuziehung eines Arztes darf unterbleiben, wenn sie zur Aufklärung des Sachverhalts offensichtlich entbehrlich ist (§ 87 I 2 StPO). Zu unterscheiden ist diese Leichenschau i. e. S. von der weitergehenden ⇨ Leichenöffnung, die auch als „innere" Leichenschau bezeichnet wird).

Leichtfertigkeit: ⇨ Fahrlässigkeit.

Leistungserschleichung: ⇨ Erschleichen einer Beförderungsleistung.

Lokführer: ⇨ Zugführer.

Luftfahrzeug: Nach der in § 1 II 1 LuftVG enthaltenen Aufzählung gelten als Luftfahrzeuge i. S. d. Luftverkehrsrechts zunächst alle Flugzeuge, Drehflügler, Luftschiffe, Segelflugzeuge und Motorsegler, ferner aber auch Freiballone, Fesselballone, Drachen, Rettungsfallschirme, Flugmodelle, Luftsportgeräte und schließlich noch sonstige für die Benutzung des Luftraums bestimmte Geräte, sofern diese in Höhen von mehr als 30 Metern über Grund oder Wasser betrieben werden können. Gemäß der in § 1 II 2 LuftVG enthaltenen Klarstellung gelten Raumfahrzeuge, Raketen und ähnliche Flugkörper als Luftfahrzeuge, solange sie sich im Luftraum befinden. Nach einer überwiegend akzeptierten Faustformel endet der Luftraum in einer Höhe von 100 km über Grund oder Wasser; der Bereich darüber gehört zum Weltraum.

Luftfahrzeug-Sicherheitsdurchsuchung: Nach der in Art. 3 XXX der VO (EG) Nr. 300/2008 enthaltenen ⇨ Legaldefinition die eingehende Untersuchung des Innenraums und der zugänglichen Außenteile eines ⇨ Luftfahrzeugs mit dem Ziel, ⇨ verbotene Gegenstände aufzuspüren und unrechtmäßige Eingriffe, die die Sicherheit des Luftfahrzeugs gefährden, festzustellen.

Luftfahrzeug-Sicherheitskontrolle: Nach der in Art. 3 XXIX der VO (EG) Nr. 300/2008 enthaltenen ⇨ Legaldefinition die Untersuchung des Luftfahrzeuginnenraums, zu dem Fluggäste Zugang gehabt haben können, sowie die Untersuchung des Frachtraums des ⇨ Luftfahrzeugs, jeweils mit dem Ziel, ⇨ verbotene Gegenstände aufzuspüren und unrechtmäßige Eingriffe im Zusammenhang mit dem Luftfahrzeug festzustellen.

Luftseite: Nach der in Art. 3 XI der VO (EG) Nr. 300/2008 enthaltenen ⇨ Legaldefinition die Bewegungsflächen eines ⇨ Flughafens, angrenzendes Gelände und angrenzende Gebäude bzw. Teile davon, zu denen der Zugang beschränkt ist. Gegenbegriff zur Luftseite ist die sog. ⇨ „Landseite“.

Luftsicherheit: Nach der in Art. 3 II der VO (EG) Nr. 300/2008 enthaltenen ⇨ Legaldefinition die Kombination von Maßnahmen und personellen und materiellen Ressourcen, die dazu dienen, die Zivilluftfahrt vor unrechtmäßigen Eingriffen zu schützen, welche die Sicherheit der Zivilluftfahrt gefährden. Gemeint ist hier erkennbar die sog. „*äußere* Luftsicherheit", welche zusammen mit der *inneren* Luftsicherheit den übergeordneten Rahmenbegriff der ⇨ Sicherheit des Luftverkehrs ergibt, wie er im innerdeutschen Recht verwendet wird.

Luftsicherheitsassistenten: Nach § 16a LuftSiG (vorher: § 5 V LuftSiG, ursprünglich: § 29c LuftVG) kann die zuständige Luftsicherheitsbehörde natürlichen Personen sowie teilrechtsfähigen Vereinigungen und juristischen Personen des Privatrechts als Beliehenen die Wahrnehmung bestimmter Aufgaben bei der Durchführung von Sicherheitsmaßnahmen sowie weitere Aufgaben im Bereich der ⇨ Luftsicherheit übertragen. Werden auf der Grundlage und nach Maßgabe des § 16a LuftSiG unmittelbar einzelne natürliche Personen beliehen, so nennt man zumeist Luftsicherheitsassistenten. Sie werden typischerweise bei der Fluggast-, Gepäck- und Frachtkontrolle eingesetzt. Daraus leiten sich die teilweise ebenfalls gebräuchlichen Funktionsbezeichnungen Fluggast-, Gepäck- bzw. Frachtkontrollkräfte ab. Der Umfang der Beleihung ist flexibel bestimmbar, beschränkt sich aber stets auf Kontrollmaßnahmen i. S. d. § 5 I–III LuftSiG bzw. auf die weiteren im Gesetz genannten Zulassungs-, Zertifizierungs- und Überwachungsaufgaben.
MERKE: Bevor die Beleihung erfolgt, muss der zu Beleihende nach seine generelle Eignung, die erforderliche Sach- und Fachkunde und seine persönliche Zuverlässigkeit ausreichend nachgewiesen haben. Wird später anlässlich eines sog. Realtests ein klares Fehlverhalten eines Luftsicherheitsassistenten festgestellt, so kann die Beleihung widerrufen werden (VG Stuttgart, Urt. vom 3.8.2005, – 3 K 342/05 –). Das Gleiche gilt, wenn die gesundheitliche Eignung eines Luftsicherheitsassistenten nach seiner Einstellung und Beleihung entfällt (VG Ansbach, Urt. vom

15.10.2012, – AN 10 K 12.01013 –). Arbeitgeber der Luftsicherheitsassistenten war früher oft unmittelbar die Bundesrepublik Deutschland; heute sind es zumeist private Firmen, welche die dort angestellten Luftsicherheitsassistenten dann im Auftrag der zuständigen Luftsicherheitsbehörde auf bestimmten Flughäfen einsetzen. Zur Anwendung unmittelbaren Zwangs gemäß dem öffentlich-rechtlichen Zwangsrecht sind die Luftsicherheitsassistenten nach h. M. nicht befugt; sie können sich aber ggf. auf die allgemeinen Not- bzw. Jedermanns-Rechte berufen.

Luftsicherheitsbegleiter: ⇨ Flugsicherheitsbegleiter.

Luftsicherheitsbehörde: Jede ⇨ Behörde, welcher die Aufgabe obliegt, Angriffe auf die *äußere* ⇨ Sicherheit des Luftverkehrs abzuwehren (vgl. § 2 S. 1 i. V. m. § 1 LuftSiG). Der Luftsicherheitsbehörde obliegt im Rahmen dieser Aufgabe nach der beispielhaften Aufzählung in § 1 LuftSiG insbesondere der Schutz vor Flugzeugentführungen, Sabotageakten und terroristischen Anschlägen. Die Abwehr von Angriffen auf die äußere Sicherheit des Luftverkehrs erfolgt vor allem im Wege der Durchführung von *Kontrollmaßnahmen* der in § 5 LuftSiG vorgesehenen Art (Kernaufgabe). Der Schutz der Luftsicherheit wird aber auch dadurch gewährleistet, dass die Luftsicherheitsbehörde ⇨ Zuverlässigkeitsüberprüfungen i. S. d. § 7 LuftSiG vornimmt oder ⇨ Luftsicherheitspläne gemäß den §§ 8 I 2, 9 I 2 LuftSiG zulässt oder Sicherheitsmaßnahmen der Flugplatzbetreiber bzw. Luftfahrtunternehmen gemäß den §§ 8, 9 LuftSiG anordnet und deren Einhaltung überwacht (vgl. § 2 S. 2 LuftSiG).
MERKE: Grundsätzlich ist die Wahrnehmung von Luftsicherheitsaufgaben nach der grundgesetzlichen Kompetenzverteilung die Angelegenheit der *Bundesländer*, die insoweit im Auftrage des Bundes handeln (vgl. § 16 II LuftSiG). Dies gilt aber nur, soweit durch Gesetz nichts anderes bestimmt ist. So obliegt speziell die Zulassung von Luftsicherheitsplänen einschließlich der Überwachung der darin vorgesehenen Sicherheitsmaßnahmen dem Luftfahrt-Bundesamt, das hierbei im Rahmen bundeseigener Ver-

waltung tätig wird (§ 16 III 1 LuftSiG). Ferner *kann* die Abwehr von Gefahren für die äußere Luftsicherheit auf die *Bundespolizei* übertragen werden, indem das BMI die Übernahme dieser Aufgabe in bundeseigene Verwaltung erklärt und dabei die zuständige Bundespolizeibehörde bestimmt; die Übernahme der Aufgabe und die zuständige Bundespolizeibehörde ist im Bundesanzeiger bekannt zu machen (§§ 4 BPolG, 16 III 2, 3 LuftSiG). Erfolgt eine solche Übernahme, dann nimmt die Bundespolizei (präziser: die insoweit für zuständig bestimmte Bundespolizeibehörde) die Funktion einer Luftsicherheitsbehörde wahr. Dabei *beschränkt* sich die Aufgabe der betreffenden Bundespolizeibehörde jedoch gemäß der ausdrücklichen Vorgabe in § 4 BPolG allein auf die Wahrnehmung von Kontrollbefugnissen *i. S. d. § 5 LuftSiG*; die übrigen in § 2 S. 2 LuftSiG aufgeführten Luftsicherheitsaufgaben verbleiben in der Zuständigkeit anderer Luftsicherheitsbehörden, etwa ⇨ Zuverlässigkeitsüberprüfungen, die Zulassung von ⇨ Luftsicherheitsplänen sowie bestimmte damit im Zusammenhang stehende Anordnungen gegen Flugplatzbetreiber oder Luftfahrtunternehmer. Wenn also die Bundespolizei die Luftsicherheitsaufgabe übernimmt, dann ist ihr Aufgaben- und Befugnisspektrum entsprechend dem eben Gesagten beschränkt. Aktuell hat die Bundespolizei in dem so gezogenen Rahmen die Gewährleistung der äußeren Luftsicherheit auf insgesamt 14 großen bzw. mittelgroßen Flughäfen in Deutschland übernommen.

Luftsicherheitsplan: In der ursprünglichen Fassung des LuftSiG die Bezeichnung für die schriftlich-grafische Darstellung aller vorgesehenen Sicherungsmaßnahmen, die vom Unternehmer eines Verkehrsflughafens bzw. von einem Luftfahrtunternehmen anzufertigen war (vgl. § 8 I 2 bzw. § 9 I 2 LuftSiG a. F.). Der Luftsicherheitsplan musste der ⇨ Luftsicherheitsbehörde zur Zulassung vorgelegt werden. Die Einhaltung seiner Vorgaben war von der Luftsicherheitsbehörde zu überwachen. In der seit dem 4.3.2017 geltenden Neufassung des LuftSiG ist der Begriff „Luftsicherheitsplan" durch den unionsrechtlich vorgeprägten Terminus des ⇨ Luftsicherheitsprogramms ersetzt worden.

Luftsicherheitsprogramm: Im Luftsicherheitsrecht der zusammenfassende Begriff für die durch das Unionsrecht in unterschiedlichen Zusammenhängen vorgeschriebene schriftlich-grafische Beschreibung von Methoden und Verfahren, welche die Sicherheit der Zivilluftfahrt gewährleisten sollen. Die VO (EG) Nr. 300/2008 sieht neben dem „nationalen Sicherheitsprogramm für die Zivilluftfahrt" eines jeden Mitgliedstaats (Art. 10) noch drei nachgeordnete (nichtstaatliche) Arten von Luftsicherheitsprogrammen vor, nämlich die Luftsicherheitsprogramme der Flughafenbetreiber (Art. 12), die Luftsicherheitsprogramme der Luftfahrtunternehmen (Art. 13) und die Luftsicherheitsprogramme bestimmter weiterer Stellen, die Luftsicherheitsstandards anzuwenden haben (Art. 14), wobei mit „Stellen" alle Personen, Organisationen oder Unternehmen gemeint sind, die keine Betreiber – also keine Durchführer oder Anbieter von Luftverkehrsaktivitäten – sind (vgl. Art. 3 VI i. V. m. III). Im LuftSiG in der seit dem 4.3.2017 geltenden Neufassung wird der Begriff des Luftsicherheitsprogramms in den §§ 2 Nr. 3, 8 I, 9 I, 18 I Nr. 2 und 22 II LuftSiG verwendet; er hat den früher verwendeten Terminus ⇨ Luftsicherheitsplan abgelöst.

Maßregeln der Besserung und Sicherung: Diejenigen Sanktionen, die im Gefolge einer rechtswidrigen Tat i. S. d. Strafgesetze gegen den Täter verhängt werden können, ohne dass es dabei um eine Bestrafung im eigentlichen Sinne geht: Die Maßregeln der Besserung und Sicherung bezwecken entweder die erzieherische Einwirkung auf den Betroffenen oder den Schutz der Gesellschaft vor Wiederholungstaten oder beides. Sie haben deshalb nicht den Charakter einer ⇨ Kriminalstrafe. Nach der in § 61 StGB enthaltenen Aufzählung gehören zu diesen Maßregeln die Unterbringung in einem psychiatrischen Krankenhaus, die Unterbringung in einer Entziehungsanstalt, die Unterbringung in der Sicherungsverwahrung, die Führungsaufsicht, die Entziehung der Fahrerlaubnis und das Berufsverbot.
MERKE: Mit Ausnahme der Sicherungsverwahrung können die vorgenannten Maßregeln auch gegen einen im Tatzeitpunkt i. S. d. § 20 StGB schuldunfähigen Täter verhängt werden, nicht

aber gegen ⇨ Kinder: Die aus § 19 StGB folgende Strafunmündigkeit von Personen unter 14 Jahren schließt nicht nur die Verhängung einer Kriminalstrafe aus, sondern auch die Anordnung einer Maßregel der Besserung und Sicherung.

Materielle Subsidiarität: ⇨ Subsidiarität.

Meldeauflage: Das an eine Person ergehende Gebot einer Polizei- oder Ordnungsbehörde, sich einmal oder mehrmals täglich entweder zu einem bestimmten Zeitpunkt oder innerhalb eines bestimmten Zeitraums unter Vorlage eines gültigen Personaldokuments bei einer Polizeibehörde einzufinden und sich dort mit einem gültigen Personaldokument zu legitimieren (so BVerwGE 128, 142, 148). Derartige Meldeauflagen erlauben eine gewisse Kontrolle des aktuellen Aufenthaltsortes des Betroffenen. Polizeiliche Meldeauflagen dienen typischerweise der Straftatenverhütung: Sie sollen verhindern, dass sich der Meldepflichtige zu bestimmten Zeitpunkten bzw. in bestimmten Zeiträumen woanders aufhält (etwa bei einem auswärtigen Fußballspiel).
MERKE: Einige Bundesländer haben zwischenzeitlich für polizeiliche Meldeauflagen ausdrückliche Befugnisnormen geschaffen (vgl. z. B. § 10a PolG NRW). Bei Fehlen einer solchen speziellen Ermächtigungsgrundlage kann eine polizei- oder ordnungsbehördliche Meldeauflage nach h. M. aber auch hilfsweise auf die einschlägige Generalermächtigung zur Gefahrenabwehr gestützt werden (dazu grundlegend: BVerwG, Urt. vom 25.7.2007, – 6 C 39.06 = BVerwGE 128, 142 –). Zudem kennt das formelle bzw. Strafrecht in unterschiedlichen Zusammenhängen auch *gerichtliche* Meldeauflagen, insbesondere im Zusammenhang mit der Außervollzugsetzung von U-Haftbefehlen oder bei der Strafaussetzung zur Bewährung (vgl. §§ 116 I Nr. 1 StPO, 56c II Nr. 2, 57 III 1 StGB). Zur Frage der ⇨ Verhältnismäßigkeit einer Meldeauflage vgl. VGHBW, Urt. vom 18.5.2017, – 1 S 1193/16 –.

Menschenmenge: Eine Menschenmenge (etwa i. S. d. §§ 125, 125a StGB) ist eine Personenmehrheit, die zum einen nicht mehr

auf einen Blick überschaubar ist, sodass es auf das Hinzukommen oder Weggehen einzelner Personen nicht mehr ankommt, und die zum anderen so eng zusammengetreten ist, dass der Eindruck einer räumlich verbundenen Gesamtheit entsteht.
MERKE: Nach einer vom BGH aufgestellten Faustregel liegt die zahlenmäßige Untergrenze für eine Menschenmenge im Regelfall bei 15 Personen, wobei jedoch stets die Umstände des Einzelfalles im Auge zu behalten sind. Bei beengten räumlichen Verhältnissen können z. B. auch schon 10 Menschen ausreichend sein.

Menschenwürde: Die weder im GG noch im einfachen Gesetzesrecht legaldefinierte Menschenwürde wird üblicherweise dahingehend bestimmt, dass es sich bei ihr im Kern um einen sittlich-sozialen Wert- und Achtungsanspruch handelt, der jedem Menschen allein kraft seines Menschseins zukommt, unabhängig von den konkreten Eigenschaften, Fähigkeiten, Leistungen oder dem Status des einzelnen Individuums. Die so verstandene Menschenwürde als absoluter und höchster Wert gilt als unverzichtbar und unentziehbar. In Übereinstimmung damit erklärt Art. 1 I GG die Menschenwürde für unantastbar und bestimmt gleichzeitig, dass es die Verpflichtung aller staatlicher Gewalt ist, sie zu achten und zu schützen. Diese Festlegungen unterliegen über Art. 79 III GG der sog. „Ewigkeitsgarantie“; sie können daher weder relativiert noch aufgehoben werden. Nach der st. Rspr. des BVerfG verbietet es die Menschenwürde insbesondere, den Menschen zum bloßen Objekt staatlichen Handelns zu machen. Als unvereinbar mit der Menschenwürde gelten unter anderem Folter, Menschenhandel, Sklaverei, die Androhung der Todesstrafe, die Verweigerung des Existenzminimums, ein Zwang zur Selbstbezichtigung im Straf-, Bußgeld- oder Disziplinarverfahren, die Anwendung verbotener Vernehmungsmethoden oder staatliche Eingriffe in den sog. ⇨ „Kernbereich privater Lebensgestaltung“.
MERKE: Aus der verfassungsrechtlich verbürgten Garantie der Menschenwürde folgert das BVerfG das Verbot, ein von Terroristen entführtes Flugzeug abzuschießen, sofern sich Unbeteiligte an Bord befinden, selbst wenn mit dem Abschuss verhindert

werden soll, dass das Flugzeug zum Instrument eines Terroranschlags gemacht wird (vgl. BVerfGE 115, 118). Ebenso ist nach der Rechtsprechung eine sog. „Rettungsfolter“ – wie im bekannten Fall *Daschner* – mit dem Gebot der Achtung der Menschenwürde unvereinbar (vgl. LG Frankfurt a. M., NJW-Spezial 2005, 139). Aus der Menschenwürde lässt sich i. V. m. Art. 2 I GG die allgemeine Handlungsfreiheit ableiten und daraus wiederum das Recht auf Gewährleistung der Vertraulichkeit und Integrität informationstechnischer Systeme. Die Menschenwürde ist ebenfalls in Art. 1 der EU-Charta der Grundrechte verankert; diese Charta ist seit dem Inkrafttreten des Lissabon-Vertrags über Art. 6 EUV Bestandteil des Primärrechts der EU.

Messer: Ein aus Klinge, Griff und ggf. Parierschutz bestehendes, einhändig zu führendes Schneid- bzw. Stichgerät, das entweder als Werkzeug oder als ⇨ Waffe dienen kann bzw. soll. In rechtlicher Hinsicht lassen sich die folgenden Messerkategorien unterscheiden:
1. Manche Messer stellen ⇨ tragbare Gegenstände i. S. d. § 1 II Nr. 2a WaffG dar, weil sie nämlich *ihrem Wesen nach* dazu bestimmt sind, die Angriffs- oder Verteidigungsfähigkeit von Menschen zu beseitigen oder herabzusetzen; dies gilt namentlich für militärische Kampfmesser sowie für Dolche und Stilette. Derartige Messer sind begrifflich Waffen i. S. d. Waffengesetzes, und zwar sog. *Hieb- und Stoßwaffen* (vgl. § 1 II Nr. 2a a. E. WaffG).
2. Andere Messer, die keine solche Zweckbestimmung aufweisen, können zumindest dem erweiterten Waffenbegriff des § 1 II Nr. 2b WaffG unterfallen, weil sie nämlich zumindest die objektive Eignung aufweisen, die Angriffs- oder Abwehrfähigkeit von Menschen zu beseitigen oder herabzusetzen *und* weil sie gleichzeitig im Waffengesetz ausdrücklich genannt sind. Dies trifft zu auf ⇨ Springmesser, ⇨ Fallmesser, ⇨ Faustmesser und ⇨ Butterflymesser. Auch diese Messertypen wird man konsequenterweise als Hieb- und Stoßwaffen einzuordnen haben, obwohl das Gesetz dies nicht ausdrücklich betont.
3. Sonstige Messer (wie z. B. Küchen-, Schlacht-, Taschen-, Schnitz-, Jagd-, Hobby-, Rasier- oder Fahrtenmesser) stellen –

ungeachtet ihrer objektiven Gefährlichkeit im Einzelfall – *keine* Waffen i. S. d. Waffengesetzes dar, sie können jedoch in Abhängigkeit von den konkreten Tatumständen als ⇨ gefährliches Werkzeug i. S. d. Strafrechts gelten. Außerdem können solche Messer – in Abhängigkeit von ihrer konkreten Beschaffenheit – einem sog. Führungsverbot unterliegen (vgl. §§ 42 ff. WaffG). MERKE: Die Frage, ob ein bestimmtes Messer eine Waffe im Rechtssinne darstellt oder nicht, kann im Einzelfall schwierig zu beantworten sein. Anerkannte Kriterien, die bei der Beurteilung der Waffeneigenschaft hilfreich sein können, sind namentlich: Die Tauglichkeit des Messers zur Beibringung von Verletzungen, gute Sticheigenschaften der Klingenform, geringe oder fehlende Eignung als Schneidwerkzeug, Schärfung beider Klingen, Vorhandensein eines ausgeprägten Parierelements als Handschutz, Beschaffenheit des Griffs, militärtypische Eigenschaften wie Tarnfärbung und Reflexionsschutz oder schließlich noch vom Hersteller selbst verwendete Benennungen, die auf eine Waffeneigenschaft hindeuten (wie „Combat", „Fighter", „Tactical", „Selfdefense", „Defendor" etc.).

Minderjährige: In der Rechtssprache die zusammenfassende Bezeichnung für alle Personen, die noch nicht volljährig sind, die also mit anderen Worten das 18. Lebensjahr noch nicht vollendet haben. Kurz: die 1- bis 17-Jährigen. Die Minderjährigen lassen sich weiter einteilen in ⇨ Kinder und ⇨ Jugendliche. Kinder haben das 14. Lebensjahr noch nicht vollendet; Jugendliche sind die 14- bis 17-Jährigen.

Minder schwerer Fall: Die abgemilderte Erscheinungsform einer ⇨ Straftat, bei der Unrecht und Schuld geringer ausgeprägt sind als im Regelfall, weshalb der Gesetzgeber die Anwendung eines milderen Strafrahmens anordnet. Die gesetzlichen Bestimmungen über minder schwere Fälle stellen bloße Strafzumessungsvorschriften dar; sie haben keinen tatbestandlichen Charakter. Aus diesem Grunde lassen sie die Rechtsnatur des betreffenden Delikts stets unberührt (§ 12 III StGB). Beispiel: Der Raub

im minder schweren Falle gemäß § 249 II StGB bleibt ein ⇨ Verbrechen, obwohl die Untergrenze des Strafrahmens auf 6 Monate Freiheitsstrafe abgesenkt ist. Minder schwere Fälle können *benannt* sein (vgl. z. B. § 213 1. Alt. StGB: sog. provozierter Totschlag), sie können *unbenannt* sein (Gesetzesformulierungen: „In minder schweren Fällen", „oder liegt sonst ein minder schwerer Fall vor"), oder aber sie können durch sog. ⇨ „Regelbeispiele" näher erläutert sein. Das Gegenstück zum minder schweren Fall bildet der ⇨ besonders schwere Fall einer Straftat.
MERKE: Da die Normen über minder schwere Fälle keinen Tatbestandscharakter haben, sondern jeweils lediglich einen bestimmten ⇨ Straftatbestand *ergänzen*, dürfen sie aufbautechnisch niemals am Anfang einer strafrechtlichen Prüfung stehen. Wer also z. B. eine Prüfung mit § 213 StGB beginnt, stellt nur unter Beweis, dass er das Wesen dieser Vorschrift noch nicht richtig verstanden hat. Zu beginnen wäre vielmehr mit § 212 StGB.

Minus-Maßnahme: Nicht unbedingt ein dogmatisch allgemein anerkannter Rechtsbegriff, aber eine in der polizeilichen Praxis gebräuchliche Argumentationsfigur, die letztlich auf dem Gedanken des Erst-Recht-Schlusses und gleichzeitig auf dem Gebot der ⇨ Verhältnismäßigkeit beruht. Denn wenn die Polizei nach dem Gesetz eindeutig befugt ist, unter bestimmten Umständen einen intensiven Eingriff vorzunehmen, dann muss sie – stillschweigend – auch dazu ermächtigt sein, in gleicher Lage eine weniger intensive, wenngleich im Gesetz nicht ausdrücklich genannte Maßnahme zu tätigen, die den verfolgten Zweck ebenfalls erreicht. So wird z. B. der im Gesetz regelmäßig nicht explizit vorgesehene sog. Verbringungsgewahrsam vielfach als Minus-Maßnahme zur eigentlich zulässigen „echten" ⇨ Ingewahrsamnahme angesehen und auf diese Weise legitimiert.
MERKE: Nicht in allen Fällen taugt der Hinweis auf das Vorliegen einer Minus-Maßnahme zwingend als Rechtfertigung, weil unter Umständen im Einzelfall höherrangiges Recht oder andere Rechtsgrundsätze der Anwendung dieses Denkmodells entgegenstehen können.

Missbrauch von Notrufen oder Notzeichen: ⇨ Notrufe, ⇨ Notzeichen.

Mitbestrafte Nachtat: ⇨ Gesetzeskonkurrenz, ⇨ Handlungseinheit, ⇨ Tatmehrheit.

Mitbestrafte Vortat: ⇨ Gesetzeskonkurrenz, ⇨ Handlungseinheit, ⇨ Tatmehrheit.

Mitnahme von Waffen oder Munition: ⇨ Umgang mit Waffen oder Munition.

Mittelauswahlermessen: ⇨ Ermessen.

Mittel-Zweck-Relation: ⇨ Verwerflichkeit der Mittel-Zweck-Relation.

Mitwirkende Personen: ⇨ Berufshelfer.

Mobile Verkehrskontrollen: ⇨ Verkehrskontrollstelle.

Mord: Die vorsätzliche Tötung eines anderen Menschen, bei welcher der Täter sog. ⇨ „Mordmerkmale" verwirklicht, also solche Umstände, die nach dem Willen des Gesetzgebers die Tat nicht mehr als ⇨ Totschlag, sondern als Mord i. S. d. § 211 StGB erscheinen lassen. Der Mörder wird obligatorisch mit lebenslanger Freiheitsstrafe bestraft.
MERKE: Die Rechtsprechung begreift § 211 StGB im System der Tötungsdelikte als selbstständigen Tatbestand und interpretiert deshalb die gesetzlichen Mordmerkmale nicht als strafschärfende, sondern als strafbegründende Merkmale. Sie wendet deshalb im Falle einer ⇨ Teilnahme ggf. § 28 I StGB (und nicht § 28 II StGB) an und bestraft den Anstifter bzw. Gehilfen stets wegen Teilnahme am Mord, wobei die Strafe des Teilnehmers dann obligatorisch zu mildern ist. Die h. L. hingegen betrachtet den Mord als Qualifikation des Totschlags und stuft von daher die Mord-

merkmale als strafschärfende Umstände ein. Das Gesetz unterscheidet in § 211 II StGB drei Gruppen von Mordmerkmalen, die teils einen subjektiven und teils einen objektiven Charakter aufweisen.

Mörder: ⇨ Mord.

Mordlust: Ein sog. ⇨ „Mordmerkmal", das nach der in § 211 II StGB enthaltenen Aufzählung zur ersten Gruppe der Mordmerkmale zählt. Aus Mordlust tötet, wer aus einer unnatürlichen Freude an der Vernichtung eines Menschenlebens heraus einen anderen Menschen vorsätzlich tötet. Kennzeichnend für das Merkmal der Mordlust ist, dass sexuelle Motive des Täters nicht mit im Spiel sind. Wie die Triebbefriedigung und die Habgier ist das Motiv der Mordlust lediglich ein konkretes Beispiel für ⇨ niedrige Beweggründe; diese gesetzliche Aufzählung ist jedoch nicht abschließend, wie die im Gesetz verwendete Formulierung „oder sonst" zeigt.

Mordmerkmale: Im Strafrecht die gängige Bezeichnung für diejenigen in § 211 II StGB genannten Merkmale, welche die vorsätzliche Tötung eines Menschen als ⇨ Mord qualifizieren. Die Rechtsprechung begreift den § 211 StGB im System der Tötungsdelikte als selbstständigen ⇨ Straftatbestand und interpretiert deshalb die gesetzlichen Mordmerkmale nicht als strafschärfende, sondern als strafbegründende Merkmale. Sie wendet deshalb im Falle einer ⇨ Teilnahme ggf. den § 28 I StGB – und nicht § 28 II StGB – an und bestraft den Anstifter bzw. Gehilfen stets wegen Teilnahme am Mord, wobei die Strafe des Teilnehmers dann obligatorisch zu mildern ist. Das Gesetz unterscheidet in § 211 II StGB drei Gruppen von Mordmerkmalen, die teils einen subjektiven und teils einen objektiven Charakter aufweisen.
1. Bei den Mordmerkmalen der ersten Gruppe handelt es sich um bestimmte *Tatmotive*. Als solche werden ausdrücklich genannt ⇨ Mordlust, ⇨ Befriedigung des Geschlechtstriebes und ⇨ Habgier. Diese Aufzählung ist jedoch nicht abschließend. Die

drei genannten Tatantriebe sind lediglich gesetzliche Beispiele für sog. ⇨ „niedrige Beweggründe". Auch „sonstige" niedrige Beweggründe können also das vorsätzliche ⇨ Töten eines Menschen im Einzelfall als Mord qualifizieren.
2. Die Mordmerkmale der zweiten Gruppe betreffen die *Art und Weise* der Tatausführung. Diese Merkmale haben daher zumindest primär einen objektiven Charakter. Einen Mord begeht danach auch derjenige, der entweder ⇨ grausam oder ⇨ heimtückisch oder ⇨ mit einem gemeingefährlichen Mittel tötet.
3. Die Mordmerkmale der dritten Gruppe betreffen bestimmte *Tatzwecke*, die der Täter mit der Tötung seines Opfers verfolgt. Sie haben somit wiederum einen subjektiven Charakter. Als Mörder gilt danach, wer einen Menschen tötet, um eine andere ⇨ Straftat zu ermöglichen oder zu verdecken. Die ⇨ Absicht zur Ermöglichung einer anderen Straftat bzw. die ⇨ Absicht zur Verdeckung einer anderen Straftat muss sich dabei nicht unbedingt auf eine eigene Tat des Täters beziehen. Und falls dieser durch die Tötung keine Straftat, sondern lediglich eine vorangegangene Ordnungswidrigkeit verdecken will, so wird in aller Regel ein Handeln aus niedrigen Beweggründen zu bejahen sein, sodass die Tötung auf diesem Wege letztlich doch als Mord zu qualifizieren ist.

Munition: Im Waffenrecht die Bezeichnung für alles, was dazu bestimmt ist, aus einer ⇨ Schusswaffe verschossen zu werden. Das Waffengesetz verzichtet auf eine übergreifende inhaltliche Bestimmung des Munitionsbegriffes und begnügt sich mit einer sog. „Umfangsdefinition" durch bloße Aufzählung. Danach ist Munition zum Verschießen aus Schusswaffen bestimmte 1. Patronenmunition, 2. Kartuschenmunition, 3. hülsenlose Munition und 4. pyrotechnische Munition. Auswechselbare Reizstoffbehälter für Reizstoffsprühgeräte stellen demzufolge keine Munition im vorstehenden Sinne dar.

Nachrichtenmittler: Im Strafverfahrensrecht die Bezeichnung für eine Person, von der aufgrund bestimmter ⇨ Tatsachen anzunehmen ist, dass sie entweder Mitteilungen, die für den ⇨ Beschuldigten bestimmt sind oder von diesem herrühren, entgegennimmt oder weitergibt, *oder* dass der Beschuldigte ihren Anschluss oder ihr informationstechnisches System benutzt. Die Eigenschaft einer Person, im vorstehenden Sinne Nachrichtenmittler zu sein, kann im Ermittlungsverfahren dazu führen, dass bestimmte Ermittlungsmaßnahmen auch gegen diese Person gerichtet werden können, obwohl diese im laufenden Verfahren selbst nicht der ⇨ Beschuldigte ist. Dies betrifft insbesondere die Befugnis zur Kontrolle der ⇨ Telekommunikation (vgl. § 100a III StPO). Außerhalb der Strafverfolgung kommen Nachrichtenmittler ebenfalls als zulässige Adressaten von präventiv-polizeilichen oder nachrichtendienstlichen Überwachungsmaßnahmen in Betracht, sofern bestimmte gesetzliche Voraussetzungen erfüllt sind (vgl. z. B. die §§ 51 I Nr. 4 und Nr. 5 BKAG, 72 IV Nr. 2 und Nr. 3 ZFdG, 3 II 2 Artikel 10-Gesetz). In diesem Zusammenhang wird der Begriff des Nachrichtenmittlers allerdings teilweise etwas weiter gefasst als im Strafverfahrensrecht. So ist z. B. nach der in § 6 III 2 Nr. 3 LVerfSchG SH enthaltenen ⇨ Legaldefinition ein Nachrichtenmittler im Sinne des Gesetzes eine Person, bei der tatsächliche Anhaltspunkte dafür vorliegen, dass sie entweder für die Zielperson bestimmte oder von dieser herrührende Mitteilungen entgegennimmt oder weitergibt *oder* dass die Zielperson ihre Adresse oder ihren Anschluss benutzt, sofern die betreffende Person nicht in einem gesetzlich geschützten Vertrauensverhältnis zur Zielperson steht.

MERKE: Das BVerfG hat die grundsätzliche Zulässigkeit von Überwachungseingriffen gegen Nachrichtenmittler im obigen Sinne in mehreren Entscheidungen bestätigt und gleichzeitig die rechtsstaatlichen Voraussetzungen und Grenzen für solche Maßnahmen konkretisiert (vgl. z. B. für den präventiven Bereich: BVerfG, Urt. vom 20.4.2016, – 1 BvR 966/09 –, Rdnr. 233; für den repressiven Bereich: BVerfG, Beschl. vom 21.3.2023, – 2 BvR 626/20 –, Rdnr. 24 ff.). Zu beachten ist nach dieser Rechtsprechung namentlich, dass vage Anhaltspunkte und bloße Vermutungen nicht ausreichen, um die Eigenschaft einer Person zu begründen, als Nachrichtenmittler zu gelten (BVerfG, Beschl. vom 21.2.2023, – 2 BvR 926/20 –). Für die aus Verfassungsgründen unerlässliche gesicherte Tatsachenbasis ist vielmehr erforderlich, dass aufgrund von Lebenserfahrung oder kriminalistischer Erfahrung im konkreten Einzelfall aus sachlichen Beweisanzeichen – wie etwa Zeugenaussagen oder Observationsergebnissen – auf die Eigenschaft als Nachrichtenmittler geschlossen werden kann.

Nachschau: ⇨ Durchsuchung.

Nachtzeit: Für eine Durchsuchung von Räumlichkeiten aus Gründen der Strafverfolgung gilt gemäß der in § 104 III StPO getroffenen Regelung als Nachtzeit die Zeitspanne von 21 Uhr bis 6 Uhr. Diese gesetzliche Festlegung gilt seit dem 1.7.2021 einheitlich für das gesamte Jahr. Sie hat die vor dem genannten Datum geltende Vorläuferregelung ersetzt, die noch zwischen Sommerhalbjahr und Winterhalbjahr differenzierte und dementsprechend unterschiedliche Nachtzeiten definierte. Eine dem § 104 III StPO n. F. entsprechende einheitliche Festlegung der Nachtzeit enthält für den Bereich des Zivilprozessrechts der § 758a ZPO. Auch im Rahmen der Frage, ob in einem bestimmten Bezirk zur Nachtzeit ein richterlicher Bereitschaftsdienst erforderlich ist oder nicht, gilt nach st. Rspr. des BVerfG als Nachtzeit der Zeitraum von 21 Uhr bis 6 Uhr.
MERKE: Zur Nachtzeit dürfen ⇨ Wohnungen, Geschäftsräume und das ⇨ befriedete Besitztum nur in den in § 104 I StPO bestimmten vier Fällen durchsucht werden. Diese Beschränkung gilt allerdings nach § 104 II StPO nicht für Räume, die zur Nachtzeit jedermann zugänglich sind, und auch nicht für sog. „verrufene Orte", die in der eben genannten Vorschrift näher beschrieben sind (z. B. Orte, die der Polizei als Herbergen oder Versammlungsorte bestrafter Personen bekannt sind). Die strafprozessuale Definition der Nachtzeit findet aufgrund entsprechender Verweisungsklauseln in den Polizeigesetzen von Bund und Ländern nach dem Vorbild des § 19 II ME PolG auch im Bereich der Gefahren-

abwehr Anwendung. Diese Leitbildvorschrift erlaubt das präventive Betreten und Durchsuchungen von Wohnungen während der Nachtzeit im obigen Sinne nur zur Abwehr einer ⇨ gegenwärtigen Gefahr für Leib, Leben oder Freiheit einer Person oder für ⇨ Sachen von bedeutendem Wert. Nach § 19 III ME PolG dürfen außerdem Wohnungen jederzeit betreten werden, wenn dies zur Abwehr bestimmter ⇨ dringender Gefahren notwendig ist.

Nacktscanner: ⇨ Sicherheitsscanner.

Nationales Visum: ⇨ Visum.

Nationales Waffenregister: Ein im Jahr 2013 eingerichtetes Zentralregister, das vom Bundesverwaltungsamt als Registerbehörde geführt wird. Dieses Register soll primär den gesamten legalen privaten Waffenbesitz in Deutschland dokumentieren, soweit dieser meldepflichtig ist. Die dort gespeicherten Daten sind auch der Polizei zugänglich. Das Nationale Waffenregister (NWR) beruht auf der EU-Feuerwaffenrichtlinie; Einzelheiten sind im WaffRG sowie in der WaffRGDV geregelt. Seit dem 1.9.2020 gelten erweiterte Meldepflichten, die bewirken sollen, dass zukünftig sogar der gesamte Lebenszyklus einer Waffe erfasst wird. In diesem erweiterten Register (NWR II) findet die sog. „NWR-ID" als Identifizierungsnummer Verwendung. Diese Nummer ermöglicht es, waffenrechtliche Erlaubnisse, ⇨ Waffen und wesentliche Teile von Waffen einer bestimmten Person schnell und eindeutig zuzuordnen.

Natürlicher Tod: ⇨ Unnatürlicher Tod.

Nebenstrafe: ⇨ Kriminalstrafen.

Nemo-tenetur-Grundsatz: ⇨ Selbstbelastungsfreiheit.

Neue psychoaktive Stoffe: Nach der in § 2 Nr. 1 NpSG enthaltenen Legaldefinition ist ein neuer psychoaktiver Stoff entweder

ein Stoff oder die Zubereitung eines Stoffes aus einer der in der Gesetzesanlage genannten Stoffgruppen. Zu diesen Stoffgruppen gehören derzeit zum einen alle Verbindungen, die von 2-Phenethylamin abgeleitet sind (z. B. Cathinone oder Amphetamine) und zum anderen die sog. „Cannabimimetika" = synthetische Cannabinoide (z. B. SDB-005, THJ-2201, SCI-AKB-48). Unter einer *Zubereitung* versteht das Gesetz gemäß § 2 Nr. 2 NpSG ein Stoffgemisch oder die Lösung eines Stoffes oder mehrerer Stoffe ohne Rücksicht auf den Aggregatzustand, mit Ausnahme solcher Gemische und Lösungen, die natürlich vorkommen.
MERKE: Derartige neue psychoaktive Stoffe sind regelmäßig in den sog. *„Legal Highs"* enthalten („Badezusätze", „Kräutermischungen", „Düngerpillen"). Die eigentlichen psychoaktiven Wirkstoffe in diesen Legal Highs werden oft als *Research Chemicals* bezeichnet, das sind synthetisch hergestellte Substanzen mit drogenähnlicher Wirkung. Da neue psychoaktive Stoffe in der Regel weder ⇨ Betäubungsmittel i. S. d. BtMG noch Arzneimittel i. S. d. AMG darstellen, bedurfte es zur rechtlichen Regulierung dieser Substanzen eines neuen Gesetzes in Gestalt des NpSG vom 21.11.2016, in Kraft getreten am 26.11.2016. Betäubungsmittel und Arzneimittel werden von diesem Gesetz *nicht* erfasst (vgl. die entsprechende Klarstellung in § 1 II Nr. 1 bzw. Nr. 2 NpSG).

Nicht allgemein zugängliche Bereiche: In der ursprünglichen Fassung des LuftSiG die Bezeichnung für diejenigen Bereiche innerhalb der Einfriedung eines ⇨ Flugplatzes, die unter Sicherheitsaspekten besonders kritisch erscheinen, weil in ihnen ein Anschlag insbesondere auf ⇨ Luftfahrzeuge zumindest mittelbar vorbereitet oder ausgeführt werden kann. Erfasst waren damit beispielsweise die Abflugbereiche hinter den Kontrollstellen, die Ankunftsbereiche vor den Gepäckausgabestellen und die sog. Bewegungsflächen, auf denen die Flugzeuge starten und landen. Der Begriff der nicht allgemein zugänglichen Bereiche fand sich bereits in den Gesetzesmaterialien zum LuftSiG (BT-Drs. 15/2361, 15) und wurde zeitweise auch im Rahmenplan Luftsicherheit (BRAS 190) verwendet. Nicht allgemein zugängliche Bereiche waren – einschließlich der zu ihnen gehörigen ⇨ sicherheitsempfindlichen Bereiche – vom Flugplatzbetreiber bzw. von den dort ansässigen Luftfahrtunternehmen gegen unberechtigten Zugang zu sichern und mussten im damals sog. ⇨ „Luftsicherheitsplan" als solche besonders ausgewiesen werden. In der unionsrechtlichen Terminologie zum Luftsicherheitsrecht gab es diesen Begriff jedoch zu keinem Zeitpunkt; er war ein Spezifikum allein des innerstaatlichen deutschen Luftsicherheitsrechts. Der Terminus wurde deshalb mit dem Inkrafttreten des Ersten Gesetzes zur Änderung des Luftsicherheitsgesetzes vom 23.2.2017 (BGBl. I 2017, 298) am 4.3.2017 in Anpassung an den Sprachgebrauch des EU-Rechts durch die Begriffe ⇨ Sicherheitsbereich bzw. ⇨ Luftseite ersetzt.

Nicht-Antragsdelikte: ⇨ Antragsdelikte.

Nicht geringe Menge: Im Betäubungsmittelrecht diejenige Menge eines ⇨ Betäubungsmittels, die den Gegenstand der Tat gebildet haben muss, damit eine Strafbarkeit oder Strafschärfung nach Maßgabe der §§ 29 ff. BtMG bejaht werden kann. Die dazu erforderliche Mindestmenge hängt von der Art des jeweiligen Betäubungsmittels ab, unter Berücksichtigung von dessen konkreter Wirkungsweise und Wirkungsintensität (vgl. zusammenfassend LG Freiburg, StV 2005, 273 und zuletzt BGH, Beschl. vom 8.3.2022, – 3 StR 136/21 –, abgedruckt in BGHR sowie in HRRS 2022 Nr. 549).
MERKE: Bei *Cannabis*, das als Marihuana, Haschisch oder Haschischöl auf den Markt kommt gilt nach st. Rspr. des BGH, dass bereits 7,5 g des darin enthaltenen Wirkstoffs THC (*T*etra*h*ydro*c*annabinol) als nicht geringe Menge zu gelten haben; dies entspricht 500 Konsumeinheiten zu je 15 mg (BGHSt 33, 8; BGH, NJW 1996, 794). Bei *Kokain*, das als weißes flockiges bzw. kristallines Pulver („Crack") auf den Markt gelangt, und das nach Einschätzung des BGH „gefährlicher als Haschisch, jedoch nicht so gefährlich wie Heroin ist", gelten 5 g des darin enthaltenen Wirkstoffs KHC (*K*okain*h*ydro*c*hlorid) als nicht geringe Menge;

dies entspricht 170 Konsumeinheiten zu je 30 mg (BGHSt 33, 133). Bei *Heroin*, dessen Suchtpotenzial besonders ausgeprägt ist und das als weißes, graues oder braunes Pulver auf den Markt gelangt, gelten 1,5 g des darin enthaltenen Wirkstoffs HHC (*He*roin*h*ydro*c*hlorid) als nicht geringe Menge, was 30 Konsumeinheiten à 50 mg Wirkstoff entspricht (BGHSt 32, 162). Bei *Morphin* (Morphium), einer Vorstufe des Heroins, die auch als Heroin Nr. 1 bezeichnet wird, gelten 4,5 g des darin enthaltenen Wirkstoffs MHC (*M*orphin*h*ydro*c*hlorid) als nicht geringe Menge, was 45 Konsumeinheiten zu je 100 mg entspricht (BGHSt 35, 179). Bei *LSD*, das unter anderem in Pulver-, Tabletten- oder Kapselform auf den Markt gelangt, gelten bereits 6 mg des reinen Produkts (*L*yserg*s*äure*d*iäthylamid) als nicht geringe Menge, was 120 Konsumeinheiten zu je 50 mg entspricht. Unabhängig von der Wirkstoffmenge hält der BGH aber 300 handelsübliche „Trips" für generell ausreichend, um eine nicht geringe Menge anzunehmen (BGHSt 35, 43). Bei den *Amphetaminen*, die synthetisch hergestellte Drogen darstellen, chemisch in unterschiedlichen Varianten vorkommen und meist in Tabletten- oder Kapselform auf den Markt gelangen („Speed"), gelten 10 g des maßgeblichen Wirkstoffs Amphetaminbase als nicht geringe Menge, was 200 Konsumeinheiten zu je 50 mg entspricht (BGHSt 33, 169). Bei *Ecstasy*, auch eine Designerdroge, die ebenfalls in Tablettenform verbreitet wird, ist zu unterscheiden, weil es hier verschiedene chemische Spielarten gibt. Bei Ecstasy auf der Basis von MDEA (3,4-*M*ethylen*d*ioxy-N-*e*thyl*a*mphetamin) gelten 30 g MDEA-Base als nicht geringe Menge, was 250 Konsumeinheiten zu je 120 mg entspricht; bei MDEA-Hydrochlorid hingegen bilden erst 35 g des reinen Produkts eine nicht geringe Menge, was 250 Konsumeinheiten zu je 140 mg entspricht (BGHSt 42, 255). Bei Ecstasy auf der Basis von MDMA (3,4-*M*ethylen*d*ioxy-N-*m*eth*a*mphetamin), das als MDMA-Base angeboten wird, ist die nicht geringe Menge bei 30 g erreicht (BGH, NJW 2001, 1805). Bei *Pentedron* gelten als nicht geringe Menge 18 g für Pentedronhydrochlorid und dementsprechend 15 g bei Pentedronbase (BGH, Beschl. vom 13.10.2016, – 1 StR 366/16 –).

Nichtig: Ein ⇨ Verwaltungsakt ist zunächst generell dann nichtig und damit unwirksam, wenn er an einem besonders schwerwiegenden und offenkundigen Fehler leidet (§ 44 I VwVfG). *Fehlerhaft* ist ein Verwaltungsakt, wenn er in formeller oder materieller Hinsicht gegen geltendes Recht verstößt, also rechtswidrig ist. *Besonders schwerwiegend* ist ein Rechtsfehler, wenn er gegen elementare rechtsstaatliche Anforderungen verstößt (z. B. fehlende sachliche Zuständigkeit der handelnde Behörde, Erlass eines völlig unklaren oder widersprüchlichen Verwaltungsakts, krasse Ermessensfehler). *Offenkundig* ist ein Rechtsfehler, wenn er auch von einem Bürger erkannt werden kann, der über keine speziellen Rechtskenntnisse verfügt, wenn mit anderen Worten dem Verwaltungsakt seine Rechtswidrigkeit „auf der Stirne geschrieben steht". Unabhängig davon ist ein Verwaltungsakt nichtig und damit unwirksam in denjenigen Fällen, die in § 44 II VwVfG ausdrücklich aufgeführt sind (sog. Positivkatalog). Danach ist der VA unter anderem dann nichtig, wenn er schriftlich, aber ohne Angabe der erlassenden Behörde erlassen wird, wenn er gegen die guten Sitten verstößt oder wenn er tatsächlich oder rechtlich nicht ausführbar ist. Bestimmte Rechtsfehler, die regelmäßig *nicht* zur Nichtigkeit, sondern nur zur Rechtswidrigkeit und damit zur Anfechtbarkeit des Verwaltungsaktes führen, sind klarstellend in § 44 III VwVfG aufgeführt (sog. „Negativkatalog"). Dies betrifft z. B. die bloße örtliche Unzuständigkeit der handelnden Behörde.
MERKE: Der nichtige Verwaltungsakt ist rechtlich nicht existent, er entfaltet also keinerlei Rechtswirkungen. Deshalb muss er vom Adressaten nicht befolgt werden und er darf von der ⇨ Behörde nicht vollstreckt werden. Betrifft die Nichtigkeit nur einen Teil des Verwaltungsaktes, so gilt der Grundsatz, dass eine solche Teilnichtigkeit zur Gesamtnichtigkeit führt, sofern der nichtige Teil so wesentlich ist, dass die Behörde den Verwaltungsakt ohne den nichtigen Teil überhaupt nicht erlassen hätte.

Nicht natürlicher Tod: ⇨ Unnatürlicher Tod.

Nicht offen ermittelnder Polizeibeamter: ⇨ Sonstiger nicht offen ermittelnder Polizeibeamter, ⇨ Verdeckter Ermittler.

Nichtstörer: Im Polizeirecht die Bezeichnung für eine Person, die zwar weder ⇨ Verhaltensstörer noch ⇨ Zustandsstörer ist, die aber trotzdem aufgrund des Bestehens einer notstandsähnlichen Lage polizeilich in Anspruch genommen werden darf, um eine bestehende Gefahr abzuwehren. Die Voraussetzungen für einen solchen ⇨ polizeilichen Notstand sind in den Polizeigesetzen von Bund und Ländern in Anlehnung an § 6 ME PolG vergleichsweise eng geregelt. Die dort genannten Voraussetzungen für die Inanspruchnahme einer an sich nicht verantwortlichen Person müssen jeweils *kumulativ* erfüllt sein. Der Nichtstörer wird teilweise auch als Notstandsstörer bezeichnet, was allerdings etwas missverständlich erscheint, weil ja der Nichtstörer gar kein Störer im eigentlichen Sinne ist.

Nicht zuzuordnender Gegenstand: ⇨ Herrenlose Sache.

Niedrige Beweggründe: Im Rahmen der sog. ⇨ „Mordmerkmale" jeder Tatantrieb, der nach allgemeiner sittlicher Bewertung auf tiefster Stufe steht, durch hemmungslose, triebhafte Eigensucht bestimmt ist und deshalb als besonders verwerflich, ja geradezu als verächtlich gelten muss. Mordlust, Triebbefriedigung und Habgier sind nach der in § 211 II StGB enthaltenen Aufzählung gesetzliche Beispiele für niedrige Beweggründe. Als sonstige – unbenannte – niedrige Beweggründe kommen insbesondere in Betracht: Eifersucht, Rachsucht, Rassenhass, Selbstsucht und übersteigerter Geltungsdrang, auch Wut oder Enttäuschung über verweigerten Geschlechtsverkehr, ganz allgemein Hass, Wut oder Neid, sofern darin eine besonders verwerfliche Gesinnung zum Ausdruck kommt. Maßgeblich für die Beurteilung sind stets die Persönlichkeit des Täters und alle sonstigen Umstände des Einzelfalles, insbesondere das Ausmaß des Missverhältnisses zwischen Tatmotiv und Tötung. Die Verwurzelung eines ausländischen Täters in den Anschauungen, Sitten und Gebräuchen seines Heimatlandes kann nach der Rechtsprechung unter Umständen die Bewertung des einer vorsätzlichen Tötung zu Grunde liegenden Beweggrundes als niedrig ausschließen.

Normative Tatbestandsmerkmale: Solche ⇨ Tatbestandsmerkmale, die nur unter der logischen Voraussetzung einer Rechtsnorm gedacht werden können und deren Bedeutungsgehalt sich erst durch ein ergänzendes Werturteil an Hand rechtlicher Maßstäbe und Kriterien erfassen lässt. Das Vorliegen eines normativen Tatumstandes lässt sich jeweils nur im Wege einer wertenden Beurteilung unter Berücksichtigung der geltenden Rechtsordnung bejahen. Als derartige wertausfüllungsbedürftige Tatbestandsmerkmale gelten z. B. die folgenden Merkmale: ⇨ Urkunde, ⇨ Eigentum, ⇨ Amtsträger, Ehe, ⇨ Geheimnis, Dienstvorgesetzter, sittenwidrig, verwerflich und fremd. Im Rahmen der Rechtsanwendung ergeben sich bei normativen Tatbestandsmerkmalen nicht selten Interpretationsprobleme, die dann zu Meinungsverschiedenheiten in Rechtsprechung und Lehre führen können.
MERKE: Den Gegenbegriff zu den normativen Tatbestandsmerkmalen bilden die sog. ⇨ „deskriptiven Tatbestandsmerkmale".

Notbremsung: ⇨ Schnellbremsung.

Nothilfe: Nothilfe ist die ⇨ Notwehr zugunsten eines Dritten. Die Nothilfe erweist sich damit lediglich als besonderer Unterfall der Notwehr.

Nötigung: ⇨ Drohung mit einem empfindlichen Übel, ⇨ Gewalt.

Notrufe bzw. Notzeichen: Als Notrufe bzw. Notzeichen i. S. d. § 145 I Nr. 1 StGB – betreffend den Missbrauch von Notrufen etc. – sind alle optischen, akustischen oder sonstigen *Bekundungen* anerkannt, die auf eine Gefahren- oder Notlage hindeuten und auf die Notwendigkeit fremder Hilfe aufmerksam sollen. Beispiele: Notruf- und Feuermelder, die Feuersirene, der Notruf „SOS", die Feuerglocke, die Notbremse in Zügen oder Straßenbahnen, auch die bundeseinheitlich geltenden Telefonrufnummern für die Polizei (110) bzw. Feuerwehr (112). Vgl. dazu BGHSt 34, 4 = NJW 1986, 1698, Leitsatz: „Das (absichtlich oder wissentlich) missbräuchliche Wählen der Notrufnummer 110 erfüllt den Tatbestand des § 145 Abs. 1 Nr. 1 Alt. 1 StGB.“ Ob auch der schlichte menschliche Hilferuf dem § 145 I Nr. 1 StGB unterfällt, wenn er absichtlich oder wissentlich missbräuchlich eingesetzt wird, ist umstritten.

Notstand: ⇨ Aggressivnotstand, ⇨ Defensivnotstand, ⇨ Rechtfertigender Notstand, ⇨ Entschuldigender Notstand.

Notwehr: Unter Notwehr versteht das Gesetz in den §§ 32 II StGB, 227 II BGB, 15 II OWiG diejenige ⇨ erforderliche Verteidigung, die darauf abzielt, einen ⇨ gegenwärtigen rechtswidrigen Angriff von sich oder einem anderen abzuwenden. Eine durch Notwehr in diesem Sinne gebotene Tat bzw. Handlung ist gemäß den §§ 32 I StGB, 227 I BGB, 15 I OWiG nicht rechtswidrig; die Notwehr stellt damit einen sog. ⇨ „Rechtfertigungsgrund“ dar. „Durch Notwehr geboten“ ist eine Tat bzw. Handlung nur dann, wenn sie äußerste sozial- und rechtsethische Grenzen nicht überschreitet: Die konkret geübte Notwehr muss sich unter Berücksichtigung aller Umstände des Einzelfalles im Rahmen des Gesamtwertsystems der Rechtsordnung halten. So sind etwa gewisse Einschränkungen des Notwehrrechts außer bei einem krassen Missverhältnis zwischen dem bedrohten und verletzten Rechtsgut auch hinzunehmen bei Angriffen von ⇨ Kindern, Betrunkenen, ersichtlich Irrenden und erkennbar schuldunfähigen Personen, bei tätlichen Streitigkeiten unter Eheleuten und unter Umständen im ⇨ Straßenverkehr. So ist z. B. nicht geboten und damit unzulässig der Einsatz eines Kfz gegen einen Fußgänger, der – wenngleich rechtswidrig – versucht, einen Parkplatz freizuhalten (BayObLG, NJW 1995, 2646). Die im Gesetz besonders erwähnte Notwehr zu Gunsten *eines anderen* wird verbreitet auch als ⇨ Nothilfe bezeichnet.

MERKE: Die in Anlehnung an § 35 II ME PolG erlassenen Vorschriften aus dem Zwangsrecht des Bundes und der Länder (z. B. § 10 III UZwG) verdeutlichen, dass sich auch ein Polizeibeamter in Ausübung seines Dienstes grundsätzlich auf Notwehr, Nothilfe oder Notstand berufen kann. Die st. Rspr. teilt diese Auffassung ganz ausdrücklich, vgl. z. B. BayObLG, JR 1991, 248: Der Polizeibeamte ist „kein Bürger minderen Rechts"; was jedermann in einer bestimmten Gefahrensituation rechtlich zu Gebote steht, muss auch dem Polizisten in gleicher Lage erlaubt sein. Wird ein strafrechtliches Ermittlungsverfahren wegen Körperverletzung aufgrund von Notwehr eingestellt, so muss dieser Umstand auch in anderen rechtlichen Zusammenhängen berücksichtigt werden (OVG NRW, Beschl. vom 22.9.2020, – 19 E 477/20 – rechtswidriger Schulverweis eines Schülers, der in Notwehr einen anderen Schüler niedergeschlagen und lebensgefährlich verletzt hatte).

Notwehrüberschreitung: Eine Notwehrüberschreitung i. S. d. § 33 StGB ist gegeben, wenn der Verteidiger aus Verwirrung, Furcht oder Schrecken die Grenzen einer zulässigen ⇨ Notwehr überschreitet. In einem solchen Falle kann der Verteidiger nicht bestraft werden, weil er als *entschuldigt* gilt. § 33 StGB beinhaltet damit zwar keinen ⇨ Rechtfertigungsgrund, wohl aber einen Entschuldigungsgrund. Eine dem § 33 StGB entsprechende Regelung enthält im Recht der ⇨ Ordnungswidrigkeiten die Vorschrift des § 15 III OWiG.

NWR-ID: ⇨ Nationales Waffenregister.

Objektive Bedingungen der Strafbarkeit: Solche Umstände, deren objektiver Eintritt bei manchen Delikten Voraussetzung dafür ist, dass jemand aus der betreffenden Strafvorschrift überhaupt bestraft werden kann. Solche Strafbarkeitsbedingungen ergänzen den objektiven Tatbestand des jeweiligen Delikts und werden daher auch als Tatbestandsannex bezeichnet. Da es sich nicht um Tatbestandsmerkmale im eigentlichen Sinne handelt, muss sich der Vorsatz des Täters *nicht* auf diese Umstände erstre-

cken. Ebenso wenig ist erforderlich, dass der Täter den Eintritt der objektiven Strafbarkeitsbedingung verursacht oder gar verschuldet hat. Deshalb werden sie teilweise auch als Risikomerkmale bezeichnet: Es liegt nämlich im Risikobereich des Täters, ob die betreffende Bedingung eintritt oder nicht.
MERKE: Als objektive Bedingungen der Strafbarkeit können angesehen werden: Die Nichterweislichkeit der behaupteten oder verbreiteten ehrenrührigen Tatsache bei der üblen Nachrede (§ 186 StGB), der Eintritt der schweren Folge bei der Beteiligung an einer Schlägerei (§ 231 StGB), die Rechtmäßigkeit der Diensthandlung beim Widerstand gegen ⇨ Vollstreckungsbeamte (§ 113 StGB) sowie die Verwirklichung der Rauschtat beim Vollrausch (§ 323a StGB).

Objektive Tatbestandsmerkmale: Solche in einer Rechtsnorm enthaltenen ⇨ Tatbestandsmerkmale, die der Außenwelt angehören und einen neutralen, d. h. personenunabhängigen Charakter aufweisen. Die weitaus meisten in den Gesetzen vorkommenden Elemente des Tatbestandes sind in diesem Sinne „objektiv". Eine besonders wichtige Rolle spielen objektive Tatbestandsmerkmale allerdings im Strafrecht. Hier geht es um diejenigen in einem ⇨ Straftatbestand aufgeführten Tatumstände, die das äußere Erscheinungsbild der ⇨ Straftat bestimmen. Dazu gehören z. B. Tatumstände wie ⇨ Waffe, Werkzeug, ⇨ Wegnahme, Gefährdung, Beschädigung, Zerstörung, Körperverletzung oder der Tod eines Menschen. Zum objektiven Tatbestand gehören insbesondere der Täterkreis, das Tatobjekt oder Tatsubjekt, die Tathandlung, der Taterfolg sowie besondere Tatmodalitäten, ebenso wie Kausalität und objektive Zurechnung. Dabei erfasst der Begriff des „Objektiven" im Tatbestand nicht nur sinnlich wahrnehmbare Gegenstände, Zustände und Ereignisse der Außenwelt, sondern alles, was außerhalb der Innenwelt des Täters gelegen ist. So gehört etwa auch das Merkmal „unbefugt" i. S. d. §§ 132, 132a StGB zum objektiven Tatbestand. Die Gesamtheit der objektiven Tatbestandsmerkmale einer Strafrechtsnorm bildet den gegenständlich-realen Kern des betreffenden Delikts.

MERKE: Den Gegenbegriff zu den objektiven Tatbestandsmerkmalen bilden die sog. ⇨ „subjektiven Tatbestandsmerkmale".

Objektive Zurechnung: Der besondere Rechtswidrigkeits- oder Pflichtwidrigkeitszusammenhang zwischen einem bestimmten Täterverhalten und einem dadurch i. S. d. Äquivalenztheorie verursachten Erfolg, welcher bestehen muss, damit man dem Täter den von ihm kausal herbeigeführten schädlichen Erfolg im strafrechtlichen Sinne auch tatsächlich als „sein Werk" zurechnen kann, mit der Konsequenz, dass er für den schädlichen Erfolg verantwortlich zu machen ist. Die ⇨ Kausalität zwischen dem Täterverhalten und dem hierdurch bewirkten Erfolg erweist sich damit als eine zwar notwendige, aber nicht hinreichende Bedingung für strafrechtliche Verantwortlichkeit. In welchen Fallgruppen eine solche objektive Zurechnung möglicherweise auszuscheiden hat und welche Kriterien hierbei eine Rolle zu spielen haben, ist Gegenstand der Lehre von der objektiven Zurechnung. In diesem Zusammenhang gibt es eine ganze Reihe von Strömungen und Modellen, die sich in den Denkansätzen und Einzelheiten zum Teil durchaus unterscheiden. In den praktischen Schlussfolgerungen besteht jedoch zumeist Einigkeit.
MERKE: Als wichtigste Kernaussagen der Lehre von der objektiven Zurechnung haben sich die folgenden Thesen herausgebildet: Die objektive Zurechnung ist zu verneinen bei völlig regelwidrigen, atypischen und damit gänzlich unwahrscheinlichen Geschehensabläufen, die für den Täter nicht vorhersehbar waren bzw. mit denen er ernsthaft nicht rechnen konnte oder musste. Eine objektive Zurechnung kann nicht erfolgen, wenn sich der Schadenseintritt außerhalb des menschlichen Beherrschungsvermögens vollzieht, sodass der Täter durch sein Handeln kein rechtlich relevantes Risiko für das Opfer geschaffen hat. Die objektive Zurechnung entfällt zumindest häufig beim freien Eintritt eines vorsätzlich Handelnden in die vom Erstverursacher in Gang gesetzte Kausalkette (vorsätzliches „Dazwischentreten" eines Dritten). Eine objektive Zurechnung kommt nicht in Betracht, wenn der hergeführte Erfolg zwar auf einer sorgfaltswidrigen Hand-

lung des Verursachers beruht, der Erfolg jedoch außerhalb des Schutzzwecks der verletzten Sorgfaltsnorm liegt. Eine objektive Zurechnung ist auch dann nicht möglich, wenn sich im Erfolg nicht gerade die vom Täter rechtswidrig geschaffene Gefahr verwirklicht hat, wenn also mit anderen Worten der Erfolg zwar auf dem Verhalten des Täters, nicht jedoch auf der Pflichtwidrigkeit dieses Verhaltens beruht. Auf diese Weise lässt sich etwa der bekannte Radfahrer-Fall lösen (BGHSt 11, 1): Der BGH verneinte damals die „Fahrlässigkeitskausalität“, nahm aber damit lediglich – im Rahmen einer etwas anderen Terminologie – den Gesichtspunkt des Pflicht- bzw. Rechtswidrigkeitszusammenhangs vorweg. Heute spricht man in derartigen Fällen meist vom „Einwand rechtmäßigen Alternativverhaltens“. Eine objektive Zurechnung muss ferner verneint werden, wenn der Täter das beeinträchtigte Rechtsgut nicht oder jedenfalls nicht messbar schlechter gestellt hat, als es ohne sein Eingreifen stünde. Keine objektive Zurechnung erscheint schließlich geboten, wenn der Handelnde ein für das Opfer bestehendes Risiko verkleinert hat (Prinzip der Risikoverringerung). Außerdem kann die objektive Zurechnung entfallen bei einer eigenverantwortlich gewollten Selbstgefährdung oder Selbstverletzung des Opfers, wenn sich die Mitwirkung des Täters lediglich in einer bloßen Veranlassung, Ermöglichung oder Förderung der freiwilligen Selbstschädigung erschöpft (vgl. z. B. BGH, NStZ 1985, 25; BayObLG, NStZ 1990, 81).

Observation: Die planmäßig angelegte und in der Regel heimliche Beobachtung einer Person aus Gründen der Gefahrenabwehr oder Strafverfolgung. Die entsprechenden Befugnisnormen in den Polizeigesetzen von Bund und Ländern sowie in der Strafprozessordnung unterscheiden zwischen der langfristigen und der kurzfristigen Observation. Eine Observation erfolgt nach den einschlägigen ⇨ Legaldefinitionen *langfristig*, wenn sie durchgehend länger als 24 Stunden dauert oder an mehr als zwei Tagen stattfindet (vgl. z. B. §§ 163f I StPO, 28 II Nr. 1 BPolG). Unterschreitet eine Observation den eben beschriebenen Zeitrahmen, so handelt es sich um eine kurzfristige Observation.

Offene Tatbestände: Die Bezeichnung für solche ⇨ Straftatbestände, deren tatbestandliche Verwirklichung ausnahmsweise *nicht* automatisch auf die Rechtswidrigkeit des Täterverhaltens schließen lässt. Der bekannte Satz „die Tatbestandsmäßigkeit indiziert die Rechtswidrigkeit" beansprucht also in diesem besonderen Zusammenhang *keine* Geltung. Die sonst übliche Vermutung rechtswidrigen Verhaltens allein aufgrund der Tatbestandserfüllung ist bei den offenen Tatbeständen deshalb nicht angezeigt, weil die betreffenden Straftatbestände sehr weit formuliert sind, sodass sie auch solche Verhaltensweisen erfassen, die eindeutig kein kriminelles Unrecht darstellen. Vielmehr können vielfach auch Verhaltensweisen tatbestandsmäßig sein, die sich durchaus im Rahmen der Sozialadäquanz halten, weil sie die anerkannten gesellschaftlichen, geschäftlichen oder arbeitsrechtlichen Spielregeln nicht verletzen. Zu diesen offenen Tatbeständen gehören insbesondere die Zwangsverheiratung (§ 237 StGB), die Nötigung (§ 240 StGB) sowie die – einfache – Erpressung (§ 253 StGB). Bei diesen Delikten bedarf die Frage der Rechtswidrigkeit also stets einer genaueren Prüfung. Den dabei anzuwendenden Prüfungsmaßstab liefert das Gesetz selbst: Das tatbestandliche Nötigungs- bzw. Erpressungsverhalten ist nämlich nur dann rechtswidrig, wenn die Anwendung des vom Täter gewählten Tatmittels zur Erreichung des von ihm verfolgten Zweckes unter Berücksichtigung aller konkreten Umstände als *verwerflich* anzusehen ist (vgl. § 240 II bzw. § 253 II StGB). Kurzformel: Über die Frage der Rechtswidrigkeit entscheidet bei den offenen Tatbeständen die ⇨ Verwerflichkeit der Mittel-Zweck-Relation; diese ist in jedem Einzelfall zu prüfen.
MERKE: Setzt der Täter einer Erpressung aber ein *Raubmittel* zur Zielerreichung ein (also Gewalt gegen eine Person oder eine qualifizierte Drohung), dann gewinnt der Tatbestand seine übliche Indizwirkung zurück und lässt folglich den regelhaften Schluss auf die Rechtswidrigkeit der Tat zu. Dies bedeutet: Im Falle einer *räuberischen* Erpressung i. S. d. § 255 StGB findet die in § 253 II StGB enthaltene besondere Rechtswidrigkeitsregelung *keine* Anwendung. Dies muss konsequenterweise erst recht gelten, wenn

es sich um einen *qualifizierten* Fall der räuberischen Erpressung handelt, weil zusätzlich Erschwerungsgründe i. S. d. §§ 250, 251 StGB gegeben sind, die ja im Rahmen des § 255 StGB nach allgemeiner Meinung entsprechende Anwendung finden („ist gleich einem Räuber zu bestrafen").

Öffentliche Ansammlung: Eine *Ansammlung* ist in der Rechtssprache die Bezeichnung für eine größere Personenmehrheit, die nur zufällig an einem Ort zusammengekommen ist, ohne dass eine Organisation dieser Zusammenkunft erfolgt wäre und ohne dass ein gemeinsam verfolgter Zweck die Anwesenden innerlich verbinden würde. Beispiel: Der Menschenauflauf anlässlich eines Verkehrsunfalls. *Öffentlich* ist eine solche Ansammlung, wenn sich ihr im Prinzip jedermann anschließen kann, was regelmäßig der Fall sein wird. Eine solche öffentliche Ansammlung ist versammlungsrechtlich von der ⇨ öffentlichen Versammlung zu unterscheiden. Das Gesetz verwendet den Begriff der öffentlichen Ansammlung in unterschiedlichen Zusammenhängen (vgl. z. B. §§ 26 I 1, II BPolG, 113 OWiG). Im Strafrecht entspricht der Ansammlung der Begriff der Menschenmenge.

Öffentliche Ordnung: Die zusammenfassende Bezeichnung für die Gesamtheit derjenigen außerrechtlichen und zumeist ungeschriebenen Regeln für das Verhalten des Einzelnen in der Öffentlichkeit, die nach den jeweils vorherrschenden sozialen und ethischen Anschauungen für ein geordnetes Zusammenleben der Menschen in der staatlichen Gemeinschaft zu den unbedingten Mindestvoraussetzungen gehören. Bei den Regeln der öffentlichen Ordnung handelt es sich also um soziale Regeln, nicht um Normen des positiven Rechts. Die öffentliche Ordnung ist berührt, wenn soziale Unerträglichkeiten auftreten, die sich zwar gegen wesentliche Wertvorstellungen der Gemeinschaft richten, die aber noch keine Verstöße gegen die öffentliche Sicherheit darstellen. Kennzeichnend für die Schutzgüter der öffentlichen Ordnung ist, dass sie nicht, nicht mehr oder noch nicht durch die positive Rechtsordnung geschützt werden. Dies trifft etwa zu auf

die Rücksichtnahme gegenüber Hilfsbedürftigen, auf den öffentlichen Anstand oder auf das sittliche Empfinden.
MERKE: Das Merkmal der öffentlichen Ordnung ist dynamisch zu verstehen, d. h. es unterliegt den sich ständig verändernden gesellschaftlichen Entwicklungen und Anschauungen. Gleichwohl genügt der Begriff der öffentlichen Ordnung dem verfassungsrechtlichen Bestimmtheitsgebot, weil er insbesondere durch die Rechtsprechung eine hinreichende Präzisierung gefunden hat (BVerfGE 54, 143, 144 ff.; 69, 315, 352 ff.). Im Übrigen verwendet sogar die Verfassung selbst den Begriff der öffentlichen Ordnung an verschiedenen Stellen (vgl. Art. 13 VII und Art. 35 II GG).

Öffentliche Sicherheit: Die zusammenfassende Bezeichnung für die Gesamtheit derjenigen Schutzgüter, deren Bewahrung zu den Kernaufgaben der Polizei sowie anderer Gefahrenabwehrbehörden zählt. Zu diesen Schutzgütern gehören 1. die Unversehrtheit der bestehenden Rechtsordnung, 2. der Bestand und die Funktionstüchtigkeit des Staates einschließlich seiner Einrichtungen, Veranstaltungen und Tätigkeiten sowie 3. die von der Rechtsordnung anerkannten individuellen Rechte und Rechtsgüter sowie 4. alle kollektiven Rechtsgüter. Zur objektiven Rechtsordnung im vorstehenden Sinne zählen jedenfalls alle Normen des öffentlichen Rechts. Deshalb begründen insbesondere Verstöße gegen das Strafrecht oder Ordnungswidrigkeitenrecht stets eine Gefährdung bzw. Verletzung der öffentlichen Sicherheit. Ferner ist der Staat in seinem Bestand, seinen Einrichtungen und Veranstaltungen sowie in seiner Funktionstüchtigkeit „störungsfrei" zu halten. Geschützt sind dabei die Organe aller drei Staatsgewalten und deren Tätigkeit, also insbesondere Parlamente, Gerichte, ⇨ Behörden und Ämter. Auch die Einrichtungen, das Personal, die Ausstattung und die Aktivitäten der Polizei selbst fallen in den Schutzbereich der öffentlichen Sicherheit. Subjektive Rechte des Einzelnen wie das ⇨ Eigentum und Individualrechtsgüter wie z. B. Leben, Gesundheit, Freiheit und Ehre unterfallen unstreitig dann der öffentlichen Sicherheit, wenn das öffentliche Interesse berührt ist, wenn also der Einzelne nicht nur als Pri-

vatperson, sondern zugleich als Mitglied der Gemeinschaft betroffen ist. Individuelle Rechte und Rechtsgüter werden deshalb vor allem dann von der öffentlichen Sicherheit umfasst, wenn sie zugleich durch die öffentlich-rechtliche Rechtsordnung geschützt sind, namentlich durch die Strafrechtsordnung oder durch das Recht der Ordnungswidrigkeiten. Dabei ist dem Schutz des menschlichen Lebens, der körperlichen Unversehrtheit und der Gesundheit eine besondere Bedeutung beizumessen. Kollektive Rechtsgüter, die ebenfalls in den Schutzbereich der öffentlichen Sicherheit fallen, sind z. B. die Volksgesundheit, die Wehrfähigkeit, die Versorgung der Bevölkerung mit Wasser und Energie, die Lebensmittelsicherheit und die Unversehrtheit der Umwelt.
MERKE: Der polizeiliche Schutz rein privater Rechte wie z. B. Forderungen aus privaten Rechtsgeschäften, dingliche Rechte, Familienrechte etc. ist nur im Ausnahmefall gestattet, wenn nämlich gerichtliche Hilfe nicht oder nicht rechtzeitig eingeholt werden kann und wenn außerdem ohne das polizeiliche Eingreifen die Verwirklichung des Rechts vereitelt oder wesentlich erschwert werden würde (so schon BVerfG NJW 1952, 1407; vgl. auch § 1 II ME PolG). Sofern man derartige Privatrechte überhaupt in den Schutzbereich der öffentlichen Sicherheit einbeziehen will, fehlt es jedenfalls an der erforderlichen polizeilichen Zuständigkeit, wenn die eben genannten Eilfallvoraussetzungen nicht erfüllt sind.

Öffentliche Veranstaltung oder Ansammlung: Eine Veranstaltung ist die geplante Zusammenkunft einer größeren Anzahl von Personen, die gezielt zu einen bestimmten gemeinsamen Zweck zusammengekommen sind, wobei der verfolgte gemeinsame Zweck – anders als bei der Versammlung i. S. d. Versammlungsrechts – ein beliebiger sein kann. *Öffentlich* ist eine solche Veranstaltung, wenn sich ihr im Prinzip jeder anschließen kann, sei es auch erst nach Erfüllung von Bedingungen (z. B. Bezahlung eines Eintrittsgeldes). Im Falle einer öffentlichen *Ansammlung* dagegen ist eine größere Personenmehrheit nur zufällig an einen Ort zusammengetreten, ohne dass ein verbindender gemeinsamer Zweck verfolgt würde und ohne dass eine vorherige gezielte Organisation

der Zusammenkunft erfolgt wäre. So ist etwa eine bloße öffentliche Ansammlung gegeben, wenn eine Gruppe von Schaulustigen die Rettungsarbeiten nach einem schweren Unfall beobachtet.
MERKE: Die obigen Begrifflichkeiten spielen z. B. in § 26 BPolG eine Rolle, der als Spezialvorschrift die bundespolizeiliche Datenerhebung im Zusammenhang mit öffentlichen Veranstaltungen bzw. Ansammlungen regelt.

Öffentliches Verfolgungsinteresse: Die Staatsanwaltschaft ist bei den sog. „Privatklagedelikten" (§ 374 StPO) nur dann zur amtswegigen Verfolgung und damit zur Anklageerhebung verpflichtet, wenn dies *im öffentlichen Interesse* liegt (§ 376 StPO). Der unbestimmte Rechtsbegriff des öffentlichen Interesses an der Verfolgung von Privatklagedelikten i. S. d. § 376 StPO wird in RiStBV Nr. 86 II näher konkretisiert. Danach liegt ein solches Interesse in der Regel dann vor, wenn der Rechtsfrieden über den Lebenskreis des Verletzten hinaus gestört und die Strafverfolgung ein gegenwärtiges Anliegen der Allgemeinheit ist, z. B. wegen des Ausmaßes der Rechtsverletzung, der Rohheit oder Gefährlichkeit der Tat, der rassistischen, fremdenfeindlichen oder sonstigen menschenverachtenden Beweggründe des Täters oder der Stellung des Verletzten im öffentlichen Leben. Ist der Rechtsfrieden über den Lebenskreis des Verletzten hinaus nicht gestört worden, so kann ein öffentliches Interesse gleichwohl auch dann vorliegen, wenn dem Verletzten wegen seiner persönlichen Beziehung zum Täter nicht zugemutet werden kann, die Privatklage zu erheben, und wenn gleichzeitig die Strafverfolgung ein gegenwärtiges Anliegen der Allgemeinheit ist.
MERKE: Der Begriff des öffentlichen Verfolgungsinteresses i. S. d. § 376 StPO ist verwandt, aber nicht identisch mit dem ähnlichen ⇨ „besonderen" öffentlichen Verfolgungsinteresse, das bei vielen Antragsdelikten einen fehlenden bzw. unwirksamen ⇨ Strafantrag überwinden kann.

Öffentliche Versammlung: Unter einer *Versammlung* i. S. v. Art. 8 GG und gleichzeitig auch i. S. d. Versammlungsgesetze von

Bund und Ländern versteht man die Zusammenkunft von mindestens zwei Personen, die vorübergehend an einem bestimmten Ort zur gemeinschaftlichen Erörterung und Kundgebung zusammenkommen, und zwar mit dem alleinigen oder doch überwiegenden Ziel der Teilhabe an der öffentlichen Meinungsbildung (st. Rspr. seit BVerfG, NJW 2001, 2459 = BVerfGE 69, 315; im Kern ebenso § 2 I BayVersG, § 2 NVersG, § 1 III SächsVersG). Lediglich die in § 2 I VersFG SH enthaltene Legaldefinition verlangt entgegen der h. M. eine Mindestanzahl von *drei* Personen. Für die Eröffnung des Schutzbereichs des Art. 8 GG und für die Anwendbarkeit der Versammlungsgesetze reicht es also nicht aus, dass die Teilnehmer bei ihrer Zusammenkunft durch *irgendeinen* gemeinsamen Zweck miteinander verbunden sind, sondern es muss ihnen gerade um die Willensbildung bzw. Willensäußerung in öffentlichen Angelegenheiten gehen. *Öffentlich* ist eine Versammlung immer dann, wenn die Teilnahme an ihr nicht auf einen individuell bestimmten Personenkreis bestimmt ist, sodass im Prinzip jedermann zu ihr Zutritt hat. Das Gegenstück zur öffentlichen Versammlung ist die „geschlossene Gesellschaft", zu der nur geladene Personen Zutritt haben. Eine nicht ortsfeste, sondern sich fortbewegende Versammlung wird *Aufzug* genannt. MERKE: Unerheblich für den Versammlungsbegriff ist, ob die Zusammenkunft ad hoc erfolgt oder ob sie geplant bzw. organisiert worden ist. An der Organisation und auch an der Verfolgung eines gemeinsamen Zwecks fehlt es bei der sog. ⇨ „öffentlichen Ansammlung". Ist eine geplante Zusammenkunft von Menschen einerseits auf die Teilhabe an der öffentlichen Meinungsbildung gerichtet, verfolgt sie aber andererseits auch noch andere Zwecke, so ist eine solche „gemischte" Veranstaltung (nur) dann als Versammlung i. S. d. Grundgesetzes und der Versammlungsgesetze zu behandeln, wenn die anderen Zwecke aus der Sicht eines durchschnittlichen Betrachters nicht erkennbar im Vordergrund stehen (BVerwG, DÖV 2007, 883 = BVerwGE 129, 42). Das Ziel der Teilhabe an der öffentlichen Meinungsbildung muss also gegenüber den anderen Zwecken überwiegen.

Offizialdelikte: ⇨ Privatklagedelikte.

OLAF: Abkürzung für *Office Européen de la* Lutte Anti-*Fraude*, in Deutschland üblicherweise als Europäisches Amt für Betrugsbekämpfung bezeichnet. Es handelt sich bei OLAF um ein 1999 durch Beschluss der EU-Kommission eingerichtetes Amt mit Sitz in Brüssel. Zentrale Aufgabe von OLAF ist die Bekämpfung von Betrügereien und sonstigen gegen die finanziellen Interessen der EU gerichteten rechtswidrigen Handlungen. Dazu gehört insbesondere auch die Verhütung und Unterbindung von Korruption zum Nachteil der Union. Organisatorisch stellt OLAF keine selbstständige ⇨ Behörde dar, sondern ist Teil der Europäischen Kommission. Dort ist es dem EU-Kommissar für Steuern, Zollunion, Audit und Betrugsbekämpfung zugeordnet. Die Tätigkeit von OLAF umfasst namentlich die Durchführung eigener – interner oder externer – Ermittlungen, die Unterstützung und Koordinierung von Ermittlungen anderer Behörden und sonstiger Stellen sowie die Konzeptionierung der Betrugsbekämpfung durch die EU. Die Rechtsgrundlagen für die Einrichtung, Organisation und Tätigkeit von OLAF bilden nach aktuellem Recht der Beschluss 1999/352/EG, EGKS, Euroatom in seiner heutigen Fassung, der Art. 325 AEUV sowie die VO (EU, Euratom) Nr. 883/2013.

Online-Durchsuchung: Die auch vom Gesetzgeber selbst verwendete Bezeichnung für bestimmte Methoden der verdeckten Ausforschung von Datenbeständen, die auf Computern und vergleichbaren Informationsträgern gespeichert sind (vgl. z. B. die amtliche Überschrift des § 100b StPO). Das BVerfG spricht von der *„geheimen Infiltration eines informationstechnischen Systems"* (vgl. BVerfGE, NJW 2008, 822). Dabei wird ohne Wissen des Betroffenen ein sog. „Staatstrojaner" in ein IT-System implementiert, mit dessen Hilfe die Systemnutzung überwacht und die Speichermedien ausgelesen werden können. Das BVerfG hat zum Schutz vor derartigen Eingriffen das sog. ⇨ „IT-Grundrecht" entwickelt. Eröffnet eine eingeschleuste Überwachungssoftware die Möglichkeit zur vollständigen Ausforschung des Datenbestandes auf dem betroffenen IT-System, so ist von einer Online-Durchsuchung auszugehen, und nicht etwa nur von einer sog. ⇨ „Quellen-TKÜ“, die geringeren rechtlichen Anforderungen unterliegt. MERKE: Der 2017 in die StPO eingefügte § 100b StPO erlaubt eine Online-Durchsuchung im Rahmen der Strafverfolgung. Eine präventive Online-Durchsuchung – namentlich zur Verhütung oder Verhinderung von schweren Straftaten – war bereits vorher dem BKA sowie den Nachrichtendiensten gesetzlich erlaubt.

Opferanwalt: Die in der Strafverfolgungspraxis übliche Bezeichnung für einen Rechtsanwalt, der das Opfer einer ⇨ Straftat im Strafverfahren vertritt oder unterstützt. Die allgemeine Rechtsgrundlage für diese Form des anwaltlichen Beistandes bildet § 406f StPO, der sich auf das gesamte Strafverfahren bezieht, also auch schon auf das Ermittlungsverfahren und insbesondere auf ⇨ Vernehmungen. Außerdem kann im Falle einer Nebenklage nach § 397a StPO bei bestimmten Delikten dem Opfer auf seinen Antrag vom Gericht ein Rechtsanwalt als Beistand auf Kosten des Staates bestellt werden. In anderen Fällen kann das Opfer einen Anwalt selbst beauftragen; dann kommt die Inanspruchnahme von Prozesskostenhilfe oder eine Kostenübernahme durch eine Rechtsschutzversicherung oder einen Opferschutzverband (wie etwa den Weißen Ring) in Betracht. Ein Opferanwalt kann ferner im Rahmen des sog. ⇨ „Adhäsionsverfahrens“ zugunsten des Opfers zivilrechtliche Ansprüche auf Schadensersatz bzw. Schmerzensgeld bereits im Rahmen des Strafverfahrens geltend machen (vgl. §§ 403 ff. StPO). Dies macht im Erfolgsfalle die spätere Anstrengung eines zweiten Gerichtsverfahrens in Gestalt des Zivilprozesses überflüssig.

Opportunitätsprinzip: Kurzbezeichnung für die Maxime, dass über die Einleitung oder Einstellung eines Bußgeld- oder Strafverfahrens nach ⇨ pflichtgemäßem Ermessen entschieden werden darf, ohne dass ein unbedingter Verfolgungszwang bestünde. Im Bußgeldverfahren gilt das Opportunitätsprinzip generell, im Strafverfahren gilt es – in Ausnahme vom grundsätzlich gelten-

den ⇨ Legalitätsprinzip – in vielen Zusammenhängen ebenfalls. Denn die Strafprozessordnung erlaubt der Staatsanwaltschaft in etlichen Fällen, nach pflichtgemäßem Ermessen von der Strafverfolgung abzusehen, wobei diese Einstellung unter Umständen nur vorläufig oder nur beschränkt erfolgen kann (§§ 153 ff. StPO; vgl. ferner RiStBV Nr. 5, 93–103, 211).
MERKE: Obwohl die Vorschriften über das Opportunitätsprinzip im Strafverfahren rechtstheoretisch Ausnahmeregelungen darstellen, finden sie in der Rechtswirklichkeit in weitem Umfange Anwendung und sind deshalb von erheblicher praktischer Bedeutung. Für die Polizei gilt im Strafverfahren in mancher Hinsicht ein sog. ⇨ „faktisches Opportunitätsprinzip".

Ordnungswidrigkeit: Nach der in § 1 I OWiG enthaltenen ⇨ Legaldefinition eine rechtswidrige und vorwerfbare Handlung, die den Tatbestand eines Gesetzes verwirklicht, das die Ahndung mit einer *Geldbuße* zulässt. „Handlung" ist hier eigentlich gemeint i. S. v. „Verhalten" (= aktives Tun oder Unterlassen). Wie im Strafrecht kommt deshalb auch eine Tatbestandsverwirklichung durch *pflichtwidriges Unterlassen* in Betracht. Das ist zunächst dann der Fall, wenn jemand eine gesetzlich von ihm ausdrücklich verlangte Tätigkeit unterlässt. Ferner kommt eine Ordnungswidrigkeit aber auch in Betracht, wenn der Täter einen bestimmten Erfolg durch schlichte Untätigkeit herbeiführt, obwohl er rechtlich dazu verpflichtet ist, diesen Erfolg abzuwenden (vgl. § 8 OWiG).
MERKE: Im Recht der Ordnungswidrigkeiten gilt nicht das ⇨ Legalitätsprinzip, sondern das ⇨ Opportunitätsprinzip, es geht nicht um kriminelles Unrecht, sondern nur um die Bekämpfung bloßen Verwaltungsunrechts, es droht keine Kriminalstrafe und auch keine sonstige strafrechtliche Sanktion, sondern nur eine Geldbuße, derjenige, gegen den sich das Bußgeldverfahren richtet, wird „Betroffener" genannt, und es gibt keine Unterscheidung zwischen ⇨ Täterschaft und ⇨ Teilnahme, weil jeder an einer Ordnungswidrigkeit Beteiligte (der Täter, der Anstifter, der Gehilfe) ordnungswidrig handelt (vgl. § 14 OwiG).

Organisierte Kriminalität: Gemäß der in der Anlage E der RiStBV enthaltenen Definition die vom Gewinn- oder Machtstreben bestimmte planmäßige Begehung von ⇨ Straftaten, die einzeln oder in ihrer Gesamtheit von erheblicher Bedeutung sind, wenn mehr als zwei Beteiligte auf längere oder unbestimmte Dauer arbeitsteilig unter Verwendung gewerblicher oder geschäftsähnlicher Strukturen, unter Anwendung von Gewalt oder anderer zur Einschüchterung geeigneter Mittel oder unter Einflussnahme auf Politik, Medien, öffentliche Verwaltung, Justiz oder Wirtschaft zusammenwirken, ohne dass es sich dabei um Terrorismus handeln würde. Letztlich handelt es sich bei Organisierter Kriminalität also um eine besonders gefährliche Erscheinungsform der Kriminalität, die sich namentlich durch einen hohen Organisationsgrad, hierarchische Strukturen und strikte Abschottung nach außen auszeichnet. Die Abschottung nach außen beruht oft auf Faktoren wie ethnische Solidarität, Sprache, Sitten, sozialer und familiärer Hintergrund.
MERKE: Organisierte Kriminalität tritt typischerweise in bestimmten Kriminalitätsbereichen auf, wie z. B. illegaler Rauschgift- und Waffenhandel, Zuhälterei, Prostitution, Menschenhandel, illegales Glücks- und Falschspiel, Schutzgelderpressung, unerlaubte Arbeitsvermittlung, Schwarzarbeit, illegale Einschleusung von Ausländern, Geldfälscherei, Kfz-Verschiebung und Schmuggel. Spezielle Indikatoren, die einzeln oder verknüpft darauf hindeuten können, dass ein bestimmtes kriminelles Geschehen der Organisierten Kriminalität zuzurechnen ist, sind am Ende der Anlage E der RiStBV aufgelistet.

Papiere: Im speziellen Sinne des § 110 StPO sind mit dem Begriff „Papiere“ nicht nur Schriftstücke aller Art gemeint, sondern darüber hinaus alle verkörperten Mitteilungen oder Aufzeichnungen, gleichgültig, auf welchem Informationsträger sie festgehalten sind. Deshalb gehören zu den Papieren im vorstehenden Sinne auch Filmrollen, Videobänder, Magnetbänder, Disketten, CD-ROMs, DVDs, Speichersticks und Computerfestplatten. Selbst das benutzte Farbband einer Schreibmaschine kann man als Papier i. S. d. § 110 StPO ansehen.

MERKE: Lässt sich die potenzielle Beweisbedeutung von Papieren, die bei einer Durchsuchung gefunden worden sind, nicht unmittelbar vor Ort feststellen, so kann eine Mitnahme dieser Papiere „zur Durchsicht“ erfolgen. Die Rechtsgrundlage für diese „vorläufige Sicherstellung“ bilden die §§ 102, 103 i. V. m. § 110 StPO. Steht nach erfolgter Durchsicht die tatsächliche oder zumindest mögliche Beweisbedeutung fest, so kann eine endgültige Beschlagnahme gemäß den §§ 94, 98 StPO erfolgen; ansonsten sind die Papiere wieder freizugeben. Die endgültige Beschlagnahme kann nur durch den Richter angeordnet werden, weil sich die vorläufig sichergestellten Papiere ja bereits im Gewahrsam staatlicher Stellen befinden und somit keine ⇨ Gefahr im Verzug mehr bestehen kann.

Pass: ⇨ Amtliche Ausweise.

Passersatzpapier: ⇨ Amtliche Ausweise.

Personalausweis: ⇨ Amtliche Ausweise.

Personenbeobachtung: ⇨ Observation.

Personenbezogene Daten: Im Sinne des neuen Datenschutzrechts (gültig seit dem 25.5.2018) nach der nunmehr geltenden ⇨Legaldefinition alle Informationen, die sich auf eine identifizierte oder identifizierbare natürliche Person beziehen; als identifizierbar wird eine natürliche Person angesehen, die direkt oder indirekt identifiziert werden kann, insbesondere mittels Zuordnung zu einer Kennung wie einem Namen, zu einer Kennnummer, zu Standortdaten, zu einer Online-Kennung oder zu einem oder mehreren besonderen Merkmalen, welche Ausdruck der physischen, physiologischen, genetischen, psychischen, wirtschaftlichen, kulturellen oder sozialen Identität dieser natürlichen Person sind (so Art. 4 Nr. 1 DSGV bzw. § 46 Nr. 1 BDSG). Innerhalb der personenbezogenen Daten im vorstehenden Sinne gibt es sog. *„besondere Kategorien von personenbezogenen Daten“*. Diese

gelten als gesteigert sensibel und besonders schützenswert. Zu ihnen gehören a)alle personenbezogenen Daten, aus denen die rassische bzw. ethnische Herkunft, politische Meinungen, religiöse oder weltanschauliche Überzeugungen oder die Gewerkschaftszugehörigkeit hervorgehen, b) genetische Daten, c) biometrische Daten zur eindeutigen Identifizierung einer natürlichen Person, d) Gesundheitsdaten sowie e) alle Daten zum Sexualleben oder zur sexuellen Orientierung einer natürlichen Person (Art. 9 I DSGV bzw. § 46 Nr. 14 BDSG). Die Verarbeitung von personenbezogenen Daten, die in eine der vorgenannten besonderen Kategorien fallen, ist deshalb nur unter engen Voraussetzungen zulässig.
MERKE: Nach dem früheren BDSG konnten personenbezogene Daten erhoben, verarbeitet oder genutzt werden. Das neue Datenschutzrecht kennt beim Umgang mit personenbezogenen Daten nur noch den Oberbegriff der Verarbeitung. Unter *Verarbeitung* ist nunmehr jeder mit oder ohne Hilfe automatisierter Verfahren ausgeführte Vorgang oder jede solche Vorgangsreihe im Zusammenhang mit personenbezogenen Daten zu verstehen, wie das Erheben, das Erfassen, die Organisation, das Ordnen, die Speicherung, die Anpassung, die Veränderung, das Auslesen, das Abfragen, die Verwendung, die Offenlegung durch Übermittlung, Verbreitung oder eine andere Form der Bereitstellung, der Abgleich, die Verknüpfung, die Einschränkung, das Löschen oder die Vernichtung von personenbezogenen Daten (Art. 4 Nr. 2 DSGV bzw. § 46 Nr. 2 BDSG).

Personendurchsuchung: ⇨ Abtasten, ⇨ Durchsuchung.

Persönliche Strafaufhebungsgründe: ⇨ Strafbarkeitsausnahmen.

Persönliche Strafausschließungsgründe: ⇨ Strafbarkeitsausnahmen.

Pflichtgemäßes Ermessen: Das von einer ⇨ Behörde ausgeübte ⇨ Ermessen erweist sich nur dann als pflichtgemäß und damit

rechtmäßig, wenn die Vorgaben des § 40 VwVfG beachtet worden sind. Danach gilt: Ist eine Behörde ermächtigt, nach ihrem Ermessen zu handeln, so hat sie dieses entsprechend dem Zweck der Ermächtigung auszuüben und außerdem die gesetzlichen Grenzen des Ermessens einzuhalten. Verstöße gegen diese gesetzlichen Bindungen begründen einen ⇨ Ermessensfehler und führen in der Regel zur Anfechtbarkeit, unter Umständen sogar zur Nichtigkeit der ermessensfehlerhaft getroffenen Entscheidung.
MERKE: Im Hinblick auf die polizeiliche Gefahrenabwehr enthalten die Polizeigesetze von Bund und Ländern in Anlehnung an § 3 I ME PolG die ausdrückliche Festlegung, dass die Polizei ihre Maßnahmen nach pflichtgemäßem Ermessen zu treffen hat. Diese Regelungen sind der Sache nach *Verweisungen* auf § 40 VwVfG, der den unbestimmten Rechtsbegriff „pflichtgemäß" näher konkretisiert.

Platzverweisung: Eine polizeiliche Standardmaßnahme, welche darin besteht, dass die Polizei zur Abwehr einer ⇨ Gefahr für die ⇨ öffentliche Sicherheit oder die ⇨ öffentliche Ordnung entweder eine Person vorübergehend von einem Ort verweist oder aber ihr vorübergehend das Betreten eines Ortes verbietet. Die eine solche Maßnahme regelnde Leitbildvorschrift des § 12 S. 1 ME PolG ist in die allermeisten Polizeigesetze von Bund und Ländern übernommen worden. Soweit eine entsprechende Spezialbefugnisnorm fehlt, ist hilfsweise der Rückgriff auf die ⇨ polizeiliche Generalklausel zulässig. Das einschränkende Tatbestandsmerkmal „vorübergehend" wird in diesem Zusammenhang üblicherweise so ausgelegt, dass sich das polizeiliche Entfernungsgebot bzw. das Betretensverbot auf einen Zeitraum erstrecken kann, der maximal 24 Stunden beträgt. Eine Maßnahme, die auf eine längere Dauer angelegt, lässt sich deshalb nicht mehr als Platzverweisung interpretieren. Es kommt dann aber der Erlass eines ⇨ Aufenthaltsverbotes in Betracht. Fraglich ist, ob sich eine Platzverweisung allein gegen einen Verantwortlichen i. S. d. Polizeirechts richten kann, also namentlich gegen einen ⇨ Verhaltensstörer oder einen ⇨ Zustandsstörer, oder ob nicht

⇨ Adressat einer Platzverweisung richtigerweise jede beliebige „Person“ sein kann, sofern diese nur vor Ort aufhältig ist. Der Wortlaut des Gesetzes, der nicht auf die polizeirechtlichen Störervorschriften verweist und den Adressaten der Platzverweisung lediglich mit dem Wort „Person“ beschreibt, was man als spezialgesetzliche Adressatenregelung auffassen könnte, lässt die letztgenannte Auffassung zwar als vertretbar erscheinen. Die h. M. jedoch steht nach wie vor auf dem Standpunkt, dass eine Platzverweisung nur gegen eine polizeilichrechtlich verantwortliche Person zulässig ist. Sofern die Platzverweisung i. e. S. – also die Verweisung von einem Ort – im Einzelfall mit einer *Richtungsvorgabe* verbunden wird, wird man diese zusätzliche Belastung des Adressaten richtigerweise auf die polizeiliche Generalklausel stützen können.
MERKE: Die Verweisung bzw. Abweisung einer Person im Hinblick auf die nicht öffentlich zugänglichen Bereiche eines *Flugplatzes* kann auf der besonderen Rechtsgrundlage des § 5 II 2. Alt. LuftSiG erfolgen; es handelt sich dabei um einen luftsicherheitsrechtlichen Spezialfall der Platzverweisung. Auch in § 12 S. 2 ME PolG findet sich hervorgehobener Sonderfall der Platzverweisung, der aber nicht in alle Polizeigesetze Eingang gefunden hat: Danach kann ein Platzverweis auch gegen solche Personen angeordnet werden, die den Einsatz der Feuerwehr oder von Hilfs- und Rettungsdiensten behindern. Dabei dürfte es sich aber im Wesentlichen nur um eine Klarstellung handeln, denn wer im Einsatz befindliche Feuerwehr-, Hilfs- oder Rettungskräfte behindert, der wird regelmäßig eine ⇨ konkrete Gefahr für die öffentliche Sicherheit oder Ordnung verursachen und bereits deshalb tauglicher Adressat einer Platzverweisung sein.

Politisch motivierte Gewaltkriminalität (PMG): ⇨ Politisch motivierte Straftaten, ⇨ Staatsschutzdelikte.

Politisch motivierte Kriminalität (PMK): ⇨ Politisch motivierte Straftaten, ⇨ Staatsschutzdelikte.

Politisch motivierte Straftaten: Nach der in den RiStBV in der Nr. 207 III enthaltenen ⇨ Legaldefinition gilt eine Straftat dann als politisch motiviert, wenn die Würdigung der Umstände der Tat und/oder der Einstellung des Täters Anhaltspunkte dafür ergibt, dass die Straftat a) den demokratischen Willensbildungsprozess beeinflussen soll, der Erreichung oder Verhinderung politischer Ziele dient oder sich gegen die Umsetzung politischer Entscheidungen richtet, b) sich gegen die freiheitliche demokratische Grundordnung bzw. eines ihrer Wesensmerkmale, den Bestand und die Sicherheit des Bundes oder eines Landes richtet oder eine ungesetzliche Beeinträchtigung der Amtsführung von Mitgliedern der Verfassungsorgane des Bundes oder eines Landes zum Ziel hat, c) durch Anwendung von Gewalt oder darauf gerichtete Vorbereitungshandlungen auswärtige Belange der Bundesrepublik Deutschland gefährdet, d) gegen eine Person wegen ihrer politischen Einstellung, Nationalität, Volkszugehörigkeit, Rasse, Hautfarbe, Religion, Weltanschauung, Herkunft oder aufgrund ihres äußeren Erscheinungsbildes, ihrer Behinderung, ihrer sexuellen Orientierung oder ihres gesellschaftlichen Status gerichtet ist und die Tathandlung damit im Kausalzusammenhang steht bzw. sich in diesem Zusammenhang gegen eine Institution, Sache oder ein Objekt richtet.
MERKE: Ist eine Straftat im obigen Sinne politisch motiviert, so kann es sich bei ihr selbst dann um ein sog. ⇨ „Staatsschutzdelikt" handeln, wenn die Tat ihrer Natur nach eigentlich in den Bereich der allgemeinen Kriminalität fällt, weil es sich bei ihr z. B. um ein Körperverletzungs-, Tötungs-, Brandstiftungs- oder Sachbeschädigungsdelikt handelt. Geht die Verübung einer politisch motivierten Straftat mit der Anwendung von ⇨ Gewalt einher, so fällt diese in den speziellen Bereich politisch motivierter Gewaltkriminalität.

Polizeikessel: ⇨ Freiheitsentziehung, ⇨ Gewahrsam.

Polizeiliche Generalklausel: Im Polizei- und Ordnungsrecht die übliche Bezeichnung für die bekannte Generalermächtigung, welche die Polizei bzw. die Ordnungsbehörden dazu befugt, zur Abwehr einer ⇨ konkreten Gefahr für die ⇨ öffentliche Sicherheit oder die ⇨ öffentliche Ordnung die erforderlichen Maßnahmen zu treffen. Die polizeiliche Generalklausel ergänzt die gefahrenabwehrrechtlichen Standardbefugnisnormen in sinnvoller Weise, weil der Gesetzgeber angesichts der Mannigfaltigkeit des Lebens naheliegenderweise außerstande ist, alle denkbaren Gefahrensituationen im Einzelnen vorherzusehen und normativ zu regeln. Für den Bereich der Strafverfolgung existiert mittlerweile (seit 2000) ein ähnliches Rechtsinstitut, nämlich die sog. ⇨ „Ermittlungsgeneralklausel".

Polizeiliche Kontrolle des grenzüberschreitenden Verkehrs: Im Rahmen der vornehmlich der Bundespolizei obliegenden Globalaufgabe ⇨ „Grenzschutz" i. S. d. § 2 I BPolG ein wichtiger Teilausschnitt des grenzpolizeilichen Schutzes des Bundesgebietes. Nach der in § 2 II Nr. 2 BPolG enthaltenen – klarstellenden – Aufzählung schließt die polizeiliche Kontrolle des ⇨ grenzüberschreitenden Verkehrs drei konkrete Unteraufgaben ein, nämlich a) die Überprüfung von ⇨ Grenzübertrittspapieren und ⇨ Grenzübertrittsberechtigungen, b) die ⇨ Grenzfahndung und c) die Abwehr von ⇨ Gefahren. In der Praxis wird die polizeiliche Kontrolle des grenzüberschreitenden Verkehrs meist nur kurz als „Grenzkontrolle" bezeichnet. In der Durchführung von Grenzkontrollen im vorstehenden Sinne kommt die sog. Filterfunktion der Grenze besonders deutlich zum Ausdruck.

Polizeilicher Notstand: Kurzbezeichnung für eine spezielle Gefährdungslage, die es ausnahmsweise rechtfertigt, auch einen sog. ⇨ „Nichtstörer" polizeilich auf Gefahrenabwehr in Anspruch zu nehmen. Obwohl der Nichtstörer weder ⇨ Verhaltensstörer noch ⇨ Zustandsstörer und damit an sich nicht für die zu bekämpfende ⇨ Gefahr verantwortlich ist, muss er es sich trotzdem gefallen lassen, dass er in die Gefahrenabwehr mit einbezogen wird. Die Voraussetzungen für einen solchen polizeilichen Notstand sind in der Leitbildvorschrift des § 6 ME PolG wie folgt beschrieben:

Es muss eine gegenwärtige und zugleich ⇨ erhebliche Gefahr abzuwehren sein, Maßnahmen gegen Verhaltens- oder Zustandsstörer dürfen nicht oder nicht rechtzeitig möglich sein oder keinen Erfolg versprechen; die Polizei kann die Gefahr nicht oder nicht rechtzeitig selbst oder durch Beauftragte abwehren; es muss möglich sein, den Nichtstörer ohne erhebliche eigene Gefährdung und ohne Verletzung höherwertiger Pflichten in Anspruch zu nehmen. Alle diese Voraussetzungen müssen *kumulativ* erfüllt sein, damit von einem polizeilichen Notstand gesprochen werden kann. In der Realität werden solche Fälle eher selten begegnen.

Polizeiliche Überwachung der Grenzen: Die Beobachtung der Grenze und des Grenzraumes durch die Grenzpolizei, um grenzbezogene Gefahren für die ⇨ öffentliche Sicherheit oder die ⇨ öffentliche Ordnung oder bereits eingetretene Störungen zu erkennen und ggf. erforderliche Maßnahmen einleiten zu können. Kurzgefasst geht es bei der polizeilichen Grenzüberwachung um die Feststellung der aktuellen Grenzlage. Die in der polizeilichen Grenzüberwachung liegende *allgemeine* Beobachtung des Grenzraums und der Grenzlinie stellt noch keinen gezielten Eingriff in die Grundrechte einzelner Personen dar; vielmehr handelt es sich dabei um schlicht-hoheitliches Verwaltungshandeln, das bereits durch die entsprechenden gesetzlichen Aufgabenzuweisungen an die Grenzpolizei ausreichend gedeckt ist.

Polizeiverfügung: Die gängige Kurzbezeichnung für einen ⇨ Verwaltungsakt, der von der Polizei aus Gründen der Gefahrenabwehr, also zur Aufrechterhaltung oder Wiederherstellung der ⇨ öffentlichen Sicherheit oder der ⇨ öffentlichen Ordnung erlassen wird und der dem ⇨ Adressaten ein Handeln, Dulden oder Unterlassen aufgibt. Dem Regelungsgehalt nach enthält die Polizeiverfügung entweder ein Gebot oder ein Verbot. Rechtsgrundlage für eine derartige Verfügung ist entweder eine fachgesetzliche Spezialvorschrift, eine Standardbefugnisnorm aus dem einschlägigen Polizeigesetz oder hilfsweise die ⇨ polizeiliche Generalklausel. Auch eine Polizeiverfügung kann erforderlichenfalls in der besonderen Form einer ⇨ Allgemeinverfügung ergehen. Die meisten Polizeiverfügungen sind i. S. d. § 80 II 1 Nr. 2 VwGO ⇨ sofort vollziehbar, mit der Folge, dass förmliche Rechtsbehelfe gegen sie keine aufschiebende Wirkung zeitigen, sodass die Verfügung im Falle der Nichtbefolgung selbst bei laufendem Rechtsbehelfsverfahren vollstreckbar ist. Sie muss – wie jeder andere Verwaltungsakt auch – inhaltlich hinreichend bestimmt, verhältnismäßig, ausführbar und ermessensfehlerfrei erlassen worden sein.

Polizeivollzugsbeamter: Polizeivollzugsbeamter ist jeder ⇨ Beamte, der durch Bundes- oder Landesgesetz mit polizeilichen Aufgaben betraut und zur Anwendung ⇨ unmittelbaren Zwanges ermächtigt ist (vgl. exemplarisch die entsprechende ⇨ Legaldefinition in § 1 I 2 BPolBG). Wer im vorstehenden Sinne speziell zu den Polizeivollzugsbeamten des Bundes gehört, wird durch die zu § 1 I BPolBG erlassene Rechtsverordnung klargestellt, die eine Aufzählung der einschlägigen Beamtengruppen enthält. Alle Polizeivollzugsbeamten sind zugleich ⇨ Beamte des Polizeidienstes i. S. d. Gesetzessprache.

Postbeschlagnahme: I. e. S. die auf den §§ 99, 100 StPO beruhende und an einen Postdienstleister ergehende richterliche oder staatsanwaltschaftliche Anordnung, zwecks Erlangung von möglichen ⇨ Beweismitteln im Rahmen der Strafverfolgung alle oder zumindest bestimmte Postsendungen sowie Telegramme auszusondern und abzuliefern, die an einen Beschuldigten gerichtet sind oder von ihm herrühren oder für ihn bestimmt sind. Postdienstleister sind diejenigen Personen oder Unternehmen, welche geschäftsmäßig Post- oder Telekommunikationsdienste erbringen. Zu diesen gehören nach der Privatisierung der ehemaligen Deutschen Bundespost und dem partiellen Wegfall der einstigen Beförderungsmonopole nicht nur die Deutsche Post AG, sondern auch andere private Kurier- und Zustelldienste. Erfasst werden von einer angeordneten Postbeschlagnahme alle bereits im Gewahrsam des Dienstleisters befindlichen sowie die künftig bei

ihm eingehenden Postsendungen und Telegramme. Zu den Postsendungen gehören neben Briefen z. B. auch Postkarten, Drucksachen, Streifbandzeitungen, Päckchen oder Pakete.
MERKE: Die Postbeschlagnahme stellt einen Spezialfall der Beweismittelbeschlagnahme dar; die Sicherstellung von Einziehungsgegenständen darf also nicht ihr Ziel sein. Anordnungsbefugt sind dabei nur der Richter sowie bei ⇨ Gefahr im Verzug auch (mit befristeter Wirkung) die ⇨Staatsanwaltschaft, nicht aber die Polizei. Auch die Öffnung sowie die Auswertung der abgelieferten Sendungen stehen nur dem Richter zu, der allerdings diese Befugnisse auf die Staatsanwaltschaft übertragen darf, soweit dies aus Beschleunigungsgründen erforderlich ist. Ergibt die Auswertung von geöffneten Sendungen deren Beweisbedeutung für das laufende Strafverfahren, so erfolgt eine endgültige Beschlagnahme dieser Sendungen, und zwar nunmehr auf der Rechtsgrundlage der §§ 94, 98 StPO. Nach geltendem Recht können Postdienstleister mangels Rechtsgrundlage nicht dazu verpflichtet werden, Auskunft über an den Beschuldigten gerichtete, nicht mehr in ihrem Gewahrsam befindliche Postsendungen zu erteilen; dies gilt insbesondere für die Namen und Anschriften der Absender (BGH, Beschl. vom 20.2.2019, – StB51/18 –). Die erforderliche Gesetzesgrundlage ergibt sich insbesondere nicht aus § 99 StPO, und zwar weder aus einer direkten noch aus einer analogen Anwendung; auch ein Rückgriff auf § 94 StPO ist in diesem Zusammenhang nicht statthaft.

Postgeheimnis: ⇨ Geheimnis.

Privatgeheimnis: ⇨ Geheimnis.

Privatklagedelikte: Die in § 374 StPO aufgezählten Straftaten, bei deren vermutetem oder tatsächlichem Vorliegen die Staatsanwaltschaft nur dann zur amtswegigen Verfolgung durch Anklageerhebung verpflichtet ist, wenn ein ⇨ öffentliches Verfolgungsinteresse i. S. d. § 376 StPO besteht. Zu diesen Privatklagedelikten gehören vor allem der Hausfriedensbruch (§ 123 StGB), die Be-

leidigungsdelikte (§§ 185 ff. StGB), sofern es nicht um die ⇨ Beleidigung einer der in § 194 IV StGB genannten politischen Körperschaften geht, die Verletzung des Briefgeheimnisses (§ 202 StGB), die einfache und fahrlässige Körperverletzung (§§ 223, 229 StGB), neuerdings auch die einfache Nötigung (§ 240 I-III StGB), die Bedrohung (§ 241 StGB), die Bestechlichkeit oder Bestechung im geschäftlichen Verkehr (§ 299 StGB), die einfache Sachbeschädigung (§ 303 StGB), Straftaten nach dem Gesetz über den unlauteren Wettbewerb (UWG), dem Urheberrechtsgesetz (UrhG) sowie dem Kunsturheberrechtsgesetz (KunstUrhG). Die Bejahung eines solchen öffentlichen Interesses an der Strafverfolgung durch die Staatsanwaltschaft darf vom Gericht nicht überprüft und deshalb auch nicht verworfen werden (st. Rspr. seit BGHSt 6, 282, 284). Das Gegenstück zu den Privatklagedelikten bilden die sog. *Offizialdelikte*, bei denen jedenfalls eine Einstellung unter Verweisung des Verletzten auf den Privatklageweg ausscheidet.
MERKE: Die meisten Privatklagedelikte sind gleichzeitig ⇨ Antragsdelikte (und umgekehrt); zwingend ist diese Art der Überschneidung jedoch nicht: Es gibt Antragsdelikte, die kein Privatklagedelikt sind (z. B. Diebstahl und Unterschlagung in den Fällen der §§ 247, 248a StGB), und es gibt Privatklagedelikte, die kein Antragsdelikt darstellen (z. B. die Bedrohung gemäß § 241 II StGB).

Prostitution: Aus der in § 2 II des Prostituiertenschutzgesetzes (ProstSchG) enthaltenen Regelung lässt sich ableiten, dass der Gesetzgeber unter Prostitution die Erbringung sexueller Dienstleistungen durch eine Person verstanden wissen will, wobei nach der ergänzend in § 2 I 1 ProstSchG enthaltenen ⇨ Legaldefinition eine sexuelle Dienstleistung eine ⇨ sexuelle Handlung mindestens einer Person an oder vor mindestens einer unmittelbar anwesenden Person gegen Entgelt ist, oder alternativ das Zulassen einer sexuellen Handlung an oder vor der eigenen Person gegen Entgelt. Zusätzlich stellt § 2 I 2 ProstSchG klar, dass „*Vorführungen mit ausschließlich darstellendem Charakter, bei denen keine*

weitere der anwesenden Personen sexuell aktiv einbezogen ist", *keine* sexuellen Dienstleistungen i. S. d. Legaldefinition darstellen. Der Auftritt einer Stripperin oder die Darbietung im Rahmen einer „Live-Show" stellen damit keine Prostitution im gesetzlichen Sinne dar. Auch der gegen Entgelt betriebene sog. „Telefonsex" fällt mangels eines unmittelbar vor Ort anwesenden Kunden nicht unter den Begriff der Prostitution.
MERKE: Im Strafgesetzbuch ist der Begriff der Prostitution objektives Tatbestandsmerkmal in den §§ 180a, 181a, 184f, 184g StGB. Im Gesetz über ⇨ Ordnungswidrigkeiten wird der Begriff in § 120 OWiG verwendet. Zur unvollkommenen Legaldefinition der sexuellen Handlung vgl. ergänzend § 184h StGB.

Putativgefahr: ⇨ Scheingefahr.

Putativnotwehr: Von einer solchen spricht man, wenn es zwar objektiv an einer Notwehrlage fehlt, der Täter aber irrig glaubt, es liege ein ⇨ gegenwärtiger rechtswidriger Angriff vor, gegen den er sich verteidigen müsse. Mangels einer wirklichen Notwehrlage kann sich der Verteidiger in einem solchen Falle nicht auf ⇨ Notwehr berufen; stattdessen finden jedenfalls grundsätzlich die Regeln über den ⇨ Erlaubnistatbestandsirrtum Anwendung. Dies hat zur Folge, dass der sich irrende Verteidiger zumindest nicht wegen vorsätzlicher Tatbegehung bestraft werden kann. Greift der Verteidiger allerdings zu einem Abwehrmittel, das selbst bei Bestehen der zu Unrecht angenommenen Notwehrlage unzulässig gewesen wäre (sog. „Putativnotwehrexzess"), so ist lediglich ein ⇨ Verbotsirrtum i. S. d. § 17 StGB gegeben. Dieser schließt die Strafbarkeit im Falle seiner Vermeidbarkeit nicht aus.

Qualifikationstatbestand: ⇨ Straftatbestand.

Qualifizierte Belehrung: Wurde im Rahmen der ⇨ Vernehmung eines ⇨ Beschuldigten oder ⇨ Zeugen die vorgeschriebene Belehrung versehentlich vergessen oder wird erst nachträglich erkannt, dass eine erfolgte Belehrung fehlerhaft war, so muss die Vernehmung unterbrochen und eine ordnungsgemäße Belehrung nachgeholt werden. Diese Belehrung muss mit dem zusätzlichen und ausdrücklichen Hinweis verbunden werden, dass die im Vorgespräch getätigten Äußerungen nicht verwertbar sind. Eine solche modifizierte Belehrung bezeichnet man in der Praxis als ⇨ qualifizierte Belehrung. Nur durch sie wird die Verwertbarkeit der nachfolgenden (neuen) Vernehmung sichergestellt. Das Gleiche gilt nach der Rechtsprechung, wenn eine Vernehmung oder ein Geständnis unter Verstoß gegen § 136a StPO erfolgt ist (vgl. LG Bad Kreuznach, StV 1994, 293 f.; LG Frankfurt a. M., StV 2003, 325; differenzierend BGH, Beschl. vom 13.1.2021, – 3 StR 410/20 –). Der Sinn einer solchen qualifizierten Belehrung liegt darin, dem Betroffenen vor Augen zu führen, dass ihn seine früheren Aussagen nicht belasten, trotz ggf. vorhandener Protokolle und trotz der Wahrnehmung der getätigten Aussagen durch die Vernehmungsperson. Nur auf diese Weise ist eine wirklich freie Entscheidung des Betroffenen über sein weiteres Aussageverhalten möglich.

Qualifizierung: ⇨ Straftatbestand.

Quellen-TKÜ: Kein Gesetzesbegriff, sondern eine in der Praxis der Sicherheitsdienste übliche Kurzbezeichnung für eine spezielle Erscheinungsform der staatlichen Überwachung von ⇨ Telekommunikation. Diese Maßnahme ermöglicht die Überwachung und Aufzeichnung von *verschlüsselten* elektronischen Nachrichten, die via Handy, Smartphone, PC, Tablet, Notebook etc. übermittelt werden. Die Kenntnisnahme der Nachrichteninhalte erfolgt entweder auf dem Gerät des Absenders noch vor der Kryptierung oder aber auf dem Gerät des Empfängers nach der Dekryptierung. Die Quellen-TKÜ setzt die heimliche Implementierung einer entsprechenden Überwachungssoftware auf dem Zielsystem voraus, z. B. in Gestalt eines sog. „Staatstrojaners“ oder eines Keyloggers.
MERKE: Die Quellen-TKÜ stellt nach h. M. zwar keinen Eingriff in das sog. ⇨ „IT-Grundrecht“ dar, solange nur ausschließlich auf die laufenden Telekommunikationsinhalte zugegriffen wird und

nicht etwa z. B. der gesamte PC durchforscht wird. Es soll sich aber um einen Eingriff in das Fernmeldegeheimnis i. S. d. Art. 10 I GG handeln. Der Gesetzgeber hat zur Herstellung von Rechtssicherheit mittlerweile ausdrückliche Rechtsgrundlagen für diese besondere Form der Telekommunikationskontrolle geschaffen (vgl. z. B. § 100a I 2, 3, IV, V StPO).

Racial Profiling: Die mittlerweile eingebürgerte Bezeichnung für ein behauptetes oder tatsächliches Kontroll- oder Ermittlungsverhalten staatlicher Organe, das allein oder zumindest überwiegend an äußerlich erkennbare Merkmale anknüpft, die auf eine bestimmte Rasse, Ethnie oder geografische Herkunft schließen lassen, wie z. B. die Hautfarbe einer Person, deren Aussehen, Kleidung oder Sprache etc. Namentlich bei verdachts- und anlassunabhängigen Personenkontrollen der Polizei vor allem im Rahmen der sog. ⇨ „Schleierfahndung“ wird häufig der Vorwurf erhoben, das polizeiliche Einschreiten sei ausschließlich oder vornehmlich durch die erkennbare Zugehörigkeit der überprüften Person zu einer bestimmten Gruppe (z. B. Schwarzafrikaner) motiviert. Rechtlich betrachtet dürfte Einigkeit darüber bestehen, dass ein Racial Profiling im vorstehenden Sinne aus einer Reihe von Gründen als unzulässig bewertet werden muss. So verstößt es nach st. Rspr. insbesondere gegen das Diskriminierungsverbot aus Art. 3 III 1 GG und stellt sich schon deshalb als menschenrechts- und grundgesetzwidrig dar (vgl. OVG RhPf, Urt. vom 21.4.2016, – 7 A 11108/14 –; VG Dresden, Urt. vom 25.1.2017, – 6 K 3364/14 –; OVG NRW, Urt. vom 7.8.2018, – 5 A 294/16 –; ausführlich zum Thema: DPolBl, Ausgabe 3/2019, Schleierfahndung und Racial Profiling).
MERKE: Die UNO-Ausschüsse für bürgerliche und politische Rechte bzw. für die Beseitigung der Rassendiskriminierung, die Europäische Kommission gegen Rassismus und Intoleranz (ECRI) sowie schließlich die Agentur der Europäischen Union für Grundrechte (FRA) bewerten Racial Profiling ebenfalls übereinstimmend als Verstoß gegen die Menschenrechte und damit als rechtswidriges Verhalten.

Raubmittel: Die zusammenfassende Bezeichnung für diejenigen Mittel, deren Einsatz durch den Täter die ⇨ Wegnahme einer ⇨ fremden beweglichen Sache als Raubtat qualifiziert. Dies trifft zu auf die Anwendung von ⇨ Gewalt gegen eine Person sowie auf das Aussprechen einer ⇨ Drohung mit ⇨ gegenwärtiger Gefahr für Leib oder Leben eines Menschen.

Raubmord: Kein eigenständiger ⇨ Straftatbestand, aber eine überkommene Bezeichnung für einen ⇨ Mord i. S. d. § 211 StGB, der mit einem Raubdelikt i. S. d. §§ 249 ff. StGB tateinheitlich zusammentrifft. Als ⇨ Mordmerkmale kommen dabei insbesondere Habgier oder die Absicht zur Verdeckung einer ⇨ Straftat in Betracht. Das Gesetz selbst verwendet den Begriff „Raubmord" nicht; die Rechtsprechung benutzt ihn zumindest gelegentlich (vgl. z. B. BVerfGE 86, 288; BGH, NJW 1994, 1293; NJW 1994, 3248; StV 1996, 537; KG, NStZ 1995, 415; OLG Hamm, OLGZ 1992, 95).
MERKE: Ist ein Mord bei identischem Tatopfer gerade „durch den Raub" begangen worden, so bestraft die heutige Rechtsprechung in Abkehr von BGHSt 26, 175, auf der Grundlage der sog. „Konkurrenzlösung" wegen Raubes mit Todesfolge (§ 251 StGB) in ⇨ Tateinheit mit Mord (vgl. BGH, StV 1992, 417 – Vorlagebeschluss, und BGHSt [GrS] 39, 100 = NJW 1993, 1662).

Räumliche Beschränkung: Die im Bundespolizeirecht bestehende Besonderheit, dass die der Bundespolizei gesetzlich zugewiesenen Sachaufgaben regelmäßig an bestimmte räumliche Bereiche gebunden sind, in denen oder in Bezug auf welche die bundespolizeilichen Sachaufgaben zu erfüllen sind. Zu diesen spezifischen räumlichen Bereichen gehören insbesondere die ⇨ Grenze, das Grenzgebiet, das ⇨ Gebiet der Bahnanlagen, das ⇨ Flugplatzgelände sowie das Grundstück des geschützten Amtssitzes. Es handelt sich hierbei stets um eine *der Sachaufgabe* immanente geografische Einschränkung. Die räumliche Beschränkung erweist sich damit als besonderer Aspekt der ⇨ Aufgabenzuständigkeit; mit der anders gelagerten Frage der örtlichen

⇨ Behördenzuständigkeit hingegen hat die räumliche Beschränkung nichts zu tun (häufiges Missverständnis).
MERKE: Bezüglich der speziellen Aufgabe der Eigensicherung (§ 1 III 1 BPolG) gilt für die Bundespolizei, dass diese zwar grundsätzlich *im gesamten Bundesgebiet* wahrzunehmen ist und somit zumindest im Ausgangspunkt einen globalen Charakter hat. Jedoch gibt es auch hier in gewisser Weise eine räumliche Beschränkung: Die Eigensicherung beschränkt sich nämlich stets auf die zu schützenden Einrichtungen bzw. auf diejenigen Grundstücke, auf denen sich diese Einrichtungen befinden (§ 1 III 2 BPolG). Auch die Eigensicherungsaufgabe ist damit letztlich an bestimmte Lokalitäten gebunden und erweist sich insoweit bei genauem Hinsehen doch als räumlich beschränkt.

Rauschgift: ⇨ Betäubungsmittel, ⇨ Nicht geringe Menge.

Realakt: Eine Handlung, die allein auf die Herbeiführung eines tatsächlichen Erfolgs gerichtet ist. Im Unterschied zu derartigen *Tathandlungen* zielen die sog. Rechtshandlungen auf die bewusste und gewollte Setzung von Rechtsfolgen ab. Rechtshandlungen in diesem Sinne sind im privaten Rechtsverkehr insbesondere der Abschluss von Rechtsgeschäften durch die Abgabe von Willenserklärungen und im Bereich des öffentlichen Rechts namentlich der Erlass von ⇨ Verwaltungsakten oder Rechtsnormen oder der Abschluss öffentlich-rechtlicher Verträge.
1. Im Zivilrecht werden als Realakte üblicherweise solche Willensbetätigungen bezeichnet, die sich als tatsächliches Verhalten ohne Erklärungscharakter darstellen, mit denen jedoch kraft Gesetzes der Eintritt bestimmter Rechtsfolgen zwingend verbunden ist, ohne dass es auf einen entsprechenden Willen des Handelnden ankäme. Beispiele: Besitzbegründung, Besitzübertragung und Besitzaufgabe (§§ 854 ff. BGB), Fund (§ 965 BGB), Schatzfund (§ 984 BGB), Wohnsitzbegründung und Wohnsitzaufgabe (§§ 7 ff. BGB).
2. Im öffentlichen Recht kommt dem Realakt als Handlungsinstrument eine größere Bedeutung als im Privatrecht zu. Soweit sich

ein Realakt als Vollziehung verwaltungsrechtlich geregelter Aufgaben durch einen Hoheitsträger darstellt, spricht man vom *Verwaltungsrealakt* oder häufig auch vom faktischen oder schlicht-hoheitlichen Verwaltungshandeln. Typische Verwaltungsrealakte sind z. B. Akten- oder Kassenführung, Auskunftserteilung, Beratung, Öffentlichkeitsarbeit, Straßenbau oder speziell im polizeilichen Tätigkeitsbereich Streifengang, Bewachung, Geländebeobachtung, Warnungen und Bürgerberatung. Rechtstheoretisch lassen sich die Verwaltungsrealakte unter anderem einteilen in verwaltungsinterne Realakte sowie in Verwaltungsrealakte mit Außenwirkung gegenüber dem Bürger. Im Rahmen hoheitlicher Aufgabenerfüllung greifen Realakte häufig nicht oder jedenfalls nicht unmittelbar in Freiheit und Eigentum des Bürgers ein, sodass es sich nicht um gezielte Eingriffsmaßnahmen handelt, für deren Vornahme es nach dem Grundsatz vom ⇨ Vorbehalt des Gesetzes einer parlamentsgesetzlichen Ermächtigungsgrundlage bedürfte. Vielmehr reichen für derartige „schlichte" Realakte die gesetzlichen Zuständigkeitsregelungen und Aufgabenzuweisungen regelmäßig als Rechtsgrundlage aus. Jedoch können hoheitliche Realakte im Einzelfall durchaus auch einmal Eingriffscharakter aufweisen. Beispiel: Überbauung eines privaten Grundstücks, Einsatz der ⇨ Schusswaffe, Durchführung von ⇨ Absperrmaßnahmen, Erhebung und Verarbeitung von ⇨ personenbezogenen Daten. In diesem Falle bedarf es jeweils einer Gesetzesgrundlage, welche den „Eingriffs-Realakt" ausreichend legitimiert. Die Vornahme rechtswidriger Realakte durch einen Hoheitsträger kann unter anderem Ansprüche aus Amtshaftung, auf Unterlassung oder auf Folgenbeseitigung auslösen.

3. Auch im Strafverfahren spielt die Vornahme von Tathandlungen eine wichtige Rolle (z. B. Entgegennahme einer ⇨ Strafanzeige, Sicherung und Auswertung von Spuren, ⇨ Observation, Führen von Ermittlungsakten, Einrichten einer ⇨ repressiven Kontrollstelle und zumindest teilweise die Informationsverarbeitung im Strafverfahren). Derartige im Rahmen der Strafverfolgung vorgenommene Maßnahmen ohne Regelungscharakter stellen jedoch keine Verwaltungsrealakte i. S. d. Verwaltungsrechts

dar (arg. e § 2 II Nr. 2 VwVfG). Vielmehr handelt es sich dabei grundsätzlich um sog. Prozesshandlungen i. S. d. StPO, gelegentlich auch um sog. Justizverwaltungsakte i. S. d. §§ 23 ff. EGGVG (Einzelheiten streitig).

Realgefahr: ⇨ Anscheinsgefahr.

Rechtfertigende Pflichtenkollision: Im Strafrecht die Bezeichnung für eine Situation, in welcher mehrere rechtlich begründete Handlungspflichten in der Weise an den Normadressaten herantreten, dass er die eine nur auf Kosten der anderen erfüllen kann, also notwendigerweise eine von ihnen verletzen muss, wie auch immer er sich verhalten mag. Ist eine der Handlungspflichten als vorrangig anzusehen, so ist vielfach unproblematisch ein ⇨ rechtfertigender Notstand i. S. d. § 34 StGB gegeben. In den übrigen Fällen – insbesondere bei *gleichwertigen* Handlungspflichten – kommt eine rechtfertigende Pflichtenkollision (i. e. S.) als ungeschriebener ⇨ Rechtfertigungsgrund in Betracht und kann dann ggf. die Rechtswidrigkeit der Tat ausschließen. Beispiel: Ein Schwimmer vermag aufgrund der gegebenen Umstände von zwei Ertrinkenden nur den einen zu retten und muss sich infolgedessen entscheiden, wen von beiden er retten will.
MERKE: Zum Teil wird eine derartige Pflichtenkollision i. e. S. auch nur als Entschuldigungsgrund angesehen, der immer dann Bedeutung erlangt, wenn nicht schon § 35 StGB – betreffend den ⇨ entschuldigenden Notstand – eingreift. So wäre im obigen Beispiel § 35 StGB nicht einschlägig, wenn es sich bei den Ertrinkenden weder um Angehörige des Retters noch um ihm nahestehende Personen handelt.

Rechtfertigender Notstand: Im Rahmen des Straf- und Ordnungswidrigkeitenrechts ein ⇨ Rechtfertigungsgrund, der in den §§ 34 StGB, § 16 OWiG eine gleichlautende Regelung erfahren hat und der im Falle seines Vorliegens die Rechtswidrigkeit eines tatbestandsmäßigen Verhaltens ausschließt. Auf einen derartigen rechtfertigen Notstand kann sich berufen, wer in einer gegen-

wärtigen, nicht anders abwendbaren ⇨ Gefahr für Leib, Leben, Freiheit, Ehre, ⇨ Eigentum oder ein anderes Rechtsgut eine Tat begeht, um die Gefahr von sich oder einem anderen abzuwenden, sofern bei Abwägung der widerstreitenden Interessen das geschützte Interesse das beeinträchtigte wesentlich überwiegt. Auch eine Dauergefahr kann eine Notstandslage i. S. d. genannten Vorschriften begründen (BGH, NJW 1979, 2053). Bei der stets erforderlichen Interessenabwägung spielen vor allem die Wertigkeit der betroffenen Rechtsgüter und der Grad der drohenden Gefahr eine Rolle. Außerdem muss die Tat – nach den Maßstäben der Gesamtrechtsordnung – ein angemessenes Mittel zur Gefahrabwendung darstellen.
MERKE: Abzugrenzen ist der rechtfertigende Notstand im vorstehenden Sinne zunächst vom ⇨ entschuldigenden Notstand i. S. d. § 35 StGB, der seiner Bezeichnung gemäß lediglich einen Entschuldigungsgrund darstellt, ferner von den spezielleren Notstandsregelungen, die im BGB geregelt sind, was auf den ⇨ Defensivnotstand (§ 228 BGB) und den ⇨ Aggressivnotstand (§ 904 BGB) zutrifft.

Rechtfertigungsgrund: 1. Die zusammenfassende Bezeichnung für solche legitimierenden Umstände oder Situationen, die ein grundsätzlich pflicht- bzw. rechtswidriges Verhalten ausnahmsweise als gerechtfertigt und damit im Ergebnis als rechtmäßig erscheinen lässt. Bei Eingreifen eines Rechtfertigungsgrundes ist also etwa eine zivilrechtliche Haftung auf Schadensersatz oder Schmerzensgeld wegen einer unerlaubten Handlung nach Maßgabe der §§ 823 ff. BGB ausgeschlossen. Ferner scheidet bei gerechtfertigtem Handeln eine Strafbarkeit dessen aus, der sich auf den Rechtfertigungsgrund berufen kann. Auch im Amtshaftungsrecht, im öffentlichen Dienstrecht, im Arbeitsrecht sowie im sonstigen Vertragsrecht können Rechtfertigungsgründe eine Haftung bzw. Ahndung ausschließen, obwohl zumindest tatbestandsmäßig gegen Amts-, Dienst-, Arbeits- oder Vertragspflichten verstoßen worden ist. Die Zahl der von der Rechtsordnung anerkannten Rechtfertigungsgründe ist recht hoch. Sie lassen sich einteilen in strafrechtliche und außerstrafrechtliche sowie in kodifizierte und ungeschriebene Rechtfertigungsgründe. Dabei gilt: Wegen des Grundsatzes der Einheit der Rechtsordnung sind zur Vermeidung von Wertungswidersprüchen die im BGB geregelten Rechtfertigungsgründe – soweit sie nicht ohnehin wie im Falle der ⇨ Notwehr eine straf- oder ordnungsrechtliche Entsprechung besitzen – auch im Strafrecht bzw. im Ordnungswidrigkeitenrecht anwendbar. Was nach Bürgerlichem Recht erlaubt ist, kann nicht gleichzeitig strafbar oder ordnungswidrig sein.

2. Wichtige Beispiele für gesetzlich normierte Rechtfertigungsgründe bilden neben der bereits erwähnten Notwehr einschließlich der ⇨ Nothilfe (§§ 227 BGB, 32 StGB, 15 OWiG) die verschiedenen Fälle des ⇨ rechtfertigenden Notstandes (§§ 228, 904 BGB, 34 StGB, 16 OWiG) und die erlaubte Selbsthilfe (§§ 229, 230 BGB). Auch die sog. Besitzschutzrechte in Gestalt von Besitzwehr und Besitzkehr (§§ 858-860 BGB) stellen Rechtfertigungsgründe dar. Das Gleiche gilt für das Recht zur ⇨ vorläufigen Festnahme durch „jedermann" nach Maßgabe des § 127 I StPO, das nicht nur die ⇨ Freiheitsentziehung als solche, sondern ggf. auch eine im Zuge der ⇨ Festnahme zugefügte Körperverletzung rechtfertigen kann (Beispielsfall: OLG Stuttgart, NJW 1984, 1694). Das politische Widerstandsrecht aus Art. 20 IV GG wirkt sich bei Vorliegen der dort genannten – freilich sehr eng gefassten – Voraussetzungen ebenfalls rechtfertigend aus. Rechtfertigungsgründe können auch auf lediglich gewohnheitsrechtlicher Anerkennung beruhen. So hat etwa die rechtfertigende Einwilligung des Verletzten nur punktuell eine ausdrückliche gesetzliche Regelung erfahren (vgl. § 228 StGB), ist aber auch im Übrigen als ungeschriebener Rechtfertigungsgrund allgemein anerkannt. Bei manchen ⇨ Straftatbeständen allerdings (z. B. bei § 239 StGB) schließt ein Handeln mit Einwilligung des Verletzten bereits die Tatbestandsmäßigkeit des Verhaltens aus; man spricht insoweit vom tatbestandsausschließenden Einverständnis. Auch die rechtfertigende Pflichtenkollision stellt einen ungeschriebenen Rechtfertigungsgrund dar. Das frühere gesetzliche Züchtigungsrecht der Eltern ist – spätestens – durch die Neufassung

des § 1631 II BGB im Jahre 2000 abgeschafft worden. Auch das frühere Züchtigungsrecht der Lehrer an Schulen wird heute nicht mehr anerkannt; die Schulgesetze der Länder enthalten insoweit zum Teil entsprechende Klarstellungen. Ein ungeschriebener Rechtfertigungsgrund der „behördlichen Duldung" rechtswidriger oder gar strafbarer Zustände – z. B. betreffend den Tier- oder Umweltschutz – wird von der h. M. nicht anerkannt (OLG Celle, NStZ 1993, 291).

3. Speziell für die Polizei ist die Erkenntnis von Bedeutung, dass alle *hoheitlichen Zwangsbefugnisse* aus dem Verwaltungs-, Polizei- und Strafprozessrecht, soweit sie denn im Einzelfall in rechtmäßiger Weise ausgeübt werden, sich zivil-, straf- und verwaltungsrechtlich als Rechtfertigungsgründe auswirken. Aber auch unabhängig von den durch das öffentliche Recht begründeten Hoheitsrechten können sich Polizeibeamte in Ausübung ihres Dienstes nach ganz h. M. zu ihrer Rechtfertigung *zusätzlich* auf die allgemeinen Notwehr-, Nothilfe- oder Notstandsrechte berufen, so wie sie jedem anderen Bürger in Notsituationen ebenfalls zu Gebote stehen (st. Rspr., vgl. z. B. BayObLG, JR 1991, 248; siehe auch § 35 II ME PolG sowie – für das Bundesrecht – § 10 III UZwG). Greifen derartige allgemeine Rechtfertigungsgründe zu Gunsten des Beamten ein, so ist dieser zumindest in Person zivil- und strafrechtlich von Haftung freigestellt.

Rechtmäßigkeit der Diensthandlung: Die Rechtmäßigkeit einer Diensthandlung ist im Rahmen des § 113 III StGB nach st. Rspr. bereits dann gegeben, wenn der handelnde ⇨ Vollstreckungsbeamte sachlich und örtlich zuständig war, wenn er die vorgeschriebenen wesentlichen Förmlichkeiten eingehalten hat und wenn er – bei Ermessensentscheidungen – das ihm eingeräumte ⇨ Ermessen fehlerfrei oder zumindest nach Lage des Falles „sorgsam" ausgeübt hat (sog. strafrechtlicher oder summarischer Rechtmäßigkeitsbegriff). Gegenüber dem „normalen" Rechtmäßigkeitsbegriff, der bekanntlich die „volle" formelle und materielle Rechtmäßigkeit der Maßnahme umfasst, ist dieser von der Rechtsprechung vertretene summarische Rechtmäßigkeits-

begriff deutlich verkürzt. Für den *Sonderfall*, dass der Vollstreckungsbeamte auf Weisung eines Vorgesetzten gehandelt hat, soll die strafrechtliche Rechtmäßigkeit der Diensthandlung bereits dann gegeben sein, wenn der Vorgesetzte für die Erteilung der Weisung zuständig war und die Weisung dienstrechtlich wirksam und nicht offensichtlich rechtswidrig war. Allerdings schwanken die in diesem Zusammenhang gebrauchten Formulierungen in Rechtsprechung und Schrifttum zum Teil beträchtlich.
MERKE: Die Rechtmäßigkeit der Diensthandlung stellt nach h. M. kein objektives Tatbestandsmerkmal, sondern eine objektive Bedingung der Strafbarkeit dar, die vom ⇨ Vorsatz des Täters nicht umfasst sein muss. Nimmt der Täter eines Widerstandes irrig an, die Diensthandlung sei nicht rechtmäßig, so unterfällt dieser ⇨ Verbotsirrtum ausnahmsweise nicht dem § 17 StGB, sondern der in § 113 IV StGB getroffenen Spezialregelung. Auch diese unterscheidet danach, ob der Täter den ⇨ Irrtum vermeiden konnte oder nicht.

Rechtshilfe: Im innerstaatlichen Bereich bezeichnet der Begriff der Rechtshilfe i. e. S. (nur) diejenige Unterstützung, die ein Gericht einem anderen Gericht auf dessen Ersuchen leistet, indem das ersuchte Gericht gemäß der Bitte des ersuchenden Gerichts bestimmte richterliche Amtshandlungen vornimmt. Dabei kann es sich um Amtshandlungen des Richters, des Rechtspflegers oder des Urkundsbeamten handeln. Es muss aber stets um solche Amtshandlungen gehen, die im Prinzip auch das ersuchende Gericht selbst vornehmen könnte, die es jedoch aus Zweckmäßigkeitsgründen (Vereinfachung, Beschleunigung, Kostenreduzierung) dem ersuchten Gericht anträgt. Hauptanwendungsfall ist die kommissarische Zeugenvernehmung durch einen ersuchten Richter am Wohnort der zu vernehmenden Person.
MERKE: Die Verpflichtung zu einer derartigen innerstaatlichen Rechtshilfe innerhalb der ordentlichen Gerichtsbarkeit, also in bürgerlichen Rechtsstreitigkeiten sowie in Strafsachen, ergibt sich aus § 156 GVG, daneben auch aus Art. 35 I GG. Dabei ist der Begriff der „Behörde“ in Art. 35 I GG ausnahmsweise *weit*

zu verstehen, weil hier die Gerichte mit gemeint sind; ähnlich verfährt auch die in § 11 I Nr. 7 StGB enthaltene ⇨ Legaldefinition: „Im Sinne dieses Gesetzes ist Behörde *auch ein Gericht*.“ Aber nicht nur innerhalb der ordentlichen Gerichtsbarkeit, sondern auch im Rahmen der sonstigen Gerichtsbarkeiten besteht innerstaatlich eine Verpflichtung der Gerichte zur wechselseitigen Rechtshilfe (vgl. §§ 14 VwGO, 13 ArbGG, 13 FGO, 5 SGG). Von der innerstaatlichen Rechtshilfe im vorstehenden Sinne ist zu unterscheiden die ⇨ Amtshilfe sowie die ⇨ internationale Rechtshilfe in Strafsachen, die im zwischenstaatlichen Bereich auf der Grundlage mehrseitiger oder bilateraler Abkommen, zum Teil aber auch „vertragslos“ geleistet wird.

Rechtsmittel: ⇨ Devolutiveffekt, ⇨ Suspensiveffekt.

Regelbeispiele: Im Gesetz ausdrücklich aufgeführte konkrete Beispiele, die entweder ⇨ besonders schwere Fälle oder aber ⇨ minder schwere Fälle einer Straftat näher erläutern und verdeutlichen sollen. Die Regelungen über Regelbeispiele haben keinen tatbestandlichen Charakter, sondern stellen lediglich Strafzumessungsvorschriften dar. Sie sollen die Rechtsanwendung erleichtern und vereinheitlichen. Da sie nur für den Regelfall gelten (Gesetzesformulierung: „in der Regel“), sind sie weder abschließend noch zwingend. D. h, auch wenn der Täter ein Regelbeispiel nicht verwirklicht, ist das Gericht z. B. nicht gehindert, gleichwohl wegen anderer erschwerender Umstände einen besonders schweren Fall anzunehmen. Umgekehrt kann trotz der Verwirklichung eines Regelbeispiels das Gericht im Einzelfall etwa die Annahme eines besonders schweren Falles ablehnen, wenn gleichzeitig atypische Umstände gegeben sind, welche die Tat in einem milderen Lichte erscheinen lassen.
MERKE: Obwohl diejenigen Tatumstände, die ein Regelbeispiel ausfüllen, letztlich keinen tatbestandlichen Charakter haben und nur für die ⇨ Strafzumessung Bedeutung besitzen, müssen sich die polizeilichen bzw. staatsanwaltschaftlichen Ermittlungen trotzdem auf sie erstrecken, weil sich andernfalls das zur Ent-

scheidung berufene Gericht kein vollständiges Bild von der Strafsache machen kann (vgl. die entsprechende Vorgabe in RiStBV Nr. 15). Da die Normen über besonders schwere Fälle über Regelbeispiele keinen Tatbestandscharakter haben, sondern jeweils lediglich einen bestimmten ⇨ Straftatbestand *ergänzen*, dürfen sie aufbautechnisch niemals am Anfang einer strafrechtlichen Prüfung stehen.

Reizstoffwaffen: Nach der in der Anlage 1 zum Waffengesetz enthaltenen ⇨ Legaldefinition sind Reizstoffwaffen solche ⇨ Schusswaffen, die mit einem Patronen- oder Kartuschenlager versehen und zum Abschießen von Reizstoffen oder anderen Wirkstoffen bestimmt sind (Abschnitt 1, Unterabschnitt 1, Nr. 2.7). Dabei wird allerdings stillschweigend vorausgesetzt, dass die jeweilige Reizstoffwaffe aufgrund ihrer technischen Bauart und ihrer generellen Zweckbestimmung tatsächlich auch dem grundsätzlichen Schusswaffenbegriff unterfällt. Notwendig ist also insbesondere ein offener Lauf, durch den ⇨ Geschosse getrieben werden können. Etliche auf dem Markt befindliche Gaspistolen beispielsweise verfügen lediglich über einen verschlossenen Lauf; das verschossene Gas bzw. Aerosol tritt bei diesen Waffen seitwärts aus. Derartige Reizstoffwaffen stellen dann bauartbedingt im waffenrechtlichen Sinne *keine* Schusswaffen dar, weil bei ihnen keine Geschosse durch einen Lauf getrieben werden können.

RENEGADE: Im Luftsicherheitsrecht die international übliche Bezeichnung für ein ziviles ⇨ Luftfahrzeug, das aus terroristischen oder anderen Motiven als ⇨ Waffe verwendet und zum gezielten Absturz gebracht werden soll.

Repressive Kontrollstelle: Eine aus Anlass der Begehung bestimmter schwerer Straftaten an öffentlichen Straßen oder öffentlichen Plätzen oder anderen öffentlichen Orten eingerichtete ⇨ Kontrollstelle, welche die Ergreifung des Täters oder die ⇨ Sicherstellung von Beweismitteln bezweckt. Die Rechtsgrundlage für das Einrichten und Betreiben einer solchen Kontrollstelle bildet § 111 StPO. Repressive Kontrollstellen werden vielfach auch als Straßenkontrollstellen bezeichnet.

Richtervorbehalt: ⇨ Freiheitsentziehung, ⇨ Ermittlungspersonen der Staatsanwaltschaft.

Risikomerkmale: ⇨ Objektive Bedingungen der Strafbarkeit.

Rückführung: Die begleitete oder unbegleitete Verbringung eines Ausländers auf dem Luftweg in den Zielstaat derjenigen ⇨ Zurückweisung, ⇨ Zurückschiebung oder ⇨ Abschiebung, welche die ausländerrechtliche Grundlage für den Transport bildet. Die Rückführung stellt damit die praktische Durchführung der eben genannten aufenthaltsverhindernden bzw. aufenthaltsbeendenden Maßnahmen dar.
MERKE: Die Rückführung kann im Rahmen von Linien- oder Charterflügen durchgeführt werden. Sie ist erst mit der Einreise des Rückzuführenden in den Zielstaat vollendet. Beim Aufenthalt in einem Transitstaat und bei Ankunft im Zielstaat stehen den deutschen Begleitbeamten bei Fehlen einer völkerrechtlich wirksamen Übertragung von Hoheitsbefugnissen keine hoheitlichen Rechte zu. Maßnahmen gegen den Rückzuführenden sind in diesem Falle unzulässig; sie dürfen nur durch Beamte des ausländischen Staates durchgeführt werden. Im Zielstaat ist der Rückzuführende den dortigen Behörden zu übergeben. Die Zuständigkeit speziell der Bundespolizei für Rückführungen ergibt sich aus § 71 III Nr. 1 AufenthG.

Rückgewinnungshilfe: ⇨ Zurückgewinnungshilfe.

Rücksichtslos: Wer im ⇨ Straßenverkehr vorsätzlich bestimmte Verkehrsverstöße grob verkehrswidrig und rücksichtslos begeht und dadurch Leib oder Leben eines anderen Menschen oder fremde Sachen von bedeutendem Wert gefährdet, macht sich nach § 315c I Nr. 2 StGB wegen Gefährdung des Straßenver-

kehrs strafbar. Rücksichtslos handelt in diesem Zusammenhang, wer sich aus eigensüchtigen Gründen über seine Pflichten gegenüber anderen Verkehrsteilnehmern hinwegsetzt oder aus Gleichgültigkeit Bedenken gegen sein Verhalten von vornherein gar nicht erst aufkommen lässt und unbekümmert drauflos fährt. Der Tatumstand der Rücksichtslosigkeit stellt nach h. M. ein ⇨ subjektives Tatbestandsmerkmal dar. Gleichzeitig handelt es sich um ein strafbegründendes besonderes persönliches Merkmal i. S. d. § 28 I StGB. Dies hat zur Folge, dass bei einem etwaigen Teilnehmer, der selbst nicht rücksichtslos gehandelt hat, die Strafe zwingend zu mildern ist.
MERKE: § 315c StGB stellt ein sog. „konkretes Gefährdungsdelikt" dar. Bei den in § 315c I Nr. 2 StGB aufgezählten (schweren) Verkehrsverstößen handelt es sich um die sog. „sieben Todsünden im Straßenverkehr". Die Tat ist nach § 315c III StGB auch dann strafbar, wenn dem Täter bezüglich der Tathandlung und/oder des Gefährdungserfolges lediglich Fahrlässigkeit zur Last fällt.

Sachdienliche Angaben: Alle personen- oder sachbezogenen Informationen, welche die polizeiliche Aufgabenerfüllung unmittelbar oder mittelbar erleichtern, unterstützen bzw. fördern können. Tatbestandlich werden sachdienliche Angaben im vorstehenden Sinne in den Polizeigesetzen von Bund und Ländern vor allem in solchen Regelungen in Bezug genommen, die im Zusammenhang mit *Befragungen* stehen. Dabei gilt: Nicht sachdienlich und damit unzulässig sind 1. Fragen zu unbestimmten Zwecken „ins Blaue hinein" (Ausforschung), 2. Auskunftsbegehren, die auf die Mitteilung sachfremder Angaben gerichtet sind und 3. eine Datenerhebung „auf Vorrat" ohne konkreten Anlass.

Sachdurchsuchung: ⇨ Durchsuchung.

Sache: ⇨ Fremde bewegliche Sache.

Sachen von bedeutendem Wert: Ab welcher konkreten Wert(unter)grenze Sachen einen bedeutenden Wert besitzen, wird nicht ganz einheitlich beantwortet. Die neuere Kommentarliteratur geht davon aus, dass die gefährdete oder beeinträchtigte Sache *als solche* einen Mindestverkehrswert in Höhe von 1.300 Euro aufweisen muss. Der sog. „Wiederherstellungsaufwand“ – der ohne Weiteres höher sein kann als der Verkehrswert der Sache selbst – bleibt dabei unberücksichtigt. Sind mehrere Sachen gefährdet oder beeinträchtigt, so ist unter Zugrundelegung der eben dargelegten Auffassung maßgeblich, ob die Gesamtsumme aller Einzelwerte mindestens 1.300 Euro beträgt. Das Merkmal „Sachen von bedeutendem Wert“ wird in zahlreichen Vorschriften aus dem Polizei- und Strafrecht verwendet (vgl. z. B. §§ 19 I Nr. 3 ME PolG, 45 I Nr. 3 BPolG, 306f II, 307 II, 308 I, 315 I, 315a I, 315b I, 315c StGB). Speziell in den §§ 69 II Nr. 3, 142 IV StGB wird das ähnliche Merkmal des *„bedeutenden Sachschadens“* verwendet. Auch in diesem Zusammenhang nennt die aktuelle Kommentarliteratur als maßgebliche Wert(unter)grenze einen Betrag in Höhe von 1.300 Euro. Allerdings ist in diesem besonderen Zusammenhang nicht nur der reine Verkehrswert, sondern auch der sog. Wiederherstellungswert (insbesondere die Reparaturkosten) zu berücksichtigen.

Sachen von erheblichem Wert: Ein nur vereinzelt im Gesetz verwendeter Begriff. So spricht z. B. § 28 I Nr. 1 a. E. BPolG von Sachen von erheblichem Wert, deren Erhaltung im öffentlichen Interesse geboten ist. Rechtsfolge ist dann, dass zur Abwehr einer Gefahr für solche Sachen auch „besondere“ Mittel der Datenerhebung eingesetzt werden dürfen. Da die Sachen von erheblichem Wert mit Leibes- und Lebensgefahren auf eine Stufe gestellt werden, sind diejenigen Wertgrenzen, die bei den ⇨ Sachen von bedeutendem Wert Geltung beanspruchen, eindeutig zu niedrig. Außerdem ist zu berücksichtigen, dass es sich bei den Sachen von erheblichem Wert immer um solche handeln muss, deren Erhaltung *im öffentlichen Interesse* geboten erscheint. Damit verbietet sich in diesem Zusammenhang richtigerweise die Aufstellung einer starren Wert(unter)grenze. Denn öffentliche Interessen sind nicht einheitlich und manchmal überhaupt nicht fiskalisch bezifferbar, vor allem dann, wenn es sich um historische, kulturelle oder künstlerische Belange der Allgemeinheit handelt. Ob eine konkret gefährdete Sache im genannten Sinne von erheblichem Wert ist, kann deshalb nur im Wege der Einzelfallbewertung festgestellt werden. Dabei wird auch die Frage eine Rolle spielen dürfen, ob die bedrohte Sache *einzigartig* und damit unersetzlich ist.

Sachwehr: ⇨ Defensivnotstand.

Scheingefahr: Von einer Scheingefahr spricht man, wenn eine reale Situation von der Polizei in der Weise fehlinterpretiert wird, dass die Polizei vom Bestehen einer ⇨ Gefahr ausgeht, obwohl sie bei richtiger Beurteilung der Sachlage zu der Erkenntnis hätte kommen können und kommen müssen, dass eine Gefahr i. S. d. Polizeirechts gar nicht besteht. Ein polizeiliches Einschreiten aufgrund einer solchen Fehleinschätzung mit dem Ziel, die nur irrig angenommene Gefahr zu bekämpfen, muss folgerichtig als rechtswidrig angesehen werden; es kann Ansprüche auf Schadensersatz, Schadensausgleich oder Entschädigung auslösen. Eine Scheingefahr wird auch als *Putativgefahr* bezeichnet.
MERKE: Abzugrenzen ist die Schein- oder Putativgefahr vom zwar ähnlich klingenden, aber anders gelagerten Begriff der ⇨ Anscheinsgefahr und auch vom sog. ⇨ „Gefahrenverdacht“.

Schengener Grenzkodex: ⇨ SGK.

Schengener Informationssystem: ⇨ SIS.

Schengen-Raum: ⇨ Schengen-Staat.

Schengen-Staat: Jeder Staat, der dem Schengener Übereinkommen (SÜ) von 1985 bzw. dem Schengener Durchführungsübereinkommen (SDÜ) von 1990 als Vertragsstaat beigetreten ist und den sog. Schengen-Besitzstand als gemeinsamen Rechtsrahmen vollumfänglich anwendet. Gründer-Staaten des sog. Schengen-Ver-

bundes waren Deutschland, Frankreich, Belgien, Luxemburg und die Niederlande. Später kamen im Laufe der Zeit sukzessive weitere Länder hinzu. Nach derzeitiger Rechtslage gibt es 29 Schengen-Staaten, nämlich 25 EU-Staaten sowie die vier Nicht-EU-Staaten Island, Norwegen, Schweiz und Liechtenstein. Von den 27 EU-Staaten sind lediglich Irland und Zypern keine Schengen-Staaten (Irland ist dem Schengen-Verbund bisher nicht beigetreten, Zypern ist noch kein Vollanwenderstaat). Die aktuell 29 Schengen-Staaten bilden den sog. Schengen-Raum, der dadurch gekennzeichnet ist, dass in ihm ein freier Personenverkehr über die Staatsgrenzen hinweg möglich ist. Die Schweiz hatte mit Wirkung zum 12.12.2008 die Personenkontrollen zunächst an ihren Landgrenzen und im März 2009 dann auch auf den Schweizer Flughäfen abgeschafft. Da die Schweiz jedoch kein EU-Staat ist und somit auch nicht dem europäischen Binnenmarkt angehört, finden beim Grenzübertritt weiterhin Zollkontrollen statt, die sich nicht auf den Personenverkehr, sondern auf den Warenverkehr beziehen.
MERKE: Sog. „Ausgleichsmaßnahmen" für den Wegfall der Personenkontrollen an den Binnengrenzen des Schengen-Raums sind nach dem SDÜ erlaubt. Eine besonders wichtige derartige Ausgleichsmaßnahme stellt die sog. ⇨ Schleierfahndung" dar. Außerdem ist in bestimmten Fällen die ⇨ vorübergehende Wiedereinführung von Binnengrenzkontrollen gestattet (vgl. Art. 25 ff. SGK).

Schengen-Verbund: ⇨ Schengen-Staat.

Schengen-Visum: ⇨ Visum.

Schleierfahndung: Kein unmittelbarer Gesetzesbegriff, aber die gängige Kurzbezeichnung für solche verdachts- und ereignisunabhängigen ⇨ Kontrollen, die von der Polizei in bestimmten Gebieten – namentlich im Grenzgebiet – und ergänzend auch an bestimmten Örtlichkeiten (z. B. Bundesautobahnen, Bahnhöfen, Flughäfen) vorgenommen werden dürfen, ohne dass es dafür im Einzelfall eines besonderen Anlasses bedarf. Insbesondere setzen derartige Kontrollen keine ⇨ konkrete Gefahr und keinen

⇨ Anfangsverdacht einer Straftat voraus. Bei dem ⇨ Adressaten muss es sich also weder um einen Verantwortlichen i. S. d. Polizeirechts noch um einen ⇨ Verdächtigen oder ⇨ Beschuldigten i. S. d. Strafprozessrechts handeln. Typische verdachts- und ereignisunabhängige Kontrollen sind die ⇨ Identitätsfeststellung, die ⇨ Durchsuchung von Personen oder Sachen oder die Überprüfung bestimmter Papiere.
MERKE: Punktuell waren verdachts- und ereignisunabhängige Kontrollen auch früher schon dem deutschen Polizeirecht nicht grundsätzlich fremd; in begrenztem Umfang – namentlich an „gefährlichen" oder „verrufenen" Orten – waren teilweise derartige Maßnahmen nach Maßgabe der polizeirechtlichen Vorschriften schon immer durchaus zulässig. Auch § 36 V StVO erlaubt zum Zwecke der Bekämpfung von Gefahren für den ⇨ Straßenverkehr die verdachts- und ereignisunabhängige Kontrolle von Verkehrsteilnehmern im Rahmen sog. ⇨ Verkehrskontrollstellen. Als Instrument zur polizeilichen Überwachung *großräumiger* Gebiete bzw. ausgewählter Örtlichkeiten mit Massen- und Durchgangsverkehr jedoch sind verdachts- und ereignisunabhängige Kontrollen noch relativ neu. Erst in diesem Zusammenhang wurde der moderne Begriff Schleierfahndung geprägt. Diese soll einen angemessenen Ausgleich darstellen für die aufgrund des Schengener Durchführungsübereinkommens (SDÜ) mit Wirkung zum 26.3.1995 weggefallenen herkömmlichen ⇨ Grenzkontrollen an den Binnengrenzen des sog. „Schengenraums". Die Schleierfahndung zielt folglich ab auf die Bekämpfung grenzüberschreitender Kriminalität, ferner auch auf die Verhinderung oder Unterbindung unerlaubter Einreisen bzw. eines unerlaubten Aufenthaltes. Im § 1 I 1 VE ME PolG ist mittlerweile eine Leitbildregelung enthalten, an der sich die Bundesländer orientieren können. Bis auf Berlin, Bremen und Nordrhein-Westfalen haben alle Bundesländer die Schleierfahndung eingeführt.

Schmerzgriffe: Die zusammenfassende Bezeichnung für aus dem Kampfsport entlehnte Techniken, bei denen durch körperliche Einwirkung auf schmerzempfindliche Körperstellen eines

Menschen gezielt Schmerzen verursacht werden, um so den Willen der betroffenen Personen zu beugen. Dies geschieht entweder mithilfe von Nervendrucktechniken (gezielte Kompression einzelner neuronaler Punkte oder Areale des menschlichen Körpers) oder durch Hebelwirkung (Überdehnung bzw. Überstreckung einzelner Gliedmaßen). Das unmittelbare Ziel der Anwendung von Schmerzgriffen wie z. B. der Einsatz von Arm- oder Handgelenkhebeln ist der Schmerz selbst. Die Polizei nutzt solche Schmerzgriffe zur Durchsetzung von polizeilichen Maßnahmen, falls mildere Mittel nicht gewirkt haben oder aussichtslos sind. Die Betroffenen sollen durch den Schmerzreiz dazu gebracht werden, die polizeiliche Anweisung zu befolgen. Rechtlich gesehen handelt es sich beim Einsatz von Schmerzgriffen um die Anwendung ⇨ unmittelbaren Zwanges in Gestalt einfacher ⇨ körperlicher Gewalt oder ggf. – falls etwa zusätzlich ein Schlagstock etc. eingesetzt wird – in Form der Anwendung eines ⇨ Hilfsmittels körperlicher Gewalt (NdsOVG, Urt. vom 28.10.2016, – 11 LB 209/15 = NJW 2017, 1626 –). Daraus folgt, dass insbesondere der Grundsatz der ⇨ Verhältnismäßigkeit strikt zu beachten ist. So kann der Einsatz von Schmerzgriffen z. B. geeignet und erforderlich sein, wenn die vorgängige Anwendung von Pfefferspray erfolglos geblieben ist (VG Kassel, Urt. vom 12.10.2022, – 6 K 1915/19.KS –). Außerdem fordert die Rechtsprechung, dass Schmerzgriffe als solche gesondert und ausdrücklich anzudrohen sind (NdsOVG, a. a. O.; VG Hamburg, Urt. vom 22.1.2015, – 5 K 1971/11 –). Die allgemeine Androhung unmittelbaren Zwanges reicht also nicht aus: Ggf. muss eine erneute und spezifische Androhung ausgesprochen werden, bevor der Schmerzgriff zur Anwendung kommt, sonst ist die Maßnahme schon mangels wirksamer Androhung rechtswidrig.

Schnellbremsung: Die in einer Gefahrensituation ausgelöste Bremsung eines Schienenfahrzeugs, die mit maximaler Wirkung und schnellstmöglicher Verzögerung erfolgt. Wird sie vom Triebfahrzeugführer (Lokführer) ausgelöst, spricht man nur von Schnellbremsung, wird sie über die Notbremse ausgelöst, so nennt

man die Schnellbremsung *Notbremsung*, wird sie von einem automatischen Sicherheitssystem (z. B. von der Bordelektronik oder von einem externen Überwachungssystem) ausgelöst, so heißt sie *Zwangsbremsung*.. Notbremsung und Zwangsbremsung sind also nur besondere Unterfälle der Schnellbremsung, bezogen auf die Art ihrer Auslösung. Bei der Schnellbremsung wird der Druck in der Hauptluftleitung schlagartig auf 0 bar abgesenkt.
MERKE: Von der Schnellbremsung ist zu unterscheiden die Vollbremsung. Die letztere ist im Schienenverkehr die stärkste Form der sog. „Betriebsbremsung". Die *Betriebsbremsung* wiederum ist die beabsichtigte, in der Regel vom Triebfahrzeugführer (Lokführer) ausgelöste Bremsung eines Schienenfahrzeugs, die *außerhalb* einer Gefahrensituation erfolgt. Bei der Vollbremsung wird der Druck in der Hauptluftleitung schlagartig auf 3,5 bar abgesenkt.

Schreckschusswaffen: Nach der in der Anlage 1 zum Waffengesetz enthaltenen ⇨ Legaldefinition sind Schreckschusswaffen solche ⇨ Schusswaffen, die mit einem Kartuschenlager versehen und zum Abschießen von Kartuschenmunition bestimmt sind (Abschnitt 1, Unterabschnitt 1, Nr. 2.6). Dabei wird allerdings stillschweigend vorausgesetzt, dass die jeweilige Schreckschusswaffe aufgrund ihrer technischen Bauart und ihrer generellen Zweckbestimmung tatsächlich auch dem grundsätzlichen Schusswaffenbegriff unterfällt. Notwendig ist also insbesondere ein offener Lauf, durch den ⇨ Geschosse getrieben werden können. Etliche auf dem Markt befindliche „Schreckschusswaffen" aber verfügen lediglich über einen verschlossenen Lauf. Derartige „Schreckschusswaffen" stellen bauartbedingt im waffenrechtlichen Sinne – entgegen ihrer dann missverständlichen Bezeichnung – *keine* Schusswaffen dar, weil sie sich nur zur Knallerzeugung eignen, ohne dass Geschosse durch einen Lauf getrieben werden können.

Schuldausschließungsgründe: Im Strafrecht die zusammenfassende Bezeichnung für solche Umstände, welche die Schuld des Täters ausschließen, mit der Folge, dass dieser nicht bestraft werden kann, obwohl er eine tatbestandsmäßige und rechtswidrige Tat i. S. d. Strafgesetze begangen hat. Zu den Schuldausschließungsgründen in diesem Sinne gehören vorrangig die Strafunmündigkeit von ⇨ Kindern (§ 19 StGB), die Schuldunfähigkeit des Täters aufgrund eines biologisch-psychologischen Defektes (§ 20 StGB), der unvermeidbare ⇨ Verbotsirrtum (§ 17 S. 1 StGB) sowie die sog. Entschuldigungsgründe. Die ⇨ Strafunmündigkeit von Kindern stellt im Lichte des Strafprozessrechts betrachtet zugleich ein unbehebbares Strafverfolgungshindernis (Prozesshindernis) dar. Ferner lassen sich die strafrechtlichen Entschuldigungsgründe (z. B. §§ 33, 35 StGB) zu den Schuldausschließungsgründen zählen. Auch die in § 5 III TDG geregelte Verantwortungsfreiheit des sog. Access- oder Zugangsproviders kann als besonderer spezialgesetzlich geregelter Schuldausschließungsgrund aufgefasst werden und somit zur Verneinung schuldhaften Handelns führen (so LG München I, NJW 2000, 1051). Nach a. A. handelt es sich dabei um einen speziellen haftungsbegrenzenden „Filter“ auf der Tatbestandsebene.

Schusswaffen: Im Waffenrecht gelten als Schusswaffen i. S. d. § 1 II Nr. 1a WaffG solche Gegenstände, bei denen ⇨ Geschosse durch einen *Lauf* getrieben werden und die außerdem zum Angriff oder zur Verteidigung, zur Signalgebung, zur Jagd, zur Distanzinjektion, zur Markierung, zum Sport oder zum Spiel bestimmt sind. Technische Bauart und spezifische Zweckbestimmung ergeben also zusammen den Schusswaffenbegriff. Dabei ist die *generelle* Zweckbestimmung maßgeblich, die der Hersteller dem von ihm produzierten Gegenstand erkennbar beigelegt hat. Beispiele für Schusswaffen sind damit insbesondere alle „scharfen“ Pistolen, Revolver und Gewehre, außerdem Betäubungsgewehre, Betäubungspistolen, Schrotflinten, Schrotpistolen und Leuchtpistolen.
MERKE: Die Schusswaffen i. S. d. § 1 II Nr. 1a WaffG bilden die *erste* Hauptgruppe von ⇨ Waffen i. S. d. Waffengesetzes. Daneben gibt es noch drei weitere Hauptgruppen, nämlich die den Schusswaffen ⇨ gleichgestellten Gegenstände i. S. d. § 1 II Nr. 2b WaffG, ⇨ tragbare Gegenstände i. S. d. § 1 II Nr. 2a WaffG und tragbare Gegenstände i. S. d. § 1 II Nr. 2b WaffG.

Schutz: Im polizeilichen Sprachgebrauch die Gewährleistung der Unversehrtheit von Personen, Sachen, Gebäuden, Grundstücken, Einrichtungen oder Anlagen durch hierauf gerichtete polizeiliche Maßnahmen, wie z. B. Begleitung, Bewachung, Bestreifung oder Beobachtung.
MERKE: Die Polizei *sichert* sich selbst und *schützt* Dritte.

Schweigerechte: Die zusammenfassende Bezeichnung für das Recht eines Beteiligten, im Rahmen eines bestimmten rechtlich geordneten Verfahrens unter den im Gesetz genannten Voraussetzungen eine Aussage oder eine Auskunft ganz oder teilweise verweigern zu dürfen, ohne dass dies mit nachteiligen Konsequenzen verbunden wäre. Derartige Schweigerechte kennt die geltende Rechtsordnung in zahlreichen und teils recht speziellen Zusammenhängen. Besonders relevant sind aus polizeilicher Sicht die im Strafverfahrensrecht normierten Schweigerechte, die teils dem ⇨ Beschuldigten und teils dem ⇨ Zeugen zustehen. Dazu gehören das ⇨ Aussageverweigerungsrecht des Beschuldigten, das ⇨ Zeugnisverweigerungsrecht sowie das ⇨ Auskunftsverweigerungsrecht. Diese drei Schweigerechte beanspruchen auch im Rahmen anderer Verfahrensordnungen in entsprechender Anwendung Geltung. Insbesondere steht das Aussageverweigerungsrecht des Beschuldigten analog auch dem Betroffenen im Bußgeldverfahren und dem Beamten im Disziplinarverfahren zu.

Schwere der Tat: Ein ⇨ Haftgrund, der immer dann besteht, wenn jemand dringend verdächtig ist, bestimmte schwere Straftaten i. S. d. § 112 III StPO begangen zu haben, es sei denn, dass sich im Einzelfall ⇨ Fluchtgefahr, ⇨ Verdunkelungsgefahr und Wiederholungsgefahr sicher ausschließen lassen. Die nicht sicher ausschließbare Flucht-, Verdunkelungs- oder Wiederholungsgefahr stellt im Rahmen des § 112 III StPO eine *ungeschriebene* Eingriffsvoraussetzung dar, welche die Vorschrift nach st. Rspr. in verfassungskonformer Weise ergänzt. Ohne diese Einschränkung wäre die genannte Bestimmung nach Ansicht des BVerfG wegen Verstoßes gegen den Grundsatz der ⇨ Verhältnismäßigkeit verfassungswidrig und nichtig.

Schwere Straftaten: Als schwere Straftaten etwa i. S. d. § 100a I 1 Nr. 1 StPO gelten solche ⇨ Vergehen oder ⇨ Verbrechen, die grundsätzlich mit einer Mindesthöchststrafe von fünf Jahren Freiheitsstrafe bewehrt sind, wobei aufgrund der besonderen Bedeutung des geschützten Rechtsguts oder des besonderen öffentlichen Interesses an der Strafverfolgung unter Umständen auch eine geringere Mindesthöchststrafe genügen kann, sofern diese mehr als ein Jahr Freiheitsstrafe beträgt (so BT-Drs. 16/5846, 40). Bei der Betrachtung des in Rede stehenden Strafrahmens bleiben gesetzlich vorgesehene Strafmilderungen für sog. ⇨ „minder schwere Fälle" stets unberücksichtigt. Typisch für schwere Straftaten im vorstehenden Sinne ist, dass sie ohne Rücksicht auf das im konkreten Einzelfall verwirklichte Unrecht bereits ganz allgemein mit Blick auf die gesetzliche Strafdrohung oder das geschützte Rechtsgut oder das öffentliche Verfolgungsinteresse als schwerwiegend eingestuft werden können. Welche Delikte als derartige schwere Straftaten einzuordnen sind, wird regelmäßig durch Straftatenkataloge konkretisiert (vgl. z. B. § 100a II StPO). Im Rahmen eines Stufenmodells sind die schweren Straftaten oberhalb der ⇨ Straftaten von erheblicher Bedeutung und unterhalb der ⇨ besonders schweren Straftaten einzuordnen (vgl. BT-Drs. 16/5846, 40; 18/12785, 54).
MERKE: Der Begriff der schweren Straftat ist nicht legaldefiniert. Die obige Begriffsbestimmung stammt aus dem Gesetzgebungsverfahren und aus der Rechtsprechung des BVerfG (vgl. z. B. BVerfGE 122, 63, 87 f.; 124, 43, 63; 125, 260, 328 f.; 129, 208, 241 f.). Zur nur mittleren Kriminalität einerseits und zu den besonders schweren Straftaten andererseits vgl. BVerfGE 109, 279, 344 ff.

Selbstbelastungsfreiheit: Eine gängige Kurzbezeichnung für den wichtigen Grundsatz, dass von Rechts wegen niemand dazu verpflichtet ist, sich im Straf-, Bußgeld- oder Disziplinarverfahren selbst zu belasten. Präziser formuliert: Niemand ist gehalten, durch aktives Tun an der eigenen Überführung mitzuwirken. Im Rahmen der Strafverfolgung spricht man insoweit meist vom Nemo-tenetur-Grundsatz, abgeleitet von „Nemo tenetur se ipsum accusare" = „Niemand ist verpflichtet, sich selbst anzuklagen". Konsequenz des Grundsatzes der Selbstbelastungsfreiheit ist namentlich das bekannte Recht des Beschuldigten oder Angeklagten im Strafverfahren bzw. des Betroffenen im Bußgeldverfahren zur Aussageverweigerung, ohne dass aus einem eventuellen Schweigen nachteilige Schlussfolgerungen gezogen werden dürften, vgl. ⇨ Aussageverweigerungsrecht. Aber auch im Übrigen gilt, dass niemand dazu verpflichtet ist, durch aktives Tun an der eigenen Überführung mitzuwirken. Daraus folgt beispielsweise, dass das Pusten in das Atemalkoholmessgerät, die Abgabe einer Urinprobe beim Drogenschnelltest oder die Mitwirkung an einem Massen-Gentest stets auf freiwilliger Grundlage erfolgen muss, aber niemals verbindlich angeordnet oder gar erzwungen werden darf. MERKE: Unter anderem bilden die §§ 55, 136 I 2, 163a IV 2, 243 IV 1 StPO positivrechtliche Anerkennungen des Grundsatzes der Selbstbelastungsfreiheit, indem sie einzelne Auswirkungen desselben ausdrücklich regeln. Allerdings setzen die genannten Bestimmungen die Geltung des genannten Grundsatzes als solchen genau genommen bereits voraus. Die eigentliche Rechtsgrundlage bildet das verfassungsrechtlich abgesicherte Rechtsstaatsprinzip. Im Übrigen ist das Schweigerecht des Beschuldigten – als wichtigste Ausprägung des Nemo-tenetur-Grundsatzes – ausdrücklich geregelt in Art. 14 III Buchstabe g des Internationalen Paktes über bürgerliche und politische Rechte vom 19.12.1966, der in Deutschland im Range eines förmlichen Bundesgesetzes gilt. Mittelbare Anerkennung findet das Schweigerecht zudem durch die strafprozessualen normierten Belehrungspflichten (vgl. §§ 136 I 2, 163a IV 2 StPO).

Selbstindienstsetzung: Bezeichnung für den Vorgang, dass sich ein zunächst außer Dienst befindlicher Polizist bei gegebenem Anlass aufgrund eigener Willensentschließung nach außen er-

kennbar in den Dienst versetzt, um nunmehr *als Hoheitsträger* die situationsbedingt erforderlichen präventiven bzw. repressiven Maßnahmen zu treffen. Das Rechtsinstitut der Selbstindienstsetzung ist gesetzlich nicht geregelt. Es wurde ursprünglich richterrechtlich entwickelt (so schon RG, DR 1942, 1792) und hat zwischenzeitlich gewohnheitsrechtliche Anerkennung erlangt. Bei einem hinreichend gewichtigen Anlass ist der dienstfreie Beamte nicht nur berechtigt, sondern unter Umständen sogar verpflichtet, sich selbst in den Dienst zu versetzen und die notwendigen Maßnahmen zur Gefahrenabwehr oder Strafverfolgung zu treffen (VGH BW, Urt. vom 20.10.1987, – 4 S 700/87 –; OLG Hamm, NJW 1991, 1897). Unzumutbare Eigengefährdungen können dabei freilich nicht verlangt werden. Erforderlich für eine wirksame Selbstindienstsetzung ist zudem stets, dass der Beamte in der Lage ist, sich nach außen hinreichend zuverlässig als Polizist zu legitimieren (z. B. durch Vorzeigen des Dienstausweises und/oder der Dienstmarke oder durch das Tragen einer Uniform) *und* dass er – ausdrücklich oder konkludent – ausreichend deutlich macht, dass er als Hoheitsträger und nicht als privater „Jedermann“ einschreiten will. Letzteres kann auch dadurch geschehen, dass der Beamte solche Maßnahmen trifft, die ausschließlich einem Polizisten vorbehalten sind.
MERKE: Wird der Beamte beim Einschreiten im Rahmen einer wirksamen Selbstindienstsetzung verletzt, so liegt ein *Dienstunfall* vor, der eine entsprechende Dienstunfallfürsorge des Dienstherrn auslöst (VG Lüneburg, Urt. vom 22.10.2003, – 1 A 39/03 –).

Selbstständiges Verfahren: Das in den §§ 435 ff. StGB geregelte Verfahren, das die selbstständige Anordnung der ⇨ Einziehung oder ähnlicher Maßnahmen ermöglicht, sofern das Gesetz eine solche Anordnung erlaubt (vgl. unter anderem § 76a StGB). „Selbstständig“ meint, dass die jeweilige Anordnung der Maßnahme unabhängig von der Durchführung eines Anklage- oder ⇨ Sicherungsverfahrens erfolgen darf. Mithilfe dieser speziellen Verfahrensart kann die Staatsanwaltschaft etwa bei bereits verjährten Taten versuchen, zumindest die Einziehung von ⇨ Taterträgen oder hilfsweise die Einziehung des Wertes von Taterträgen zu erreichen. Das selbstständige Verfahren kann nicht nur die Anordnung einer Einziehung bezwecken, sondern auch auf die Anordnung der ⇨ Vernichtung, der ⇨ Unbrauchbarmachung oder der Beseitigung eines rechtswidrigen Zustandes gerichtet sein (§ 439 StPO). Systematisch betrachtet gehört das selbstständige Verfahren zu den sog. „besonderen Arten des Strafverfahrens“. Es wird auch als „objektives“ Verfahren bezeichnet.

Selbstvornahme: ⇨ Ersatzvornahme.

Sensible Teile: Im europäischen Luftsicherheitsrecht die Bezeichnung für diejenigen ⇨ Sicherheitsbereiche oder Teile von Sicherheitsbereichen, die besonders gefährdet erscheinen. Als sensible Teile gelten gemäß dem Anhang 1.1.3.2 der DVO (EU) 2015/1998 mindestens alle diejenigen Bereiche eines ⇨ Flughafens, die kontrollierten abfliegenden Fluggästen zugänglich sind, ferner sämtliche Teile eines Flughafens, die sicherheitskontrolliertes aufgegebenes ⇨ Gepäck durchlaufen kann oder in denen es aufbewahrt werden kann, sofern es sich nicht um gesichertes Gepäck handelt. Sensible Teile sind also ⇨ nicht allgemein zugängliche Bereiche, die in unmittelbaren Kontakt mit abfliegenden Fluggästen, deren Handgepäck oder Gepäck kommen.
MERKE: Gemäß Anhang 1.1.3.1 der DVO (EU) 2015/1998 müssen sensible Teile obligatorisch auf Flughäfen einzurichten, auf denen mehr als 40 Personen über Flughafenausweise verfügen, mit denen Zutritt zu Sicherheitsbereichen gewährt wird.

Sexuelle Dienstleistung: ⇨ Prostitution.

Sexuelle Handlungen: Nach der in § 184h Nr. 1 StGB enthaltenen Regelung sind i. S. d. Strafgesetzbuches sexuelle Handlungen nur solche, die im Hinblick auf das jeweils geschützte Rechtsgut von einiger Erheblichkeit sind. Sexuelle Handlungen vor einer anderen Person sind gemäß § 184h Nr. 2 StGB nur solche, die vor einer anderen Person vorgenommen werden, die den

Vorgang wahrnimmt. Obwohl § 184h StGB mit der amtlichen Überschrift „Begriffsbestimmungen“ versehen ist, handelt es sich bei den eben genannten Regelungen nicht wirklich um eine inhaltliche ⇨ Legaldefinition des Begriffes „sexuelle Handlungen“, sondern lediglich um Einschränkungen des Anwendungsbereichs der in Betracht kommenden Strafvorschriften. Nach h. M. ist unter einer sexuellen Handlung zunächst jedes Verhalten zu verstehen, dass rein objektiv, d. h. allein nach dem äußeren Erscheinungsbild, einen eindeutigen Sexualbezug aufweist, mithin in irgendeiner Weise der Befriedigung des Geschlechtstriebs dienen soll (vgl. z. B. BGH, Urt. vom 20.12.2007, – 4 StR 459/07 –). Auf die innere Motivation des Täters kommt es bei einer solchen Fallgestaltung nicht an. Das Berühren des Geschlechtsteils einer anderen Person etwa ist danach auch dann als sexuelle Handlung zu werten, wenn der Täter aus Scherz, Schikane, Sadismus, Wut oder Aberglaube handelt. Darüber hinaus können aber auch äußerlich ambivalente – also objektiv mehrdeutige – Verhaltensweisen eine sexuelle Handlung im Rechtssinne darstellen, sofern der Täter in einem solchen Falle mit einer – ihm nachweisbaren – sexuellen Motivation handelt (vgl. BGH, a. a. O.).
MERKE: Auch wenn keine sexuelle Handlung i. S. d. § 184h StGB vorliegt, weil entweder die begrifflichen Voraussetzungen einer solchen fehlen oder weil die Erheblichkeitsschwelle nicht überschritten wird, kommt hilfsweise immer noch eine Strafbarkeit des Handelnden nach Maßgabe des § 184i StGB wegen sexueller Belästigung in Betracht (vgl. dazu näher BGH, Beschl. vom 13.3.2018, – 4 StR 570/17 –). Vgl. ferner ⇨ Prostitution.

SGK: Die Abkürzung für den Schengener Grenzkodex, der von der EU als VO (EU) 2016/399 erlassen worden ist. Diese Verordnung hat mit Wirkung zum 12.4.2016 die frühere VO (EG) Nr. 562/2006 ersetzt. Der SGK regelt im Wesentlichen die Modalitäten eines Grenzübertritts an den Binnen- und Außengrenzen des sog. „Schengen-Raums“. Die Bestimmungen des SGK gehen gemäß Art. 288 AEUV abweichenden Vorschriften über den Grenzübertritt im nationalen Recht der sog. ⇨ „Schengen-Staaten“

vor. Die in Art. 22 SGK enthaltene Kernregelung des Schengener Grenzkodex besagt, dass die Binnengrenzen unabhängig von der Staatsangehörigkeit der betreffenden Personen an jeder Stelle ohne Personenkontrollen überschritten werden dürfen. Allerdings stellt Art. 23 SGK klar, dass Kontrollen innerhalb des Hoheitsgebietes eines Schengen-Staates an den Grenzen sowie im Grenzgebiet nach Maßgabe des nationalen Rechts unter bestimmten Voraussetzungen zulässig sind. Außerdem ist gemäß den Art. 25 ff. SGK die ⇨ vorübergehende Wiedereinführung von Binnengrenzkontrollen in bestimmten Situationen ebenfalls statthaft.

Sicherheit der Grenze: Ein Schutzgut und zugleich ein wichtiges grenzpolizeiliches Ziel, das insbesondere in § 2 II 1 Nr. 3 BPolG in Bezug genommen wird. Nach dieser Vorschrift umfasst die Globalaufgabe ⇨ „Grenzschutz" i. S. d. § 2 I BPolG, also der grenzpolizeiliche Schutz des Bundesgebietes, unter anderem auch die Abwehr von ⇨ Gefahren für die Sicherheit der Grenze, wobei sich die Wahrnehmung dieser Aufgabe räumlich auf das Grenzgebiet beschränkt. Gerade diese räumliche Beschränkung stellt aber klar, dass die Aufgabe „Grenzschutz" nicht nur den Schutz der Grenze selbst betrifft, sondern darüber hinaus auch auf den Schutz *des Hoheitsgebietes* **durch** die Grenze gerichtet ist. Die Sicherheit der Grenze ist namentlich dann gefährdet bzw. gestört, wenn Grenzanlagen oder Grenzeinrichtungen beschädigt oder zerstört werden, wenn vom Ausland aus über die Grenze hinweg Straftaten verübt werden, wenn durch den Grenzübertritt selbst Straftaten begangen oder vorbereitet werden, wenn Rechtsbrecher die Grenze ungehindert passieren können oder wenn sich ein geschehener Rechtsbruch durch den Grenzübertritt noch vertiefen würde. Vor diesem Hintergrund fällt insbesondere die Verhütung grenzbezogener Kriminalität in den Anwendungsbereich der Präventivaufgabe des § 2 I i. V. m. II 1 Nr. 3 BPolG, wie z. B. Schleusungskriminalität, Verstöße gegen Verbringungsverbote oder gegen das AufenthG, PassG oder AsylVfG. Außer in § 2 II 1 Nr. 3 BPolG die „Sicherheit der Grenze" wird auch noch Bezug genommen in § 27 S. 1 Nr. 1 BPolG.

Sicherheit des Luftverkehrs: Die zusammenfassende Bezeichnung für die äußere und die innere Sicherheit der Zivilluftfahrt. Die *äußere* Sicherheit des zivilen Luftverkehrs *(Air Security)* betrifft den Schutz vor solchen Gefahren, die von außen kommend auf den Luftverkehr einwirken, wie z. B. Flugzeugentführungen, Sabotageakte und terroristische Anschläge. Die äußere Luftsicherheit wird primär auf der Grundlage des LuftSiG gewährleistet, und zwar durch die *Abwehr von Angriffen* auf die Sicherheit des Luftverkehrs. Diese Abwehr erfolgt vor allem im Wege der Durchführung zahlreicher Kontrollmaßnahmen, sie schließt aber auch die Vornahme von ⇨ Zuverlässigkeitsüberprüfungen, die Aufstellung von ⇨ Luftsicherheitsplänen sowie die Anordnung und Überwachung von Sicherheitsmaßnahmen seitens der Luftsicherheitsbehörden mit ein (vgl. §§ 1, 2, 5 LuftSiG). Die *innere* Sicherheit des zivilen Luftverkehrs *(Air Safety)* bezieht sich auf die Abwehr von betriebsinternen Gefahren für die Zivilluftfahrt sowie auf die Abwehr von Gefahren für die ⇨ öffentliche Sicherheit oder die ⇨ öffentliche Ordnung, die *durch* den Luftverkehr als solchen bedingt sind. Hierbei geht es also um Gefahrenquellen, die unmittelbar aus der Zivilluftfahrt selbst herrühren und die sich sowohl auf diese (mithin nach innen) wie auch auf die Umwelt bzw. Dritte (also nach außen) auswirken können. Diese innere Luftsicherheit wird vor allem gewährleistet durch Maßnahmen auf der Grundlage des Luftverkehrsgesetzes und der damit im Zusammenhang stehenden Rechtsvorschriften.

Sicherheit des Staates: Eines der überragend wichtigen kollektiven Schutzgüter, das im Interesse der Allgemeinheit durch etliche Normen ganz oder in Teilen, unmittelbar oder mittelbar geschützt wird und das nach der in § 92 III Nr. 2 StGB enthaltenen Klarstellung sowohl die innere als auch die äußere Sicherheit des Staates umfasst. Die *innere* Sicherheit ist ein Zustand stabiler Ordnung im Binnengefüge des Staates, der durch Gefahrlosigkeit, Rechtsfrieden, Rechtssicherheit und das reibungslose Funktionieren der verfassungsmäßigen Ordnung gekennzeichnet ist. Die *äußere* Sicherheit ist ein Zustand, in dem die Integrität des Staates gegen

Bedrohungen, Erpressungen, Störungen oder Angriffe seitens fremder Mächte oder Gruppen gewährleistet ist. Nach einer etwas anderen Formulierung bedeutet äußere Sicherheit die Freiheit der Bundesrepublik Deutschland von Fremdherrschaft oder anderen Zwängen, welche den Staat von außen kommend bedrohen. Ein Kernelement der äußeren Sicherheit ist in jedem Fall der Schutz der territorialen Integrität vor militärischen oder terroristischen Angriffen auf das Gebiet der Bundesrepublik.
MERKE: Die Sicherheit des Staates steht im gleichen Range wie der ⇨ Bestand des Staates. Oft werden beide Rechtsgüter durch ein und dieselbe Norm gleichzeitig geschützt. Eine ⇨ Gefahr für die Sicherheit des Staates ist stets eine ⇨ erhebliche Gefahr.

Sicherheitsausrüstung: Nach der in § 10a I LuftSiG enthaltenen ⇨ Legaldefinition im luftsicherheitsrechtlichen Sinne alle Kontrollmittel zur Durchführung der Kontrollen von Fluggästen und Handgepäck, von aufgegebenem ⇨ Gepäck, von anderen Personen als Fluggästen und mitgeführten Gegenständen, von Fracht und Post, von Bordvorräten und Flughafenlieferungen sowie von sonstigen Gegenständen, welche auf die ⇨ Luftseite des ⇨ Flugplatzes verbracht wurden oder verbracht werden sollen.
MERKE: Zur Sicherheitsausrüstung zählen auch Sprengstoffspürhunde oder andere für das Aufspüren von Stoffen ausgebildete ⇨ Tiere. Keine Sicherheitsausrüstung im obigen Sinne sind einfache Hilfsmittel sowie Alltagsgegenstände, die üblicherweise auch außerhalb von Sicherheitskontrollen verwendet werden. Sicherheitsausrüstung bedarf sowohl der Zertifizierung als auch der Zulassung für die konkrete Verwendung am jeweiligen Einsatzort. Zuständig für die Zertifizierung und die Zulassung ist die ⇨ Luftsicherheitsbehörde.

Sicherheitsbereich: Im europäischen Luftsicherheitsrecht gemäß der in Art. 3 XIII VO (EG) Nr. 300/2008 enthaltenen ⇨ Legaldefinition derjenige Teil der ⇨ Luftseite, für den nicht nur eine Zugangsbeschränkung besteht, sondern für den noch weitere Luftsicherheitsstandards gelten. Zur Luftseite gehören dabei gemäß Art. 3 XI VO (EG) Nr. 300/2008 die Bewegungsflächen eines Flughafens, angrenzendes Gelände und angrenzende Gebäude bzw. Teile davon, zu denen der Zugang beschränkt ist. Sicherheitsbereiche im vorstehenden Sinne sind gemäß Anhang 1.1.2.1 der DVO (EU) 2015/1998 zumindest die folgenden Bereiche: a) Diejenigen Teile eines Flughafens, die den kontrollierten abfliegenden Fluggästen zugänglich sind, b) diejenigen Teile eines Flughafens, die kontrolliertes aufgegebenes Gepäck durchlaufen kann oder in denen es aufbewahrt werden kann, sofern es sich nicht um gesichertes Gepäck handelt, c) diejenigen Bereiche eines Flughafens, die zum Abstellen von Luftfahrzeugen dienen, um an diesen einen Einsteige- bzw. Beladevorgang vorzunehmen. Bestimmte besonders gefährdet erscheinende und deshalb unter Sicherheitsaspekten „kritische" Areale innerhalb der Sicherheitsbereiche werden im europäischen Luftsicherheitsrecht als ⇨ sensible Teile eingestuft.

Sicherheitsempfindliche Bereiche: In der ursprünglichen Fassung des LuftSiG die Bezeichnung für solche ⇨ nicht allgemein zugänglichen Bereiche eines ⇨ Flugplatzes, in denen *unmittelbar* ein Anschlag insbesondere auf ⇨ Luftfahrzeuge vorbereitet bzw. ausgeführt werden kann. Es handelte sich also um gesteigert gefährdete Bereiche, die besonders zu schützen waren, wie z. B. das Vorfeld, die Warteräume der Fluggäste oder die Fluggastbrücken (sog. „Finger"). Der Begriff fand sich bereits in den Gesetzesmaterialien zum LuftSiG (BT-Drs. 15/2361, 15) und wurde zeitweise auch im Rahmenplan Luftsicherheit (BRAS 190) verwendet. Sicherheitsempfindliche Bereiche waren vom Flugplatzbetreiber bzw. von den dort ansässigen Luftfahrtunternehmen gegen unberechtigten Zugang zu sichern und mussten im damals sog. ⇨ „Luftsicherheitsplan" als solche besonders ausgewiesen werden. In der unionsrechtlichen Terminologie zum Luftsicherheitsrecht gab es den Begriff der sicherheitsempfindlichen Bereiche jedoch zu keinem Zeitpunkt; er war ein Spezifikum allein des innerstaatlichen deutschen Luftsicherheitsrechts. Der Terminus wurde deshalb mit dem Inkrafttreten des Ersten Gesetzes zur

Änderung des Luftsicherheitsgesetzes vom 23.2.2017 (BGBl. I 2017, 298) am 4.3.2017 in Anpassung an den Sprachgebrauch des EU-Rechts durch den Begriff der sog. ⇨ „sensiblen Teile" ersetzt.

Sicherheitsleistung: Im Strafprozessrecht die Bezeichnung für die freiwillige oder aber staatlich angeordnete Hingabe eines Wertgegenstandes, um entweder von einer Freiheitsentziehung verschont zu bleiben oder um eine zu erwartende Geldstrafe sowie die mutmaßlichen Verfahrenskosten im Voraus abzudecken. Die in den §§ 127a, 116 StPO geregelte Art der Sicherheitsleistung dient allein dem Freiheitsinteresse des Betroffenen selbst und muss von diesem freiwillig erbracht werden. Die Sicherheitsleistung i. S. d. § 132 StPO hingegen dient den fiskalischen Interessen des Staates und kann daher einseitig-verbindlich angeordnet und – in Grenzen – auch durchgesetzt werden. Als Sicherheitsleistung kommen in allen Fällen gemäß § 116a I StPO, der entweder direkt oder entsprechend anwendbar ist, in Betracht: Bargeld, Wertpapiere, Pfandbestellung oder Bürgschaft, insbesondere Bankbürgschaft.

Sicherheitsposition: Im Luftsicherheitsrecht die Bezeichnung für eine vorsorglich festgelegte und im Notfallplan entsprechend ausgewiesene Standfläche auf dem Flugplatzgelände, auf welche Luftfahrzeuge, die zum Gegenstand einer Bedrohung geworden sind, verbracht werden können (vgl. §§ 8 I Nr. 7, 9 I Nr. 5 LuftSiG). Eine solche Verbringung erfolgt typischerweise im Falle einer Bombendrohung oder wenn es sonstige Hinweise darauf gibt, dass eine bestimmte Maschine gefährdet sein könnte.

Sicherheitsscanner: Nach der im Anhang 12.11.1 der DVO (EU) 2015/1998 enthaltenen ⇨ Legaldefinition ein System zur Kontrolle von Personen, das metallische und nichtmetallische Gegenstände am Körper oder in der Kleidung erkennen kann, bei denen es sich nicht um menschliche Haut handelt. Die eben zitierte Regelung bezeichnet den Sicherheitsscanner auch als *De-*

tektionssystem und unterscheidet im Näheren zwei Arten solcher Systeme: Bei einem Sicherheitsscanner mit einem *menschlichen Überprüfer* kann ein Bild des Körpers der kontrollierten Person generiert werden, das vom Überprüfer ausgewertet wird, um sicherzustellen, dass sich am Körper der kontrollierten Person keine metallischen oder nichtmetallischen Gegenstände befinden, bei denen es sich nicht um menschliche Haut handelt. Erkennt der Überprüfer einen solchen Gegenstand, wird die Lage dieses Gegenstandes der Kontrollperson mitgeteilt, die dann eine weitere Überprüfung des betroffenen Fluggastes vorzunehmen hat. Bei dieser Systemvariante ist der menschliche Überprüfer als integraler Bestandteil des Detektionssystems anzusehen und es gibt drei Beteiligte, nämlich den Überprüfer, die Kontrollperson und die kontrollierte Person. Von einem Sicherheitsscanner mit *automatisierter Bedrohungserkennung* spricht man hingegen, wenn Fremdgegenstände am Körper der kontrollierten Person vom System automatisch erkannt und ihre Lage unmittelbar der Kontrollperson an einer Strichfigur angezeigt wird, ohne dass zusätzlich noch ein menschlicher Auswerter als Überprüfer zwischengeschaltet wäre. In diesem Falle gibt es also nur zwei Beteiligte, nämlich die Kontrollperson und die zu kontrollierende Person.
MERKE: Die DVO (EU) 2015/1998 enthält in Ansehung von Sicherheitsscannern an diversen Stellen etliche wichtige Festlegungen. So dürfen Sicherheitsscanner generell keine ionisierenden Strahlen verwenden. Fluggäste haben das Recht, die Kontrolle mit einem Sicherheitsscanner zu verweigern. In einem solchen Fall ist der Fluggast durch eine alternative Methode zu kontrollieren, die mindestens eine Durchsuchung von Hand umfasst. Wird am Sicherheitsscanner ein Alarm ausgelöst, ist die Ursache des Alarms immer abzuklären. Vor der Kontrolle mit einem Sicherheitsscanner ist der Fluggast über die eingesetzte Technologie, die mit ihrem Einsatz verbundenen Bedingungen und die Möglichkeit der Verweigerung der Kontrolle mit dem Sicherheitsscanner zu unterrichten. Menschliche Überprüfer von Sicherheitsscannern müssen sich Fortbildungen unterziehen, die Bilderkennungsschulungen und Tests umfassen. Alle eingesetzten Si-

cherheitsscanner müssen bestimmte technische Standards erfüllen, wobei für Geräte, die ab dem 1.1.2019 installiert werden, ein erhöhter Standard gilt („Standard 2"). Die heute in Deutschland, Europa und weltweit eingesetzten Sicherheitsscanner zeigen den menschlichen Körper nur noch als verfremdetes oder abstraktes Bild; die bei Einführung der neuen Detektionstechnik zeitweilig benutzten sog. „Nacktscanner" sind bereits seit geraumer Zeit nicht mehr im Gebrauch.

Sicherstellung: Die Begründung hoheitlicher Verfügungsgewalt über einen Gegenstand aus Gründen der Gefahrenabwehr oder Strafverfolgung, wobei als Bezugsobjekt des staatlichen Zugriffs in erster Linie bewegliche und unbewegliche Sachen in Betracht kommen, daneben aber gelegentlich auch unkörperliche Gegenstände (z. B. Bankkonten). Bei beweglichen Sachen erfolgt die Sicherstellung in der Regel durch die Herstellung der tatsächlichen Gewalt über die Sache, gefolgt von der amtlichen Aufbewahrung der betreffenden Sache, die dann Asservat („Verwahrstück") genannt wird. Bei Grundstücken, Grundstücksteilen, Wohnungen oder anderen Räumen kommt eine Realisierung der Sicherstellung durch Versiegelung oder Absperrung oder durch die Anordnung von Betretungsverboten in Betracht. Entscheidend ist stets, dass die Begründung hoheitlicher Verfügungsgewalt über den sichergestellten Gegenstand nach außen erkennbar in Erscheinung tritt.
MERKE: Speziell die strafprozessuale Sicherstellung von Gegenständen kann in sehr verschiedenen Erscheinungsformen erfolgen und dementsprechend auf unterschiedlichen Rechtsgrundlagen beruhen. Möglich ist unter anderem die einfache bzw. formlose Sicherstellung von Beweismitteln (§ 94 I StPO), die förmliche ⇨ Beschlagnahme von Beweismitteln (§ 94 II i. V. m. I StPO), die sog. ⇨ „Postbeschlagnahme", die Beschlagnahme von mutmaßlichen Einziehungsgegenständen (§ 111b I StPO) oder die einstweilige Beschlagnahme von Zufallsfunden (§ 108 StPO). Die Mitnahme von ⇨ Papieren zur Durchsicht (§ 110 StPO) wird gelegentlich als *vorläufige Sicherstellung* bezeichnet, sie stellt

aber tatsächlich eine sicherstellungsähnliche Maßnahme eigener Art dar, die im Durchsuchungsrecht der StPO normiert ist.

Sicherungshaftbefehl: Ein spezieller strafprozessualer ⇨ Haftbefehl, welcher auf der Rechtsgrundlage des § 453c StPO ergehen kann und wie der ⇨ Vollstreckungshaftbefehl auf die Sicherstellung der ⇨ Strafvollstreckung gerichtet ist. Ein derartiger Sicherungshaftbefehl kommt in Betracht, wenn sich ein zu einer Freiheitsstrafe Verurteilter wegen Strafaussetzung zur Bewährung auf freiem Fuß befindet und hinreichende Gründe für die Annahme vorliegen, dass die Aussetzung zur Bewährung widerrufen wird. Hinzukommen muss entweder der Haftgrund der Flucht bzw. des Fluchtverdachts oder aber alternativ die tatsachengestützte Vermutung, dass der Betreffende erhebliche Straftaten begehen werde.

Sicherungsverfahren: Das in den §§ 413 ff. StPO geregelte Verfahren, dass eine Strafverfolgung auch dann ermöglicht, wenn eine Anklageerhebung in einer Strafsache ausscheidet. So ist es bei schuldunfähigen oder verhandlungsunfähigen Tätern möglich, im Sicherungsverfahren zumindest die Verhängung einer ⇨ Maßregel der Besserung und Sicherung anzustreben. Als Nebenfolge ist im Rahmen eines derartigen Sicherungsverfahrens auch die Anordnung einer ⇨ Einziehung zulässig. Stellt sich im Sicherungsverfahren nachträglich heraus, dass der Beschuldigte doch schuld- bzw. verhandlungsfähig ist, so erfolgt ein Übergang in das normale Strafverfahren. Systematisch betrachtet gehört das Sicherungsverfahren zu den sog. „besonderen Arten des Strafverfahrens“.

Sich-Nicht-Entfernen (trotz Aufforderung des Berechtigten): Neben dem ⇨ widerrechtlichen Eindringen die zweite Erscheinungsform eines Hausfriedensbruchs, die in § 123 I 2. Alt. StGB geregelt ist. Strafbar ist nach dieser Regelung auch die fortdauernde Anwesenheit einer Person innerhalb der geschützten Örtlichkeit, obwohl der Betreffende dort ohne Befugnis verweilt und obwohl eine Aufforderung des Berechtigten ergangen ist, die Örtlichkeit zu verlassen. Dabei erfasst die genannte Vorschrift nach h. M. sowohl den Fall, dass jemand von vornherein ohne eine solche Befugnis zum Verweilen war, als auch den Fall, dass eine ursprüngliche vorhandene Aufenthaltsbefugnis infolge der Aufforderung des Berechtigten, sich zu entfernen, nachträglich weggefallen ist. Im ersteren Falle wird sich § 123 I 2. Alt. StGB im Regelfall mit § 123 I 1. Alt. StGB überschneiden und erscheint dann lediglich subsidiär, weil der Täter bereits wegen widerrechtlichen Eindringens bestraft werden kann (BGHSt 21, 224, 225). Echte Bedeutung hat § 123 I 2. Alt. StGB also nur bei Wegfall einer anfänglich vorhandenen Anwesenheitsberechtigung. Die Aufforderung des Hausrechtsinhabers an eine Person, sich aus der geschützten Örtlichkeit zu entfernen, lässt ein etwaiges Anwesenheitsrecht des Betroffenen ab dem Zeitpunkt der Aufforderung entfallen. Wer sich danach gleichwohl nicht entfernt, begeht einen Hausfriedensbruch durch Unterlassen. Dabei handelt es sich um ein echtes ⇨ Unterlassungsdelikt; auf eine ⇨ Garantenstellung desjenigen, der sich trotz der Aufforderung nicht entfernt, kommt es also nicht an. Vgl. auch ⇨ unbefugtes Verweilen.

Signalschuss: ⇨ Alarmschuss.

SIS: Die übliche Kurzbezeichnung für das Schengener Informationssystem, das 1995 nach der Abschaffung der Kontrollen an den Binnengrenzen der EU eingerichtet wurde und das seit dem 7.3.2023 bereits in der dritten Generation betrieben wird (SIS III). Dabei handelt es sich um ein computergestütztes, staatenübergreifendes, polizeiliches Fahndungs- und Informationssystem, das von den ⇨ Schengen-Staaten gemeinsam betrieben und genutzt wird. Es ermöglicht insbesondere die ⇨ Fahndung nach Personen und Sachen im Schengen-Raum sowie die ⇨ Ausschreibung von ⇨ Drittstaatsangehörigen zur Einreiseverweigerung an den Schengen-Außengrenzen. Jeder teilnehmende Schengen-Staat bestimmt eine nationale Zentralstelle, welche den Informationsaustausch im Rahmen des SIS abwickelt; in Deutschland ist dies das BKA.

MERKE: Seine Rechtsgrundlage fand das SIS ursprünglich in den Regelungen der Art. 92 ff. SDÜ (SIS I), später in drei Rechtsakten der EU, nämlich in der VO (EG) Nr. 1986/2006, der VO (EG) Nr. 1987/2006 und dem Beschluss 2007/533/JI (SIS II). Heute beruhen die Einrichtung, der Betrieb und die Nutzung des sog. SIS III auf insgesamt drei neuen Verordnungen der EU, nämlich der VO (EU) 2018/1860 betreffend die Rückkehr illegal aufhältiger Drittstaatsangehöriger), der VO (EU) 2018/1861 betreffend den Bereich der Grenzkontrollen und der VO (EU) 2018/1862 betreffend den Bereich der polizeilichen und justiziellen Zusammenarbeit. Innerdienstlich ist der konkrete Umgang mit dem SIS, insbesondere das Tätigen von Eingaben und Abfragen, in der Anlage 4 zur PDV 384.1 ausführlich dargestellt.

Sistierhaftbefehl: ⇨ Ungehorsamshaftbefehl.

Sky Marshal: ⇨ Flugsicherheitsbegleiter.

Sofort vollziehbar: Ein ⇨ Verwaltungsakt ist sofort vollziehbar, wenn förmliche Rechtsbehelfe gegen ihn entweder kraft Gesetzes oder kraft behördlicher Anordnung keine aufschiebende Wirkung entfalten, mit der Folge, dass der ⇨ Verwaltungsakt trotz laufenden Rechtsbehelfsverfahrens vom Pflichtigen vorerst befolgt werden muss. Geschieht dies nicht, so kann der Verwaltungsakt im Wege der Verwaltungsvollstreckung zwangsweise durchgesetzt werden, indem ein ⇨ Verwaltungszwangsmittel gegen den Pflichtigen zur Anwendung kommt.
MERKE: In den Fällen des § 80 II 1 Nr. 1–3 VwGO ist ein Verwaltungsakt kraft gesetzlicher Anordnung sofort vollziehbar. Dies betrifft vor allem ⇨ unaufschiebbare Anordnungen und Maßnahmen eines Polizeivollzugsbeamten. Im Übrigen kann die zuständige ⇨ Behörde gemäß § 80 II 1 Nr. 4 VwGO bei Vorliegen eines entsprechenden öffentliches Interesses die sofortige Vollziehung des Verwaltungsaktes selbst schriftlich anordnen, wobei sie dies gemäß § 80 III VwGO schriftlich begründen muss.

Sofortvollzug: Die Kurzbezeichnung für die sofortige Anwendung eines ⇨ Verwaltungszwangsmittels im Eilfall ohne vorausgehenden ⇨ Verwaltungsakt und grundsätzlich auch ohne Zwangsandrohung. Es handelt sich damit um eine abgekürzte Variante der Verwaltungsvollstreckung, die im Gegensatz steht zum normalen, d. h. gestuften oder gestreckten Vollstreckungsverfahren (Erlass des Verwaltungsaktes – Androhung der Vollstreckung – Festsetzung des Zwangsmittels – Anwendung des Zwangsmittels). Die Rechtsfigur des Sofortvollzuges erlaubt es, dieses mehrstufige Verfahren in Eilfällen auf einen Akt zu komprimieren und damit sofort zu reagieren. Das abgekürzte Vollstreckungsverfahren wird auch als *sofortiger Vollzug* oder *sofortiger Zwang* bezeichnet. Als Verwaltungszwangsmittel kommen im Rahmen des Sofortvollzuges nur die ⇨ Ersatzvornahme und der ⇨ unmittelbare Zwang in Betracht, da nur diese beiden Zwangsmittel tatsächlich eine unmittelbare Reaktion ermöglichen. Das ⇨ Zwangsgeld als drittes Verwaltungszwangsmittel eignet sich nur für Zeitlagen. Die Zulässigkeit eines derartigen Sofortvollzuges ist in der Leitbildvorschrift des § 28 II ME PolG wie folgt geregelt: *„Der Verwaltungsakt kann ohne vorausgehenden Verwaltungsakt angewendet werden, wenn das zur Abwehr einer Gefahr notwendig ist, insbesondere weil Maßnahmen gegen Personen nach den §§ 4 bis 6 [gemeint: Verhaltensstörer, Zustandsstörer, Nichtstörer im polizeilichen Notstand] nicht oder nicht rechtzeitig möglich sind oder keinen Erfolg versprechen, und die Polizei hierbei innerhalb ihrer Befugnisse handelt."* In die Verwaltungsvollstreckungsgesetze von Bund und Ländern ist dieser recht großzügige Regelungsvorschlag zumeist nicht wörtlich, sondern nur in einer etwas restriktiveren Fassung übernommen worden. So heißt es z. B. in § 6 II VwVG: *„Der Verwaltungszwang kann ohne vorausgehenden Verwaltungsakt angewendet werden, wenn der sofortige Vollzug zur Verhinderung einer rechtswidrigen Tat, die einen Straf- oder Bußgeldtatbestand verwirklicht, oder zur Abwendung einer drohenden Gefahr notwendig ist und die Behörde hierbei innerhalb ihrer gesetzlichen Befugnisse handelt."* Die Bezugnahme auf das Handeln der Behörde „innerhalb ihrer

gesetzlichen Befugnisse“ meint, dass der Sofortvollzug nur dann zulässig ist, wenn die ⇨ Behörde (denkt man sich die Eilbedürftigkeit hinweg) im Prinzip berechtigt wäre, einen Verwaltungsakt zur Gefahrenabwehr zu erlassen und anschließend im Normalverfahren durchzusetzen. Man spricht in diesem Zusammenhang von einer *fiktiven* oder *hypothetischen* Grundverfügung.
MERKE: Die Polizei darf auch nach dem Erlass einer ⇨ Polizeiverfügung jederzeit in den Sofortvollzug überwechseln, sofern dessen Voraussetzungen nach Erlass der Verfügung – etwa wegen Eskalation der Situation – eintreten. So kann man z. B. im Bundesrecht häufig erklären, warum Verwaltungszwang angewendet worden ist, ohne dass dieser zuvor angedroht worden ist: Da mit Eintritt einer der in § 6 II VwVG beschriebenen Situationen auf Grundverfügung *und* Zwangsandrohung verzichtet werden darf, wird eine Androhung entbehrlich, sobald einer der im Gesetz genannten Eilfälle eintritt, auch wenn die Grundverfügung zuvor noch ergehen konnte.

Sonder- und Wegerechte: Im Straßenverkehrsrecht die zusammenfassende Bezeichnung für die sich aus den §§ 35, 38 StVO ergebenden Privilegierungen:
1. § 35 I StVO gewährt *Sonderrechte*, die darin bestehen, dass unter anderem die Polizei, die Bundespolizei, die Feuerwehr, der Katastrophenschutz und der Zolldienst von den Vorschriften der StVO ausgenommen sind, soweit dies zur Erfüllung von hoheitlichen Aufgaben geboten ist. Fahrzeuge des Rettungsdienstes sind nach § 35 V Buchstabe a StVO von den einschlägigen Vorschriften (nur) befreit, wenn höchste Eile geboten ist, um Menschenleben zu retten oder schwere gesundheitliche Schäden abzuwenden. Bei der Inanspruchnahme von Sonderrechten im ⇨ Straßenverkehr gilt gemäß § 35 VIII StVO die generelle Einschränkung, dass Sonderrechte immer nur unter gebührender Berücksichtigung der ⇨ öffentlichen Sicherheit bzw. der ⇨ öffentlichen Ordnung ausgeübt werden dürfen.
2. § 38 I StVO normiert ein sog. *Wegerecht*, also die Befugnis, von anderen Teilnehmern am Straßenverkehr auf der Stelle „freie

Bahn“ zu verlangen. Dieses Wegerecht entsteht, wenn ein dazu berechtigtes Einsatzfahrzeug blaues Blinklicht zusammen mit dem Einsatzhorn verwendet. Die kombinierte Verwendung der beiden genannten Einsatzmittel enthält nach § 38 I 2 StVO die Anordnung: „Alle übrigen Verkehrsteilnehmer haben sofort freie Bahn zu schaffen.“ Zulässig ist eine solche Vorgehensweise nach § 38 I 1 StVO nur dann, wenn höchste Eile geboten ist, um Menschenleben zu retten, um schwere gesundheitliche Schäden oder eine ⇨ Gefahr für die öffentliche Sicherheit oder Ordnung abzuwenden, um flüchtige Personen zu verfolgen oder um bedeutende Sachwerte zu erhalten. Welche Fahrzeuge mit blauem Blinklicht und Einsatzhorn ausgestattet werden dürfen, ergibt sich aus den §§ 52, 70 StVZO. Blaues Blinklicht *allein* darf nach § 38 II StVO nur von den damit rechtmäßig ausgerüsteten Fahrzeugen zum Zwecke der *Warnung* verwendet werden, und zwar an Unfall- oder sonstigen Einsatzstellen, bei Einsatzfahrten oder bei der Begleitung von Fahrzeugen oder von geschlossenen Verbänden.

Sonstiger nicht offen ermittelnder Polizeibeamter: I. w. S. jeder Polizist, der – ohne ⇨ Verdeckter Ermittler (VE) zu sein – zur Strafverfolgung oder Gefahrenabwehr mit dem Ziel der Erkenntnisgewinnung tätig wird, ohne dabei nach außen die Eigenschaft, Polizist zu sein, offen zu legen. In der Praxis und gelegentlich auch im Schrifttum wird der Begriff mit „NOEP“ abgekürzt. In diesem weiten und mehr formalen Sinne fallen z. B. auch verdeckt operierende Observationskräfte unter den Begriff des NOEP. Zumeist wird dieser Terminus jedoch i. e. S. gebraucht. Gemeint sind dann (nur) solche „sonstigen“ nicht offen ermittelnden Polizeibeamte, die gezielt Kontakt zu bestimmten Szenen, Kreisen oder Milieus herstellen, um dort vor allem im Wege der Kommunikation an relevante Informationen (meist in Form von personenbezogenen Daten) zu gelangen. Im Rahmen der Gefahrenabwehr wird es dabei vor allem um die Verhütung von künftigen Straftaten gehen (präventiver NOEP); im Aufgabenbereich der Strafverfolgung wird das Ziel die Aufklärung bereits begangener Straftaten sein (repressiver NOEP). Vom Verdeckten

Ermittler unterscheiden sich die betreffenden Beamten in erster Linie dadurch, dass sie zwar getarnt, aber nur kurzfristig und mit begrenztem Ermittlungsauftrag eingesetzt werden. Auch findet keine Legendierung im strengen Sinne statt, d. h. es wird keine aufwändig konstruierte Scheinidentität geschaffen. Denkbar ist allerdings – schon aus Gründen der Eigensicherung – die vorübergehende Verwendung etwa eines falschen Namens. Beispiel: Einsatz eines sog. Scheinaufkäufers in der Rauschgiftszene, der nur kurzfristig und punktuell unter Benutzung eines Alibi-Namens in Aktion tritt.
MERKE: Die Tätigkeit eines präventiv eingesetzten NOEP kann sich auf die entsprechenden Befugnisnormen im einschlägigen Polizeigesetz stützen, die ein heimliches Vorgehen von Polizeibeamten zur Gefahrenabwehr in unterschiedlichen Zusammenhängen regelmäßig ausdrücklich gestatten (vgl. z. B. § 21 I oder II, jeweils i. V. m. III 3 BPolG, betreffend die Erhebung personenbezogener Daten; § 28 I i. V. m. II Nr. 1 BPolG betreffend die längerfristige Observation). Hingegen werden repressiv eingesetzte NOEP nach aktueller Rechtslage zumindest in der StPO nicht mehr ausdrücklich erwähnt, im Gegensatz zum repressiven Verdeckten Ermittler, dessen Rechtsstellung in den §§ 110a ff. StPO vergleichsweise ausführlich geregelt ist. Jedoch gelten gemäß RiStBV Anlage D a. E. für repressive NOEP die „allgemeinen Bestimmungen", die auch sonst im Rahmen der Strafverfolgung Geltung beanspruchen. Zumindest auf der Ebene der Administrativvorschriften hat damit die Rechtsfigur des repressiven NOEP eine ausdrückliche Anerkennung gefunden.

Sozialadäquanz: Die Eigenschaft eines ganz bestimmten menschlichen Verhaltens, als sozialüblich zu gelten, weil es die geschichtlich gewachsenen und allgemein anerkannten Spielregeln des gesellschaftlichen Zusammenlebens erkennbar nicht verletzt, mit der Folge, dass das in Rede stehende Verhalten nicht rechtswidrig und insbesondere nicht strafbar sein kann, und zwar selbst dann nicht, wenn es rein formal betrachtet vom Tatbestand eines Strafgesetzes erfasst wird. Die Lehre von der Sozialad-

äquanz dient also – im materiellen Strafrecht – der Einschränkung der Strafbarkeit und ist namentlich in der Rechtsprechung seit Langem anerkannt. Demzufolge sind im Wortlaut zu weit gefasste ⇨ Straftatbestände erforderlichenfalls einzuschränken. Dazu BGHSt 23, 226, 228: *„Nach der Lehre von der ‚Sozialadäquanz' können übliche, von der Allgemeinheit gebilligte und in strafrechtlicher Hinsicht im sozialen Leben gänzlich unverdächtige, weil im Rahmen der sozialen Handlungsfreiheit liegende Handlungen nicht tatbestandsmäßig oder zumindest nicht rechtswidrig sein (vgl. z. B. BGHSt 19, 152, 154). Darin liegt ein allgemeines Prinzip, dessen Bedeutung sich nicht auf das Strafrecht beschränkt, sondern die gesamte Rechtsordnung erfasst."*
MERKE: Offen gelassen hatte der BGH in der oben zitierten Entscheidung noch, ob der Aspekt der Sozialadäquanz bereits den Tatbestand entfallen lässt oder einen Rechtfertigungsgrund darstellt. Die heute h. M. geht von einer *Tatbestandsrestriktion* aus. So hat z. B. das OLG München festgestellt (Beschl. vom 3.4.1985, – 2 Ws 232/85 –): Ein Polizeibeamter, der unter pflichtgemäßem Handeln eine sog. „Amtsanzeige" aus eigener Wahrnehmung erstellt, daraufhin Ermittlungen durchführt und die Vorgänge anschließend der Staatsanwaltschaft vorlegt, handelt aus Gründen der Sozialadäquanz seines Verhaltens nicht einmal objektiv tatbestandsmäßig i. S. d. §§ 164, 344 StGB, und zwar selbst dann nicht, wenn seine Wahrnehmungen irrtums- und missverständnisbehaftet waren. In einigen speziellen Zusammenhängen hat der Gesetzgeber selbst einen auf dem Gedanken der Sozialadäquanz beruhenden Tatbestandsschluss ausdrücklich im Gesetz normiert (vgl. §§ 86 III, 86a III StGB).

Spezialität: Ein besonders wichtiger und häufiger Unterfall der ⇨ Gesetzeskonkurrenz, der auf der Erkenntnis beruht, dass ein allgemeiner ⇨ Straftatbestand, der in einem spezielleren Tatbestand bereits enthalten ist, keine eigenständige Bedeutung mehr haben kann, wenn im konkreten Falle der Spezialtatbestand vom Täter verwirklicht worden ist. Folge ist dann, dass nur der spezielle und damit vorrangige Straftatbestand zur Anwendung gelangt;

nur dieser wird in der Anklage und im Urteil berücksichtigt; der allgemeinere und damit nachrangige Tatbestand hingegen tritt zurück bzw. wird verdrängt.
MERKE: Spezialität in diesem Sinne kann zunächst gegeben sein *im streng formalen Sinne.* So ist die gefährliche Körperverletzung spezieller als die einfache Körperverletzung, der schwere Diebstahl ist spezieller als der einfache Diebstahl, der schwere Raub ist spezieller als der einfache Raub, die Erpressung ist ein Spezialfall der Nötigung, die mit Nötigungsmitteln bewirkte ⇨ Freiheitsberaubung ist ein Spezialfall der Nötigung, die räuberische Erpressung ist spezieller als die einfache Erpressung. Spezialität kann aber auch *im untechnischen Sinne* vorliegen. So kann man den schweren Hausfriedensbruch auffassen als Spezialfall des einfachen Hausfriedensbruches, obwohl sich die beiden Straftatbestände rein tatbestandlich betrachtet recht deutlich unterscheiden. Auch der Widerstand gegen Vollstreckungsbeamte stellt zumindest im Regelfall sachlich-rechtlich betrachtet nur einen Spezialfall der versuchten oder vollendeten Nötigung dar, obwohl § 113 StGB vom Wortlaut her kein Unterfall des § 240 StGB ist.

Spontangeständnis: Im Strafverfahrensrecht die übliche Bezeichnung für eine geständige Äußerung, die ein ⇨ Beschuldigter ohne Zutun eines Strafverfolgungsorgans von sich aus macht, noch bevor die gesetzlich vorgeschriebene Belehrung über sein ⇨ Schweigerecht etc. erfolgen konnte. Rechtsfolge ist in einer solchen Situation nach h. M, dass die üblichen vernehmungsrechtlichen Belehrungspflichten nicht als verletzt gelten (st. Rspr., vgl. z. B. BGH, NJW 1990, 461; BGH, NJW 2009, 3589, Rdnr. 9; BGHSt 38, 301, 305). Das freiwillig abgegebene Spontangeständnis ist also trotz unterbliebener Belehrung grundsätzlich im weiteren Verfahrensgang und damit auch vor Gericht verwertbar. Allerdings kann unter Berücksichtigung der Umstände des konkreten Falles eine Verpflichtung bestehen, den Betreffenden frühzeitig zu unterbrechen und unter Hinweis auf die Folgen seiner Aussage die jeweils einschlägige Belehrung nunmehr vorzunehmen. Die Einzelheiten dazu sind umstritten.

MERKE: Das Spontangeständnis wird häufig auch als Spontanäußerung bezeichnet. Im Strafverfahren kann eine derartige, überraschend erfolgende geständige Einlassung noch vor Befragung bzw. Belehrung durchaus auch bei einem ⇨ Verdächtigen oder Unverdächtigen, bei einem ⇨ Zeugen oder bei einer nur informatisch befragten Person vorkommen. Die oben dargelegten Grundsätze sind dann geltend anwendbar.

Sprengstoff: Als Sprengstoff i. S. d. §§ 308, 310 StGB gelten feste oder flüssige Stoffe in reiner oder gemischter Form, die unter bestimmten Bedingungen chemisch sehr schnell reagieren und dabei schlagartig eine große Energie freisetzen, der ein entsprechendes Zerstörungspotenzial innewohnt. Typische Sprengstoffe sind Dynamit, Nitroglyzerin, TNT, Plastiksprengstoff wie etwa C4, Schießpulver oder Schwarzpulver. Initiiert werden sie regelmäßig durch eine Zündvorrichtung (z. B. elektrischer Zünder, Magnetfeldzünder, Sprengkapsel, Zündschnur). Aus der in § 308 I StGB enthaltenen Formulierung „namentlich durch Sprengstoff" folgt, dass auch auf andere Weise bewirkte Explosionen dem Tatbestand unterfallen, wie z. B. die Herbeiführung einer Gasexplosion. Lediglich Kernenergieexplosionen, die auf Atomkernspaltung oder Atomkernfusion beruhen, sind aufgrund der Tatbestandsformulierung ausdrücklich ausgeschlossen, weil strafrechtlich bereits an anderer Stelle spezialgesetzlich erfasst (vgl. § 307 StGB). Sprengstoffe sind gleichzeitig ⇨ explosionsgefährliche Stoffe i. S. d. des Sprengstoffgesetzes.
MERKE: Die Herbeiführung von sog. „Kleinexplosionen" durch Knall- oder Feuerwerkskörper gilt im Rahmen des § 308 StGB meist als tatbestandslos. Aber es gibt Ausnahmen: Die Zündung von „Polen-Böllern" mit hohem Gefährdungspotenzial oder von Feuerwerksraketen in der unmittelbaren Nähe von Menschen kann im Einzelfall als Herbeiführung einer Sprengstoffexplosion gewertet werden (vgl. z. B. AG München, Urt. vom 10.11.2020, – 813 Ls 111 Js 115054/20 –). Und schon die *Vorbereitung* sog. „Explosionsverbrechen" ist über § 310 StGB selbstständig mit Strafe bedroht.

Springmesser: Nach der in der Anlage 1 zum Waffengesetz enthaltenen ⇨ Legaldefinition solche ⇨ Messer, deren Klingen auf Knopf- oder Hebeldruck hervorschnellen und hierdurch oder beim Loslassen der Sperrvorrichtung festgestellt werden können (vgl. Anlage 1, Abschnitt 1, Unterabschnitt 2, Nr. 2.1.1). Meist schleudert beim Freisetzen die Klinge durch eine Feder getrieben in einem seitlichen Bogen nach außen. Bei manchen Springmessern springt die Klinge geradeaus nach vorn und verriegelt dann. In jedem Fall liegt die Klinge vor der Auslösung verborgen im Griff des Messers, sodass Springmesser leicht zu verstecken und zu transportieren sind. Zudem haben sie den Vorteil, dass sie mit nur einer Hand und innerhalb eines Augenblicks einsatzbereit gemacht werden können. Springmesser sind ⇨ Waffen i. S. d. § 1 II Nr. 2b WaffG, weil sie die objektive Eignung aufweisen, die Angriffs- oder Abwehrfähigkeit von Menschen zu beseitigen oder herabzusetzen *und* weil sie gleichzeitig im Waffengesetz ausdrücklich genannt sind. Sie gelten als besonders gefährliche Messer, weshalb sie gemäß § 2 III WaffG i. V. m. der Anlage 2 zum Waffengesetz zu den verbotenen Waffen gehören, d. h. der ⇨ Umgang mit ihnen ist – mit Ausnahme der ⇨ Unbrauchbarmachung – grundsätzlich verboten (vgl. Anlage 2, Abschnitt 1, Nr. 1.4.1). Der Verstoß gegen dieses Umgangsverbot stellt eine ⇨ Straftat dar (vgl. § 52 III Nr. 1 WaffG).

Allerdings sind nach den gesetzlichen Festlegungen in der Nr. 1.4.1 bestimmte Springmesser aufgrund ihrer besonderen Bauart von dem Verbot ausgenommen. Dies gilt für Springmesser, bei denen die Klinge seitlich aus dem Griff herausspringt und der aus dem Griff herausragende Teil der Klinge höchstens 8,5 cm lang und nicht zweiseitig geschliffen ist. Hinzukommen muss ein berechtigtes Interesse, das eine einhändige Nutzung erforderlich macht, oder alternativ der Umstand, dass der Umgang im Zusammenhang mit der Berufsausübung erfolgt. Diese Ausnahmevoraussetzungen können insbesondere bei Jägern, Fischern, Bergsteigern oder Seglern erfüllt sein.

Eine weitere Privilegierung enthält der Feststellungsbescheid des BKA vom 28.8.2003 (– KT 21/ZV 25 – 5164.01 – Z – 20/2003 –).

Danach gelten sog. „Rettungsmesser“ in Form eines Springmessers mit seitlich herausspringender Klinge, die länger als 8,5 cm ist, unter den im Bescheid genannten Voraussetzungen als Werkzeuge und nicht als Messer. Derartige Gerätschaften stellen somit keine Waffen im waffenrechtlichen Sinne dar. Die Klinge muss dazu einen nahezu geraden, durchgehenden Rücken haben, sich zur Schneide hin verjüngen, anstelle der Spitze abgerundet und stumpf sein, im vorderen Teil hinter der abgerundeten Klingenspitze eine hakenförmige Schneide haben, über eine gebogene Schneide verfügen, deren Länge 60 % der Klingenlänge nicht übersteigt und im hinteren Bereich einen wellenförmigen Schliff aufweisen. Derartige Rettungsmesser dürfen ohne waffenrechtliche Erlaubnis hergestellt und vertrieben sowie von jedermann erworben, besessen und geführt werden. Die gleiche Rechtslage ist gegeben, wenn es sich baulich nicht um ein Springmesser, sondern um ein ⇨ Fallmesser handelt.
Außerdem hat das BKA durch den Feststellungsbescheid vom 20.1.2006 (– KT 21/ZV 25 5164.01 – Z 22 –) bestimmte sog. „Feuerzeug-Springmesser“ nicht als Hieb- und Stichwaffen bewertet, sondern als bloße Taschenmesser eingestuft. Diese Privilegierung gilt allerdings nur dann, wenn das betreffende Messer die speziellen im Bescheid genannten Konstruktionsmerkmale aufweist. Insbesondere muss die Klinge des Feuerzeug-Springmessers seitlich aus dem Griff herausspringen, der Messerrücken muss mit Einkerbungen versehen sein, die Klingenlänge darf 5 cm und die Klingenbreite 2 cm nicht überschreiten.
Schließlich hat das BKA durch den Feststellungsbescheid vom 19.12.2006 (– KT 21/SO 11 – 5164.01 – Z 76 –) festgelegt, dass sog. „Mini-Springmesser“ mit einer Klingenlänge bis zu 41 mm und einer Klingenbreite bis zu 10 mm keine Waffen i. S. d. § 1 II Nr. 2b WaffG darstellen. Diese Mini-Messer unterfallen also auch nicht dem oben beschriebenen Waffenverbot.

SRS-Waffen: Im Waffenrecht die zusammenfassende Kurzbezeichnung für Schreckschuss-, Reizstoff- und Signalwaffen. Der Erwerb und Besitz der eben genannten Waffen ist erlaubnisfrei, sofern das gesetzlich vorgeschriebene Zulassungszeichen – PTB im Kreis – vorhanden ist (WaffG Anlage 2 Abschnitt 2 Unterabschnitt 2 Nr. 1.3). Zum Führen der so gekennzeichneten Waffen ist allerdings – seit 2003 – ein sog. ⇨ „Kleiner Waffenschein“ erforderlich (§ 10 IV 4 WaffG), der unter erleichterten Voraussetzungen erteilt wird (vgl. WaffG Anlage 2 Abschnitt 2 Unterabschnitt 3 Nr. 2 und Nr. 2.1). Fehlt einer SRS-Waffe die nach dem Gesetz notwendige Kennzeichnung, so wird sie im Hinblick auf den Umgang mit ihr wie eine scharfe Waffe behandelt.

Staatsgeheimnis: ⇨ Geheimnis.

Staatsgrenze: ⇨ Grenze.

Staatsschutzdelikte: Bezeichnung für diejenigen Delikte, die sich generell oder im konkreten Einzelfall gegen die Verfassung oder den Bestand oder die innere bzw. äußere Sicherheit des Staates richten. I. e. S. rechnet man zu den Staatsschutzdelikten zunächst (nur) diejenigen Straftaten, die schon kraft ihrer tatbestandlichen Struktur ganz allgemein einen staatsgefährdenden Charakter aufweisen. Dazu zählen die im Besonderen Teil des StGB im 1. bis 5. Abschnitt aufgeführten Delikte, ferner die beiden Sondertatbestände der Verschleppung (§ 234a StGB) und der politischen Verdächtigung (§ 241a StGB) und nach herkömmlicher Betrachtung jedenfalls in der Regel auch § 129a StGB (ggf. i. V. m. § 129b StGB). I. w. S. lassen sich zu den Staatsschutzdelikten aber auch solche Straftaten rechnen, welche zwar grundsätzlich in den Bereich der allgemeinen Kriminalität fallen, die aber im konkreten Falle gleichwohl – etwa aufgrund der Tätermotivation, der Begehungsweise, des Angriffsobjekts oder der Tatfolgen – die innere oder äußere Sicherheit des Staates gefährden. Solche Staatsschutzdelikte i. w. S. werden sich regelmäßig dem Extremismus oder Terrorismus zurechnen lassen. So kann z. B. ein Tötungsverbrechen aus Ausländerhass die Annahme eines Staatsschutzdelikts begründen und zur Übernahme der Strafverfolgung durch den ⇨ Generalbundesanwalt führen (BGH, NJW

2000, 1583). Sog. ⇨ „politisch motivierte Straftaten" aus dem Bereich der allgemeinen Kriminalität werden regelmäßig Staatsschutzdelikte i. w. S. darstellen (vgl. dazu die in den RiStBV in der Nr. 207 III enthaltene ⇨ Legaldefinition).
MERKE: Die Gesamtheit der real begangenen Staatsschutzdelikte wird herkömmlich als Staatsschutzkriminalität bezeichnet. Heute verwendet man für diese Art der Delinquenz zunehmend den Begriff der *politisch motivierten Kriminalität (PMK)*. bzw. – etwas enger und nur auf einen Teilausschnitt dieser Kriminalitätsform bezogen – *politisch motivierte Gewaltkriminalität (PMG)*. Für die Verfolgung von Staatsschutzdelikten im engeren oder weiteren Sinne bestehen etliche polizeiliche oder justizielle Sonderzuständigkeiten. So sind zum Zwecke der Bekämpfung der Staatsschutzkriminalität bei der Polizei vielfach spezialisierte Dienststellen eingerichtet worden, etwa auf örtlicher Ebene in Gestalt der sog. Staatsschutzdienststellen der Landespolizei. Beim Bundeskriminalamt ist eine „Abteilung Staatsschutz" eingerichtet worden; die Landeskriminalämter verfügen über entsprechende Abteilungen. Auch im Bereich der Gerichte und Staatsanwaltschaften bestehen für die Verfolgung und Ahndung von politisch motivierter Kriminalität wichtige Sonderzuständigkeiten (vgl. §§ 74a, 120, 142a GVG). Nach § 5 StGB („Schutzprinzip") gilt das deutsche Strafrecht für viele Staatsschutzdelikte auch dann, wenn sie im Ausland begangen worden sind. Sofern sog. „Distanzdelikte" im Ausland ihren Ausgang nehmen und sich dann im Inland fortsetzen, ist das deutsche Strafrecht schon über § 9 StGB anwendbar, weil der Tatort dann auch im Inland i. S. d. § 3 StGB liegt.

Staatsschutzdienststellen: ⇨ Staatsschutzdelikte.

Staatsschutzkriminalität: ⇨ Staatsschutzdelikte.

Staatszugehörigkeitszeichen: Das unter anderem in § 4 StGB in Bezug genommene luftrechtliche Hoheitszeichen der Bundesrepublik Deutschland, das optisch aus der stilisierten Bundesflagge

i. V. m. dem Buchstaben „D“ besteht. Es folgt dann ein zusätzliches sog. „Eintragungszeichen“, das grundsätzlich aus vier weiteren Großbuchstaben besteht (Muster: D-ABCD); nur bei Segelflugzeugen wird eine Kennzahl verwendet (Muster: D-1234). Staatszugehörigkeits- und Eintragungszeichen finden ihre nationale Rechtsgrundlage in § 2 V LuftVG i. V. m. den §§ 14 I, 19 I LuftVZO plus der Anlage 1 zur LuftVZO. Bei Flugzeugen, Drehflüglern und Motorseglern sind die genannten Zeichen entweder am Rumpf oder am Seitenleitwerk beidseitig anzubringen; sie finden sich zumeist im Heckbereich der Maschine. Das Staatszugehörigkeitszeichen ordnet das betreffende ⇨ Luftfahrzeug rechtlich der Bundesrepublik Deutschland zu (vgl. z. B. § 4a I 1 BPolG: „deutsche Luftfahrzeuge“). Über das Eintragungszeichen lässt sich mithilfe der sog. „Luftfahrzeugrolle“ der Eigentümer des Luftfahrzeugs ermitteln. Nach dem klaren Wortlaut des § 4 StGB ist nicht das tatsächliche Führen des Staatszugehörigkeitszeichens maßgeblich, sondern es genügt bereits die *Berechtigung* zum Führen dieses Zeichens, um die Rechtswirkung des § 4 StGB auszulösen, nämlich die räumliche Geltung des deutschen Strafrechts für solche Straftaten, die in dem betreffenden Luftfahrzeug begangen werden. Eine entsprechende Rechtslage besteht nach § 4 StGB auf denjenigen Schiffen, welche berechtigt sind, die ⇨ Bundesflagge zu führen.

Standortdaten: Nach der in § 3 Nr. 56 TKG enthaltenen ⇨ Legaldefinition solche ⇨ Telekommunikationsdaten, die in einem Telekommunikationsnetz oder von einem Telekommunikationsdienst verarbeitet werden und die den Standort des Endgeräts eines Nutzers eines öffentlich zugänglichen Telekommunikationsdienstes angeben. Zu den Endgeräten in diesem Sinne gehören insbesondere die sog. „Mobilfunkendgeräte“ (z. B. Handys bzw. Smartphones). Standortdaten bilden zugleich einen besonderen Unterfall der sog. ⇨ „Verkehrsdaten“. Rechtsgrundlagen für den Zugriff auf Standortdaten aus Gründen der Gefahrenabwehr finden sich in den Polizeigesetzen der Bundesländer, in den Verfassungsschutzgesetzen von Bund und Ländern sowie bundesrechtlich auch in § 23g ZFdG. Der Zugriff auf Standortdaten zur Strafverfolgung ist bundeseinheitlich in § 100g StPO geregelt.

Steuergeheimnis: ⇨ Geheimnis.

Störung: Eine Störung i. S. d. Gefahrenabwehrrechts liegt immer dann vor, wenn der Schadenseintritt nicht mehr nur zu befürchten steht, sondern bereits erfolgt ist. Die ⇨ Gefahr ist also im Falle der Störung schon umgeschlagen in einen aktuellen Schaden: Sie hat sich aktualisiert, indem die Beeinträchtigung des betroffenen Schutzgutes der öffentlichen Sicherheit oder Ordnung tatsächlich bereits stattgefunden hat. Kurzformel: Gefahr ist ein drohender Schadenseintritt, Störung ist der bereits real eingetretene Schaden. MERKE: Die modernen Polizeigesetze von Bund und Ländern erwähnen die Abwehr bzw. Beseitigung von Störungen neben der Abwehr von Gefahren üblicherweise nicht mehr besonders, weil man heute – anders als früher – die Störungsbeseitigung lediglich als Unterfall der Gefahrenabwehraufgabe begreift, der im Gesetz nicht besonders hervorgehoben werden muss. Eine (zukunftsbezogene) *Gefahrenabwehr* ist nämlich bei bereits eingetretenem Schaden insofern noch möglich und geboten, als dass es gilt, eine Vertiefung des eingetretenen Schadens oder aber seine Fortdauer (Perpetuierung) zu verhindern. Etwas einfacher könnte man auch wie folgt argumentieren: Wenn die Polizei schon berechtigt ist, einen nur drohenden Schaden zu verhindern (Gefahrenabwehr i. e. S.), dann muss sie erst einen bereits eingetretenen Schaden nachträglich wieder beseitigen dürfen (Störungsbeseitigung).

Störung einer Amtshandlung: Mit (vorsätzlicher) Störung einer ⇨ Amtshandlung i. S. d. § 164 StPO ist jede Beeinträchtigung gemeint, welche bewusst und gewollt auf die Erschwerung, Verzögerung oder Vereitelung der betroffenen Ermittlungsmaßnahme abzielt. Neben der Störung einer Amtshandlung im vorstehenden Sinne bildet auch die Widersetzlichkeit gegen getroffene Anordnungen des leitenden Beamten im Rahmen des § 164 StPO einen eigenständigen Festnahmegrund.

Strafantrag: Die an eine Strafverfolgungsbehörde gerichtete, ausdrückliche oder konkludente Erklärung einer Person, dass wegen einer bestimmten Straftat die Strafverfolgung gewünscht wird. Im Einzelnen ist dabei wie folgt zu unterscheiden: Grundsätzlich kann jedermann jederzeit wegen jeder Tat einen mündlichen oder schriftlichen Strafantrag stellen, wie § 158 I StPO verdeutlicht (Strafantrag i. w. S.). Steht jedoch ein sog. ⇨ „Antragsdelikt“ in Rede, so sind gemäß § 158 II StPO i. V. m. §§ 77 ff. StGB hinsichtlich der Antragsbefugnis, der Antragsform und der Antragsfrist die entsprechenden gesetzlichen Vorgaben zu beachten (Strafantrag i. e. S.). In der Stellung eines Strafantrages kann zugleich die Erstattung einer ⇨ Strafanzeige liegen (und umgekehrt). Wird ein Strafantrag im weiteren oder im engeren Sinne gestellt und lehnt die Staatsanwaltschaft die Aufnahme eines Ermittlungsverfahrens ab oder stellt sie nach Abschluss durchgeführter Ermittlungen das Strafverfahren wieder ein, so ist der Antragsteller nach § 171 S. 1 StPO hierüber unter Angabe der Gründe durch einen Einstellungsbescheid zu unterrichten. Ist der Antragsteller zugleich der Verletzte, so ist er außerdem über die ggf. bestehende Möglichkeit einer Anfechtung der Entscheidung der Staatsanwaltschaft im Klageerzwingungsverfahren (§ 172 StPO) zu belehren.
MERKE: Ein Strafantrag muss nicht unbedingt wörtlich als solcher bezeichnet werden. Entscheidend ist, dass der Antragsberechtigte seinen Verfolgungswillen unmissverständlich zum Ausdruck bringt, wobei im Falle des § 158 II StPO die gesetzlich vorgeschriebene Antragsform – schriftlich bzw. zu Protokoll – zu beachten ist (BGH, NStZ 1995, 353). Gemäß § 77d I StPO ist die Rücknahme eines Strafantrags i. e. S. jederzeit möglich, und zwar bis zum rechtskräftigen Abschluss des Strafverfahrens; ein zurückgenommener Antrag kann dann jedoch nicht nochmals gestellt werden: Die Rücknahmeerklärung ist also unwiderruflich. Diese Grundsätze lassen sich auf die Rücknahme eines Strafantrages i. w. S. des § 158 I StGB analog anwenden. Ein gegenüber dem Täter erklärter Verzicht auf den Strafantrag ist unbeachtlich. Anders verhält es sich, wenn der – ernsthafte und endgültige –

Verzicht gegenüber dem Gericht oder den sonstigen in § 158 I StPO genannten Stellen erklärt wird (BGH, NJW 1957, 1368; OLG Oldenburg, DAR 1959, 298). Jedoch ist die Erklärung des Verletzten vor der Polizei, er stelle keinen Strafantrag, in der Regel noch nicht als endgültiger Verzicht auf das dreimonatige Antragsrecht zu werten (OLG Hamm, JMBlNW 1953, 35). Die Rücknahme eines Strafantrages kann eine Kostenpflicht auslösen (§ 470 StPO).

Strafanzeige: Die Anzeige einer ⇨ Straftat i. S. d. § 158 I StPO ist die an die Staatsanwaltschaft oder Polizei oder ein Gericht adressierte Mitteilung eines Sachverhaltes, der auf ein strafbares Verhalten schließen lässt oder zumindest hindeutet. Die Strafanzeige ist damit im Kern eine Wissensmitteilung. Sie kann – anders als der ⇨ Strafantrag – nicht im eigentlichen Sinne zurückgenommen, sondern allenfalls nachträglich richtiggestellt werden, falls sie unklar, unvollständig oder möglicherweise unzutreffend war. Eine Strafanzeige kann von Amts wegen oder von jedermann erstattet werden. Sie wird regelmäßig der Auslöser für strafprozessuale Ermittlungen oder zumindest Vorermittlungen sein (Ausnahme: ersichtlich haltlose Anzeigen). Zwingende Bedingung für die Aufnahme eines Ermittlungsverfahrens ist die Erstattung einer Strafanzeige jedoch nicht. Erlangt die Polizei oder Staatsanwaltschaft auf einem anderen Wege – etwa durch eigene Wahrnehmung oder durch Medienberichte – Kenntnis von einem strafrechtlich relevanten Sachverhalt, so ist sie nach allgemeiner Meinung aufgrund des ⇨ Legalitätsprinzips auch unabhängig vom Vorliegen einer Anzeige dazu berechtigt und verpflichtet, den Sachverhalt unmittelbar näher zu erforschen. In der Erstattung einer Strafanzeige kann gleichzeitig die Stellung eines ⇨ Strafantrages liegen (und umgekehrt).
MERKE: Eine lediglich anonym erstattete Strafanzeige *kann* einen Anfangsverdacht begründen, sofern sie von beträchtlicher sachlicher Qualität ist oder wenn mit ihr zusammen schlüssiges Tatsachenmaterial vorgelegt wird (BVerfG, Krim 2017, 756). Eine anonyme und substanzlose Anzeige hingegen vermag kei-

nen Anfangsverdacht zu begründen (Beispielsfall: LG Augsburg, Krim 2018, 220). Über § 46 OWiG findet § 158 I StPO im Bußgeldverfahren entsprechende Anwendung. Da die eben genannte Vorschrift aber bei der Erforschung von Ordnungswidrigkeiten nicht wörtlich, sondern nur sinngemäß gilt, kann die Anzeige einer tatsächlich oder vermeintlich begangenen Ordnungswidrigkeit auch bei der Verwaltungsbehörde i. S. d. § 36 OWiG erstattet werden.

Strafbarer Umgang mit Betäubungsmitteln: Nach Maßgabe der §§ 29 ff. BtMG macht sich insbesondere derjenige strafbar, der vorsätzlich oder fahrlässig ⇨ Betäubungsmittel unerlaubt anbaut, herstellt, mit ihnen Handel treibt, sie – ohne Handel zu treiben – einführt, ausführt, veräußert, abgibt, sonst in Verkehr bringt, erwirbt oder sich in sonstiger Weise verschafft (vgl. namentlich die in § 29 I Nr. 1 BtMG enthaltene Aufzählung, speziell zur Fahrlässigkeitsstrafbarkeit vgl. § 29 IV BtMG). Unerlaubt ist der Anbau etc., wenn das betreffende Verhalten gesetzlich nicht gestattet ist.
MERKE: Als *Anbau* gilt das Erzielen pflanzlichen Wachstums durch gärtnerische Bemühungen wie z. B. Aussaat, Pflege und Aufzucht. *Herstellen* ist jedes Gewinnen, Anfertigen, Zubereiten, Be- oder Verarbeiten, Reinigen und Umwandeln eines Betäubungsmittels (§ 2 I Nr. 4 BtMG), nicht aber das bloße Um- oder Abfüllen, Abpacken, Abwiegen oder Kennzeichnen. *Handeltreiben* ist nach st. Rspr. jede eigennützige und auf Umsatz gerichtete Tätigkeit (auch schon die bloße Anbahnung von Verkaufsverhandlungen). *Einführen* ist jedes Verbringen des Betäubungsmittels in das deutsche Hoheitsgebiet. *Ausführen* ist umgekehrt jedes Verbringen des Betäubungsmittels aus dem deutschen Hoheitsgebiet in einen anderen Staat. *Veräußern* meint, dass der Täter einem anderen das Betäubungsmittel unter Verschaffung der Sachherrschaft rechtsgeschäftlich gegen Entgelt übereignet. Zusätzlich ist erforderlich, dass der Täter *uneigennützig* handelt, weil sonst bereits ein Handeltreiben vorliegt. *Abgeben* ist unentgeltliche Übertragung der Sachherrschaft auf eine andere Person.

Sonst in Verkehr bringen bedeutet jede auf sonstige Weise erfolgende Entäußerung (Auffangtatbestand). *Erwerben* meint die Übernahme der tatsächlichen Sachherrschaft im Einverständnis mit dem Vorbesitzer. *Sich in sonstiger Weise verschaffen* erfasst andere denkbare Formen der Erlangung der Verfügungsgewalt über das Betäubungsmittel, insbesondere durch Begehung einer Straftat wie Diebstahl, Unterschlagung oder Raub.

Strafbarkeitsausnahmen: In der strafrechtlichen Dogmatik ein Oberbegriff, der bestimmte privilegierende Umstände oder Verhaltensweisen zusammenfasst, die nach dem Willen des Gesetzgebers die Strafbarkeit einer Person ausnahmsweise entfallen lassen, obwohl der Betreffende im Sinne der Strafgesetze tatbestandsmäßig, rechtswidrig und schuldhaft gehandelt hat und somit eigentlich zu bestrafen wäre. Man unterteilt die Strafbarkeitsausnahmen üblicherweise in *persönliche Strafausschließungsgründe* (wie z. B. das sog. „Angehörigenprivileg“) sowie in *persönliche Strafaufhebungsgründe* (wie z. B. der Rücktritt vom Versuch oder die sog. „tätige Reue“). Strafausschließungsgründe verhindern von vornherein, dass eine Strafbarkeit überhaupt entsteht. Strafaufhebungsgründe beseitigen nachträglich und mit Rückwirkung eine bereits entstandene Strafbarkeit, weil der Täter durch ein bestimmtes Verhalten zeigt, dass er gewillt ist, auf den Boden der Rechtsordnung zurückzukehren.

Straftat: Jede Tat i. S. d. Strafgesetze, die rechtswidrig und schuldhaft begangen wurde. Im Unterschied zur bloßen ⇨ Ordnungswidrigkeit beinhaltet jede Straftat kriminelles Unrecht und kann deshalb mit einer ⇨ Kriminalstrafe geahndet werden. Die Straftat wird auch als Delikt oder als *Verbrechen im materiellen Sinne* bezeichnet. Straftaten lassen sich insbesondere einteilen in ⇨ Vergehen und ⇨ Verbrechen (im formellen Sinne). Neben dem Täter als dem eigentlichen Urheber der Straftat können an ihr auch Teilnehmer als Anstifter oder Gehilfen beteiligt sein. Vgl. auch ⇨ Anstiftung, ⇨ Beihilfe, ⇨ Beteiligung, ⇨ Straftatbestand, ⇨ Täterschaft.

Straftatbestand: Eine sanktionsbewehrte Rechtsnorm, die ein bestimmtes menschliches Verhalten jedenfalls grundsätzlich verbietet oder gebietet und für den Fall der Zuwiderhandlung eine ⇨ Kriminalstrafe androht, also eine Freiheitsstrafe, Geldstrafe oder Nebenstrafe. Die tatsächliche Verhängung einer solchen Strafe setzt stets voraus, dass der Täter im Einzelfall die im Gesetz beschriebenen Tatbestandsvoraussetzungen einer Strafnorm sämtlich erfüllt und dabei rechtswidrig und schuldhaft gehandelt hat. Straftatbestände im vorstehenden Sinne finden sich zunächst im Besonderen Teil des StGB und in vielfältiger Weise auch im sog. „Nebenstrafrecht". Stellt ein solcher Straftatbestand einen einfach strukturierten Grundtypus kriminellen Handelns dar, so spricht man von einem *Grundtatbestand* (vgl. z. B. die §§ 223, 242, 253, 303 StGB). Derartige Grundtatbestände werden in den Strafgesetzen vielfach im Weiteren in selbstständiger Form abgewandelt, mit der Folge, dass neue – speziellere – Straftatbestände entstehen, die im Falle ihres Vorliegens den Grundtatbestand verdrängen. Hat eine solche selbstständige Abwandlung eine *strafschärfende* Wirkung, was den Regelfall darstellt, so bezeichnet man den betreffenden Straftatbestand als *Qualifikationstatbestand* oder – kürzer – als Qualifizierung (vgl. z. B. die §§ 224, 244, 255, 305 StGB). Hat eine selbstständige Abwandlung hingegen eine *strafmildernde* Wirkung, was heute nur noch selten begegnet, so handelt es sich bei der Abwandlung um einen *Privilegierungstatbestand* bzw. – kürzer – um eine Privilegierung (vgl. z. B. § 216 StGB – Tötung auf Verlangen – sowie den – zwischenzeitlich aufgehobenen – § 217 StGB a. F. betreffend die Kindstötung).
MERKE: Die sog. „*unselbstständigen* Abwandlungen" in Form von benannten oder unbenannten besonders schweren bzw. minder schweren Fällen oder in Gestalt von ⇨ Regelbeispielen lassen hingegen *keinen* neuen Straftatbestand entstehen (häufiges Missverständnis). Sie ergänzen lediglich als sog. Strafzumessungsvorschriften den jeweiligen Ausgangstatbestand auf der Rechtsfolgenseite, indem sie den anzuwendenden Strafrahmen verändern. So bleibt etwa der Diebstahl im besonders schweren Fall (§ 243 StGB) letztlich ein Diebstahl i. S. d. § 242 StGB: § 243 StGB er-

gänzt also den § 242 StGB und verdrängt ihn nicht. Die erschwerenden oder mildernden Umstände haben in den vorgenannten Fällen generell keinen tatbestandlichen Charakter und verändern deshalb auch niemals die Deliktsnatur (vgl. § 12 III StGB). Daher bleibt etwa der Raub im minder schweren Falle (§ 249 II StGB) stets ein ⇨ Verbrechen. Die erschwerenden oder mildernden Umstände sind aber immerhin tatbestandsähnlich, sodass die Vorschriften über Tatbestandsmerkmale (z. B. die §§ 15, 16 StGB) auf sie eine analoge Anwendung finden können.

Straftaten von erheblicher Bedeutung: Nach einer gängigen Formulierung, die ursprünglich aus dem Gesetzgebungsverfahren stammt, solche Delikte, die mindestens dem Bereich der mittleren Kriminalität angehören, den Rechtsfrieden empfindlich stören und geeignet sind, das Gefühl der Rechtssicherheit der Bevölkerung erheblich zu beeinträchtigen (vgl. BT-Drs. 13/10791, 4 f.; 16/5846, 40). Die Rechtsprechung hat diese einprägsame Begriffsbestimmung aufgegriffen (BVerfGE 103, 21, 34; 109, 279, 344; BVerfG, Beschl. vom 16.6.2009, – 2 BvR 902/06, RdNr. 73 –). Beispiele für Straftaten von erheblicher Bedeutung im vorstehenden Sinne sind namentlich: Schwere ⇨ Verbrechen im rechtstechnischen Sinne, ⇨ Vergehen mit hoher Sozialschädlichkeit, ⇨ bandenmäßig oder ⇨ gewerbsmäßig oder organisiert begangene Delikte, Serienstraftaten oder Einzeltaten mit einem besonders hohen Gesamtschaden für die Allgemeinheit. In den Polizeigesetzen der Länder wird der Begriff „Straftaten von erheblicher Bedeutung“ für den Bereich der Gefahrenabwehr üblicherweise durch eine konkretisierende Aufzählung oder durch Bezugnahme auf den Verbrechensbegriff oder durch den Hinweis auf im Gesetz anderweitig bereits vorhandene Straftatenkataloge oder durch eine Kombination dieser Möglichkeiten legaldefiniert (vgl. z. B. § 2 Nr. 14 NPOG). Im praktischen Ergebnis dürften sich dabei freilich kaum Unterschiede zur obigen mehr abstrakten Definitionsformel ergeben.
MERKE: Der Terminus „Straftaten von erheblicher Bedeutung“ stellt in der heutigen Rechtsordnung einen wichtigen Schlüssel-

begriff dar, der in zahlreichen präventiven und repressiven Befugnisnormen als Eingriffsvoraussetzung Verwendung findet (vgl. z. B. die §§ 21 II Nr. 1, 29 III BPolG, § 2 I BKAG, §§ 98a I, 110a I, 163e I StPO). Auch das StGB verwendet der Sache nach diesen Begriff an einigen Stellen, spricht dabei aber – terminologisch leicht abweichend – von „erheblichen" rechtswidrigen (Straf-)Taten (vgl. z. B. §§ 63, 64 I Nr. 3, 66 I Nr. 3 StGB). Die Wendung „besonders schwere Straftat" i. S. d. Art. 13 III 1 GG geht über die Formulierung „Straftaten von erheblicher Bedeutung" hingegen noch hinaus; in diesem spezifischen verfassungsrechtlichen Zusammenhang sind also noch strengere Maßstäbe anzulegen.

Strafunmündigkeit: Der in § 19 StGB festgelegte Grundsatz, dass jemand, der bei Begehung einer ⇨ Straftat noch nicht 14 Jahre alt ist, generell als schuldunfähig gilt. Materiell-rechtlich gehört die Strafunmündigkeit von ⇨ Kindern zu den sog. ⇨ „Schuldausschließungsgründen". Es handelt sich dabei um einen absoluten Fall der Schuldunfähigkeit, der nicht relativierbar ist und keinen Ausnahmen unterliegt. Gleichzeitig stellt die Strafunmündigkeit von Kindern im Lichte des Strafprozessrechts betrachtet ein unbehebbares Strafverfolgungshindernis (Prozesshindernis) dar. Stellt sich also im Rahmen eines angelaufenen Ermittlungsverfahrens heraus, dass es sich bei dem ⇨ Beschuldigten um ein Kind handelt, so muss das Verfahren gegen das Kind zwingend eingestellt werden. Allerdings kommen dann immer noch Maßnahmen aus dem Kinder- und Jugendhilferecht in Betracht; ggf. ist deshalb das örtlich zuständige Jugendamt einzuschalten. Auch präventiv-polizeiliche Maßnahmen gegen Kinder sind im Prinzip zulässig.
MERKE: Über seine Überschrift („Schuldunfähigkeit des Kindes") enthält § 19 StGB zugleich eine Legaldefinition des Begriffes „Kind" i. S. d. Strafrechts.

Strafzumessung: Die Bildung der gerechten – insbesondere schuldangemessenen – Strafe im Rahmen der strafgerichtlichen Urteilsfindung. Diejenigen Umstände, die dabei eine Rolle spielen können, sind von der Polizei bzw. Staatsanwaltschaft bereits im Ermittlungsverfahren festzustellen, wie in den RiStBV Nr. 15 betont wird. Dabei können sich die Ermittlungsorgane an dem in § 46 II StGB enthaltenen Kriterienkatalog orientieren, der sich unmittelbar zwar an den Richter wendet, mittelbar aber auch im Ermittlungsverfahren hilfreich ist. Seit dem 1.8.2015 bestimmt § 46 II StGB ausdrücklich, dass insbesondere auch *rassistische, fremdenfeindliche oder sonst menschenverachtende* Beweggründe oder Ziele des Täters bei der Strafzumessung zu berücksichtigen sind. Ferner haben sich die polizeilichen Ermittlungen stets auch auf solche Umstände zu erstrecken, die der Gesetzgeber als ⇨ Regelbeispiele definiert hat, weil diese im Falle ihres Vorliegens den anzuwendenden Strafrahmen entscheidend beeinflussen. Aber auch diejenigen Umstände, die außerhalb der Regelbeispielmethode als benannte oder unbenannte ⇨ besonders schwere Fälle bzw. ⇨ minder schwere Fälle von Bedeutung sein können, müssen bereits im Ermittlungsverfahren festgestellt werden, damit die Staatsanwaltschaft eine sachgerechte Anklage erheben und das Strafgericht auf dieser Grundlage später ein angemessenes Urteil fällen kann.

Straßenkontrollstellen: ⇨ Repressive Kontrollstellen.

Straßenverkehr: Im Rahmen der §§ 44, 315b, 315c, 315d, 315e, 316a StGB sowie der §§ 24a, 24c, 28, 30 StVG versteht man unter Straßenverkehr (nur) den Verkehr auf öffentlichen Straßen, Wegen und Plätzen. Erfasst wird dabei jede Verkehrsart, die der Fortbewegung bzw. der Beförderung von Personen oder Gütern dient. Öffentlich ist ein Verkehrsraum dann, wenn er vom Verfügungsberechtigten entweder ausdrücklich oder stillschweigend jedermann oder zumindest allgemein bestimmten Gruppen von Personen zur Benutzung freigegeben ist. Dabei kann die Benutzung auch nur vorübergehend oder nur gegen Gebühr gestattet sein. Eine öffentlich-rechtliche Widmung i. S. d. Straßen- und Wegerechts ist nicht zwingend erforderlich; eine sog. „faktische Öffentlichkeit“ reicht bereits aus. Kein öffentlicher Verkehrsraum

ist jedoch gegeben, wenn der Verkehr lediglich auf Privatwegen oder sonstigem Privatgelände stattfindet.
MERKE: Öffentlich im vorstehenden Sinne sind das Gelände einer Tankstelle, der Kundenparkplatz eines Supermarkts sowie ein der Allgemeinheit zugängliches Parkhaus. Keinen öffentlichen Verkehrsraum bildet das Hofgelände eines Bauernhofes, ein Privatparkplatz, der ausschließlich für die Anwohner reserviert ist, das Gelände einer Kaserne sowie Feldwege, die nicht für den allgemeinen Verkehr freigegeben sind.

Subjektive Tatbestandsmerkmale: Solche ⇨ Tatbestandsmerkmale, die dem psychisch-seelischen Bereich und der Vorstellungswelt des Täters angehören. Derartige „innere" Tatumstände spielen vorrangig im Strafrecht eine Rolle, etwa in Gestalt von bestimmten Absichten, Motiven, Gesinnungen oder Tendenzen. Nach dem Verbrechensbegriff der sog. „finalen Handlungslehre" ist bei einer Vorsatztat auch der ⇨ Vorsatz als subjektives Tatbestandsmerkmal anzusehen, weshalb man auch vom „Tatbestandsvorsatz" spricht. In manchen Strafvorschriften sind auch die objektiven Elemente des Tatbestands mit subjektiven Faktoren und normativen Wertungen durchsetzt und umgekehrt, mit der Folge, dass eine strenge formale Trennung von objektiven und subjektiven Tatbestandsmerkmalen nicht immer möglich ist. So handelt es sich z. B. bei der „Absicht rechtswidriger Zueignung" i. S. d. §§ 242, 249 StGB zwar um ein subjektives Tatbestandsmerkmal. Die Rechtswidrigkeit der vom Täter erstrebten Zueignung ist aber gleichwohl nach objektiven Maßstäben zu bestimmen, indem untersucht wird, ob dem Täter nach der Rechtsordnung ein Anspruch auf die weggenommene Sache zusteht. Ebenso ist das Merkmal „rücksichtslos" in § 315c I Nr. 2 StGB besonders eng mit den objektiv-rechtlichen Tatbestandsvoraussetzungen verknüpft. Aufbautechnisch wäre es hier vertretbar, bei der Prüfung auf die sonst übliche formale Trennung zwischen dem objektiven und subjektiven Tatbestand ausnahmsweise zu verzichten.
MERKE: Den Gegenbegriff zu den subjektiven Tatbestandsmerkmalen bilden die sog. ⇨ „objektiven Tatbestandsmerkmale".

Subsidiarität: Ein Unterfall der ⇨ Gesetzeskonkurrenz, der sowohl bei ⇨ Handlungseinheit als auch bei Handlungsmehrheit in Betracht kommt. Subsidiarität ist gegeben, wenn ein Strafgesetz nur *hilfsweise* anwendbar ist, also nur dann Geltung beansprucht, wenn nicht schon bestimmte andere, vorrangige Strafvorschriften eingreifen. Ergibt sich diese „Auffangfunktion“ eines Straftatbestandes bereits aus dem Wortlaut des Gesetzes, so spricht man von *formeller* Subsidiarität. So tritt bei einer Straßenverkehrsgefährdung infolge einer Trunkenheitsfahrt die Vorschrift des § 316 StGB gegenüber § 315c I Nr. 1a StGB in formeller Subsidiarität zurück, weil dies in § 316 I StGB ausdrücklich so bestimmt ist (vgl. ferner §§ 125 I, 145 II, 145d 248b, 265a StGB, § 372 II AO). Im Übrigen sind auch Fälle einer im Gesetz nicht ausdrücklich geregelten *materiellen* Subsidiarität anerkannt, bei denen sich der Vorrang der einen Strafvorschrift gegenüber einer anderen aus der Natur der Sache ergibt. So ist z. B. wegen ⇨ Versuchs nur zu bestrafen, wenn es nicht zur Tatvollendung gekommen ist. Schlägt die Gefährdung eines bestimmten Rechtsgutes in eine Verletzung desselben um, so wird das Gefährdungsdelikt von dem Verletzungsdelikt verdrängt, sofern die Gefährdung nicht über die Verletzung hinausgeht (BGHSt 8, 244). Stiftet jemand zu einer Straftat an und leistet bei deren Begehung dann auch noch ⇨ Beihilfe, so ist die Gehilfenschaft gegenüber der vorangegangenen ⇨ Anstiftung subsidiär, denn bei der Anstiftung handelt es sich im Vergleich zur Beihilfe wertungsmäßig um die schwerere Beteiligungsform. Im Verhältnis zu einem unechten ⇨ Unterlassungsdelikt (z. B. Totschlag durch Unterlassen in ⇨ Garantenstellung) tritt die gleichzeitig verwirklichte unterlassene Hilfeleistung (§ 323c StGB) zurück.

Suspensiveffekt: Die Eigenschaft eines förmlichen Rechtsbehelfs, der angefochtenen Verfügung, Entscheidung oder sonstigen Maßnahme bis auf Weiteres ihren Geltungsanspruch und damit ihre Durchsetzbarkeit zu nehmen. Bei vollziehbaren Maßnahmen hat der Suspensiveffekt also zur Folge, dass die Maßnahme für die Dauer des laufenden Rechtsstreits nicht gegen den Willen des Betroffenen zwangsweise verwirklicht werden darf – es sei

denn, die „aufschiebende Wirkung" des eingelegten Rechtsbehelfs würde auf eine gesetzlich zugelassene Weise – insbesondere durch Gerichtsentscheidung – wieder beseitigt.
MERKE: Begrifflich zu unterscheiden ist der Suspensiveffekt vom ⇨ Devolutiveffekt. Wenn ein Rechtsbehelf sowohl einen Suspensiv- als auch einen Devolutiveffekt auslöst, dann bezeichnet man ihn als Rechtsmittel.

Tatbestandsirrtum: Die im Strafrecht übliche Bezeichnung für einen Irrtum des Täters, der dadurch gekennzeichnet ist, dass der Täter solche Umstände nicht erkennt, die zum gesetzlichen Tatbestand eines Delikts gehören, die mit anderen Worten objektive Tatbestandsmerkmale darstellen. Der im Tatbestandsirrtum handelnde Täter weiß nicht, was er (wirklich) tut. Rechtsfolge im Falle eines Tatbestandsirrtums ist nach der in § 16 I StGB getroffenen Regelung, dass der ⇨ Vorsatz des Handelnden ausgeschlossen ist und er somit nicht wegen vorsätzlicher Tatbegehung bestraft werden kann. Beispiel: Ein Jäger schießt aus Übungsgründen auf dem Feld auf eine vermeintliche Vogelscheuche, die sich aber leider als Mensch entpuppt. Hier scheidet zwar eine Vorsatzstrafbarkeit des leichtfertig handelnden Schützen aus, es kommt jedoch eine Strafbarkeit wegen fahrlässiger Körperverletzung bzw. ggf. wegen fahrlässiger Tötung in Betracht.

Tatbestandsmerkmale: Diejenigen vom Gesetzgeber normierten Einzelelemente auf der Voraussetzungsseite einer Rechtsnorm, die in ihrer Gesamtheit den Tatbestand der jeweiligen Norm ausmachen. Sind alle Tatbestandsmerkmale im konkreten Fall erfüllt, so ist der Tatbestand gegeben und es tritt die im Gesetz bestimmte Rechtsfolge ein. Tatbestandsmerkmale werden auch Tatumstände genannt. Vor allem im Strafrecht ist es üblich, die in einem ⇨ Straftatbestand enthaltenen Tatbestandsmerkmale in verschiedene Gruppen zu unterteilen. Man unterscheidet in diesem Zusammenhang insbesondere ⇨ objektive Tatbestandsmerkmale, ⇨ subjektive Tatbestandsmerkmale, ⇨ normative Tatbestandsmerkmale und ⇨ deskriptive Tatbestandsmerkmale.

Tateinheit: Von Tateinheit oder auch Idealkonkurrenz spricht man in der Lehre von den strafrechtlichen Konkurrenzen, wenn der Täter „durch dieselbe Handlung" entweder verschiedene Strafgesetze oder dasselbe Strafgesetz mehrmals verletzt, ohne dass ⇨ Gesetzeskonkurrenz gegeben wäre (vgl. § 52 I StGB). Die Annahme einer solchen Tateinheit führt bei mehrfacher Verletzung *desselben* Strafgesetzes zur *gleichartigen* Idealkonkurrenz. Beispiel: T verprügelt gleichzeitig den A und den B – Körperverletzung in zwei Fällen durch dieselbe Handlung. Bei Verletzung unterschiedlicher Strafgesetze durch dieselbe Handlung ist eine *ungleichartige* Idealkonkurrenz gegeben. Beispiel: T verprügelt den X, um ihn am Betreten einer Diskothek zu hindern – Körperverletzung und zumindest versuchte Nötigung durch dieselbe Handlung.
MERKE: Die Bemessung der vom Täter konkret verwirkten Strafe richtet sich bei Tateinheit nach § 52 StGB, d. h. es wird nur auf *eine* Strafe erkannt. Sind mehrere Strafgesetze verletzt worden, so wird die Strafe nach dem Gesetz bestimmt, das die schwerste Strafe androht; sie darf aber nicht milder sein, als die anderen anwendbaren Gesetze es zulassen (§ 52 II StGB, sog. Absorptionsprinzip). Es ist also bei Verletzung verschiedener Strafgesetze durch dieselbe Handlung aus den verschiedenen anwendbaren Strafrahmen die oberste Höchstgrenze mit der strengsten Untergrenze zu kombinieren. Innerhalb dieses Strafrahmens muss das Gericht dann – unter Berücksichtigung insbesondere der in § 46 StGB aufgeführten Gesichtspunkte – die konkrete Strafe bestimmen. Dabei ist unter Umständen auch die Verhängung einer Geldstrafe *neben* einer Freiheitsstrafe möglich (§ 52 III i. V. m. § 41 StGB). Das begriffliche Gegenstück zur Tateinheit bzw. Idealkonkurrenz nennt man ⇨ Tatmehrheit oder Realkonkurrenz.

Tatentschluss: Die subjektive Seite des ⇨ Versuchs i. S. d. Strafrechts, die immer dann gegeben ist, wenn der ⇨ Vorsatz des Versuchstäters auf die Verwirklichung aller objektiven Tatbestandsmerkmale der angestrebten Straftat gerichtet ist und wenn der Versuchstäter außerdem ggf. erforderliche zusätzliche subjektive Tatbestandsmerkmale in seiner Person aufweist (z. B. bestimmte

⇨ Absichten, Motive oder Gesinnungen). Kurzformel: Tatentschluss bedeutet Vorsatz plus weitere subjektive Tatbestandsmerkmale. Die objektive Seite des Versuchs hingegen bildet das ⇨ unmittelbare Ansetzen zur Tat.

Täterschaft: Im Strafrecht der Sammelbegriff für die verschiedenen Erscheinungsformen täterschaftlichen Handelns in Abgrenzung zur bloßen ⇨ Teilnahme in Gestalt von ⇨ Anstiftung oder ⇨ Beihilfe. Die in § 25 StGB enthaltene Regelung verdeutlicht, dass eine täterschaftliche Tatbegehung nicht notwendig unmittelbare Täterschaft oder Alleintäterschaft bedeuten muss, sondern z. B. auch in Form der mittelbaren Täterschaft oder der Mittäterschaft gegeben sein kann. Die gesetzliche Regelung enthält jedoch keine Aussagen darüber, wann jemand ganz grundsätzlich als Täter im Rechtssinne und wann (nur) als Teilnehmer, d. h. als Anstifter oder Gehilfe anzusehen ist. Die Rechtsprechung bestimmt den allgemeinen Täterbegriff auf der Grundlage der sog. subjektiven Theorie, die maßgeblich auf die willensmäßige Einstellung des Handelnden abstellt (BGH, NStZ 1982, 243; StV 1989, 435; NJW 1989, 912). Täter ist danach, wer die Tat innerlich „als eigene will". Als Indizien für einen solchen Täterwillen („animus auctoris") kommen namentlich in Betracht das erkennbare Eigeninteresse des Handelnden am Taterfolg sowie Art, Umfang und Gewicht des objektiv geleisteten Tatbeitrages. Lässt sich ein Täterwillen in diesem Sinne nicht feststellen, so handelt der Betreffende lediglich mit Teilnehmerwillen („animus sozii"). Demgegenüber nimmt die h. L. die notwendige Abgrenzung zwischen Täterschaft und Teilnahme nach den Maßstäben der sog. Tatherrschaftslehre vor. Täter ist nach dieser Auffassung, wer regelnd und beherrschend das tatbestandsmäßige Geschehen steuert und somit als Träger der materiellen Tatherrschaft in Erscheinung tritt. Das entscheidende Kriterium für die Annahme einer täterschaftlichen Beteiligung an einer Straftat ist unter Zugrundelegung dieser Betrachtungsweise also der Umstand, dass der Handelnde den konkreten Tatablauf „in seinen Händen hält" und damit die Tatherrschaft innehat.

MERKE: Da die Rechtsprechung in der Sache bei der Prüfung des „Täterwillens“ die von der Tatherrschaftslehre entwickelten Beurteilungskriterien längst übernommen hat, sind trotz der Unterschiede im theoretischen Ausgangspunkt divergierende Ergebnisse bei der Abgrenzung zwischen Täterschaft und Teilnahme heute kaum noch vorstellbar.

Taterträge: Die gesetzliche Bezeichnung für solche Vermögensvorteile, die ein Täter oder Teilnehmer aus einer rechtswidrigen Tat i. S. d. Strafgesetze oder für sie erlangt hat (z. B. der Gehilfen- oder Schleuserlohn, der Gewinn aus einem Kapitalanlagebetrug, das „Kopfgeld“ des Auftragsmörders). Solche Taterträge unterliegen der ⇨ Einziehung, die durch Anordnung des Strafgerichts erfolgt. Bis zum Ablauf des 30.6.2017 wurde eine derartige Abschöpfung von Vermögensvorteilen aus kriminellem Tun im Gesetz als ⇨ Verfall bezeichnet. Die Rechtsgrundlage für eine derartige Maßnahme bilden unverändert die §§ 73 ff. StGB, die jedoch durch das Gesetz zur Reform der strafrechtlichen Vermögensabschöpfung (BGBl. I 2017, 872) mit Wirkung zum 1.7.2017 deutlich umgestaltet worden sind.
MERKE: Etwaige Rechte Dritter bleiben bei Anordnung der Einziehung von Taterträgen zunächst bestehen (§ 75 II 1 StGB). Derartige Rechte können aber unter bestimmten Voraussetzungen durch gerichtliche Anordnung erlöschen. In den in § 73a StGB genannten Fällen ist eine *erweiterte* Einziehung von Taterträgen erlaubt. Außerdem gestattet das Gesetz in § 73b StGB unter Umständen eine Einziehung von Taterträgen bei „anderen“, also bei solchen Personen, die selbst nicht unmittelbar als Täter oder Teilnehmer einer rechtswidrigen Tat in Erscheinung getreten sind. Aufgrund der im Zuge der Reform erfolgten Streichung der §§ 73 I 2 StGB, 111b V StPO a. F. kommt jetzt auch Tatbeute grundsätzlich als möglicher Einziehungsgegenstand in Betracht, denn auch Tatbeute ist i. S. d. neu gefassten § 73 I StGB „durch eine rechtswidrige Tat erlangt“ und damit ein Tatertrag. Sie kann daher nunmehr auf der Grundlage des § 111b I StPO beschlagnahmt werden. Handelt es sich dabei allerdings um eine *beweg-*

liche Sache, die im Strafverfahren nicht mehr benötigt wird, und ist derjenige Verletzte bekannt, dem die beschlagnahmte Sache durch die Straftat entzogen worden ist, so wird die Sache – z. B. Diebesgut – an den Verletzten herausgegeben (§ 111n II i. V. m. I StPO n. F.). Eine spätere Anordnung der Einziehung der beschlagnahmten Sache durch das Strafgericht scheidet in dieser Konstellation also aus (vgl. dazu näher BT-Drs. 18/9525, 49 ff.).

Tätlicher Angriff: I. S. d. § 114 I StGB jede in feindseliger Willensrichtung auf den Körper des ⇨ Vollstreckungsbeamten oder Soldaten zielende Einwirkung, die nicht unbedingt erfolgreich zu sein braucht. Eine körperliche Berührung oder auch nur ein darauf zielender Vorsatz des Täters ist nicht erforderlich, sodass z. B. bereits die Abgabe eines Schusses aus einer Schreckschusswaffe im Nahbereich des Angegriffenen ausreicht. An diesem Begriffsinhalt hat sich durch die tatbestandliche Verselbstständigung des tätlichen Angriffs im Jahre 2017 nichts geändert (OLG Hamm, Beschl. vom 12.2.2019, – 4 RVs 9/19 –). Die Einwirkung muss zwar nach dem Gesetzeswortlaut „bei einer Diensthandlung" erfolgen. Im Gegensatz zur ⇨ Widerstandsleistung i. S. d. § 113 I StGB wird dabei aber ein innerer Bezug zur Diensthandlung nicht vorausgesetzt. Es genügt also, wenn der tätliche Angriff anlässlich einer Diensthandlung geschieht; Bezugsobjekt des Angriffs ist allein die Person des Beamten oder Soldaten. Auf diese Weise wird eine einfache Abgrenzung zwischen § 113 I StGB einerseits und § 114 I StGB andererseits ermöglicht.
MERKE: Aus § 114 III StGB folgt im Umkehrschluss, dass die Diensthandlung im Rahmen des § 114 I, II StGB keinen Vollstreckungscharakter aufweisen muss. Handelt es sich aber im Einzelfall um eine Vollstreckungshandlung, dann gelten die in § 113 III, IV StGB enthaltenen Regelungen entsprechend. Überschneidet sich im Einzelfall ein tätlicher Angriff (§ 114 StGB) tatbestandlich mit einer Widerstandsleistung durch Gewalt (§ 113 StGB), stellt sich die Frage nach dem Verhältnis dieser beiden ⇨ Straftatbestände zueinander. Nach einer Ansicht verdrängt § 114 StGB den § 113 StGB unter dem Gesichtspunkt der Spezialität. Mit Blick auf die

unterschiedlichen Schutzgüter der beiden Vorschriften erscheint es jedoch überzeugender, ⇨ Tateinheit i. S. d. § 52 StGB anzunehmen. Dieser Auffassung hat sich der BGH zwischenzeitlich angeschlossen und den folgenden Leitsatz aufgestellt (Beschl. vom 11.6.2020, – 5 StR 157/20 = HRRS 2020 Nr. 868 –): *„Widerstand gegen Vollstreckungsbeamte, tätlicher Angriff auf Vollstreckungsbeamte und versuchte Körperverletzung können zueinander im Verhältnis der Tateinheit stehen; Gesetzeskonkurrenz besteht nicht."* Auch die Vorinstanz – das LG Leipzig – hatte den Fall schon so beurteilt.

Tatmehrheit: Von Tatmehrheit oder Realkonkurrenz spricht man in der Lehre von den strafrechtlichen Konkurrenzen, wenn jemand durch eine Mehrzahl von selbstständigen Handlungen eine Reihe von Straftaten begangen hat, deren gleichzeitige Aburteilung möglich ist, ohne dass ⇨ Gesetzeskonkurrenz (in Gestalt der mitbestraften Vortat bzw. mitbestraften Nachtat) gegeben wäre. In einem solchen Falle ist der Mehrfachtäter mit einer sog. Gesamtstrafe zu belegen, deren Bildung sich nach den §§ 53–55 StGB richtet. Während ⇨ Tateinheit i. S. d. § 52 StGB stets ⇨ Handlungs*einheit* voraussetzt, kommt Tatmehrheit nur bei Handlungs*mehrheit* in Betracht, also bei einer Mehrheit von jeweils selbstständigen Handlungen, die jeweils eine Straftat darstellen. Beispiel: X begeht eine Körperverletzung, am nächsten Tag einen Einbruchsdiebstahl und am nachfolgenden Tag einen Raub – X ist zu bestrafen wegen der tatmehrheitlich begangenen Delikte der Körperverletzung, des Diebstahls und des Raubes.
MERKE: Die Bemessung der Gesamtstrafe erfolgt in der Weise, dass zunächst für jede einzelne begangene Straftat eine sog. Einzelstrafe gebildet wird. Anschließend wird die höchste verwirkte Einzelstrafe – die sog. Einsatzstrafe – verschärft, wobei allerdings die verschärfte Strafe die Summe der verwirkten Einzelstrafen nicht erreichen darf (vgl. § 54 II StGB, sog. „Asperationsprinzip"). Bei der Verschärfung der höchsten Einzelstrafe hat das Gericht die Persönlichkeit des Täters und die einzelnen Straftaten zusammenfassend zu würdigen. Die so verschärfte Strafe stellt dann die zu verhängende Gesamtstrafe dar. Bei Strafen verschiedener Art wird

die Gesamtstrafe durch Erhöhung der ihrer Art nach schwersten Strafe gebildet. Ist dabei eine Gesamtstrafe – wie häufig – aus Freiheitsstrafe und Geldstrafe(n) zu bilden, so entspricht bei der Bestimmung der Summe der Einzelstrafen ein Tagessatz einem Tag Freiheitsstrafe. Das Gericht kann aber in derartigen Fällen auch auf gesonderte Geldstrafe erkennen. Die Gesamtstrafe darf bei zeitiger Freiheitsstrafe 15 Jahre und bei Geldstrafe 720 Tagessätze nicht überschreiten. Ist aber eine der verwirkten Einzelstrafen lebenslange Freiheitsstrafe, so muss als Gesamtstrafe immer auf lebenslange Freiheitsstrafe erkannt werden. Sind bei sog. Vielfachtätern ausnahmsweise innerhalb eines Strafprozesses mehrere Gesamtstrafen in Form von Freiheitsstrafen zu bilden und übersteigt die Summe der verschiedenen auf Freiheitsstrafe lautenden Gesamtstrafen eine Dauer von fünfzehn Jahren, so steht einer solchen Verurteilung die in den §§ 38 II, 54 II 2 StGB grundsätzlich festgelegte Höchstgrenze der zeitigen Freiheitsstrafe (= 15 Jahre) nicht entgegen (BGH, NJW 1998, 171).

Tatmittel: Die zusammenfassende gesetzliche Bezeichnung für Gegenstände, die zur Begehung oder Vorbereitung einer vorsätzlichen Straftat gebraucht worden oder bestimmt gewesen sind. Tatmittel in diesem Sinne sind also insbesondere Tatwaffen oder Tatwerkzeuge. In der Fachliteratur werden solche Tatmittel auch *instrumenta sceleris* (= Instrumente des Verbrechens) genannt. Solche Tatmittel unterliegen ebenso wie ⇨ Tatprodukte der ⇨ Einziehung nach Maßgabe der §§ 74 ff. StGB.
MERKE: Voraussetzung für die Zulässigkeit der Einziehung von Tatmitteln beim Täter oder Teilnehmer ist grundsätzlich, dass der betreffende Gegenstand im Zeitpunkt der Entscheidung dem Täter oder Teilnehmer auch zusteht (§ 74 III StGB). Eine Einziehung von Tatmitteln „bei anderen“ ist aber unter den in § 74a StGB genannten Voraussetzungen möglich.

Tatobjekte: Gemäß der seit dem 1.7.2017 in § 74 II StGB enthaltenen ⇨ Legaldefinition solche „Gegenstände, auf die sich eine Straftat bezieht“. In der Rechtsprechung und auch in der Fachliteratur werden solche Gegenstände herkömmlich als ⇨ Beziehungsgegenstände bezeichnet. Gemeint sind damit konkrete „tatnotwendige“ Gegenstände, deren Besitz, Gebrauch oder Mitführung bereits nach dem Gesetzeswortlaut unerlässlich ist, um einen bestimmten ⇨ Straftatbestand zu erfüllen. Solche Tatobjekte oder Beziehungsgegenstände unterfallen *nicht* dem allgemeinen Einziehungstatbestand des § 74 I StGB, sondern unterliegen gemäß § 74 II StGB der Einziehung (nur) nach der Maßgabe besonderer Vorschriften, welche die Einziehung spezialgesetzlich entweder vorschreiben oder zulassen. Typische Tatobjekte sind z. B. die zur Täuschung im Rechtsverkehr gebrauchte unechte oder verfälschte ⇨ Urkunde gemäß § 267 I 3. Var. StGB, das unerlaubt eingeführte ⇨ Betäubungsmittel im Rahmen der §§ 29, 30 BtMG oder die i. S. d. § 52 WaffG ohne erforderliche Erlaubnis geführte ⇨ Schusswaffe. In den vorgenannten Fällen lassen entsprechende Spezialermächtigungen die Einziehung zu oder schreiben sie sogar vor (vgl. §§ 282 II, 33 II BtMG, 54 WaffG). Deshalb ist im Vorwege auch eine einziehungssichernde ⇨ Beschlagnahme dieser Gegenstände auf der Grundlage der §§ 111b ff. StPO zulässig. MERKE: Das vom Täter geführte ⇨ Fahrzeug bei § 316 StGB ist ebenfalls ein Tatobjekt bzw. Beziehungsgegenstand. Mangels einer einschlägigen Spezialnorm scheidet jedoch in *diesem* Falle eine spätere Einziehung des Fahrzeugs aus. Damit entfällt folgerichtig auch die Möglichkeit einer zeitlich vorgelagerten Beschlagnahme des Fahrzeugs nach den §§ 111b, 111c StPO. Voraussetzung für die Zulässigkeit der Einziehung von Tatobjekten beim Täter oder Teilnehmer ist grundsätzlich, dass der betreffende Gegen-stand im Zeitpunkt der Entscheidung dem Täter oder Teilnehmer auch zusteht (§ 74 III StGB). Eine Einziehung von Tatobjekte „bei anderen“ ist aber unter den in § 74a StGB genannten Voraussetzungen möglich.

Tatort: ⇨ Inland.

Tatprodukte: Die zusammenfassende gesetzliche Bezeichnung für Gegenstände, die durch eine vorsätzliche Straftat hervorge-

bracht worden sind, wie z. B. Falschgeld oder unechte oder verfälschte Urkunden. Solche Tatprodukte unterliegen der ⇨ Einziehung, die durch Anordnung des Strafgerichts erfolgt. Auf diese Weise sollen inkriminierte, verbotene oder gefährliche Gegenstände aus dem Verkehr gezogen werden. Die Rechtsgrundlage für die Einziehung von Tatprodukten ebenso wie für die Einziehung von ⇨ Tatmitteln bilden in erster Linie die §§ 74 ff. StGB, die durch das Gesetz zur Reform der strafrechtlichen Vermögensabschöpfung (BGBl. I 2017, 872) mit Wirkung zum 1.7.2017 deutlich umgestaltet worden sind.
MERKE: Voraussetzung für die Zulässigkeit der Einziehung von Tatprodukten beim Täter oder Teilnehmer ist grundsätzlich, dass der betreffende Gegenstand im Zeitpunkt der Entscheidung dem Täter oder Teilnehmer auch zusteht (§ 74 III StGB). Eine Einziehung von Tatprodukten „bei anderen" ist aber unter den in § 74a StGB genannten Voraussetzungen möglich.

Tatsachen: Im Polizeirecht definiert man als Tatsachen zumeist – kurz und knapp – gesicherte Erkenntnisse, die über bloße Vermutungen, Vorurteile oder Erfahrungswerte hinausgehen und die belegen, dass ein bestimmter Sachverhalt tatsächlich oder jedenfalls mit genügend hoher Wahrscheinlichkeit existiert. Im Strafrecht bestimmt man den Tatsachenbegriff meistens wie folgt: Tatsachen sind konkrete Umstände, Eigenschaften, Vorgänge oder Zustände der Gegenwart oder Vergangenheit, die dem Beweise zugänglich sind. Als Tatsachen im vorstehenden Sinne gelten auch sog. *„Indiztatsachen"*. Darunter versteht man indirekte Tatsachen, welche – allein oder zumindest in Verbindung mit anderen ⇨ Indizien – mittelbar auf das Vorliegen einer anderen Tatsache (der Hauptsache) schließen lassen, die es eigentlich belegen gilt (st. Rspr., vgl. z. B. OVG NRW, Beschl. vom 7.5.2015, – 11 LA 188/14 –, HessVGH, Beschl. vom 1.2.2017, – 8 A 2105/14 Z –, VGH BW, Urt. vom 18.5.2017, – 1 S 160/17 –). Vgl. auch ⇨ Indizienbeweis.
MERKE: Behauptungen über Tatsachen sind entweder wahr oder falsch. Das Gegenteil von Tatsachen sind bloße Meinungen, Wert-

urteile, Mutmaßungen oder Werbeaussagen. Als Bezugspunkt der §§ 186, 187, 187a StGB kommen nur Tatsachen in Betracht. Ehrenrührige Meinungsäußerungen (Unwerturteile) können daher immer nur dem § 185 StGB unterfallen.

Tatsächliche Gewalt: Im Rahmen des Polizei- und Ordnungsrechts die übliche Bezeichnung für eine willensgetragene Herrschaft über eine Sache. Wie beim bürgerlichrechtlichen Begriff des ⇨ Besitzes bzw. beim strafrechtlichen Begriff des ⇨ Gewahrsams umschreibt man mit tatsächlicher Gewalt die willensgetragene faktische Verfügungsgewalt über die Sache, mit der Folge, dass der Inhaber dieser Verfügungsgewalt – zumindest im Prinzip – nach seinem Willen jederzeit auf die Sache zugreifen bzw. auf sie einwirken kann. Unerheblich ist, ob die Verfügungsgewalt berechtigt oder unberechtigt ausgeübt wird. Jedenfalls im Kern sind damit die Begriffe Besitz und tatsächliche Gewalt identisch. Jedoch gibt es auch geringfügige Unterschiede: Zum einen gelten die besitzrechtlichen Fiktionen der §§ 855, 857 BGB für die tatsächliche Gewalt i. S. d. öffentlichen Rechts weder direkt noch analog. Zum anderen kennt das öffentliche Recht auch keine „mittelbare" tatsächliche Gewalt, die dem mittelbaren Besitz i. S. d. §§ 868 ff. BGB entsprechen würde. Der Begriff der tatsächlichen Gewalt ist von daher stärker an den wirklichen Gegebenheiten orientiert. Zahlreiche Normen im Polizei- und Ordnungsrecht verwenden das Merkmal der tatsächlichen Gewalt oder setzen es voraus (vgl. § 5 ME PolG, §§ 18, 47 Nr. 2 BPolG, § 7 NPOG, Anlage 1 zum Waffengesetz, Abschnitt 2, Nr. 1-4). Vgl. auch ⇨ Umgang mit Waffen oder Munition.

Tatverdacht: Im Strafprozessrecht spricht man von einem Tatverdacht ganz allgemein immer dann, wenn bestimmte tatsächliche Anhaltspunkte darauf hindeuten, dass jedenfalls möglicherweise eine rechtswidrige Tat i. S. d. Strafgesetze begangen worden ist. Im Einzelnen lassen sich mindestens vier Verdachtsstufen unterscheiden: Es gibt zunächst den einfachen ⇨ Anfangsverdacht, der für die Eigenschaft genügt, ⇨ Verdächtiger zu sein und der zudem im Falle seines Vorliegens nach dem ⇨ Legalitätsprinzip die zuständigen staatlichen Verfolgungsorgane zum Einschreiten verpflichtet. Ein bereits ⇨ konkretisierter Tatverdacht führt laut BGH zumindest im Vernehmungsrecht dazu, dass der Vernommene nicht bzw. nicht mehr als tatverdächtiger Zeuge, sondern obligatorisch als ⇨ Beschuldigter einzustufen und entsprechend zu behandeln ist. Ein ⇨ hinreichender Tatverdacht berechtigt und verpflichtet die Staatsanwaltschaft zur Erhebung der öffentlichen Anklage. Einen ⇨ dringenden Tatverdacht schließlich verlangt das Gesetz nur an wenigen Stellen, z. B. als Voraussetzung für den Erlass eines ⇨ Untersuchungshaftbefehls oder in den Fällen der §§ 81, 126a StPO.

Teilnahme: Im Strafrecht der zusammenfassende Obergriff für ⇨ Anstiftung und ⇨ Beihilfe als Formen der ⇨ Beteiligung an einer fremden rechtswidrigen Tat i. S. d. Strafgesetze (vgl. §§ 26, 27 StGB). Obwohl Anstifter und Gehilfen nicht selbst als Täter agieren, verwirklichen sie doch durch ihre vorsätzliche Mitwirkung eigenes kriminelles Unrecht und machen sich damit ebenfalls strafbar.

Telekommunikation: Nach der in § 3 Nr. 59 TKG enthaltenen ⇨ Legaldefinition der technische Vorgang des Aussendens, Übermittelns und Empfangens von Signalen mittels Telekommunikationsanlagen. Zu den Letzteren wiederum zählen gemäß der ergänzenden Regelung in § 3 Nr. 60 TKG alle diejenigen technischen Einrichtungen, Systeme oder Server, die als Nachrichten identifizierbare elektromagnetische oder optische Signale oder Daten im Rahmen der Erbringung eines Telekommunikationsdienstes senden, übertragen, vermitteln, empfangen, steuern oder kontrollieren können. Telekommunikation im vorstehenden Sinne stellen damit insbesondere dar: Telefongespräche im Telefonfestnetz oder im Mobilfunknetz, das Verschicken von SMS via Handy, Funkverkehr, Telegrafie, der Nachrichtentransfer mittels Telefax und der Informationsaustausch online über die sog. Datenautobahnen im Internet (z. B. das Versenden von E-Mails, SMS oder

Telefaxen per Computer, das Herunterladen von Inhalten aus dem World-Wide-Web, das „Chatten" in sog. „Chat-Rooms").
MERKE: Der moderne Begriff Telekommunikation bzw. Telekommunikationsverkehr hat mittlerweile in den verschiedenen Fachgesetzen den früheren Terminus „Fernmeldeverkehr" ersetzt (vgl. z. B. § 100a I StPO betreffend die Überwachung und Aufzeichnung der Telekommunikation aus Gründen der Strafverfolgung). Lediglich im Wortlaut des Art. 10 GG ist immer noch vom „Fernmeldegeheimnis" die Rede. Aber auch dieser an sich überholte Begriff ist anerkanntermaßen im Lichte der modernen technischen Entwicklungen zu sehen und damit gewissermaßen „dynamisch" zu verstehen, also im Sinne von „Telekommunikationsgeheimnis".

Telekommunikationsanlagen: ⇨ Telekommunikation.

Telekommunikationsdaten: Die zusammenfassende Bezeichnung für solche Daten, die im Zusammenhang mit einem Telekommunikationsvertrag oder einem Telekommunikationsvorgang anfallen. Es handelt sich dabei zumeist um ⇨ personenbezogene Daten. Zu den Telekommunikationsdaten gehören insbesondere die im Telekommunikationsgesetz (TKG) ausdrücklich genannten und legaldefinierten ⇨ Bestandsdaten, ⇨ Standortdaten und ⇨ Verkehrsdaten. Auf die in den §§ 95, 111 TKG enthaltenen Aufzählungen von verschiedenen Telekommunikationsdaten wird in einigen anderen Vorschriften ausdrücklich Bezug genommen wird, so insbesondere in § 22a BPolG, § 100j StPO sowie § 113 TKG.

Telekommunikationsverbindungsdaten: ⇨ Verkehrsdaten.

Telekommunikationsverkehr: ⇨ Telekommunikation.

Terroristische Vereinigung: ⇨ Bandenmäßig.

Tiere: Im Ausgangspunkt gelten Tiere im heutigem Recht nicht mehr wie früher als Sachen, sondern als Mitgeschöpfe des Menschen, deren Leben und Wohlbefinden jedenfalls grundsätzlich zu schützen ist (§ 1 S. 1 TierSchG). Deshalb darf niemand einem Tier ohne vernünftigen Grund Schmerzen, Leiden oder Schäden zufügen (§ 1 S. 2 TierSchG). Allerdings sind Tiere in etlichen Zusammenhängen den Sachen im Rechtssinne gleichgestellt. Schon um Tiere gegen strafrechtlich relevante Angriffe schützen zu können, werden sie im Rahmen des Strafrechts immer noch als Sachen angesehen. Im Polizeirecht werden sie meistens formal von den Sachen unterschieden, ohne dass sich damit aber entscheidende Unterschiede verbinden würden. So bestimmt z. B. § 7 I 2 NPOG, dass die für Sachen geltenden Vorschriften des Gesetzes auf Tiere entsprechend anzuwenden sind (ebenso: § 18 I 2 BPolG). Für das Zivilrecht bekräftigt § 90a BGB, dass Tiere zwar keine Sachen sind und dass sie durch besondere Gesetze geschützt werden; jedoch sind die für Sachen geltenden Vorschriften des BGB entsprechend anzuwenden, soweit nicht durch gesetzliche Vorschrift etwas anderes ausdrücklich bestimmt ist. Insbesondere das ⇨ Eigentum an Tieren wird deshalb analog denjenigen Bestimmungen übertragen, die für bewegliche Sachen gelten (§§ 929 ff. BGB).

Todesermittlungsverfahren: Ein spezielles, in der StPO geregeltes Verfahren, das nach § 159 I StPO immer dann anläuft, wenn bei einem Todesfall Anhaltspunkte für einen ⇨ unnatürlichen Tod bestehen oder wenn eine unbekannte Leiche gefunden wird. Bei diesem Verfahren handelt es sich nicht um ein strafprozessuales Ermittlungsverfahren i. S. d. § 160 StPO, sondern um ein Verfahren eigener Art. Dieses ist darauf gerichtet, Beweise vorläufig zu sichern, die genaue Todesursache abzuklären und ggf. die Identität des Verstorbenen festzustellen. Zur Bestattung ist dann gemäß § 159 II StPO stets die schriftliche Genehmigung der Staatsanwaltschaft erforderlich. Ergänzend gelten die §§ 87 ff. StPO sowie die RiStBV Nr. 33–38.
MERKE: Ergibt sich im Zuge einer solchen Untersuchung der Verdacht eines vorsätzlichen oder fahrlässigen Tötungsdelikts, so geht das Todesermittlungsverfahren in ein normales Ermittlungsverfahren über.

Töten eines Menschen: Einen Menschen tötet i. S. d. §§ 211 ff. StGB, wer dessen Tod durch eine ihm objektiv zurechenbare Handlung vorsätzlich verursacht (st. Rspr., vgl. z. B. BGH 4 StR 138/22, Beschl. vom 29.5.2024 = HRRS 2024 Nr. 1167). Die notwendige ⇨ Kausalität ist gegeben, wenn das Handeln des Täters unter den jeweiligen tatsächlichen Umständen auf der Grundlage anerkannter naturwissenschaftlicher Gesetzmäßigkeiten eine notwendige Bedingung für den Todeseintritt darstellt. Hiervon ist nach st. Rspr. immer dann auszugehen, wenn die vom Täter vollzogene Handlung nicht hinweggedacht werden kann, ohne dass der Erfolg in seiner konkreten Gestalt entfiele. Dabei spielt es grundsätzlich keine Rolle, ob neben der Tathandlung noch andere Umstände, Ereignisse oder Geschehensabläufe zur Herbeiführung des Erfolgs beigetragen haben. Ein Kausalzusammenhang im obigen Sinne ist erst dann zu verneinen, wenn ein späteres Ereignis die Fortwirkung einer früheren Ursache vollständig beseitigt und unter Eröffnung einer neuen Ursachenreihe den Erfolg allein herbeiführt.
MERKE: Bei einem bereits im Sterbeprozess befindlichen Menschen genügt in objektiver Hinsicht, dass zu der bereits bestehenden und zum Tod führenden Kausalreihe ein Verhalten des Täters hinzutritt, durch das der Tod früher oder zumindest auf andere Weise herbeigeführt wird, als er ohne das Eingreifen des Täters eingetreten wäre. Entscheidend ist stets der Todeseintritt in seiner konkreten Gestalt; das Hinzudenken sog. „Reserveursachen“ ist unzulässig.

Totschlag: Die vorsätzliche Tötung eines anderen Menschen, ohne dass bei der Tatbegehung sog. ⇨ „Mordmerkmale“ verwirklicht werden (vgl. § 212 StGB: „ohne Mörder zu sein“). Der Täter wird im Falle des § 212 StGB vom Gesetz als Totschläger bezeichnet und grundsätzlich mit Freiheitsstrafe von fünf bis 15 Jahren bestraft. In ⇨ besonders schweren Fällen des Totschlags, die wertungsmäßig einem ⇨ Mord gleichkommen, kann auch eine lebenslange Freiheitsstrafe verhängt werden.

Totschläger: 1. Im Strafrecht die Bezeichnung für den Täter eines ⇨ Totschlags i. S. d. § 212 StGB. Im Unterschied zum Mörder, d. h. zum Täter eines ⇨ Mordes, wird der Totschläger in der Regel mit einer zeitigen ⇨ Freiheitsstrafe belegt. Nur in besonders schweren Fällen kommt auch die Verhängung einer lebenslangen Freiheitsstrafe in Betracht (§ 212 II StGB).
2. Im Waffenrecht die Bezeichnung für ein längliches und biegsames Schlaggerät, welches an einem Ende – meist durch Metall – beschwert ist und das ein typisches von Kriminellen benutztes Angriffsinstrument darstellt (vgl. AG Maulbronn, MDR 1990, 1039; OLG Stuttgart, OLGSt, WaffG § 37 S. 1). Wird ein solcher Totschläger mittels einer gezielten Schleuderbewegung eingesetzt, erreicht er durch die Verbindung von Hieb- und Bewegungsenergie ein hohes Auftreffpotential, das punktgenau gegen den Körper des Angegriffenen zur Wirkung gebracht werden kann. Waffenrechtlich betrachtet stellt der Totschläger zunächst eine ⇨ Waffe i. S. d. § 1 II Nr. 2a WaffG dar, er ist also eine Waffe im technischen Sinne. Aufgrund seiner erheblichen Gefährlichkeit, die dem Totschläger auch den Namen gegeben hat, fällt er zugleich in die Kategorie der gesetzlich verbotenen Waffen (vgl. Anlage 2 zum WaffG, Abschnitt 1, Nr. 1.3.2).

Tragbare Gegenstände: 1. Im Waffenrecht sind tragbare Gegenstände i. S. d. § 1 II Nr. 2a WaffG solche, die ihrem Wesen nach dazu bestimmt sind, die Angriffs- oder Abwehrfähigkeit von Menschen zu beseitigen oder herabzusetzen. Dazu gehören insbesondere die sog. Hieb- und Stoßwaffen. Darunter fallen gemäß der Anlage 1 zum Waffengesetz alle Gegenstände, die ihrem Wesen nach dazu bestimmt sind, unter unmittelbarer Ausnutzung der Muskelkraft durch Hieb, Stoß, Stich, Schlag oder Wurf Verletzungen beizubringen. Beispiele: Dolche, Stilette, Seitengewehre (Bajonette), Degen, Säbel, Florette, Stockdegen, sog. „Totschläger“, Stahlruten, Schlagringe, Gummiknüppel, militärische Kampfmesser, auch die Schlagstöcke der Polizei. Nicht gemeint sind hingegen Werkzeuge oder Gerätschaften des täglichen Lebens, die bestimmungsgemäß nicht dem Angriff auf

Personen oder der Verteidigung dienen, wie z. B. Äxte, Beile, Sensen, Sicheln, Taschenmesser, Tischmesser, Küchenmesser oder Schlachtmesser. Die Anlage 1 stellt ferner klar, dass zu den tragbaren Gegenständen i. S. d. § 1 II Nr. 2a WaffG auch Elektroimpulsgeräte, Reizstoffsprühgeräte, Flammenwerfer, sog. Molotow-Cocktails, Drosselgeräte und Präzisionsschleudern gehören.
MERKE: Die tragbaren Gegenstände i. S. d. § 1 II Nr. 2a WaffG bilden nach den ⇨ Schusswaffen und den Schusswaffen ⇨ gleichgestellten Gegenständen die dritte Hauptgruppe von Waffen i. S. d. Waffengesetzes. Sie werden im Schrifttum auch als tragbare Gegenstände der ersten Kategorie oder als Waffen im technischen Sinne bezeichnet.
2. Ferner gelten im Waffenrecht als tragbare Gegenstände i. S. d. § 1 II Nr. 2b WaffG solche, die – ohne dazu bestimmt zu sein – namentlich wegen ihrer Beschaffenheit, Handhabung oder Wirkungsweise geeignet sind, die Angriffs- oder Abwehrfähigkeit von Menschen zu beseitigen oder herabzusetzen, sofern die letztgenannten Gegenstände im Waffengesetz ausdrücklich genannt sind. Typisch für tragbare Gegenstände in diesem Sinne ist zum einen, dass sie ihrer eigentlichen Bestimmung nach nicht zur Verletzung von Menschen dienen sollen, und zum anderen, dass sie in der Anlage 1 zum Waffengesetz ausdrücklich benannt sind. Danach gehören zu den tragbaren Gegenständen i. S. d. § 1 II Nr. 2b WaffG zunächst bestimmte ⇨ Messer, nämlich ⇨ Springmesser, ⇨ Fallmesser, ⇨ Faustmesser und ⇨ Butterflymesser. Ferner gehören dazu Tierabwehrgeräte, die anders als mechanisch wirken (z. B. Elektroimpulsgeräte), allerdings mit Ausnahme solcher Gerätschaften, die in der Tierhaltung bestimmungsgemäß Verwendung finden, was etwa auf den sog. „Viehtreiber“ zutrifft, der elektrische Impulse aussendet.
MERKE: Die tragbaren Gegenstände i. S. d. § 1 II Nr. 2b WaffG bilden nach den ⇨ Schusswaffen, den Schusswaffen ⇨ gleichgestellten Gegenständen und den tragbaren Gegenständen i. S. d. § 1 II Nr. 2a WaffG die vierte Hauptgruppe von Waffen i. S. d. Waffengesetzes. Sie werden im Schrifttum auch als tragbare Gegenstände der zweiten Kategorie oder als Waffen im untechnischen Sinne bezeichnet.

Triebfahrzeugführer: ⇨ Zugführer.

Überlassen von Waffen oder Munition: ⇨ Umgang mit Waffen oder Munition.

Übermaßverbot: ⇨ Verhältnismäßigkeit.

Überwachung der Grenzen: ⇨ Polizeiliche Überwachung der Grenzen.

Umgang mit Waffen oder Munition: Umgang mit einer Waffe oder mit Munition hat nach der in § 1 III WaffG enthaltenen ⇨ Legaldefinition, wer diese erwirbt, besitzt, überlässt, führt, verbringt, mitnimmt, damit schießt, herstellt, bearbeitet, instand setzt oder damit Handel treibt. In der Anlage 1 zum Waffengesetz werden die eben genannten Modalitäten des Umganges im Abschnitt 2 näher definiert. Danach gilt: Eine Waffe oder Munition *erwirbt*, wer die ⇨ tatsächliche Gewalt darüber erlangt. Eine Waffe oder Munition *besitzt*, wer die tatsächliche Gewalt darüber ausübt. Eine Waffe *überlässt*, wer die tatsächliche Gewalt darüber einem anderen einräumt. Eine Waffe oder Munition *führt*, wer die tatsächliche Gewalt über sie außerhalb der eigenen Wohnung oder der eigenen Geschäftsräume oder außerhalb des eigenen befriedeten Besitztums oder außerhalb einer Schießstätte ausübt. Eine Waffe oder Munition *verbringt*, wer dieselbe über die Grenze zum dortigen Verbleib oder mit dem Ziel des Besitzwechsels in den, durch den oder aus dem Geltungsbereich des Waffengesetzes zu einer anderen Person oder zu sich selbst transportieren lässt oder selbst transportiert. Eine Waffe oder Munition *nimmt mit*, wer diese auf einer Reise ohne Aufgabe des Besitzes zur Verwendung über die Grenze in den, durch den oder aus dem Geltungsbereich des Waffengesetzes bringt.
MERKE: Kennzeichnend für die Umgangsmodalität des Verbringens und Mitnehmens ist also der Transport der Waffe oder Munition über die Grenze hinweg. Ohne Bedeutung ist es für die Handlungsmodalitäten des Verbringens bzw. Mitnehmens, ob es

sich bei dem in Rede stehenden anderen Staat um einen EU-Mitgliedstaat oder um einen Drittstaat handelt.

Umschlossener Raum: ⇨ Einbruchsdiebstahl.

Unaufschiebbar: Im Rahmen des § 80 II 1 Nr. 2 VwGO sind Anordnungen und Maßnahmen eines Polizeivollzugsbeamten in Gestalt einer ⇨ Polizeiverfügung dann unaufschiebbar, wenn sie nach Lage der Dinge zwecks Gewährleistung einer effektiven Gefahrenabwehr sofortige Geltung beanspruchen und mithin eine unbedingte Befolgungspflicht auslösen müssen, und zwar selbst für den Fall, dass der Betroffene umgehend mit förmlichen Rechtsbehelfen gegen die Verfügung vorgeht. Rechtsfolge in einer solchen Sofortlage ist, dass der erlassene ⇨ Verwaltungsakt unmittelbar kraft Gesetzes als ⇨ sofort vollziehbar gilt.
MERKE: Die meisten Polizeiverfügungen sind unaufschiebbar im vorstehenden Sinne. Polizeiverfügungen können jedoch auch in einer Zeitlage ergehen; ihnen fehlt dann das besondere Element der zeitlichen Dringlichkeit, wie sie für § 80 II 1 Nr. 2 VwGO kennzeichnend ist. Ein Indiz für das Fehlen einer solchen gesteigerten Dringlichkeit ist der Umstand, dass die Polizei eine Verfügung schriftlich erlässt (VG Frankfurt a. M., NVwZ 1990, 1100). Auch die Tatsache, dass dem Adressaten einer Polizeiverfügung eine Frist zu ihrer Befolgung eingeräumt wird, ist als ein Indiz dafür zu werten, dass die Maßnahme eher einen aufschiebbaren Charakter hat.

Unbefugtes Verweilen: Im Rahmen des § 123 I 2. Alt. StGB, welcher das ⇨ Sich-Nicht-Entfernen trotz Aufforderung des Berechtigten als zweite Erscheinungsform des Hausfriedensbruches ebenfalls mit Strafe bedroht, ein objektives Tatbestandsmerkmal, dessen Bedeutung umstritten ist. Die wohl h. M. differenziert wie folgt: Ohne Befugnis verweilt zunächst derjenige, der sich innerhalb der geschützten Örtlichkeit aufhält, obwohl ihm eine Berechtigung hierzu von Anfang an fehlte (z. B. der Einbrecher). Ohne Befugnis verweilt aber ferner ebenfalls derjenige,

der sich in der geschützten Örtlichkeit zunächst berechtigt aufhielt, dessen Berechtigung jedoch infolge der Aufforderung des Hausrechtsinhabers, sich nunmehr zu entfernen, nachträglich entfallen ist. Im ersteren Falle wird sich § 123 I 2. Alt. StGB im Regelfall mit § 123 I 1. Alt. StGB überschneiden und ist dann lediglich subsidiär, weil der Täter bereits wegen ⇨ widerrechtlichen Eindringens bestraft werden kann (BGHSt 21, 224, 225). Echte Bedeutung hat § 123 I 2. Alt. StGB also nur bei Wegfall einer anfänglich vorhandenen Anwesenheitsberechtigung: Die Aufforderung des Hausrechtsinhabers an eine Person, sich aus der geschützten Örtlichkeit zu entfernen, lässt ein etwaiges Anwesenheitsrecht des Betroffenen ab der Aufforderung entfallen. Wer sich danach gleichwohl nicht entfernt, begeht einen Hausfriedensbruch durch Unterlassen. Dabei handelt es sich um ein echtes ⇨ Unterlassungsdelikt; auf eine ⇨ Garantenstellung desjenigen, der sich trotz der Aufforderung nicht entfernt, kommt es also nicht an.
MERKE: Interpretiert man das Merkmal „ohne Befugnis“, wie es vielfach auch vertreten wird, nur als deklaratorischen Hinweis auf die allgemeine Rechtswidrigkeit der Tat, dann reduziert sich die betreffende Tatbestandsvoraussetzung auf die bloße Anwesenheit des Betreffenden innerhalb der geschützten Örtlichkeit ohne jede Rücksicht auf seinen Status. Kritik: Diese Auslegung entfernt sich sehr weit vom Wortlaut des Gesetzes und macht das gesamte Tatbestandsmerkmal „wer ohne Befugnis darin verweilt“ eigentlich überflüssig, denn die Anwesenheit als solche wird bereits in der nachfolgenden Formulierung „sich nicht entfernt“ sachlogisch vorausgesetzt.

Unbegleitetes aufgegebenes Gepäck: ⇨ Gepäck.

Unbrauchbarmachen: I. S. d. § 316b I Nr. 1 StGB macht derjenige eine dem Betrieb dienende Sache unbrauchbar, der die Funktionsfähigkeit der Sache aufhebt. Dabei ist nach der Rechtsprechung allerdings stets erforderlich, dass eine Einwirkung *auf die Substanz* der Sache erfolgt, durch welche die Funktionstüchtigkeit der Sache gemindert wird. Infolgedessen liegt *keine* Unbrauchbarmachung von Schienen vor, wenn sich Personen nur im Gleis aufhalten und dadurch den Bahnverkehr vorübergehend zum Erliegen bringen (so OLG Celle, NStZ 2005, 217; a. A. noch die beiden Vorinstanzen).

Unbrauchbarmachung: 1. Im Rahmen des Strafrechts gehört die Unbrauchbarmachung gemäß § 11 I Nr. 8 StGB zu den sog. „Maßnahmen". Darunter versteht der Gesetzgeber staatliche Reaktionen auf eine ⇨ Straftat, die keinen Sanktionscharakter aufweisen, sondern andere Zwecke verfolgen, insbesondere die Abwehr von ⇨ Gefahren für die Allgemeinheit. In diesem Zusammenhang bedeutet Unbrauchbarmachung, dass ein bestimmter Gegenstand (z. B. eine Tatwaffe, ein Tatwerkzeug oder ein Tatprodukt) aufgrund und nach Maßgabe einer strafgerichtlichen Anordnung seiner gefährdenden Form entkleidet oder in sonstiger Weise unschädlich gemacht und danach dem jeweils Berechtigten zurückgegeben wird (vgl. § 63 IV 1 StVollstrO). Falls eine Rückgabe nach den Umständen unmöglich ist, tritt an die Stelle der Unbrauchbarmachung die ⇨ Vernichtung (§ 63 IV 2 StVollstrO). Regelungen für die strafrechtliche Unbrauchbarmachung enthält der Allgemeine Teil des StGB (§§ 2 V, 59 II, 74d, 74f II, 76a, 79 StGB). Ist die Annahme begründet, dass die Voraussetzungen für die Unbrauchbarmachung eines Gegenstandes vorliegen, so kann er nach § 111b I 1 StPO bereits im Ermittlungsverfahren zur Sicherung der späteren Vollstreckung beschlagnahmt werden. Liegen sogar dringende Gründe für eine solche Annahme vor, so soll die Beschlagnahme angeordnet werden (§ 111b I 2 StPO). Wird später tatsächlich eine Unbrauchbarmachung vom Gericht angeordnet, so wird diese Anordnung dadurch vollstreckt, dass der betroffene Gegenstand demjenigen, gegen den sich die Anordnung richtet, weggenommen wird, damit die Unbrauchbarmachung vorgenommen werden kann. Für das Vollstreckungsverfahren im Einzelnen gelten die Vorschriften des Justizbeitreibungsgesetzes (§ 459g I StPO). Wie das Strafrecht, so kennt analog auch das Ordnungswidrigkeitenrecht das Rechtsinstitut der Unbrauchbar-

machung als mögliche Maßnahme im Rahmen des Bußgeldverfahrens (vgl. §§ 24 II Nr. 1, 90 III, 123 II OWiG).
2. Unabhängig von einer Straf- oder Bußgeldsache sieht auch das Gefahrenabwehrrecht in etlichen Zusammenhängen die Unbrauchbarmachung von Gegenständen vor. So kann z. B. im Gefolge einer präventiven ⇨ Sicherstellung eine Berechtigung der ⇨ Behörde bestehen, die sichergestellte Sache unbrauchbar zu machen oder ggf. zu vernichten (vgl. z. B. für die Bundespolizei § 49 IV BPolG, in Anlehnung an § 23 IV ME PolG). Die zuständige Waffenbehörde ist nach Rücknahme, Widerruf oder Erlöschen einer nach dem Waffengesetz erteilten Erlaubnis oder Ausnahmebewilligung befugt, den Inhaber der tatsächlichen Gewalt zu verpflichten, den betroffenen Gegenstand binnen angemessener Frist unbrauchbar zu machen oder einem Berechtigten zu überlassen und dies gegenüber der Behörde nachzuweisen (§ 46 II WaffG, ähnlich – in Ansehung von Kriegswaffen – § 7 III 2 KWKG). Auch im Übrigen spielt die Unbrauchbarmachung im Waffenrecht eine größere Rolle (vgl. §§ 37g, 37h, 39c, 58 WaffG sowie § 13a KWKG). Gegenstände, die dem Waffen- oder Kriegswaffenkontrollgesetz unterfallen, können unter Umständen durch freiwillige Unbrauchbarmachung ihre Waffen- bzw. Kriegswaffeneigenschaft verlieren. Speziell zur Unbrauchbarmachung von Schusswaffen vgl. WaffG Anlage 1, Abschnitt 1, Unterabschnitt 1, Nr. 1.4.
MERKE: Die Vernichtung von Gegenständen kommt auch im Gefolge einer strafrechtlichen ⇨ Einziehung in Betracht. Wenn nämlich ein eingezogener Gegenstand nicht verwertet werden kann oder wenn er wertlos, nur mit Verlust veräußerbar, gemeingefährlich oder in gesetzwidrigem Zustand ist, dann unterliegt er zumindest in der Regel der Vernichtung (§ 63 I 3 StVollstrO).

Under-Cover-Agent: Eine in manchen Staaten wie etwa den USA übliche Erscheinungsform des ⇨ Verdeckten Ermittlers, die sich allerdings von einem VE i. S. d. deutschen Rechts deutlich unterscheidet. Unter einem Under-Cover-Agent versteht man einen Polizeibeamten, der langfristig und ohne konkreten Ermittlungsauftrag getarnt in die kriminelle Szene eingeschleust wird, sich dort frei und unkontrolliert bewegen kann und der sich notfalls auch – jedenfalls in Grenzen – strafbar machen darf, um seine Tarnung und damit den Ermittlungserfolg nicht zu gefährden. Der Einsatz eines VE in der oben geschilderten Form wäre mit dem derzeit geltenden deutschen Recht unvereinbar.

Unechte Unterlassungsdelikte: ⇨ Unterlassungsdelikte.

Unerlässlich: Eine polizeiliche Maßnahme ist dann unerlässlich, wenn sie und nur sie nach Lage des Falles zwingend und absolut notwendig ist, um den polizeilichen Erfolg zu erreichen. Das Merkmal unerlässlich ist damit nicht einfach gleichbedeutend mit erforderlich, sondern geht darüber hinaus. Eine bestimmte Maßnahme ist unerlässlich, „wenn die Gefahrenabwehr nur auf diese Weise möglich und nicht durch eine andere Maßnahme ersetzbar ist" (so wörtlich das OLG Frankfurt a. M., Beschl. vom 18.6.2007, – 20 W 221/06 –). Anders als sonst muss die Polizei, wenn das Gesetz Unerlässlichkeit verlangt, unter Umständen zunächst auch solche Maßnahmen versuchen, die sich vielleicht als weniger wirksam erweisen, bevor – als ultima ratio – zu dem Mittel gegriffen wird, das nur im Falle von Unerlässlichkeit statthaft ist. Bei klarer Aussichtslosigkeit von Alternativmaßnahmen allerdings darf die Polizei auch sofort das Mittel anwenden, das als einziges erfolgversprechend ist.

Unerlaubte Einreise: Von einer unerlaubten Einreise spricht man im Ausländerrecht mit Blick auf die in § 14 I Nr. 1 – Nr. 3 AufenthG enthaltenen Regelungen, wenn ein Drittstaatsangehöriger in das Bundesgebiet einreist und dabei entweder 1. entgegen § 3 I AufenthG keinen anerkannten und gültigen Pass besitzt oder 2. nicht im Besitz des nach § 4 AufenthG erforderlichen Aufenthaltstitels ist oder 3. einem Einreiseverbot i. S. d. § 11 I AufenthG zuwiderhandelt.
MERKE: Die nur versuchte unerlaubte Einreise führt zur Zurückweisung, die vollendete unerlaubte Einreise zur Zurückschie-

bung. Soweit ein Verdacht auf vorsätzliches Handeln besteht, sind Ermittlungen wegen einer Straftat einzuleiten (vgl. § 95 I Nr. 3, II Nr. 1a AufenthG).

Unerlaubter Aufenthalt: Die im Ausländerrecht übliche Bezeichnung für den gesetzwidrigen Aufenthalt eines ⇨ Drittausländers im Bundesgebiet. Die Gesetzwidrigkeit des Aufenthalts kann sich ergeben 1. aus einem Verstoß gegen eine gesetzliche Pass- bzw. Ausweispflicht oder 2. aus dem Fehlen eines erforderlichen Aufenthaltstitels oder 3. aus der Zuwiderhandlung gegen ein Einreise- und Aufenthaltsverbot.
MERKE: Im Falle vorsätzlichen Handelns liegt eine Straftat vor (Einzelheiten: § 95 AufenthG). Bei fahrlässigem Handeln ist nur eine Ordnungswidrigkeit gegeben (vgl. § 98 I AufenthG).

Unfallbeteiligter: ⇨ Unfall im Straßenverkehr.

Unfall im Straßenverkehr: Unter einem Unfall i. S. d. § 142 StGB versteht man ein plötzliches Ereignis im Verkehr, in dem sich ein verkehrstypisches Schadensrisiko realisiert und das unmittelbar zu einem nicht völlig belanglosen Personen- oder Sachschaden führt. Ein Schaden gilt als völlig belanglos, wenn seinetwegen üblicherweise keine Ersatzansprüche gestellt zu werden pflegen. Im Falle eines Sachschadens zieht die h. M. die maßgebliche Wertgrenze derzeit bei 25 Euro. Grundsätzlich keine Rolle spielt, ob der Unfall vorsätzlich oder fahrlässig herbeigeführt worden ist. Haben allerdings *alle* Beteiligten den Unfall einvernehmlich herbeigeführt, so liegt kein Unfall im Rechtssinne vor; ein solcher wird dann nämlich nur vorgetäuscht. Im ⇨ Straßenverkehr ereignet sich ein Unfall im vorstehenden Sinne nur dann, wenn er im *öffentlichen* Verkehrsraum geschehen ist.
MERKE: Der Begriff des Unfalls im Straßenverkehr ist im Kern inhaltsgleich mit dem Begriff des Verkehrsunfalls i. S. d. § 34 StVO. Diese Vorschrift regelt die Pflichten eines Unfallbeteiligten nach einem Unfall. Als Unfallbeteiligter gilt im Rahmen der §§ 142 StGB, 34 StVO gemäß den in den §§ 142 V StGB, 34 II

StVO enthaltenen ⇨ Legaldefinitionen jede Person, deren Verhalten nach den Umständen zur Verursachung des Unfalls beigetragen haben kann.

Ungehorsamshaftbefehl: Ein spezieller strafprozessualer ⇨ Haftbefehl, welcher im Hauptverfahren erster Instanz auf der Rechtsgrundlage des § 230 II StPO ergehen kann und der die Anwesenheit eines ordnungsgemäß geladenen, aber unentschuldigt ausgebliebenen Angeklagten in der Hauptverhandlung sicherstellen soll. Alternativ kann sich das Gericht auch mit dem Erlass eines Vorführbefehls begnügen. Der Ungehorsamshaftbefehl wird auch als *Sistierhaftbefehl* bezeichnet. Im Berufungsverfahren tritt an die Stelle des § 230 II StPO die im Wesentlichen inhaltsgleiche Vorschrift des § 329 IV StPO, im Privatklageverfahren gilt die ähnliche Bestimmung aus § 387 III StPO. Im gerichtlichen Stadium des Bußgeldverfahrens hingegen ist die Erzwingung des Erscheinens des Betroffenen im Wege des Erlasses eines Haft- oder Vorführbefehls *nicht* vorgesehen (vgl. §§ 73, 74 OWiG).

Unglücksfall: I. S. d. §§ 115 III, 243 I 2 Nr. 6, 323c I, II, 315 III Nr. 1a, 315b III StGB ein plötzlich eintretendes Ereignis, das zu einem erheblichen Personen- oder Sachschaden geführt hat oder zu führen droht. Typische Beispiele: Ein schwerer Verkehrsunfall, eine gerade stattfindende oder unmittelbar bevorstehende Straftat von einigem Gewicht, ein plötzlicher medizinischer Notfall, nach h. M. auch ein Selbstmordversuch. Hat die gefährdete Person die Notsituation zwar selbst, aber unabsichtlich herbeigeführt, so ist dadurch die Annahme eines Unglücksfalles nicht ausgeschlossen (BGH, NJW 1991, 1120).
MERKE: Wer absichtlich oder wissentlich der Wahrheit zuwider vortäuscht, dass wegen eines angeblichen Unglücksfalles die Hilfe anderer erforderlich sei, macht sich gemäß § 145 I Nr. 2 StGB strafbar. Ferner ist nach § 145 II Nr. 1 StGB mit Strafe bedroht die absichtliche oder wissentliche Beeinträchtigung von Warnzeichen, Verbotszeichen und Schutzvorrichtungen, die zur Verhütung von Unglücksfällen oder ⇨ Gemeingefahr dienen, sofern

die Tat nicht schon in § 303 oder § 304 StGB mit Strafe bedroht ist. Ebenso geschützt sind durch § 145 II Nr. 2 StGB Rettungsgeräte und ähnliche Sachen, die zur Hilfeleistung bei Unglücksfällen oder gemeiner Gefahr bestimmt sind.

Unmenschliche oder erniedrigende Behandlung: Nach § 96 II Nr. 5 AufenthG liegt ein qualifizierter, d. h. mit erhöhter Strafe bedrohter Fall der Einschleusung auch dann vor, wenn die eingeschleuste Person eine unmenschliche oder erniedrigende Behandlung erfährt. Bei der Auslegung dieser strafschärfenden Merkmale kann sich der Rechtsanwender an den anerkannten Interpretationen des Art. 3 EMRK orientieren („Niemand darf der Folter oder unmenschlicher oder erniedrigender Strafe oder Behandlung unterworfen werden.“). Von einer unmenschlichen Behandlung ist danach im Rahmen des § 96 II Nr. 5 AufenthG dann auszugehen, wenn die Umstände der Einschleusung bzw. das Verhalten des Schleusers beim Betroffenen ein länger andauerndes oder intensives Leiden geistiger oder körperlicher Art verursachen (etwa, weil der Geschleuste Kälte, Feuchtigkeit, Dreck, Ungeziefer, Hunger, Durst, Bedrohungen, Tätlichkeiten, Beleidigungen oder Schmerzen erleiden muss). Eine erniedrigende Behandlung ist anzunehmen, wenn der Betroffene im Zusammenhang mit der Einschleusung in hohem Maße gedemütigt wird oder wenn bei ihm Gefühle der Angst, Ohnmacht oder Minderwertigkeit erzeugt werden (etwa, weil es keine Möglichkeiten gibt, die Notdurft menschenwürdig zu verrichten oder weil der Geschleuste für lange Zeit in dunklen und beengten Behältnissen oder ähnlichen Räumlichkeiten ausharren muss).
MERKE: Überschreitet die unmenschliche oder erniedrigende Behandlung die Schwelle zur Körperverletzung, so können sich die Schleuser schon wegen § 228 StGB nicht auf eine rechtfertigende Einwilligung der Geschleusten berufen, denn die Tat verstößt trotz der Einwilligung erkennbar gegen die guten Sitten. Aber auch im Rahmen des § 96 II Nr. 5 AufenthG dürfte einer Einwilligung (sofern sie denn überhaupt tatsächlich erteilt worden ist) keine rechtfertigende Wirkung zukommen. Denn eine

unmenschliche bzw. erniedrigende Behandlung wird regelmäßig auch die Menschenwürde verletzen, und diese ist nach h. M. unverzichtbar, d. h. sie steht auch nicht zur Disposition des Rechtsinhabers selbst. Eine gleichwohl erteilte Einwilligung geht infolgedessen rechtlich ins Leere (vgl. BVerwG, NJW 1982, 664 = BVerwGE 64, 274 – Sittenwidrigkeit sog. Peepshows wegen Verletzung der Menschenwürde der Akteurinnen; bestätigt durch BVerwG, NVwZ 1987, 411; zustimmend BVerfG, GewArch 1990, 275).

Unmittelbar bevorstehend: Ein schädlicher Erfolg steht unmittelbar bevor, wenn er nach der gegebenen Sachlage in allernächster Zukunft mit höchster Wahrscheinlichkeit oder sogar mit Sicherheit eintreten wird, sofern nicht unverzüglich Maßnahmen zu seiner Abwehr ergriffen werden. Die in diesem Sinne unmittelbar bevorstehende Begehung einer Straftat bzw. Ordnungswidrigkeit von erheblicher Bedeutung ist z. B. Eingriffsvoraussetzung im Rahmen des § 39 I Nr. 3 BPolG. In ähnlicher Weise verlangt § 10 I Nr. 1 UZwG, dass die Ausführung eines ⇨ Verbrechens oder eines qualifizierten ⇨ Vergehens unmittelbar bevorsteht.

Unmittelbare Ausführung: Ein polizeiliches Handeln, welches dadurch gekennzeichnet ist, dass die Polizei nicht wie sonst im Gefahrenabwehrrecht üblich einen ⇨ Verhaltensstörer oder einen ⇨ Zustandsstörer zur Bekämpfung einer ⇨ Gefahr in Anspruch nimmt, sondern eine Maßnahme selbst oder durch einen Beauftragten unmittelbar ausführt. Zulässig ist ein solcher Verzicht auf die Inanspruchnahme eines polizeipflichtigen ⇨ Adressaten, wenn der Zweck der Maßnahme durch die Inanspruchnahme eines Verhaltens- oder Zustandsstörers nicht oder nicht rechtzeitig erreicht werden kann. Die Polizei ist in einer solchen Situation gehalten, quasi in Stellvertreterfunktion selbst oder durch einen Beauftragten zu handeln. Die in Anlehnung an § 5a ME PolG formulierten Bestimmungen in den Polizeigesetzen von Bund und Ländern bilden also richtig verstanden keine Ermächtigungsgrundlage für die getroffene Maßnahme selbst, sondern enthalten lediglich eine

Legitimation für den Verzicht auf die eigentlich polizeiübliche Inanspruchnahme eines Adressaten. Dies erklärt auch, warum die einschlägigen Vorschriften über die unmittelbare Ausführung in den Polizeigesetzen regelmäßig bei den Adressatenregelungen ihren Standort haben und nicht im eigentlichen Befugnisrecht. Entstehen der Polizei durch eine unmittelbare Ausführung im vorstehenden Sinne Kosten, so kann deren Ersatz verlangt werden, sofern dafür eine gesetzliche Grundlage existiert, die nach Inhalt, Gegenstand, Zweck und Ausmaß hinreichend bestimmt ist (NdsOVG, Urt. vom 25.8.1983, – 12 A 120/81 –). Die ursprünglich in 19 II BPolG enthaltene bundesrechtliche Kostenregelung genügte diesem Maßstab nicht, weshalb die genannte Norm mit Wirkung zum 1.10.2019 durch den Gesetzgeber aufgehoben wurde. An ihre Stelle ist das Bundesgebührengesetz (BGebG) i. V. m. den dazu ergänzend erlassenden Kostenverordnungen getreten (vgl. insbesondere die AGebV sowie die BMIBGebV).
MERKE: Abzugrenzen ist die unmittelbare Ausführung von der Verwaltungsvollstreckung, insbesondere in Gestalt der ⇨ Ersatzvornahme im Wege der Selbst- oder Fremdvornahme. Für die Verwaltungsvollstreckung ist kennzeichnend, dass der entgegenstehende Willen eines eigentlich vorhandenen und handlungsfähigen Adressaten gebeugt oder sogar gebrochen wird. Es geht also um die zwangsweise Durchsetzung einer Maßnahme gegen den Willen des Pflichtigen. Den Fällen der unmittelbaren Ausführung hingegen fehlt dieses Element der Willensbeugung oder Willensbrechung völlig. Vielmehr liegt der unmittelbaren Ausführung die jeweils sachverhaltsbezogene Erkenntnis zugrunde, dass ein Pflichtiger nicht vorhanden ist oder nicht bzw. nicht rechtzeitig erreicht werden kann oder dass ein vorhandener und erreichbarer Pflichtiger ersichtlich außerstande ist, zur Gefahrenabwehr effektiv beizutragen, sodass es sinnlos wäre, ihn zum Zwecke der Gefahrbekämpfung in Anspruch zu nehmen.

Unmittelbarer Zwang: Die Bezeichnung für ein Zwangsmittel, welches in der körperlichen Einwirkung auf Personen oder Sachen durch ⇨ körperliche Gewalt, durch ⇨ Hilfsmittel der körperlichen Gewalt oder durch ⇨ Waffen besteht (vgl. §§ 36 I ME PolG, 2 I UZwG). Der unmittelbare Zwang ist im Polizeirecht des Bundes und der Länder teilweise in einem selbstständigen UZwG, teilweise im einschlägigen Polizeigesetz geregelt. Er bildet im Rahmen der Gefahrenabwehr ein Mittel der Verwaltungsvollstreckung und dient dementsprechend der Durchsetzung von vollstreckungsfähigen und vollstreckungsbedürftigen ⇨ Verwaltungsakten (präventiver Zwang). Aber auch Maßnahmen der Strafverfolgung dürfen erforderlichenfalls durch unmittelbaren Zwang durchgesetzt werden (repressiver Zwang). Kennzeichnend für unmittelbaren Zwang im vorstehenden Sinne ist stets, dass der *entgegenstehende Wille* eines Pflichtigen durch den Einsatz des Zwangsmittels gebrochen und überwunden werden soll. Körperliche Einwirkungen auf Personen oder Sachen, die diesem Ziel der Widerstandsbrechung *nicht* dienen, mögen zwar rein formal die obige Definitionsformel ebenfalls ausfüllen; sie stellen dann aber gleichwohl *keinen* unmittelbaren Zwang im Rechtssinne dar.

Unmittelbares Ansetzen: Die objektive Tatseite der versuchten Straftat, die immer dann bejaht werden kann, wenn der Versuchstäter entweder bereits beginnt, einzelne Tatbestandsmerkmale des geplanten Delikts zu verwirklichen oder wenn er jedenfalls eine solche Ausführungshandlung vornimmt, die nach seiner Vorstellung von der Tat bei ungestörtem Fortgang des Geschehens ohne wesentliche Zwischenakte in die tatbestandsmäßige Handlung einmünden soll. Subjektiv ist das unmittelbare Ansetzen zur Tat von der inneren Vorstellung des Täters „Jetzt geht's los!" gekennzeichnet. Soll der Taterfolg nach dem Willen des Täters im Einzelfall erst mit einer gewissen zeitlichen Verzögerung eintreten, so genügt es für das unmittelbare Ansetzen zur Tat, dass der Täter im Vorfeld des Erfolgseintritts das nach dem Tatplan seinerseits Erforderliche getan hat und den weiteren Geschehensgang aus der Hand gibt. Beispiel: Der Täter versteckt eine Bombe am Tatort, setzt den Zeitzünder in Gang und entfernt sich dann eilends vom Ort des Geschehens.

MERKE: Im besonderen Falle der Mittäterschaft treten alle Mittäter einheitlich in das Versuchsstadium ein, sobald auch nur einer von ihnen im obigen Sinne zur Tat unmittelbar ansetzt (BGH, Urt. vom 17.3.2022, – 4 StR 223/21 = HRRS 2022 Nr. 512 –).

Unnatürlicher Tod: Als unnatürlicher oder nicht natürlicher Tod i. S. d. § 159 StPO gilt jeder durch äußere Einwirkung herbeigeführte Tod eines Menschen, nämlich der durch Unfall, Suizid, rechtswidrige Tat i. S. d. Strafgesetze oder höhere Gewalt (Erdbeben, Flutkatastrophe etc.) verursachte Tod. Im Gegensatz dazu liegt ein natürlicher Tod vor, wenn dieser allein auf Alter oder Krankheit beruht. Verstirbt ein Mensch bei oder nach einer ärztlichen Operation, so ist von einem unnatürlichen Tod nur dann auszugehen, wenn es wenigstens entfernte Verdachtsmomente gibt, die auf ein mögliches Verschulden des behandelnden Personals hindeuten. Bestehen bei einem Todesfall Anhaltspunkte für einen unnatürlichen Tod oder wird eine unbekannte Leiche gefunden, so läuft nach § 159 I StPO ein sog. ⇨ „Todesermittlungsverfahren" an.

Unter freiem Himmel: Eine ⇨ öffentliche Versammlung findet unter freiem Himmel statt, wenn es an baulichen Begrenzungen fehlt, welche die Versammlung zu den Seiten hin von der Umwelt räumlich abschließen. Allein das Vorhandensein eines Daches vermag also das Merkmal „unter freiem Himmel" noch nicht auszuschließen. Ein Beispiel hierfür bildet etwa die Bahnhofshalle, die zwar regelmäßig nach oben, nicht aber seitlich räumlich abgeschlossen ist.

Unterlassungsdelikte: Solche Straftaten, die nicht wie im Regelfall durch ein aktives Tätigwerden, sondern ausnahmsweise durch ein bloßes Untätigbleiben des Täters begangen werden. Die Unterlassungsdelikte bilden damit das systematische Gegenstück zu den Begehungsdelikten. Sie lassen sich weiter einteilen in die (eher seltenen) echten sowie in die unechten Unterlassungsdelikte. Als *echte* Unterlassungsdelikte bezeichnet man diejenigen

Straftaten, deren tatbestandsmäßiger Unrechtsgehalt sich – unabhängig von einer sog. Garantenstellung – im bloßen Unterlassen eines bestimmten gesetzlich geforderten Tätigwerdens erschöpft. Tauglicher Täter eines echten Unterlassungsdelikts kann prinzipiell *jedermann* sein (vgl. z. B. §§ 123 I 2. Alt., 138, 323c StGB). Im Gegensatz dazu bilden die *unechten* Unterlassungsdelikte eine spiegelbildliche Parallele zu den Begehungsdelikten. Von einer unechten Unterlassungstat spricht man, wenn der Tatbestand einer an sich als Begehungstat ausgestalteten Straftat nicht wie im Regelfall durch ein positives Tun, sondern durch ein bloßes Untätigbleiben (= Nichteingreifen) erfüllt wird. Beispiele: Körperverletzung durch Unterlassen, fahrlässige Tötung durch Unterlassen, Totschlag oder Mord durch Unterlassen. In einem solchen Falle kommt eine Täterschaft jedoch nur dann in Betracht, wenn die untätig bleibende Person eine ⇨ Garantenstellung innehat, kraft derer die Person für die Abwendung des schädlichen Erfolges bzw. des verbotenen Tuns rechtlich einzustehen hat (sog. „Garantenpflicht“, vgl. § 13 I StGB).
MERKE: In der Regel wird sich eine Unterlassungstäterschaft auf die Verwirklichung eines Erfolgsdelikts beziehen. Nur in Ausnahmefällen ist es denkbar, dass ein Tätigkeitsdelikt durch bloßes Unterlassen in Garantenstellung begangen wird. Beispiel: Falsche Verdächtigung i. S. d. § 164 StGB durch vorsätzliches Unterlassen der dem Garanten möglichen und zumutbaren Aufklärung. Hinzukommen muss bei einem unechten Unterlassungsdelikt grundsätzlich, dass das Unterlassen des gebotenen Verhaltens wertungsmäßig der Verwirklichung des gesetzlichen Tatbestandes durch ein aktives Tun entspricht (§ 13 I a. E. StGB). Diese sog. Entsprechungsklausel hat nach h. M. jedoch nur Bedeutung bei den sog. verhaltensgebundenen Delikten, die besondere Handlungsmodalitäten voraussetzen. Beispiele: Täuschung durch Unterlassen bei § 263 StGB, Verdächtigung durch Unterlassen bei § 164 StGB, Heimtückemord durch Unterlassen bei § 211 StGB.

Untersuchungshaftbefehl: Ein richterlicher ⇨ Haftbefehl, der auf der Grundlage der §§ 112 ff. StPO ergeht und der bezweckt,

sich der Person des ⇨ Beschuldigten zuverlässig zu versichern, damit dieser in der Hauptverhandlung auch zur Verfügung steht. Die in der Praxis meist kurz als U-Haftbefehl bezeichnete richterliche Haftanordnung kann unter drei Kernvoraussetzungen ergehen: Es muss ⇨ dringender Tatverdacht bestehen, ein ⇨ Haftgrund vorliegen und die Untersuchungshaft darf zur Bedeutung der Strafsache und zu der zu erwartenden Strafe oder Maßregel nicht außer Verhältnis stehen (§ 112 I 2 StPO). Der unter besonderen Voraussetzungen zulässige ⇨ Hauptverhandlungshaftbefehl (§ 127b II StPO) bildet einen speziellen Unterfall des U-Haftbefehls.
MERKE: Zwar richten sich die §§ 112 ff. StPO grundsätzlich zunächst nur an den Richter, der über den Erlass eines U-Haftbefehls zu entscheiden hat. Im Rahmen des § 127 II StPO sind die eben genannten Vorschriften jedoch auch für den Polizisten bzw. Staatsanwalt von erheblicher Bedeutung. Die §§ 114a ff. StPO richten sich sogar unmittelbar an die Adresse der Polizei bzw. Staatsanwaltschaft, weil sie das Verfahren bei und nach der Verhaftung regeln.

Unvermeidbarer Verbotsirrtum: ⇨ Verbotsirrtum.

Unvertretbare Handlung: Eine Handlung, die nur vom Pflichtigen und sonst von niemandem vorgenommen werden kann. Eine unvertretbare Handlung hängt also allein vom Willen des Pflichtigen ab. Unvertretbare Handlungen, die dem Pflichtigen durch ⇨ Verwaltungsakt aufgegeben worden sind, werden regelmäßig durch die Verhängung eines ⇨ Zwangsgeldes durchgesetzt (vgl. § 10 VwVG). Das Gegenstück zur unvertretbaren Handlung bildet die ⇨ vertretbare Handlung, die von jedermann vorgenommen werden kann.

Unverzüglich: In der Rechtssprache eine zeitliche Vorgabe, die man in Anlehnung an § 121 I 1 BGB mit „ohne schuldhaftes Zögern“ übersetzen kann. Ohne schuldhaftes Zögern und damit unverzüglich erfolgt ein vom Gesetz gebotenes oder verlangtes

Handeln immer dann, wenn alsbald nach Wegfall eines ggf. bestehenden Hindernisses gehandelt wird. Entscheidend ist also stets, ob im konkreten Fall ein weiteres Zuwarten mit bestehenden Hinderungsgründen sachlich ausreichend gerechtfertigt werden kann. Bestehen solche hindernden Umstände nicht oder nicht mehr, muss umgehend gehandelt werden.

Upskirting: Die umgangssprachliche Bezeichnung für das Fotografieren oder Filmen des Intimbereichs einer Person mit Handy, Smartphone oder Kamera, z. B. die gezielte Fertigung von Aufnahmen auf der Rolltreppe unter den Rock einer Frau. Das Gesetz bezeichnet einen derartigen Eingriff in § 184k StGB als „Verletzung des Intimbereichs durch Bildaufnahmen“. Nach dieser Vorschrift macht sich seit dem 1.1.2021 strafbar, wer absichtlich oder wissentlich von den Genitalien, dem Gesäß, der weiblichen Brust oder der diese Körperteile bedeckenden Unterwäsche einer anderen Person unbefugt eine Bildaufnahme herstellt oder überträgt, soweit diese Bereiche gegen Anblick geschützt sind, oder wer eine so hergestellte Bildaufnahme gebraucht oder einem Dritten zugänglich macht. Die Tat ist ein ⇨ Vergehen und stellt zugleich ein relatives ⇨ Antragsdelikt dar.
MERKE: Der nach früherem Recht allenfalls in Betracht kommende Rückgriff auf § 118 OWiG wegen Belästigung der Allgemeinheit durch Vornahme einer grob anstößigen Handlung ist aufgrund der oben genannten Rechtsänderung nunmehr überflüssig. Unabhängig von einer strafrechtlichen Verfolgung können die betroffenen Personen aber – wie bisher – auch zivilrechtlich wegen Verletzung des allgemeinen Persönlichkeitsrechts gegen den Täter vorgehen und auf ein angemessenes Schmerzensgeld klagen. Im Rahmen einer strafrechtlichen Verfolgung wäre auch ein sog. ⇨ „Adhäsionsverfahren“ möglich (vgl. §§ 403 ff. StGB).

Urkunde: Unter einer Urkunde i. S. d. §§ 267 ff. StGB versteht man jede verkörperte Gedankenerklärung, die zur Beweisführung im Rechtsverkehr geeignet und bestimmt ist und die außerdem ihren – tatsächlichen oder vermeintlichen – Aussteller erkennen

lässt. Der Aussteller der Urkunde wird auch Urheber genannt. *Unecht* ist eine solche Urkunde, wenn sie nicht von demjenigen stammt, der als Aussteller aus ihr hervorgeht: Das Wesen der Urkundenfälschung liegt also in der Täuschung über den Urheber; auf den Inhalt der Urkunde (Wahrheit oder Lüge) kommt es hingegen in diesem Zusammenhang nicht an. Urkunden in diesem Sinne sind auch die sog. *Beweiszeichen*, bei denen ein Kennzeichen (Plombe, Siegel, Stempel) mit einem Bezugsobjekt räumlich fest, wenn auch nicht notwendig untrennbar verbunden ist (z. B. das Kfz-Kennzeichen i. V. m. dem Auto, die Motornummer i. V. m. dem Motor, das Preisschild i. V. m. der Ware, an der es angebracht ist).
MERKE: Eine *unechte* Urkunde ist *hergestellt*, wenn die Urkunde körperlich geschaffen worden ist und der in ihr bezeichnete Aussteller nicht mit dem wahren Aussteller übereinstimmt. Eine *echte* Urkunde *verfälscht*, wer der Urkunde durch eine nachträgliche und unbefugte Veränderung ihres gedanklichen Inhalts eine neue Beweisrichtung gibt (z. B. durch Änderung der auf einem Scheck eingetragenen Geldsumme durch den Scheckempfänger ohne Zustimmung des Scheckausstellers). Eine *unechte oder verfälschte* Urkunde wird *gebraucht*, wenn sie dem zu Täuschenden derart zugänglich gemacht wird, dass dieser sie wahrnehmen kann; nicht unbedingt erforderlich ist, dass der zu Täuschende tatsächlich Kenntnis nimmt oder dass er überhaupt schon in Person feststeht. *Zur Täuschung im Rechtsverkehr* handelt, wer einen anderen mithilfe der unechten oder verfälschten Urkunde zu einem rechtserheblichen Verhalten bewegen will (z. B. zum Abschluss eines Vertrages, zur Herausgabe einer Sache, zur Gestattung der Einreise). Da bereits die bloße Täuschungs*absicht* genügt, ist es für die Frage der Vollendung belanglos, ob dem Täter die angestrebte Täuschung tatsächlich gelingt.

Verarbeitung von personenbezogenen Daten: ⇨ Personenbezogene Daten.

Verbindungsdaten: ⇨ Telekommunikationsdaten.

Verbotene Gegenstände: 1. Im Luftsicherheitsrecht gemäß der in Art. VII der VO (EG) Nr. 300/2008 enthaltenen ⇨ Legaldefinition zunächst der zusammenfassende Oberbegriff für Waffen, Sprengstoffe oder andere gefährliche Geräte, Gegenstände oder Stoffe, die für unrechtmäßige Eingriffe benutzt werden können, welche die Sicherheit der Zivilluftfahrt gefährden können. Vgl. dazu insbesondere den Anhang 4-C der DVO (EU) 2015/1998 = Liste der verbotenen Gegenstände.
2. Im Luftsicherheitsrecht speziell im Rahmen des § 11 LuftSiG die Bezeichnung für generell oder potenziell gefährliche Gegenstände, die ein Fluggast in ⇨ Luftfahrzeugen sowie in den ⇨ nicht allgemein zugänglichen Bereichen bzw. ⇨ Sicherheitsbereichen eines Flugplatzes zumindest grundsätzlich weder im Handgepäck mitführen noch sonst an sich tragen darf. Auf welche Gegenstände dies im Einzelnen zutrifft, ergibt sich aus der in § 11 LuftSiG enthaltenen Aufzählung. Diese erfasst auch – im Wege der Verweisung – diejenigen Gegenstände, die nach EU-Recht als verbotene Gegenstände gelten.
3. Im Waffenrecht die zusammenfassende Bezeichnung für Waffen, Zubehörteile, Munition und Geschosse, die erfahrungsgemäß häufig zur Begehung von Straftaten verwendet werden oder sonst als besonders gefährlich erscheinen und die deshalb aufgrund des Waffengesetzes zumindest grundsätzlich einem Umgangsverbot unterliegen (vgl. Anlage 2 zum Waffengesetz).
MERKE: Bestehen Zweifel, ob es sich im Einzelfall um einen verbotenen Gegenstand im vorstehenden Sinne handelt, so ist über das Landeskriminalamt eine gutachterliche Stellungnahme des Bundeskriminalamtes einzuholen. Dieses führt eine Liste, die Auskunft gibt über die Einstufung von Gegenständen, bei denen zweifelhaft sein kann, ob sie waffenrechtlich verboten sind oder nicht.

Verbotene Kennzeichen: Verbotene Kennzeichen i. S. d. § 86a I StGB sind körperliche, optische oder akustische Symbole bzw. Erkennungszeichen der im Gesetz genannten verfassungswidrigen oder verbotenen Parteien bzw. Vereinigungen. Gesetzliche

Beispiele hierfür sind gemäß § 86a II 1 StGB insbesondere Fahnen, Abzeichen, Uniformstücke, Parolen (z. B. „Sieg Heil!“) sowie Grußformen (z. B. „Heil Hitler!“). Seit 1994 gilt zudem die in § 86a II 2 StGB enthaltene Erweiterung. Danach stehen den genannten Kennzeichen solche gleich, die ihnen *zum Verwechseln ähnlich* sind. Die Gerichte hatten bereits zuvor in diesem Sinne entschieden.
MERKE: Parteien bzw. Vereinigungen i. S. d. § 86a StGB sind namentlich 1. die vom BVerfG für verfassungswidrig erklärten (politischen) Parteien, 2. die auf der Grundlage des Vereinsgesetzes durch Exekutiventscheidung unanfechtbar verbotenen Vereinigungen, 3. sog. Ersatzorganisationen der eben genannten Parteien oder Vereinigungen sowie 4. ehemalige nationalsozialistische Organisationen wie z. B. die NSDAP, die SA, die SS oder die HJ (vgl. § 86 I Nr. 1, Nr. 2 und Nr. 4 StGB, auf welche § 86a I StGB verweist).

Verbotene Vernehmungsmethoden: Die zusammenfassende Bezeichnung für bestimmte Mittel und Wege, die im Rahmen einer Vernehmung die Freiheit der Willensentschließung oder Willensbetätigung der vernommenen Person in unzulässiger Weise beeinträchtigen. Nach der in § 136a I, II StPO enthaltenen Aufzählung gelten als verbotene Vernehmungsmethoden: Misshandlung, Ermüdung, körperliche Eingriffe, Verabreichung von Mitteln, Quälerei, Täuschung, Hypnose, die ⇨ Drohung mit einer der eben genannten Maßnahmen, ferner das Versprechen eines gesetzlich nicht vorgesehenen Vorteils und schließlich alle Maßnahmen, die das Erinnerungsvermögen oder die Einsichtsfähigkeit des Vernommenen beeinträchtigen.
MERKE: § 136a StPO gilt unmittelbar für die Vernehmung des Beschuldigten im Strafverfahren, und zwar unabhängig davon, wer die Verhörsperson ist (Richter, Staatsanwalt, Polizist). Für die Vernehmung von Zeugen und Sachverständigen gilt die Vorschrift im Ermittlungsverfahren analog (vgl. unter anderem § 163a V StPO). Außerdem gilt § 136a StPO auch im Bereich der Gefahrenabwehr entsprechend, weil die Polizeigesetze von Bund

und Ländern für den Fall einer präventiven Befragung nach dem Vorbild des § 11 IV ME PolG auf die eben genannte Vorschrift ausdrücklich verweisen (vgl. z. B. § 22 IV 1 BPolG). Vgl. dazu näher den bekannten Fall Daschner, LG Frankfurt a. M., NJW-Spezial 2005, 139: Die polizeiliche Androhung von Folter ist auch dann unzulässig, wenn es bei der Befragung um die Abwehr einer Gefahr für Leib oder Leben geht.

Verbotsirrtum: Die im Strafrecht übliche Bezeichnung für eine Fehleinschätzung der Rechtslage, die dazu führt, dass dem Täter die Einsicht fehlt, Unrecht zu tun. Im Unterschied zum ⇨ Tatbestandsirrtum hat der Täter beim Verbotsirrtum die reale Lebenssituation, in welcher er agiert, zutreffend erkannt, er glaubt jedoch aufgrund einer fehlerhaften rechtlichen Bewertung, sein Verhalten sei erlaubt: Ihm fehlt das Unrechtsbewusstsein. Der Verbotsirrtum ist stets ein *Bewertungsirrtum*, also ein „Irrtum im Recht“. Die denkbaren Gründe für eine solche Fehlvorstellung sind zahlreich: Unkenntnis der Verbotsnorm, Annahme eines von der Rechtsordnung nicht oder nicht mehr anerkannten Rechtfertigungsgrundes, Überdehnung des Anwendungsbereiches eines anerkannten Rechtfertigungsgrundes, fehlerhafte Subsumtion und anderes mehr. Bezüglich der eintretenden Rechtsfolgen differenziert das Gesetz wie folgt: Nur der *unvermeidbare* Verbotsirrtum lässt die Schuld des Täters entfallen (§ 17 S. 1 StGB); eine Bestrafung ist dann ausgeschlossen. Der *vermeidbare* Verbotsirrtum hingegen lässt die Schuld des Täters im Prinzip unberührt; allerdings kann das Gericht, wenn es dies für richtig hält, die Strafe nach seinem Ermessen mildern (§ 17 S. 2 StGB).
MERKE: Die weitaus meisten Verbotsirrtümer sind vermeidbar. Ausnahmsweise unvermeidbar ist ein Verbotsirrtum laut BGH erst dann, wenn der Täter alle seine geistigen Erkenntniskräfte eingesetzt und etwaig aufkommende Zweifel durch Nachdenken oder erforderlichenfalls durch die Einholung von Rechtsrat beseitigt hat, der sowohl verlässlich als auch sachkundig sein muss (BGH, Urt. vom 17.12.2019, – 1 StR 364/18 = HRRS 2020 Nr. 347 –). Speziell im polizeilichen Bereich kommt allerdings

ein unvermeidbarer Verbotsirrtum durchaus in Betracht, wenn ein Polizeibeamter in einer Sofortlage unter Zeitdruck und schwierigen Rahmenbedingungen entscheiden muss. Das Gleiche gilt, wenn der Beamte komplexe oder umstrittene Rechtsfragen entscheiden muss und dabei unter Umständen zu einem falschen Resultat gelangt. Oder wenn er auf eine lang andauernde und bisher unbeanstandete polizeiliche Praxis vertraut und deshalb von der Rechtmäßigkeit seines Tuns überzeugt ist.

Verbrechen: 1. Unter Verbrechen im engen oder rechtstechnischen Sinne versteht man solche rechtswidrigen Taten i. S. d. Strafgesetze, die im Mindestmaß mit Freiheitsstrafe von einem Jahr oder darüber bedroht sind (§ 12 I i. V. m. § 11 I Nr. 5 StGB). Bloße Strafzumessungsregeln bleiben für die Einordnung einer Straftat als Verbrechen außer Betracht (§ 12 III StGB). So bleibt z. B. der Raub im minder schweren Falle (§ 249 II StGB) ein Verbrechen, obwohl die für ihn angedrohte Mindestfreiheitsstrafe nur sechs Monate beträgt.
2. Als Verbrechen im weiten oder materiellen Sinne bezeichnet man *jede* rechtswidrige Tat i. S. d. Strafgesetze, unabhängig von ihrer rechtstechnischen Einordnung. Der Begriff des Verbrechens i. w. S. ist also identisch mit den Begriffen Straftat oder Delikt. Dieser weite – untechnische – Verbrechensbegriff wird häufig in der Kriminologie, Kriminalistik oder Medienberichterstattung verwendet.

Verbringen von Waffen oder Munition: ⇨ Umgang mit Waffen oder Munition.

Verdächtiger: Im strafprozessualen Ermittlungsverfahren versteht man unter einem Verdächtigen – etwa i. S. d. §§ 102, 163b I StPO – jede Person, die aufgrund zureichender tatsächlicher Anhaltspunkte im Verdacht steht, zumindest möglicherweise als Täter oder Teilnehmer einer ⇨ Straftat in Erscheinung getreten zu sein (vgl. § 152 StPO). Ausreichend ist in diesem Zusammenhang bereits ein sog. einfacher ⇨ Anfangsverdacht, z. B. in dem

Sinne „Es ist nicht ausschließbar“ oder „Es wäre möglich“. Ein gesteigerter Verdachtsgrad wie beim konkretisierten, hinreichenden oder gar dringenden Tatverdacht ist nicht erforderlich. Auch muss der Betreffende noch nicht den Status eines ⇨ Beschuldigten haben.

Verdachtsstufen: ⇨ Anfangsverdacht, ⇨ dringender Tatverdacht, ⇨ hinreichender Tatverdacht, ⇨ konkretisierter Tatverdacht, ⇨ Tatverdacht.

Verdeckter Ermittler: Im Bereich der Strafverfolgung nach der in § 110a II 1 StPO enthaltenen ⇨ Legaldefinition die Bezeichnung für einen Beamten des Polizeidienstes, der unter einer ihm verliehenen, auf Dauer angelegten und veränderten Identität ermittelt. Kurzbezeichnung: VE. Die dem Verdeckten Ermittler verliehene, auf Dauer angelegte und veränderte Identität wird kurz *Legende* genannt. Den rechtlichen Rahmen für den Einsatz eines derartigen „repressiven“ VE bilden die §§ 110a ff. StPO und ergänzend die in der Anlage D zur RiStBV niedergelegten Regelungen. Wenn ein Verdeckter Ermittler – grundsätzlich mit Zustimmung der Staatsanwaltschaft – vorübergehend gegen erkannte ⇨ Straftaten nicht einschreitet, sondern nur beobachtet, weil dies zur Erforschung wesentlich schwererer Straftaten erforderlich erscheint, so ist dies legitim: Weder liegt darin ein Verstoß gegen das ⇨ Legalitätsprinzip noch macht sich der Beamte wegen Strafvereitelung im Amt durch Unterlassen strafbar (BGH, Urt. vom 22.12.2020, – 1 StR 165/19 –). Zu unterscheiden ist der Verdeckte Ermittler im vorstehenden Sinne vom sog. ⇨ „Under-Cover-Agent“ sowie vom ⇨ sonstigen nicht offen ermittelnden Polizeibeamten.
MERKE: In manchen Landespolizeigesetzen ist mittlerweile auch der Einsatz *präventiver* Verdeckter Ermittler ausdrücklich vorgesehen, die aus Gründen der Gefahrenabwehr tätig werden, insbesondere, um künftige Straftaten zu verhüten oder zu verhindern. Auch die Bundespolizei ist seit 2016 befugt, derartige präventive Verdeckte Ermittler einzusetzen (vgl. die §§ 28 II Nr. 4, 28a BPolG).

Verdunkelungsgefahr: Nach der in § 112 II Nr. 3 StPO enthaltenen ⇨ Legaldefinition ein ⇨ Haftgrund, der dann besteht, wenn aufgrund bestimmter ⇨ Tatsachen das Verhalten des ⇨ Beschuldigten den dringenden Verdacht begründet, er werde Beweismittel vernichten, verändern beiseiteschaffen, unterdrücken oder fälschen oder auf Mitbeschuldigte, ⇨ Zeugen oder Sachverständige in unlauterer Weise einwirken oder andere zu solchem Verhalten veranlassen und wenn deshalb die Gefahr droht, dass die Ermittlung der Wahrheit erschwert werde.

Vereinigung: ⇨ Bandenmäßig.

Verfall: Unter Verfall verstand das Gesetz bis zum Ablauf des 30.6.2017 die in den §§ 73 ff. StGB a. F. geregelte und auf die Abschöpfung von Vermögensvorteilen gerichtete Ausgleichsmaßnahme, deren Anordnung durch das Strafgericht bewirkte, dass das ⇨ Eigentum an einer Sache oder ein sonstiges Recht mit der Rechtskraft der Entscheidung auf den Staat überging. Seit dem Inkrafttreten des Gesetzes zur Reform der strafrechtlichen Vermögensabschöpfung (BGBl. I 2017, 872) am 1.7.2017 nennt das Gesetz diese Maßnahme nunmehr ⇨ Einziehung von ⇨ Taterträgen; den Begriff „Verfall“ gibt es nicht mehr. Im früheren Recht reichte in bestimmten Fällen schon die bloße Annahme aus, dass Gegenstände für rechtswidrige Taten oder aus ihnen erlangt worden sind; man sprach dann vom erweiterten Verfall (§ 73d StGB a. F.). Auch das neue Recht kennt eine erweiterte Einziehung von Taterträgen (§ 73a StGB), knüpft diese aber an andere Voraussetzungen. Außerdem gestattet das Gesetz heute unter Umständen auch eine Einziehung von Taterträgen bei „anderen“, also bei solchen Personen, die selbst nicht unmittelbar als Täter oder Teilnehmer einer rechtswidrigen Tat in Erscheinung getreten sind (§ 73b StGB).

Verfassungsorgane: Die Bezeichnung für die obersten Staatsorgane der Bundesrepublik Deutschland oder eines Bundeslandes, die unmittelbar im Grundgesetz bzw. in der Landesverfas-

sung vorgesehen sind und deren Rechtsstellung dort näher geregelt ist. Verfassungsorgane speziell *des Bundes* sind insbesondere der Bundestag, der Bundesrat, der Bundespräsident, der Bundeskanzler, die Bundesregierung als Ganzes und das Bundesverfassungsgericht.
MERKE: I. S. d. amtlichen Überschrift zu § 5 BPolG, welcher die sog. Schutzaufgaben der Bundespolizei regelt, sind *„Bundesorgane"* neben den Verfassungsorganen des Bundes im vorstehenden Sinne auch noch die Bundesministerien.

Vergehen: Unter einem Vergehen versteht man solche rechtswidrigen Taten i. S. d. Strafgesetze, die im Mindestmaß mit einer Freiheitsstrafe von unter einem Jahr oder mit Geldstrafe bedroht sind (§ 12 II i. V. m. § 11 I Nr. 5 StGB). Bloße Strafzumessungsregeln bleiben für die Einordnung einer Straftat als Vergehen außer Betracht (§ 12 III StGB).

Verhaftung: Unter Verhaftung versteht man die Vollziehung eines ⇨ Haftbefehls durch die tatsächliche Ergreifung des Betroffenen, die zumeist von der Polizei vorgenommen wird (vgl. § 114a I 1 StPO: „bei der Verhaftung"; § 114b I 1 StPO: „Von der Verhaftung"; § 115 I StPO: „Wird der Beschuldigte aufgrund des Haftbefehls ergriffen"). Im Regelfall wird ein Haftbefehl vom Richter erlassen. Im Ausnahmefall des ⇨ Vollstreckungshaftbefehls allerdings ist die Staatsanwaltschaft befugt, einen Haftbefehl auszufertigen.
MERKE: Beim Erlass eines Haftbefehls sowie bei und nach seiner Vollziehung sind in größerem Umfang bestimmte Förmlichkeiten im Verfahrensgang zu beachten. Die Verhaftung ist zudem – anders als die ⇨ vorläufige Festnahme – jedenfalls grundsätzlich auf längere Dauer angelegt. Als Rechtsgrundlage für den Erlass eines Haftbefehls kommen namentlich die §§ 112 ff., 453c, 457 StPO in Betracht. Aber auch diejenigen richterlichen Anordnungen, durch welche gegen einen ⇨ Ausländer die ⇨ Abschiebungshaft (§ 62 AufenthG) oder ⇨ Zurückschiebungshaft (§ 57 i. V. m. § 62 AufenthG) angeordnet wird, stellen der Sache nach

Haftbefehle dar; das Gesetz spricht in diesem Zusammenhang aber von „Haftanordnungen".

Verhaltensstörer: Im Polizeirecht zunächst die Bezeichnung für eine Person, die eine ⇨ Gefahr durch ihr Verhalten selbst verursacht, nämlich entweder durch aktives Tun oder durch pflichtwidriges Unterlassen („unmittelbarer" Verhaltensstörer). Rechtsfolge ist dann, dass der Betreffende zum Zwecke der Bekämpfung der von ihm verursachten Gefahr polizeilich in Anspruch genommen werden darf. Er wird damit also insbesondere zum tauglichen ⇨ Adressaten einer ⇨ Polizeiverfügung. In Anlehnung an die Leitbildvorschrift des § 4 ME PolG enthalten die Polizeigesetze von Bund und Ländern aber auch noch erweiterte Erscheinungsformen des Verhaltensstörers („mittelbare" Verhaltensstörer). So gilt als Verhaltensstörer auch derjenige, der rechtlich zur Aufsicht über eine bestimmte Person verpflichtet ist, wenn *diese* Person die Gefahr durch ihr Verhalten verursacht. Dies betrifft die Fälle der Aufsicht über ⇨ Kinder bzw. über Personen, die unter Betreuung gestellt sind. Entsprechendes gilt, wenn ein sog. Verrichtungsgehilfe in Ausführung seiner Verrichtung eine Gefahr verursacht: Dann kann auch derjenige, welcher den Verrichtungsgehilfen bestellt hat, als Verhaltensstörer zur Gefahrenabwehr in Anspruch genommen werden.
MERKE: Ist sowohl ein Verhaltensstörer als auch ein ⇨ Zustandsstörer für eine Gefahr verantwortlich, dann sollte möglichst der Verhaltensstörer vor dem Zustandsstörer haftbar gemacht werden.

Verhältnismäßigkeit: Ein elementarer Rechtsgrundsatz, welcher besagt, dass belastende hoheitliche Eingriffe in den Rechtskreis des Bürgers stets ⇨ geeignet, ⇨ erforderlich und ⇨ angemessen sein müssen. Die Geltung dieses Grundsatzes der Verhältnismäßigkeit folgt verfassungsrechtlich bereits unmittelbar aus dem Rechtsstaatsprinzip. Ungeachtet dessen wird das Verhältnismäßigkeitsprinzip aber in vielen Zusammenhängen – insgesamt oder in einzelnen Ausprägungen – auf der Ebene des einfachen Gesetzesrechts wiederholt und bestätigt (vgl. z. B. die §§ 15 I,

II BPolG, 62, 74f StGB, 112 I 2 StPO, 4 I, II LuftSiG, 4 I, II NPOG). Die dabei verwendeten Formulierungen folgen zumeist dem Vorbild der Leitbildvorschrift des § 2 I, II ME PolG. Auch für die Polizei bildet die Verhältnismäßigkeit einer geplanten oder getroffenen Maßnahme damit eine wichtige Schranke, die dem polizeilichen Handeln durchaus auch Grenzen setzt. Gelegentlich wird das Verhältnismäßigkeitsprinzip auch als Übermaßverbot bezeichnet.
MERKE: Selbst im Rahmen gebundener Verwaltung kann der Grundsatz der Verhältnismäßigkeit in – allerdings seltenen – Ausnahmefällen eine Abweichung von der gesetzlich bestimmten Rechtsfolge erfordern. So ist das Gericht etwa bei einer im Gesetz vorgesehenen obligatorischen ⇨ Einziehung gleichwohl gehalten, in jedem Einzelfall das verfassungsrechtlich garantierte Übermaßverbot zu beachten. Dieses kann die an sich zwingend vorgeschriebene Einziehung im konkreten Einzelfall unzulässig machen (BGH, NStZ 1981, 104; BayObLG, NStZ-RR 2001, 281).

Verkehrsdaten: Nach der in § 3 Nr. 70 TKG enthaltenen ⇨ Legaldefinition diejenigen ⇨ Telekommunikationsdaten, deren Erhebung, Verarbeitung oder Nutzung bei der Erbringung eines Telekommunikationsdienstes erforderlich sind. Dies trifft zu auf Informationen, die ohne Bezugnahme auf Inhalte mit einer bestimmten Nachrichtenverbindung im äußeren Zusammenhang stehen und diese Verbindung aus technischer oder formaler Sicht näher charakterisieren. Im früheren Recht wurden Verkehrsdaten deshalb als „Telekommunikationsverbindungsdaten" oder noch kürzer als „Verbindungsdaten" bezeichnet. Zu den Verkehrsdaten gehören nach der in § 96 I TKG enthaltenen Aufzählung namentlich die Nummern oder Kennungen der beteiligten Anschlüsse bzw. Endeinrichtungen, personenbezogene Berechtigungskennungen, bei Verwendung von Kundenkarten auch die Kartennummern, bei Mobilanschlüssen auch die Standortdaten des Geräts, der Beginn und das Ende der jeweiligen Verbindung nach Datum und Uhrzeit und ggf. auch die übermittelten Datenmengen. Aus dieser Aufzählung ergibt sich, dass die sog. ⇨ „Standortdaten" einen speziellen Unterfall der Verkehrsdaten bilden. Die Erhebung von Verkehrsdaten speziell aus Gründen der Strafverfolgung erlaubt § 100g StPO.

Verkehrseinrichtungen: ⇨ Verkehrszeichen.

Verkehrskontrollstelle: Eine polizeiliche ⇨ Kontrollstelle, an der auf der Rechtsgrundlage des § 36 V StVO Verkehrsteilnehmer einer Verkehrskontrolle unterzogen oder Verkehrserhebungen durchgeführt werden. Soweit es dabei wie meistens um die Durchführung von Verkehrskontrollen geht, setzen diese keinen konkreten Anlass oder Verdacht voraus; sie dürfen also ggf. auch stichprobenartig und nach dem Zufallsprinzip erfolgen und sind in diesem Sinne „allgemeine" Kontrollen. Verkehrskontrollen i. S. d. § 36 V StVO erstrecken sich auf die Überprüfung des Fahrers, seiner Papiere und des Fahrzeugs. Häufige Kontrollschwerpunkte bilden die Feststellung der Fahrtüchtigkeit des Fahrers sowie die Überprüfung der Verkehrstüchtigkeit des Fahrzeugs. Allgemeine Verkehrskontrollen dienen nicht der Verkehrsregelung und zumindest nicht primär der Strafverfolgung, sondern der Gefahrenabwehr (vgl. BGHSt 32, 248; BayObLG, VRS 72, 132). Trotzdem ist es natürlich zulässig, im Rahmen einer allgemeinen Verkehrskontrolle auch zu überprüfen, ob es sich womöglich um ein gestohlenes Fahrzeug handelt.
MERKE: Obwohl § 36 V 1 StVO vom Wortlaut her die Polizei nur dazu ermächtigt, Verkehrsteilnehmer zur Verkehrskontrolle oder Verkehrserhebung *anzuhalten*, enthält die genannte Vorschrift unausgesprochen zugleich die Befugnis zur Vornahme der dem Anhalten nachfolgenden eigentlichen Kontrollmaßnahmen. Dementsprechend weit auszulegen ist auch die in § 36 V 4 StVO geregelte – bußgeldbewehrte – Befolgungspflicht der betroffenen Verkehrsteilnehmer im Hinblick auf seitens der Polizei ergangener Anweisungen. Diese Befolgungspflicht schließt auch eine angemessene Wartepflicht mit ein (OLG Köln, VRS 67, 293). Die in den § 36 V 2, 3 StVO getroffenen Regelungen lassen erkennen, dass eine allgemeine Verkehrskontrolle durchaus auch

im fließenden Verkehr ihren Ausgang nehmen kann (mobile Verkehrskontrollen).

Verkehrssicherheit: ⇨ Beeinträchtigung der Verkehrssicherheit.

Verkehrsunfall: ⇨ Unfall im Straßenverkehr.

Verkehrszeichen: Verkehrszeichen sind behördliche Anordnungen oder Hinweise in Gestalt von Schildern oder Fahrbahnmarkierungen, die auf der Grundlage der StVO erteilt werden und der örtlichen Verkehrsregelung dienen. Verkehrszeichen sind nach der in § 39 II 2 StVO enthaltenen Aufzählung in erster Linie Gefahrzeichen, Vorschriftzeichen sowie Richtzeichen. *Gefahrzeichen* mahnen zu erhöhter Aufmerksamkeit, insbesondere zur Verringerung der Geschwindigkeit im Hinblick auf eine Gefahrsituation; sie lassen sich einteilen in allgemeine und besondere Gefahrzeichen (§ 40 StVO i. V. m. Anlage 1). *Vorschriftzeichen* enthalten verbindliche Ge- oder Verbote (§ 41 StVO i. V. m. Anlage 2). *Richtzeichen* geben besondere Hinweise zur Erleichterung des Verkehrs; sie können im Einzelfall Ge- oder Verbote enthalten, müssen dies aber nicht (§ 42 StVO i. V. m. Anlage 3). Auch sog. *„Zusatzzeichen"* sind nach § 39 III 1 StVO Verkehrszeichen. Sie enthalten, soweit nichts anderes bestimmt ist, Sinnbilder, Zeichnungen oder Aufschriften und beziehen sich stets auf eines der vorgenannten Hauptzeichen. Verkehrszeichen können ggf. auch auf einem sich bewegenden Fahrzeug angebracht sein (§ 39 VI StVO)
MERKE: Soweit ein Verkehrszeichen ein Ge- oder Verbot enthält, handelt es sich bei ihm um einen ⇨ Verwaltungsakt in Gestalt einer ⇨ Allgemeinverfügung (§ 35 S. 2 VwVfG) mit Dauerwirkung. Ein solches Zeichen kann als Ersatz für eine entsprechende Verkehrsregelung durch einen vor Ort anwesenden Polizeivollzugsbeamten angesehen werden. Die Bekanntgabe eines derartigen Verkehrszeichens richtet sich ausnahmsweise nicht nach § 41 VwVfG, sondern nach den vorrangigen Sonderregelungen der StVO, deren Vorschriften insoweit eine Sonderform der *öffentlichen* Bekanntgabe normieren. Diese erfolgt nach st. Rspr. durch

die Aufstellung bzw. Anbringung des Verkehrszeichens. Dazu das BVerwG wörtlich (BVerwGE 102, 316 ff. unter Hinweis auf BGH, NJW 1970, 1126 f.): *„Sind Verkehrszeichen so aufgestellt oder angebracht, dass sie ein durchschnittlicher Kraftfahrer bei Einhaltung der nach § 1 StVO erforderlichen Sorgfalt schon ‚mit einem raschen und beiläufigem Blick' erfassen kann [...], so äußern sie ihre Rechtswirkung gegenüber jedem von der Regelung betroffenen Verkehrsteilnehmer, gleichgültig, ob er das Verkehrszeichen tatsächlich wahrnimmt oder nicht. Dies entspricht der Wirkung vergleichbarer anderer öffentlicher Bekanntmachungen [...].“* Es genügt für eine wirksame Bekanntgabe also bereits die theoretische Möglichkeit der tatsächlichen Kenntnisnahme des aufgestellten oder angebrachten Verkehrszeichen (sog. „Sichtbarkeitsprinzip“). Verkehrszeichen sind abzugrenzen von den sog. *„Verkehrseinrichtungen“*, die allerdings ebenfalls eine verbindliche Anordnung zur Verkehrsregelung enthalten können (Einzelheiten: § 43 StVO i. V. m. Anlage 4).

Verleumderische Beleidigungen: Sammelbezeichnung für diejenigen Beleidigungsdelikte, die dadurch gekennzeichnet sind, dass der Täter vorsätzlich die Ehre eines anderen durch das Behaupten oder Verbreiten unwahrer ehrenrühriger ⇨ Tatsachen angreift. Zu den verleumderischen Beleidigungen gehören die Straftaten i. S. d. §§ 90 III, 103 I 2. Alt., 187, 188 StGB. Derartige verleumderische Beleidigungen sind aus dem Anwendungsbereich der ⇨ Indemnität ausgenommen (vgl. Art. 46 I, § 36 S. 2 StGB).

Vermeidbarer Verbotsirrtum: ⇨ Verbotsirrtum.

Vermögensgegenstände: ⇨ Geldwäsche.

Vermögensstrafe: ⇨ Kriminalstrafen.

Vernehmung: 1. Speziell im Strafverfahrensrecht die Befragung einer Person zu einem strafrechtlich relevanten Sachverhalt durch ein als solches erkennbares Strafverfolgungsorgan mit dem Ziel der Erkenntnisgewinnung. Bei der befragten Person kann es sich um den Beschuldigten, um einen Zeugen oder um einen Sachverständigen handeln. Zum Begriff der Vernehmung gehört es, dass der Vernehmende – z. B. der Polizeibeamte, Staatsanwalt oder Richter – der zu vernehmenden Person in amtlicher Funktion gegenübertritt und in dieser Eigenschaft von ihr die Auskunft in Gestalt einer entsprechenden Aussage verlangt (BGH, Urt. vom 21.7.1994, – 1 StR 83/94 = BGHSt 40, 211, 213 –; BGH, GrS, Beschl. vom 13.5.1996, – GSSt 1/96 = BGHSt 42, 139, 145 –). Die strafprozessuale Vernehmung ist damit stets nur das „offene" Auskunftsbegehren von Amts wegen. Die verdeckte und quasi private Befragung einer tatverdächtigen Person durch einen V-Mann im Auftrag der Polizei ist folgerichtig keine Vernehmung im Rechtssinne, auch nicht die sog. „informatorische Befragung". Die zu vernehmende Person wird auch als „Verhörsperson" bezeichnet. Im Bußgeldverfahren ist die obige Begriffsbestimmung entsprechend anwendbar (§§ 46 I, II, 53 I 2 OWiG).

2. Der Begriff der Vernehmung spielt aber auch in etlichen anderen Rechtsbereichen eine Rolle. So ist etwa im Zivilprozess die Vernehmung von Zeugen und Sachverständigen sowie ggf. sogar eine eidliche Parteivernehmung vorgesehen (§§ 373 ff. ZPO). Ebenso dürfen im Verwaltungsverfahren Zeugen und Sachverständige von der Behörde vernommen werden (§ 26 I Nr. 2 VwVfG). Speziell im Steuerverfahren ist auf Antrag des Finanzamts eine eidliche Vernehmung des Betroffenen durch ein Gericht möglich (§ 94 AO). Parlamentarische Untersuchungsausschüsse dürfen ebenfalls Zeugen und Sachverständige vernehmen (vgl. z. B. für den Bundestag die §§ 23, 24 PUAG). In einem allgemeinen Sinne lässt sich deshalb als Vernehmung *jede* Befragung einer Person zu einem rechtlich relevanten Sachverhalt durch einen staatlichen Amtswalter mit dem Ziel der Wahrheitsermittlung bzw. Sachverhaltsaufklärung definieren. Der Sache nach stellt damit auch ein staatliches Auskunftsverlangen mit dem Ziel der Gefahrenabwehr eine (dann „präventive") Vernehmung dar; jedoch ist es im Gefahrenabwehrrecht terminologisch eher üblich, von „Befragungen" zu sprechen (vgl. z. B. § 22 BPolG).

Vernichtung: Eine mit der ⇨ Unbrauchbarmachung verwandte Maßnahme, mit der gewährleistet werden soll, dass verbotene, gefährliche oder inkriminierte Gegenstände von einer zuständigen Behörde oder in deren Auftrag endgültig aus dem Verkehr gezogen werden. Im Unterschied zur Unbrauchbarmachung, bei welcher der betroffene Gegenstand nur verändert wird, aber als solcher erhalten bleibt, bedeutet Vernichtung, dass der Gegenstand in seiner Substanz völlig zerstört wird. So darf beispielsweise die Bundespolizei gemäß § 49 IV 1 2. Alt. BPolG sichergestellte Sachen unbrauchbar machen oder vernichten, wenn entweder im Falle einer Verwertung die Gründe, die zu ihrer Sicherstellung berechtigten, fortbestehen oder Sicherstellungsgründe erneut entstehen würden oder aber die Verwertung aus anderen Gründen nicht möglich ist. Die Polizeigesetze der Länder enthalten vergleichbare Regelungen. Die Waffenbehörde ist gemäß § 46 VII WaffG unter den im Gesetz genannten Voraussetzungen befugt, sichergestellte Waffen oder Munition zu vernichten. Eine spezielle, unmittelbar den Eigentümer treffende Verpflichtung zur Vernichtung nicht mehr verkehrsfähiger ⇨ Betäubungsmittel enthält § 16 BtMG.
MERKE: Die Vernichtung von Gegenständen kommt auch im Gefolge einer strafrechtlichen ⇨ Einziehung in Betracht. Wenn nämlich ein eingezogener Gegenstand nicht verwertet werden kann oder wenn er wertlos, nur mit Verlust veräußerbar, gemeingefährlich oder in gesetzwidrigem Zustand ist, dann unterliegt er zumindest in der Regel der Vernichtung (§ 63 I 3 StVollstrO). Außerdem kann eine Vernichtung an die Stelle einer angeordneten Unbrauchbarmachung treten, wenn nämlich eine Rückgabe der unbrauchbar gemachten Sache an einen Berechtigten unmöglich ist (§ 63 IV 2 StVollstrO).

Versammlung: ⇨ Öffentliche Versammlung, ⇨ Unter freiem Himmel.

Versuch: Im Strafrecht die Bezeichnung für die zwar begonnene, aber unvollendet gebliebene Tat. Kennzeichnend für einen Versuch ist damit regelmäßig, dass entweder schon die Tathandlung

nicht vollständig zur Ausführung kam oder dass jedenfalls der vom Täter angestrebte Erfolg ausgeblieben ist. Denkbar, wenn auch praktisch selten, ist ferner die Konstellation, dass der vom Täter angestrebte Erfolg zwar eingetreten, dem Täter jedoch nicht objektiv zurechenbar ist; auch in einem solchen Falle wäre die Tat als Versuch zu qualifizieren. Nach der in § 22 StGB getroffenen Regelung setzt ein Versuch subjektiv den ⇨ Tatentschluss des Handelnden und objektiv das ⇨ unmittelbare Ansetzen zur Tat voraus. Gemäß § 23 I StGB ist der Versuch eines ⇨ Verbrechens im rechtstechnischen Sinne stets, der Versuch eines ⇨ Vergehens hingegen nur dann mit Strafe bedroht, wenn das Gesetz dies ausdrücklich bestimmt. Vergehen, bei denen der Versuch straflos bleibt, sind z. B. Beleidigung (§§ 185 ff. StGB), Falschverdächtigung (§ 164 StGB) und die Verletzung des Briefgeheimnisses (§ 202 StGB). Im Rahmen einer versuchten ⇨ Teilnahme gilt: Nur die versuchte ⇨ Anstiftung zu einem *Verbrechen* ist unter Strafe gestellt (§ 30 I StGB). Dies bedeutet im Umkehrschluss: Eine nur versuchte Anstiftung zu einem Vergehen sowie die versuchte ⇨ Beihilfe bleiben stets straflos.
MERKE: Im Recht der ⇨ Ordnungswidrigkeiten gelten gemäß § 13 OWiG weitgehend die gleichen Grundsätze und Regeln über die Versuchsstrafbarkeit wie im Strafrecht.

Vertrauensperson: Im Bereich der Strafverfolgung nach der in der Anlage D der RiStBV enthaltenen ⇨ Legaldefinition eine Person, die, ohne einer Strafverfolgungsbehörde anzugehören, bereit ist, diese bei der Aufklärung von ⇨ Straftaten auf längere Zeit vertraulich zu unterstützen und deren Identität grundsätzlich geheim gehalten wird. Kurzbezeichnung: VP. Den rechtlichen Rahmen für den Einsatz einer derartigen „repressiven" Vertrauensperson bildet die ⇨ Ermittlungsgeneralklausel i. V. m. den in der Anlage D zur RiStBV niedergelegten Regelungen. Kennzeichnend für eine Vertrauensperson ist die Tatsache einer längerfristigen vertraulichen Kooperation mit den Strafverfolgungsbehörden. Es ist zulässig, dass die Polizei beim Einsatz eines VP unter Umständen gegen erkannte Straftaten nicht sofort ein-

schreitet und vorübergehend nur beobachtet, wenn dies zur Erforschung wesentlich schwererer Straftaten erforderlich erscheint (BGH, HRRS 2021 Nr. 286).
MERKE: In manchen Polizeigesetzen ist mittlerweile auch der Einsatz *präventiver* Vertrauenspersonen vorgesehen, die aus Gründen der Gefahrenabwehr tätig werden, insbesondere, um künftige Straftaten zu verhüten oder zu verhindern (vgl. z. B. § 28 II Nr. 3 BPolG).

Vertretbare Handlung: Im Verwaltungsvollstreckungsrecht die Bezeichnung für eine Handlung, deren Vornahme nicht nur dem an sich Pflichtigen, sondern auch einem anderen im Prinzip möglich ist (vgl. § 10 VwVG). Beispiel: Die Errichtung eines Zauns zur Sicherung einer Weide, von der aus sonst Tiere auf die Fahrbahn oder Schienen laufen könnten. Vertretbare Handlungen, die dem Pflichtigen durch ⇨ Verwaltungsakt aufgegeben worden sind, können im Wege der ⇨ Ersatzvornahme auf Kosten des Pflichtigen durchgesetzt werden. Aber auch die Verhängung eines ⇨ Zwangsgeldes kommt bei vertretbaren Handlungen in Betracht, wenn nämlich die Ersatzvornahme untunlich erscheint, namentlich, wenn der Pflichtige außerstande ist, die Kosten zu tragen, die aus der Ausführung durch einen anderen (= Ersatzvornahme) entstehen (vgl. § 11 I 2 VwVG). Das Gegenstück zur vertretbaren Handlung bildet die ⇨ unvertretbare Handlung.

Verwaltungsakt: Nach der in § 35 S. 1 VwVfG enthaltenen ⇨ Legaldefinition ist ein Verwaltungsakt jede Verfügung, Entscheidung oder andere hoheitliche Maßnahme, die eine ⇨ Behörde zur Regelung eines Einzelfalles auf dem Gebiet des öffentlichen Rechts mit unmittelbarer Rechtswirkung nach außen trifft. Eine *Regelung* in diesem Sinne erfolgt, wenn die Behörde einseitig und verbindlich Rechtsfolgen setzt. Eine solche Rechtsfolge kann sein die Entstehung einer Rechtspflicht zu einem bestimmten Handeln, Dulden oder Unterlassen, die Begründung, Veränderung oder Beendigung eines Rechtsverhältnisses oder die Feststellung, dass eine bestimmte Rechtslage so und nicht anders besteht. Ein *Einzelfall* ist gege-

ben, wenn *ein* bestimmter konkreter Lebenssachverhalt geregelt wird. Im Idealfall handelt es sich um eine konkret-individuelle Regelung (ein Sachverhalt – ein Adressat). Aber auch eine konkret-generelle Regelung (ein Sachverhalt – mehrere Adressaten) gilt noch als Einzelfallregelung; es handelt sich dann regelmäßig um eine sog. ⇨ Allgemeinverfügung i. S. d. § 35 S. 2 VwVfG, die sich damit als Sonderfall des Verwaltungsaktes erweist. *Unmittelbare Rechtswirkung nach außen* hat eine getroffene Regelung, wenn sie den Adressaten als einen außerhalb der öffentlichen Verwaltung stehenden Träger von eigenen Rechten trifft, indem sie in seinen geschützten Rechtskreis eingreift. Es geht dann um das Verhältnis zwischen Staat und Bürger. Keine unmittelbare Rechtswirkung nach außen liegt hingegen dann vor, wenn sich die Regelung lediglich an den Adressaten in seiner Eigenschaft als unselbstständiges Mitglied der Verwaltung selbst richtet, ihn also nur als weisungsgebundenen Amtswalter trifft, der in die Staatsorganisation integriert ist. Diese Abgrenzung spielt namentlich im Rahmen eines bestehenden Beamtenverhältnisses eine wichtige Rolle.
MERKE: Der Verwaltungsakt kann sich im Hinblick auf seine Auswirkung als begünstigend (z. B. Aufenthaltserlaubnis, Grenzerlaubnis, Leistungsbewilligung) oder belastend (z. B. Gebot oder Verbot eines bestimmten Verhaltens) darstellen. Dem Regelungsinhalt nach lassen sich verfügende, rechtsgestaltende und feststellende Verwaltungsakte unterscheiden. Mit Blick auf die Bindungswirkung gibt es gebundene Verwaltungsakte und solche, deren Erlass im ⇨ pflichtgemäßen Ermessen der Behörde steht. Die sog. ⇨ „Polizeiverfügung" ist stets Verwaltungsakt. Ein Verwaltungsakt erlangt durch seine Bekanntgabe an den Adressaten Wirksamkeit, sofern er nicht ⇨ nichtig und damit schon seinem Inhalt nach unwirksam ist (§§ 41, 43 VwVfG).

Verwaltungsvollstreckung: ⇨ Gestrecktes Vollstreckungsverfahren, ⇨ Sofortvollzug, ⇨ Verwaltungszwangsmittel.

Verwaltungsvorschriften: Die zusammenfassende Bezeichnung für *allgemeine* Anordnungen, die innerhalb der öffentlichen Ver-

waltung von einer in der Verwaltungshierarchie vorgesetzten Behörde oder sonstigen Verwaltungsstelle erlassen werden und sich an die nachgeordneten Behörden, Stellen oder Amtswalter richten. Im Gegensatz zu den Anordnungen im Einzelfall sollen Verwaltungsvorschriften eine unbestimmte Vielzahl von Fällen regeln. Sie dienen in ihrer Eigenschaft als administratives Innenrecht insbesondere dazu, Einzelheiten der Verwaltungstätigkeit oder Verwaltungsorganisation näher zu bestimmen. Namentlich sollen sie häufig Richtschnur für die einheitliche Auslegung von Gesetzen sein (norminterpretierende Verwaltungsvorschriften) oder eine gleichmäßige Betätigung des Ermessens bei gleichgelagerten Sachverhalten sicherstellen (ermessenslenkende Verwaltungsvorschriften). Verwaltungsvorschriften werden in der Verwaltungssprache unter anderem als Rundverfügung, Hausverfügung, Erlass, Runderlass, Richtlinie, Dienstanweisung oder Dienstvorschrift bezeichnet. Auch die üblichen Polizeidienstvorschriften stellen ihrer Rechtsnatur nach Verwaltungsvorschriften dar, soweit sie konkrete Handlungsanweisungen, Verfahrensregelungen oder sonstige Festlegungen enthalten, die erkennbar als verbindliche Regelung gewollt sind.
MERKE: Mangels rechtlicher Außenwirkung binden Verwaltungsvorschriften nur die betroffenen Verwaltungsstellen und Amtswalter; sie stellen daher nach h. M. keine echten Rechtsnormen dar (BVerwG, NJW 1972, 1483; DÖV 1978, 559; DÖV 1982, 80). Unklare Verwaltungsvorschriften dürfen analog den §§ 133, 157 BGB wie Willenserklärungen unter Berücksichtigung ihrer tatsächlichen Handhabung ausgelegt werden (BVerwG, ZBR 1995, 238; ZBR 1995, 240; NJW 1996, 1766). Soweit Verwaltungsakte – wie häufig – die Ermessensausübung der nachgeordneten Verwaltungsstellen betreffen, ist zu beachten, dass derartige Regelungen meist typische Standardfälle regeln. Daraus folgt, dass bei Vorliegen eines atypischen Sachverhalts von der einschlägigen Verwaltungsvorschrift abgewichen werden darf und unter Umständen sogar abgewichen werden muss (BVerwG, DVBl 1983, 999; NJW 1991, 651).

Verwaltungszwangsmittel: Die zusammenfassende Bezeichnung für diejenigen Mittel und Maßnahmen, die das Gesetz der ⇨ Behörde zur Verfügung stellt, um einen erlassenen ⇨ Verwaltungsakt erforderlichenfalls auch gegen den Willen des Pflichtigen im Rahmen der Verwaltungsvollstreckung durchzusetzen. Die Verwaltungsvollstreckungsgesetze von Bund und Ländern kennen übereinstimmend – in Anlehnung an die §§ 29 ff. ME PolG – die drei folgenden Verwaltungszwangsmittel: Das ⇨ Zwangsgeld, die ⇨ Ersatzvornahme und den ⇨ unmittelbaren Zwang. Durch den Einsatz der genannten Zwangsmittel wird der Wille des Pflichtigen entweder gebeugt oder sogar gebrochen. Die im Gesetz ebenfalls vorgesehene Ersatzzwangshaft stellt kein eigenständiges Verwaltungszwangsmittel dar, sondern tritt lediglich ersatzhalber an die Stelle eines Zwangsgeldes, wenn dieses nicht beigetrieben werden kann.

Verweigerungsrechte: ⇨ Schweigerechte, ⇨ Selbstbelastungsfreiheit.

Verwerflichkeit der Mittel-Zweck-Relation: I. S. d. ⇨ offenen Tatbestände der §§ 240 II, 253 II StGB ist die Anwendung eines bestimmten Mittels zur Erreichung des vom Täter verfolgten Zweckes nach einer in der Rechtsprechung üblichen Formel immer dann als verwerflich anzusehen, wenn sie „in erhöhtem Grade sittlich missbilligenswert" erscheint oder wenn es sich um ein „sozial unerträgliches Verhalten" handelt. Im Schrifttum wird in diesem Zusammenhang vielfach gefragt, ob das Täterverhalten bei einem Vergleich von Mittel und Zweck „in erhöhtem Maße sozialwidrig" erscheint. Dabei gilt, dass stets das *Verhältnis* zwischen dem eingesetzten Mittel und dem angestrebten Zweck zu bewerten ist. Das Eingreifen eines anerkannten ⇨ Rechtfertigungsgrundes wird eine Verwerflichkeit im vorstehenden Sinne in der Regel ausschließen. Liegen keine Rechtfertigungsgründe vor, so ist eine allgemeine Abwägung vorzunehmen und auf deren Grundlage zu entscheiden, ob das Täterverhalten als verschärft sittlich missbilligenswert oder sozial unerträglich gelten muss.

MERKE: Im Regelfall werden alle aufgezeigten Betrachtungsweisen – trotz der terminologischen Unterschiede im Ausgangspunkt – bei der Beurteilung eines konkreten Falles zu identischen Ergebnissen kommen. So stellt sich z. B. die Drohung eines Geschädigten gegenüber dem Täter mit einer (sachlich berechtigten) ⇨ Strafanzeige zur Durchsetzung eines bestehenden Anspruchs nach wohl allgemeiner Meinung nicht als verwerflich dar, mit der Folge, dass eine solche Drohung – weil rechtmäßig – straflos bleibt.

VIS: Das Akronym steht für *Visa Information System* bzw. für *Visa-Informationssystem*. Das auf der VO (EG) Nr. 767/2008 (VIS-VO) beruhende und seit 2011 in Betrieb befindliche elektronische System dient zum Austausch von Daten über sog. „Kurzzeit-Visa" zwischen den Mitgliedstaaten des Schengen-Verbundes. Das VIS vereinfacht die Erteilung von Visa, ermöglicht eine schnelle Überprüfung der Identität eines Visums-Inhabers beim Betreten des Schengen-Raums über eine Außengrenze und soll zudem den möglichen Missbrauch von Visa unterbinden. Neue Eingaben in das System sind innerhalb weniger Minuten für alle nationalen Abfragestellen verfügbar. Das VIS besteht aus einer zentralen Datenbank, aus den nationalen Schnittstellen in den einzelnen Schengen-Staaten („Kopfstellen") und aus einer technischen Infrastruktur, welche die Kommunikation zwischen den Kopfstellen und der zentralen Datenbank ermöglicht. Die einzelnen Kopfstellen melden dem System alle im Zusammenhang mit Kurzzeit-Visa relevanten Daten, wie z. B. Anträge, Ausstellungen, Ablehnungen, Annullierungen, Widerrufe und Verlängerungen. In Deutschland fungiert das Bundesverwaltungsamt (BVA) als nationale Kopfstelle. Verwaltet wird das VIS von ⇨ eu-LISA. Die Voraussetzungen für den behördlichen Zugang zum System sind in Deutschland im sog. „VIS-Zugangsgesetz" (VISZG) geregelt. Im Dezember 2020 wurde auf EU-Ebene beschlossen, das VIS zu modernisieren und weiterzuentwickeln. Künftig sollen auch Informationen über Visa für längerfristige Aufenthalte und über nationale Aufenthaltstitel der EU-Staaten im VIS erfasst werden.

Neben Fingerabdrücken und Gesichtsfotos – wie bisher – sollen fortan auch Kopien der Reisedokumente von Visum-Antragstellern gespeichert werden. Das System soll außerdem mit dem ⇨ SIS und dem künftigen ⇨ EES vernetzt werden.

Visa-Informationssystem: ⇨ VIS.

Visum: 1. Eine Einreise- und zugleich eine Aufenthaltsgestattung in Gestalt eines Sichtvermerks, der von den zuständigen Stellen in den Pass des Visum-Inhabers eingetragen wird. Der Eintrag erfolgt entweder herkömmlich durch Einstempeln oder modern durch Einkleben des Sichtvermerks. Die Aufenthaltsberechtigung kann sich auf eine bloße Durchreise oder auf eine bestimmte Örtlichkeit beschränken. Das Visum kann weitere Vermerke beinhalten, z. B. den Hinweis auf eine erlaubte Erwerbstätigkeit. In manchen Staaten stellt ein Visum ausnahmsweise auch eine *Ausreise*erlaubnis dar. Der Begriff Visum leitet sich ab vom lateinischen Wort *visum* = das Gesehene. Die Mehrzahl lautet Visa oder – eingedeutscht – Visen. Im nationalen deutschen Recht und auch im Schengen-Recht gehört das Visum zu den sog. Aufenthaltstiteln (vgl. § 4 I Nr. 1 AufenthG bzw. Art. 21 SDÜ). Ein für Deutschland gültiges Visum wird nach geltender Rechtslage entweder als Schengen-Visum oder als nationales Visum erteilt.
2. Als *Schengen-Visum* bezeichnet man zunächst das von einem ⇨ Schengen-Staat ausgestellte Einheitsvisum, welches einem ⇨ Drittausländer einen Kurzaufenthalt im Schengen-Raum von bis zu drei Monaten Dauer gestattet („Typ C“). Es kann insbesondere Geschäftsleuten oder Touristen erteilt werden. Dieses nach einheitlichen Kriterien ausgestellte Visum erlaubt es dem Inhaber, über eine beliebige Schengen-Außengrenze in den Schengen-Raum einzureisen und sich innerhalb dieses Gebiets frei zu bewegen. Durch die einheitlich festgelegten Erteilungs- und Konsultationspflichten bleibt sichergestellt, dass die Interessen aller Schengen-Staaten angemessen berücksichtigt werden. Daneben gibt es das Schengen-Visum noch in der Gestalt des sog. Flughafentransit-Visums („Typ A“). Dieses weist die Besonder-

heit auf, dass es keine eigentliche Einreise gestattet, sondern lediglich den vorübergehenden Aufenthalt im Transitbereich eines Flughafens erlaubt. Die Rechtsgrundlagen für das Schengen-Visum bilden die § 6 I–III AufenthG sowie der Visakodex (VK) der Europäischen Gemeinschaft = VO (EG) Nr. 810/2009.
3. Ein *nationales Visum* kann für einen Aufenthalt von mehr als drei Monaten von jedem Schengen-Staat nach Maßgabe des jeweiligen nationalen Rechts ausgestellt werden („Typ D"). Der Inhaber eines solchen nationalen Visums kann einmalig über eine Außengrenze in den Schengen-Raum einreisen und durch alle Schengen-Staaten reisen, um in denjenigen Schengen-Staat zu gelangen, der das nationale Visum ausgestellt hat. Rechtsgrundlagen: §§ 6 IV AufenthG, 18 SDÜ. Das nationale deutsche Visum wird – auf Antrag – grundsätzlich ausgestellt von den deutschen Auslandsvertretungen (§ 71 II AufenthG), wobei die zuständige Ausländerbehörde in Deutschland der Visumerteilung häufig zustimmen muss (§ 31 AufenthV).
4. In Ausnahmefällen können auch die mit der polizeilichen Kontrolle des grenzüberschreitenden Verkehrs beauftragten Behörden ein Visum ausstellen (§ 71 III Nr. 2 i. V. m. § 14 II AufenthG). Man spricht dann von einem *Ausnahme-Visum*. Dieses kann – wie das Regelvisum – entweder als Schengen-Visum oder als nationales Visum erteilt werden.

V-Leute: ⇨ Vertrauensperson.

V-Mann: ⇨ Vertrauensperson.

Vollbremsung: ⇨ Schnellbremsung.

Vollstreckbarkeit (des Verwaltungsaktes): ⇨ Gestrecktes Vollstreckungsverfahren, ⇨ Polizeiverfügung, ⇨ sofort vollziehbar.

Vollstreckungsbeamter: Unter den Begriff des Vollstreckungsbeamten i. S. d. §§ 113, 114 StGB (vgl. die jeweils amtlichen Paragrafenüberschriften) fallen solche ⇨ Amtsträger bzw. Soldaten der Bundeswehr, die „zur Vollstreckung" des Staatswillens berufen sind, d. h. die kraft Gesetzes befugt sind, staatliche Anordnungen notfalls auch durch Androhung und Anwendung von Zwang durchzusetzen.

Vollstreckungshaftbefehl: Die übliche Kurzbezeichnung für den in § 457 II StPO geregelten ⇨ Haftbefehl, der ausnahmsweise nicht von einem Richter oder Gericht, sondern von der Staatsanwaltschaft erlassen wird. Nach der genannten Vorschrift kann die Staatsanwaltschaft in ihrer Eigenschaft als *Strafvollstreckungs*behörde (§ 451 StPO) einen Vorführungs- oder Haftbefehl erlassen, wenn ein Verurteilter der Ladung zum Strafantritt nicht Folge leistet oder der Flucht verdächtig ist bzw. wenn ein Strafgefangener entweicht oder sich sonst dem Strafvollzug entzieht. Die Vollziehung des Vorführungs- bzw. Vollstreckungshaftbefehls obliegt der Polizei (§ 457 I i. V. m. § 161 StPO). Über § 463 I StPO findet § 457 II StPO auch Anwendung in Ansehung von Personen, die gemäß §§ 63 ff. StGB in einem psychiatrischen Krankenhaus, in einer Entziehungsanstalt oder in der Sicherungsverwahrung untergebracht und von dort entwichen sind. Auf der Grundlage eines Vollstreckungshaftbefehls kann der Gesuchte zur Fahndung ausgeschrieben werden (vgl. § 131 StPO). Eine besonders häufige Variante des Vollstreckungshaftbefehls liegt der Ausschreibung zur Festnahme wegen ⇨ Ersatzfreiheitsstrafe zugrunde. In diesem Falle geht es nicht wie sonst um die Vollstreckung einer „normalen" Strafhaft, sondern vielmehr um die Vollstreckung einer ersatzweise an die Stelle einer ursprünglich verhängten *Geldstrafe* getretenen Freiheitsstrafe (vgl. § 43 StGB). Es ist deshalb die aus § 33 IV Nr. 7 StVollstrO folgende Abwendungsbefugnis des Gesuchten zu beachten: Kann der Gesuchte nachweisen, dass er die Geldstrafe bereits gezahlt hat, oder bezahlt er diese nunmehr freiwillig, so unterbleibt seine Inhaftnahme und Überführung in die Justizvollzugsanstalt.
MERKE: Soll eine ⇨ Wohnung zwecks Vollziehung des Vorführungs- oder Vollstreckungshaftbefehls durchsucht werden, so bedarf es dazu nach der bisher h. M. keiner gesonderten richterlichen

Anordnung, wenn ein auf Freiheitsstrafe lautendes rechtskräftiges Urteil gegen den Gesuchten vorliegt (OLG Frankfurt a. M., NJW 1969, 785; OLG Düsseldorf, NJW 1981, 2133). Allerdings ist § 457 StPO im Jahre 1992 durch das OrgKG völlig umgestaltet und erweitert worden. Die in § 457 III 1 StPO n. F. nunmehr enthaltene Verweisung spricht eher dafür, auch die §§ 102 ff. StPO bei der Suche nach dem Entwichenen für anwendbar zu halten, mit der Folge, dass im Falle einer Wohnungsdurchsuchung nur dann auf eine richterliche Anordnung verzichtet werden kann, wenn ⇨ Gefahr im Verzug besteht und die Staatsanwaltschaft oder eine ihrer ⇨ Ermittlungspersonen die Anordnung trifft. Wissen die Beamten, dass sich der Gesuchte in einer bestimmten Wohnung aufhält, so stellt die „Nachschau" in der betreffenden Wohnung zwecks Ergreifung des Gesuchten nach der Rechtsprechung schon rein begrifflich keine ⇨ „Durchsuchung dar.

Vollziehbare Ausreisepflicht: Die bestehende Verpflichtung eines ⇨ Ausländers zur Ausreise ist zunächst dann vollziehbar, wenn der Betroffene 1. unerlaubt eingereist ist oder 2. keinen Antrag auf Erteilung oder Verlängerung eines ⇨ Aufenthaltstitels gestellt hat und weder die Erlaubnisfiktion i. S. d. § 81 III AufenthG noch eine Fortbestehensfiktion i. S. d. § 81 IV AufenthG zu seinen Gunsten eingreift oder 3. aufgrund der von der zuständigen deutschen ⇨ Behörde anerkannten Rückführungsentscheidung eines anderen EU-Staates gemäß Art. 3 der Richtlinie 2001/40/EG ausreisepflichtig ist, *sofern* in den eben genannten drei Fällen eine Ausreisefrist nicht gewährt wurde oder diese abgelaufen ist (§ 58 II Satz 1 AufenthG). Außerdem ist eine Ausreisepflicht dann vollziehbar, wenn die Versagung des Aufenthaltstitels oder der sonstige ⇨ Verwaltungsakt, durch den der Drittstaatsangehörige ausreisepflichtig wird, vollziehbar ist (§ 58 II Satz 2 AufenthG). Ein „sonstiger" Verwaltungsakt, durch den Ausreisepflicht eintritt, ist insbesondere die Rücknahme oder der Widerruf des Aufenthaltstitels oder aber die Ausweisung.
MERKE: Das Bestehen einer vollziehbaren Ausreisepflicht ist im Regelfall die Grundvoraussetzung für die Zulässigkeit der ⇨ Ab-

schiebung eines Ausländers. Eine Ausnahme von diesem Grundsatz gilt allerdings im Falle einer ⇨ Abschiebungsanordnung aus Staatsschutzgründen.

Vorbehalt des Gesetzes: Ein elementares Verfassungsprinzip, demzufolge die Tätigkeit der öffentlichen Verwaltung jedenfalls in bestimmten Bereichen zu ihrer Legitimation einer parlamentsgesetzlichen Ermächtigungsgrundlage bedarf. In seiner klassischen Formulierung besagt der Vorbehalt des Gesetzes, dass hoheitliche (und damit auch polizeiliche) *Eingriffe* in Freiheit und Eigentum des Bürgers nur auf der Grundlage eines förmlichen Parlamentsgesetzes zulässig sind. Das BVerfG hat sich zwischenzeitlich jedoch von dieser engen Betrachtungsweise gelöst und verlangt nunmehr bei allen „wesentlichen" Verwaltungsmaßnahmen – unabhängig von deren Eingriffscharakter – eine Rechtsgrundlage in Gestalt eines Parlamentsgesetzes. Diese *Wesentlichkeitstheorie* beruht maßgeblich auf dem Rechtsstaatsprinzip sowie auf dem Demokratieprinzip, im Übrigen aber auch – soweit es um unmittelbare Grundrechtsbeeinträchtigungen geht – auf den zahlreichen Gesetzesvorbehalten des Grundgesetzes. Diese finden sich im Grundrechtsteil der Verfassung an etlichen Stellen und legen jeweils ausdrücklich fest, dass eine Einschränkung des in Rede stehenden Grundrechts nur durch oder aufgrund eines (Parlaments-)Gesetzes zulässig ist.
MERKE: Der Vorbehalt des Gesetzes bildet nach einem verbreiteten Rechtsverständnis die zweite Ausprägung des Grundsatzes von der Gesetzmäßigkeit der Verwaltung, die außerdem noch den ⇨ Vorrang des Gesetzes umfasst.

Vorermittlungen: ⇨ Anfangsverdacht.

Vorläufige Festnahme: Ein Unterfall der ⇨ Festnahme, der dadurch gekennzeichnet ist, dass ein ⇨ Haftbefehl nicht bzw. noch nicht besteht. „Vorläufig" ist diese Art der Festnahme, weil der Festgenommene entweder in naher Zukunft wieder auf freien Fuß zu setzen oder – nach Erlass eines Haftbefehls – in eine rich-

terlich angeordnete Haft zu nehmen ist. Die in der vorläufigen Festnahme liegende ⇨ Freiheitsentziehung als solche hat also stets nur einen vorübergehenden Charakter. Die vorläufige Festnahme ist ein typisches Mittel der Strafverfolgung (vgl. §§ 127 I, II, 127b I StPO, 17 IRG, 183 GVG).
MERKE: In den Fällen der §§ 164 StPO, 87 StVollzG spricht das Gesetz zwar nur schlicht von „Festnahme". Jedoch handelt es sich dabei letztlich auch nur um Sonderfälle der vorläufigen Festnahme: Ein Störer kann nach § 164 StPO lediglich bis zur Beendigung der Amtsverrichtung oder längstens bis zum Ende des nächstfolgenden Tages festgehalten werden; der nach § 87 StVollzG festgenommene Entwichene ist umgehend in die Justizvollzugsanstalt zurückzuführen. Lediglich scheinbar besteht hier also ein Unterschied zu den sonstigen Fällen der vorläufigen Festnahme.

Vorläufige Sicherstellung: ⇨ Papiere, ⇨ Sicherstellung.

Vornahme eines ähnlichen, ebenso gefährlichen Eingriffs: ⇨ Ähnlicher, ebenso gefährlicher Eingriff.

Vorrang des Gesetzes: Ein elementares Verfassungsprinzip, welches den für einen Rechtsstaat zwingenden Grundsatz beinhaltet, dass kein Verwaltungshandeln gegen die geltende Rechtsordnung verstoßen darf. Alle Maßnahmen der öffentlichen Verwaltung (gleichgültig, ob sie einen belastenden, begünstigenden oder neutralen Charakter haben) müssen mit den rechtlichen Vorgaben aus der Verfassung, den Parlamentsgesetzen, Rechtsverordnungen und Satzungen sowie mit etwaigem Gewohnheitsrecht im Einklang stehen, d. h. formell und materiell rechtmäßig sein. Ebenso muss das Verwaltungshandeln mit den Vorschriften aus dem internationalen oder supranationalen Recht übereinstimmen, soweit dieses für die Bundesrepublik Deutschland Verbindlichkeit besitzt. Dieser Vorrang des Gesetzes ergibt sich insbesondere aus Art. 20 III GG, der besagt, dass die vollziehende Gewalt strikt an Gesetz und Recht gebunden ist.

MERKE: Der sog. „Vorrang des Gesetzes“ bildet nach einem verbreiteten Rechtsverständnis die erste Ausprägung des Grundsatzes von der Gesetzmäßigkeit der Verwaltung, die außerdem noch den ⇨ Vorbehalt des Gesetzes umfasst.

Vorratsdatenspeicherung: Die routinemäßig erfolgende, anlasslose Speicherung und befristete Aufbewahrung bestimmter ⇨ personenbezogener Daten, die im Zusammenhang mit der ⇨ Telekommunikation anfallen, durch den jeweiligen Telekommunikationsdienstleister. Zu den in diesem Zusammenhang relevanten ⇨ Telekommunikationsdaten gehören insbesondere Rufnummern, Teilnehmerdaten, Verbindungszeiten, IP-Adressen und ⇨ Standortdaten. Bei gegebenem Anlass sind die abgespeicherten Daten zum Zwecke der Verhütung, Verhinderung oder Verfolgung schwerer ⇨ Straftaten auf Verlangen an die zuständigen Sicherheitsbehörden bzw. Strafverfolgungsorgane herauszugeben. Die erste gesetzliche Regelung der Vorratsdatenspeicherung in Deutschland aus dem Jahr 2007, in Kraft getreten am 1.1.2008, erklärte das BVerfG später für verfassungswidrig und nichtig (Urt. vom 2.3.2010, – 1 BvR 256/08 – etc.). Die Nachfolgeregelung aus dem Jahr 2015 wurde von der Bundesnetzagentur 2017 de facto außer Kraft gesetzt, weil auch gegen diese Regelung verfassungs- und EU-rechtliche Bedenken geltend gemacht und Verfassungsbeschwerden vor dem BVerfG sowie Klagen vor den nationalen Gerichten anhängig gemacht worden waren. Das BVerwG legte im Jahr 2019 dem EuGH die Frage vor, ob die aktuelle deutsche Gesetzeslage zur Vorratsdatenspeicherung mit dem Unionsrecht vereinbar ist. Der Ausgang der vorgenannten Beschwerde- und Klageverfahren ist bis dato offen, da es noch keine abschließenden Entscheidungen gibt.
MERKE: Sollte die Regelung aus dem Jahr 2015 erneut ganz oder teilweise keinen gerichtlichen Bestand haben, so ist mit einer weiteren Ersatzregelung zu rechnen, da das Instrument der Vorratsdatenspeicherung von der h. M. als unverzichtbar im Rahmen von Gefahrenabwehr und Strafverfolgung angesehen wird. Im Falle einer Neuregelung wäre zu berücksichtigen, dass der EuGH

seine ursprünglich sehr restriktive Auffassung zur Vorratsdatenspeicherung mittlerweile gelockert hat. In einer Entscheidung aus dem Jahr 2024 hat das Gericht festgestellt, dass zumindest die anlasslose befristete Speicherung von IP-Adressen „auf Vorrat" gerechtfertigt sein kann, wenn dies zur Bekämpfung von Straftaten geschieht und bestimmte, nach Auffassung des Gerichts erforderliche Vorkehrungen im Rahmen der Speicherung und des Datenabrufs gewahrt sind (Einzelheiten: EuGH, Urt. vom 30.4.2024, Rechtssache C-470/21).

Vorsatz: Im Bereich des Strafrechts bedeutet Vorsatz nach ganz h. M. so viel wie der Wille zur vollständigen Verwirklichung eines ⇨ Straftatbestandes in Kenntnis aller objektiven Tatumstände (vgl. etwa BGHSt 36, 1, 10). Der Vorsatz weist somit eine Doppelstruktur auf, indem er in eine Wissenskomponente und in eine Willenskomponente zerfällt. Daraus ergibt sich die verbreitete Kurzformel: Vorsatz = Wissen und Wollen der Tatbestandsverwirklichung. Wichtig ist dabei, dass sich der Vorsatz stets auf *alle* Merkmale des objektiven Tatbestandes beziehen muss. Die h. M. unterscheidet – nicht zuletzt mit Blick auf den Wortlaut des Gesetzes – die folgenden drei Vorsatzarten (auch: Vorsatzstufen, Vorsatzgrade oder Vorsatzformen): Die ⇨ Absicht, den ⇨ direkten Vorsatz und den ⇨ bedingten Vorsatz.
MERKE: Nach § 15 StGB ist nur vorsätzliches Handeln strafbar, sofern nicht das Gesetz eine fahrlässige Tatbegehung ausdrücklich mit Strafe bedroht. Die meisten der im StGB und Nebenstrafrecht geregelten Straftatbestände sind aufgrund dieser Regelung als Vorsatztaten ausgestaltet. Das Fehlen des Unrechtsbewusstseins berührt im Strafrecht den Vorsatz nicht (arg. e § 17 StGB). Das Unrechtsbewusstsein fehlt dem Täter immer dann, wenn er sich – warum auch immer – der Widerrechtlichkeit seines Tuns nicht bewusst ist. Im Privatrecht hingegen wird zumeist noch die Auffassung vertreten, das Bewusstsein der Rechtswidrigkeit gehöre zum Vorsatz i. S. d. § 276 BGB. Zur Bejahung vorsätzlichen Handelns ist danach jedenfalls im Rahmen des Zivilrechts das Bewusstsein des Handelnden erforderlich, dass er gegen eine

vertragliche oder gesetzliche Verpflichtung verstößt (vgl. BGH, NJW 1985, 135; BGHZ 118, 208).

Vorteil: Im i. S. d. §§ 331 ff. StGB jede materielle oder immaterielle Zuwendung, die den Amtsträger etc. in wirtschaftlicher, rechtlicher oder persönlicher Hinsicht objektiv besserstellt und auf die der Begünstigte keinen Anspruch hat. Typische Vorteile im vorstehenden Sinne sind etwa Geld, Gutscheine, Rabatte, Sachleistungen, Reisen, Liebesdienste, berufliche Förderung oder sonstige Gefälligkeiten. In manchen Strafvorschriften ist eine Strafschärfung vorgesehen, wenn sich die Tat auf einen „Vorteil großen Ausmaßes" bezieht (vgl. z. B. § 335 II Nr. 1 StGB). Dazu muss die in Rede stehende Zuwendung ihrem Umfang nach deutlich aus dem Rahmen durchschnittlicher Fälle herausragen. Nach wohl h. M. soll dies zumindest in der Regel zu bejahen sein, wenn der Vorteil einen Wert von 50.000 Euro erreicht oder übersteigt. MERKE: Einen Vorteil *fordert*, wer entweder ausdrücklich oder zumindest konkludent erkennen lässt, dass er eine Zuwendung für die Dienstausübung begehrt. Einen Vorteil *lässt sich versprechen*, wer das ihm gemachte Angebot einer künftigen Zuwendung ausdrücklich oder schlüssig annimmt, wobei unerheblich ist, ob es später zu einer entsprechenden Leistung kommt oder nicht. Einen Vorteil *nimmt an*, wer die geforderte oder versprochene Zuwendung für sich selbst oder einen Dritten tatsächlich empfängt, wobei es ggf. ausreicht, wenn die Leistung unmittelbar an den Dritten erfolgt.

Vorübergehende Wiedereinführung von Binnengrenzkontrollen: Die heute in den Art. 25 ff. SGK normierte Möglichkeit, die routinemäßigen Grenzkontrollen an den Binnengrenzen bei gegebenem Anlass und unter Einhaltung bestimmter Verfahrensweisen für einen befristeten Zeitraum legitimerweise wieder aufnehmen zu dürfen (vorher: Art. 23 ff. SKG a. F.). Grundsätzlich ist eine solche Maßnahme zulässig bei einer ernsthaften Bedrohung der öffentlichen Ordnung oder der inneren Sicherheit in einem Mitgliedstaat nach einer entsprechenden Mitteilung an die Kom-

mission und die anderen Mitgliedstaaten (Art. 25, 26 i. V. m. § 27 SGK). Ist aufgrund einer ernsthaften Bedrohung der öffentlichen Ordnung oder inneren Sicherheit *sofortiges Handeln* erforderlich, dann darf ein Mitgliedstaat gemäß Art. 25a SGK auch ohne ein Vorlaufverfahren Grenzkontrollen an seinen Binnengrenzen sofort wieder einführen, unter gleichzeitiger Unterrichtung der anderen Mitgliedstaaten und der Kommission, wobei eine Begründung für das sofortige Handeln gegeben werden muss. Für den Sonderfall einer gesundheitlichen Notlage großen Ausmaßes – wie z. B. die Corona-Pandemie in den Jahren 2020 bis 2022 – enthält Art. 28 SGK eine spezifische Regelung. Schließlich können noch nach Maßgabe der Art. 29, 30 SGK *außergewöhnliche Umstände*, die in anhaltenden und schwerwiegenden Mängeln bei den Kontrollen an den Außengrenzen begründet liegen und das Funktionieren des Schengen-Raums ohne Grenzkontrollen insgesamt gefährden, eine vorübergehende Wiedereinführung von Binnengrenzkontrollen legitimieren.
MERKE: Gemeint sind damit Situationen, in denen unkontrollierbare und massive Migrationsbewegungen von außen kommend den Schengen-Raum bedrohen, so wie es z. B. in den Jahren 2015/2016 zeitweise – bis zur faktischen Schließung der sog. „Balkanroute“ im März 2016 – der Fall war. Für die in Art. 27 SGK vorgesehene Mitteilung an die EU über die Wiedereinführung oder Verlängerung von Binnengrenzkontrollen legt der Durchführungsbeschluss (EU) 2025/315 ein Muster fest, das die Einzelheiten dieser Mitteilung regelt. Der in Art. 33 SGK außerdem vorgesehene Bericht an die EU-Organe im Zusammenhang mit der Wiedereinführung oder Verlängerung von Binnengrenzkontrollen hat in einem einheitlichen Format zu erfolgen, welches durch den Durchführungsbeschluss (EU) 2025/308 festgelegt wird.

Waffe: 1. Der Waffenbegriff speziell des Waffengesetzes wird dort unter Verzicht auf eine allgemeingültige abstrakte Ausgangsdefinition allein im Wege der schlichten Aufzählung näher bestimmt. Nach § 1 II WaffG gibt es im Ausgangspunkt *vier Hauptarten* von Waffen im waffenrechtlichen Sinne, nämlich 1. ⇨ Schusswaffen, 2. den Schusswaffen ⇨ gleichgestellte Gegenstände, 3. ⇨ tragbare Gegenstände, die ihrem Wesen nach dazu bestimmt sind, die Angriffs- oder Abwehrfähigkeit von Menschen zu beseitigen oder herabzusetzen (dazu gehören namentlich die sog. „Hieb- und Stoßwaffen") sowie schließlich 4. tragbare Gegenstände, die – ohne dazu bestimmt zu sein – namentlich wegen ihrer Beschaffenheit, Handhabung oder Wirkungsweise geeignet sind, die Angriffs- oder Abwehrfähigkeit von Menschen zu beseitigen oder herabzusetzen, *sofern* die letztgenannten Gegenstände im Waffengesetz ausdrücklich als Waffen benannt sind. In der Anlage 1 zum Waffengesetz werden diese vier Waffenarten i. S. d. Waffengesetzes dann wortreich näher konkretisiert.

2. Als Waffe i. S. d. Strafrechts (vgl. z. B. §§ 224 I Nr. 2, 244 I Nr. 1a, 250 I Nr. 1a, II Nr. 1 StGB) gilt im Kern jeder Gegenstand, der *wesensmäßig* – d. h. nach Bauart und Zweck – dazu bestimmt ist, im Rahmen von Angriff oder Verteidigung Menschen zu verletzen oder zu töten (z. B. Säbel, Bajonett, Dolch, Stilett, militärisches Kampfmesser, Revolver, Pistole etc.). Man spricht in diesem Zusammenhang auch von einer Waffe „im technischen Sinne", weil die Bauart gerade als Angriffs- oder Verteidigungsinstrument hier das entscheidende Kriterium für die Einordnung darstellt. Die rein waffenrechtlichen Implikationen aus dem Waffengesetz gelten in diesem Zusammenhang nicht unmittelbar, sie können aber nach st. Rspr. eine gewisse Orientierungshilfe bieten (vgl. unter anderem BGHSt 24, 136, 138; BGH, NStZ 1989, 476). Auch der „allgemeine Sprachgebrauch" ist zu berücksichtigen, wenn es um die Frage geht, was im Detail als Waffe i. S. d. Strafrechts angesehen werden kann (vgl. z. B. BGH [GrS], NJW 2003, 1677, 1678).

3. Der obige strafrechtliche Waffenbegriff stellt einen *Kernbegriff* dar, der anerkanntermaßen in verschiedenen Richtungen erweiterungsfähig ist. So wird man über die obige Ausgangsdefinition hinaus auch noch solche Gegenstände als Waffen im strafrechtlichen Sinne ansehen dürfen, die der Jagd oder dem Sport dienen und die nach herkömmlicher Anschauung seit jeher ebenfalls als

„Waffen" eingestuft worden sind (z. B. Jagdgewehr, Schrotflinte, Hirschfänger, Fechtdegen, Sportbogen, Armbrust). Begründung: *Jagdwaffen* sind zwar unmittelbar für das Erlegen von Tieren bestimmt, können aber ebenso gut gegen Menschen eingesetzt werden und werden nach forensischer Erfahrung auch tatsächlich häufiger so verwendet. *Sportwaffen* dienen zwar aktuell an sich nicht mehr der gezielten Verletzung oder Tötung von Menschen, hatten aber ursprünglich im historischen Ausgangspunkt diese Funktion und können zudem – wie die Jagdwaffen – ohne Weiteres auch gegen Menschen gerichtet werden. Auch der allgemeine Sprachgebrauch ordnet die genannten Jagd- und Sportgerätschaften ohne Weiteres als „Waffen" ein. Eine ⇨ *Schreckschusswaffe* kann ebenfalls eine Waffe i. S. d. Strafrechts darstellen. Dies gilt jedenfalls dann, wenn sie geladen ist und über einen durchbohrten Lauf verfügt. Dazu hat der Große Strafsenat des BGH den folgenden Leitsatz formuliert (Beschl. vom 4.2.2003, – GSSt 2/02 = NJW 2003, 1677 –): *„Wer bei einer Raubtat das Opfer mit einer geladenen Schreckschusswaffe, bei der der Explosionsdruck nach vorn austritt, bedroht, verwendet eine Waffe und erfüllt damit den Tatbestand des § 250 II Nr. 1 StGB."* Der BGH begründet seine Auffassung vor allem mit der objektiven Gefährlichkeit einer solchen Schreckschusswaffe und verweist im Übrigen darauf, dass Schreckschusswaffen generell seit der am 1.4.2003 in Kraft getretenen „großen" Waffenrechtsreform auch waffenrechtlich bestimmten gesetzlichen Restriktionen unterliegen (BGH, NJW 2003, 1677, 1678 f.).

4. Unter einer Waffe speziell i. S. d. § 113 II 2 Nr. 1 StGB verstand man lange Zeit nicht nur alle Waffen im oben erläuterten „technischen" Sinne. Erfasst sein sollten vielmehr darüber hinaus auch alle ⇨ gefährlichen Werkzeuge, die der Täter in Verwendungsabsicht bei sich führte. Dieser großzügigen Betrachtungsweise, die im Widerspruch zum strafrechtlichen Waffenbegriff stand, ist das BVerfG zu Recht entgegengetreten (Beschl. vom 1.9.2008, – 2 BvR 2238/07 = JuS 2009, 78 –). Körperliche Gegenstände können nach Ansicht des Gerichts unter Berücksichtigung des allgemeinen Sprachgebrauchs auch im Rahmen des § 113 II 2 Nr. 1 StGB

nur dann als Waffen im strafrechtlichen Sinne bezeichnet werden, wenn ihre *primäre Zweckbestimmung* darin liegt, im Wege des Angriffs oder der Verteidigung zur Bekämpfung anderer eingesetzt zu werden, oder aber, wenn eine solche Verwendung *zumindest typisch* ist, was etwa bei Hiebwaffen – wie Keulen oder Messern – der Fall sein soll. Speziell ein Kraftfahrzeug kann in Anlegung dieser Maßstäbe nicht als Waffe angesehen werden, weil es weder nach seiner Zweckbestimmung noch von einem typischen Gebrauch her zur Bekämpfung von Personen oder zur Zerstörung von Sachen eingesetzt wird. Mit diesen Feststellungen hat das BVerfG letztlich nur an den üblichen strafrechtlichen Waffenbegriff angeknüpft (s. o.), der also auch bei Anwendung des § 113 II 2 Nr. 1 StGB Geltung beansprucht. Das Gericht hat aber ebenfalls klargestellt, dass beim Einsatz eines Kfz gegen einen Vollstreckungsbeamten ein *unbenannter* besonders schwerer Fall i. S. d. § 113 II 1 StGB angenommen werden kann, sodass sich zumindest im praktischen Ergebnis nichts ändern muss: Der Täter kann in der geschilderten Konstellation vom Tatgericht durchaus dem verschärften Strafrahmen des § 113 II StGB unterworfen werden. Die im Gesetz in Bezug genommene Verwendungsabsicht muss übrigens nicht von vornherein bestanden haben, sondern kann auch spontan unmittelbar vor oder während der Widerstandsleistung bzw. des tätlichen Angriffs gefasst werden. Eine tatsächlich erfolgte Verwendung setzt zwangsläufig eine entsprechende zeitlich vorhergehende Verwendungsabsicht voraus. Im Übrigen erscheint § 113 II Nr. 1 StGB in einem solchen Falle „erst recht" anwendbar. Die ursprüngliche Rechtsprechung, die dem Waffenbegriff in § 113 II Nr. 1 StGB auch gefährliche Werkzeuge unter Einschluss von Kfz zuordnete, beruhte letztlich auf dem Umstand, dass in der zitierten Vorschrift ursprünglich *ausschließlich* Waffen in Bezug genommen wurden. Mit Wirkung zum 5.11.2011 ist die Norm jedoch erweitert worden; sie erfasst nunmehr neben der Waffe auch jedes „andere gefährliche Werkzeug", das der Täter oder ein anderer Beteiligter in Verwendungsabsicht bei sich führt.
5. Im polizeilichen Zwangsrecht gelten nach der Leitbildvorschrift des § 36 IV ME PolG als Waffen: Schlagstock, Pistole,

Revolver, Gewehr, Maschinenpistole, Maschinengewehr und Handgranate. Terminologisch davon etwas abweichend bestimmt im Bundesrecht § 2 IV UZwG, dass im Rahmen der Anwendung unmittelbaren Zwanges zu den Waffen die dienstlich zugelassenen Hieb- und Schusswaffen sowie Reizstoffe und Explosivmittel gehören. Waffen im vorstehenden Sinne dürfen von der Polizei als Mittel des unmittelbaren Zwangs im Rahmen von Gefahrenabwehr oder Strafverfolgung nur dann angewendet werden, wenn die Anwendung von einfacher körperlicher Gewalt oder von Hilfsmitteln der körperlichen Gewalt im Einzelfall nicht mehr ausreicht, sodass es als „ultima ratio" eines Waffeneinsatzes bedarf (§ 4 UZwG).

Waffenbesitzkarte: Die schriftliche Erlaubnis der zuständigen Behörde zum *Erwerb* und *Besitz* einer Waffe (vgl. § 10 I 1 WaffG). Eine Waffe erwirbt im waffenrechtlichen Sinne, wer die tatsächliche Gewalt darüber erlangt. Eine Waffe besitzt im waffenrechtlichen Sinne, wer die tatsächliche Gewalt darüber ausübt.

Waffenschein: Die schriftliche Erlaubnis der zuständigen Behörde zum *Führen* einer bestimmten Waffe (vgl. § 10 IV WaffG). Eine Waffe führt im waffenrechtlichen Sinne, wer die tatsächliche Gewalt über sie außerhalb der eigenen Wohnung oder der eigenen Geschäftsräume oder außerhalb des eigenen befriedeten Besitztums oder außerhalb einer Schießstätte ausübt. Die Erteilung eines Waffenscheins ist jeweils an bestimmte gesetzlich festgelegte Voraussetzungen gebunden, wie z. B. Bedürfnis, Zuverlässigkeit, Sachkunde etc. Einen Sonderfall des Waffenscheins bildet der sog. ⇨ „Kleine Waffenschein".

Wahllichtbildvorlage: Eine Aufklärungsmaßnahme im Ermittlungsverfahren, die darin besteht, dass dem Opfer einer ⇨ Straftat oder einem sonstigen ⇨ Zeugen zwecks Identifizierung des Täters verschiedene Fotos vorgelegt werden, von denen eines den ⇨ Beschuldigten zeigt. Die StPO selbst sieht ein solches Prozedere zwar nicht ausdrücklich vor, jedoch gilt die Wahllichtbildvor-

lage nach wohl allgemeiner Meinung als legitime Aufklärungsmaßnahme. Konstruktiv kann man sie als ⇨ Minus-Maßnahme zu einer normalen ⇨ Gegenüberstellung einstufen, sodass sie zumindest mittelbar durch die in § 58 II StPO enthaltene Regelung gedeckt erscheint. In Übereinstimmung damit wird die Wahllichtbildvorlage in RiStBV Nr. 18 III explizit als zulässige Maßnahme anerkannt.
MERKE: Gleichzeitig enthält die eben genannte Vorschrift die Vorgabe, dass dem Zeugen die Lichtbilder von mindestens acht Personen vorzulegen sind. Ergänzend hält es die Rechtsprechung für vorzugswürdig, dass die Lichtbilder dem Zeugen nicht gleichzeitig, sondern nacheinander – also sequenziell – vorgelegt werden, und dass die sukzessive Vorlage *aller* Fotos erfolgt (vgl. BGH, NStZ 2012, 17). Man sollte also aus Gründen der Beweiswertsteigerung die Vorlage nicht abbrechen, wenn der Zeuge z. B. nach dem Betrachten des dritten Fotos meint, den Täter bereits wiedererkannt zu haben.

Warnschuss: Ein in den Boden oder in die Luft abgegebener Schuss, der die Funktion hat, gegenüber einer Person den rechtlich möglichen und bevorstehenden „scharfen" Schusswaffengebrauch anzudrohen. Es handelt sich beim Warnschuss also um eine besonders eindringliche Form der Androhung von ⇨ unmittelbarem Zwang, hier in der ultimativen Variante des (Schuss-)Waffengebrauchs. Die Abgabe eines Warnschusses ist nur rechtmäßig, wenn der angedachte nachfolgende „scharfe" Schusswaffengebrauch – den vorher abgegebenen Warnschuss unterstellt – für sich betrachtet zulässig ist; ein Warnschuss als „Bluff" wäre also unzulässig, was z. B. in der UZwVwV-BMI ausdrücklich betont wird: *„Warnschüsse dürfen nur abgegeben werden, wenn die Voraussetzungen für den Schusswaffengebrauch gegeben sind [...]"* (Abschnitt X. VII 1).
MERKE: Dass jedenfalls im Bundesrecht in § 11 I 2 UZwG auch der reine ⇨ Anhalteschuss als „Warnschuss" bezeichnet wird, erscheint nicht sachgerecht und verwischt die Grenzen zwischen dem Anhalteschuss, der letztlich nur ein Kommunikationsmittel

ist, und dem echten Warnschuss, welcher die Funktion hat, unmittelbaren Zwang in seiner schärfsten Form unmissverständlich anzudrohen.

Wegerechte: ⇨ Sonder- und Wegerechte.

Wegnahme: Im Rahmen der §§ 242, 249 ff. StGB versteht man unter Wegnahme den Bruch fremden und die Begründung neuen (nicht notwendig eigenen) Gewahrsams. Dabei bezeichnet der Begriff ⇨ Gewahrsam in diesem Zusammenhang eine willensgetragene Sachherrschaft; entscheidend sind hier also nicht die bürgerlichrechtlichen Eigentumsverhältnisse, sondern maßgeblich ist allein die tatsächliche Verfügungsgewalt über die Sache. Bei kleineren und leicht transportablen Sachen ist die Wegnahme und damit die Tat bereits dann vollendet, wenn der Täter die Sache durch Ergreifen, Einstecken oder Verbergen in der Kleidung in seine *körperliche Gewahrsamssphäre* verbringt. Dies gilt auch dann, wenn der Täter dabei von eingriffsbereiten Dritten (Eigentümer, Kaufhausdetektiv, Polizist) beobachtet wird: Diebstahl ist kein heimliches Delikt. Bei der sog. ⇨ Diebesfalle hingegen fehlt es entgegen dem äußeren Anschein an einer Wegnahme, weil der Gewahrsamsinhaber hier – aus Überführungsgründen – mit dem Gewahrsamwechsel (freilich nicht mit der Zueignung!) einverstanden ist. Folge: Es liegt nur ein versuchter Diebstahl am untauglichen Objekt vor.

Weigerungsrechte: ⇨ Schweigerechte, ⇨ Selbstbelastungsfreiheit.

Werktag: Unter anderem im Ordnungs- und Verkehrsrecht spielt der Begriff des Werktags häufiger eine Rolle. Als Werktage im Rechtssinne gelten die Tage Montag bis Samstag. Keine Werktage sind hingegen Sonntage sowie gesetzliche Feiertage. Auch der Samstag ist demnach grundsätzlich ein Werktag. Denn entgegen einem verbreiteten Missverständnis ist „Werktag“ nicht mit „Arbeitstag“ gleichzusetzen, sondern vielmehr als Gegensatz zu den Begriffen „Sonntag“ und „gesetzlicher Feiertag“ zu verstehen. Wenn also etwa ein Verkehrsschild nach seiner Aufschrift „werktags“ Geltung beansprucht, dann ist es auch am Samstag gültig. Die vorstehenden Feststellungen entsprechen der st. Rspr. (vgl. z. B. OLG Hamm, Beschl. vom 7.3.2001, – 2 Ss OWi 127/01 –) und werden durch die in § 3 II BUrlG enthaltene ⇨ Legaldefinition für den speziellen Bereich des Urlaubsrechts noch einmal ausdrücklich bestätigt. Eine anerkannte Ausnahme gibt es allerdings im Mietrecht: Bezüglich der pünktlichen Überweisung der Miete gilt im Rahmen des § 556b I BGB der Samstag *nicht* als Werktag, weil die Miete üblicherweise per Überweisung gezahlt wird und Banken sowie Sparkassen in aller Regel am Samstag nicht arbeiten (vgl. BGH, Urt. vom 13.7.2010, – VIII ZR 291/09 –, sowie BGH, Urt. vom 13.7.2010, – VIII ZR 129/09 –). Fällt der dritte Tag des laufenden Monats also auf einem Samstag, so ist die Miete für diesen Monat erst am nächsten Montag fällig.

Werkzeug: ⇨ Einbruchsdiebstahl, ⇨ gefährliches Werkzeug.

Wesentlichkeitstheorie: ⇨ Vorbehalt des Gesetzes.

Widerrechtliches Eindringen: I. S. d. § 123 I 1. Alt. StGB *dringt* in die geschützte Örtlichkeit *ein*, wer diese ohne bzw. gegen den Willen des Berechtigten betritt. Dabei genügt es bereits, dass der Täter mit einem Teil seines Körpers so in die Räumlichkeit hineingelangt, dass er sich dort einen festen Stützpunkt verschafft („den Fuß in die Tür stellen“). Das Überwinden physischer Hindernisse ist nicht unbedingt erforderlich; das Betreten einer Wohnung durch die offene Terrassentür würde also ausreichen. Der entgegenstehende Wille des Berechtigten kann ein tatsächlich geäußerter oder ein nach der Verkehrsanschauung zu vermutender Wille sein. Ein Handeln *mit* dem Willen des Berechtigten schließt also bereits das Eindringen aus. Das weitere Merkmal *widerrechtlich* stellt nach h. M. kein zusätzliches objektives Tatbestandsmerkmal dar; vielmehr soll es sich dabei nur einen deklaratorischen Hinweis auf das allgemeine Verbrechensmerkmal der Rechtswidrigkeit handeln.

Diese Rechtswidrigkeit kann insbesondere durch eine *mutmaßliche* Einwilligung ausgeschlossen sein, die als ungeschriebener ⇨ Rechtfertigungsgrund anerkannt ist.

Widerstand gegen Vollstreckungsbeamte: ⇨ Tätlicher Angriff, ⇨ Rechtmäßigkeit der Diensthandlung, ⇨ Widerstandsleistung, ⇨ Vollstreckungsbeamter.

Widerstandsleistung: I. S. d. § 113 I StGB leistet Widerstand, wer durch aktives Verhalten darauf abzielt, die Diensthandlung zu erschweren oder zu verhindern. Unerheblich ist dabei, ob der Täter sein Ziel auch erreicht, ob also die Diensthandlung tatsächlich erschwert oder vereitelt wird. Ein rein passives Verhalten genügt nicht. Die Widerstandsleistung im vorstehenden Sinne muss durch Anwendung von oder durch Drohung mit Gewalt erfolgen. Unter ⇨ *Gewalt* versteht man dabei jede Entfaltung körperlicher Kraft durch den Täter, die sich gegen die Person des ⇨ Vollstreckungsbeamten richtet und die geeignet ist, sich zumindest mittelbar beim Beamten körperlich auszuwirken und die Diensthandlung zu beeinträchtigen. Durch *Drohung mit Gewalt* leistet der Täter Widerstand, wenn er Gewalt im vorstehenden Sinne mit Bezug auf die Diensthandlung ankündigt, also in Aussicht stellt. MERKE: Bei der Widerstandsleistung mit Gewalt oder durch Drohung mit Gewalt ist der Bezugspunkt des Täterverhaltens stets die Diensthandlung, die erschwert oder verhindert werden soll.

Willensbestimmung: ⇨ Hilflose Lage.

Wohnung: Der Begriff der Wohnung im verfassungsrechtlichen Sinne des Art. 13 GG ist nach der Rechtsprechung nicht im engen Sinne der Umgangssprache zu verstehen, sondern *weit* auszulegen; er umfasst zur Gewährleistung einer räumlichen Sphäre, in der sich das Privatleben ungestört entfalten kann, alle diejenigen Räume, welche der Inhaber der allgemeinen Zugänglichkeit durch Abschottung entzogen und zur Stätte privaten Wirkens gemacht hat (st. Rspr., vgl. z. B. BVerfGE 32, 54, 69 ff.; 89, 1, 12; BGHSt 42,

372, 375 f.; BGHSt 44, 138, 141 = NJW 1998, 3284, 3285). Kennzeichnend für eine Wohnung im vorstehenden Sinne ist somit, dass eine „räumliche Privatsphäre" geschaffen worden ist (BGH, Urt. vom 29.4.2009, – 701/08 = BGHSt 53, 294 –), die unter Ausschluss der Öffentlichkeit den räumlichen Kernbereich der persönlichen Lebensführung darstellt. Maßgeblich für die Beurteilung ist „die nach außen erkennbare Zweckbestimmung", die der Nutzungsberechtigte der jeweiligen Räumlichkeit beigelegt hat (BGHSt 44, 138, 141 = NJW 1998, 3284, 3285). Beispiele: Außer der Wohnung im engen Sinne der Alltagssprache unterfallen dem Begriff der Wohnung im Rechtssinne nach dem oben Gesagten auch sog. Nebenräume der eigentlichen Wohnung wie Keller, Dachboden oder Abstellräume, ferner abgeschlossene Höfe, Gartenhäuschen, Hotel- und Krankenzimmer, Zimmer in Studentenwohnheimen und Altersheimen, Wohnschiffe, Wohn- und Campingwagen, sofern sie tatsächlich als Behausung genutzt werden, sowie nicht allgemein zugängliche Vereins- und Clubräume. *Keine* Wohnungen sind nach allgemeiner Meinung: Unterkunftsräume von Soldaten oder Polizisten, Haft- oder Gewahrsamsräume, die Besuchsräume einer Justizvollzugsanstalt, Personenkraftwagen. Bezüglich der Letzteren stellt die als solche genutzte Schlafkoje in einem Lastkraftwagen eine denkbare Ausnahme dar, *sofern* sich dort die gesamte Habe des Fahrers befindet (so jedenfalls OLG Celle, GA 1962, 188). Arbeits-, Betriebs-, Geschäfts- und Büroräume, Personalaufenthaltsräume, Arbeitshallen und Werkstätten werden vom Wohnungsbegriff nur dann erfasst, wenn – und solange – sie *nicht allgemein zugänglich* sind (BGH, a. a. O.; ebenso BVerfG, NJW 2003, 2669). Neuerdings scheint das BVerfG dazu zu tendieren, Arbeits-, Betriebs- und Geschäftsräume etc. *generell* in den verfassungsrechtlichen Wohnungsbegriff mit einzubeziehen, jedoch einen Eingriff in den Schutzbereich des Art. 13 GG zu verneinen, wenn der Zutritt während einer Zeit erfolgt, zu der die Öffentlichkeit allgemeinen Zugang zu den betreffenden Räumlichkeiten hat (BVerfGE 97, 228, 265; 121, 345, 348). Kritik: Eine solche Erweiterung passt nicht mehr zu der Ausgangsdefinition, der zufolge die Wohnung ja im Kern die räumlich geschützte *Privatsphäre* darstellen soll.

2. Speziell in den Polizeigesetzen von Bund und Ländern wird der Wohnungsbegriff nach dem Vorbild der in § 19 I 2 ME PolG enthaltenen ⇨ Legaldefinition teilweise etwas großzügiger definiert. In diesem weiteren gefahrenabwehrrechtlichen Sinne gelten als Wohnung neben den eigentlichen Wohnräumen i. S. d. Alltagssprache auch Nebenräume, Arbeits-, Betriebs- und Geschäftsräume sowie anderes ⇨ befriedetes Besitztum (so z. B. auch § 45 I 2 BPolG). Das Betreten und Durchsuchen einer Wohnung im vorstehenden Sinne aus Gründen der Gefahrenabwehr ist an vergleichsweise enge Voraussetzungen gebunden. Soweit allerdings Arbeits-, Betriebs- oder Geschäftsräume oder andere Räume oder Grundstücke der Öffentlichkeit zugänglich sind, besteht nach Maßgabe der Polizeigesetze eine wichtige Erleichterung: Diese Örtlichkeiten werden zwar aus dem spezifischen polizeirechtlichen Wohnungsbegriff nicht herausgenommen, sie dürfen aber zur Gefahrenabwehr während der Arbeits-, Geschäfts- oder Aufenthaltszeit *jederzeit* polizeilich *betreten* werden (vgl. z. B. § 45 V BPolG, der dem § 19 IV ME PolG nachgebildet ist).

Zerstören: Eine Sache ist zerstört i. S. d. § 303 I StGB, wenn sie entweder in ihrer Existenz völlig vernichtet oder zumindest so erheblich beschädigt worden ist, dass ihre bestimmungsgemäße Gebrauchstauglichkeit vollständig aufgehoben ist. Beispiele: Verbrennen eines Dokuments, Zerbrechen einer Porzellanvase in viele Einzelteile, Zündung einer Autobombe. Die Zerstörung stellt also eine Steigerung der bloßen Beschädigung dar. Unter einer *teilweisen* Zerstörung, die bei manchen Sachbeschädigungsdelikten als mögliche Tathandlung in Betracht kommt (§§ 305, 305a StGB), ist zunächst das ⇨ Unbrauchbarmachen von einzelnen Teilen einer komplexen (zusammengesetzten) Sache zu verstehen. Ferner ist eine teilweise Zerstörung dann anzunehmen, wenn eine Sache mehrere Zweckbestimmungen hat und zumindest eine davon als Folge der Einwirkung nicht mehr erfüllt werden kann. Das teilweise Zerstören steht gewissermaßen zwischen dem bloßen ⇨ Beschädigen und dem vollständigen Zerstören.

Zerstörung durch Brandlegung: ⇨ Inbrandsetzung.

Zeuge: Ein Zeuge ist eine Person, die in einem nicht gegen sie selbst gerichteten Straf- oder Bußgeldverfahren Auskunft über wahrgenommene ⇨ Tatsachen geben und auf diese Weise an der Wahrheitsfindung mitwirken soll. Der Zeuge ist damit ein Beweismittel in Gestalt einer Auskunftsperson. Für bestimmte Zeugenarten haben sich besondere Bezeichnungen herausgebildet. Dazu gehören namentlich der sachverständige Zeuge, der Augenzeuge, der Zeuge vom Hörensagen und der Opferzeuge. Grundsätzlich sind Zeugen zur Aussage verpflichtet, sofern sie sich nicht im Einzelfall auf ein ⇨ Zeugnisverweigerungsrecht (§§ 52 ff. StPO) oder auf ein ⇨ Auskunftsverweigerungsrecht (§ 55 StPO) berufen können. Die Aussage eines Zeugen nennt man auch Zeugnis oder Bekundung.

Zeugnisverweigerungsrecht: Ein umfassendes ⇨ Schweigerecht des ⇨ Zeugen, das in zahlreichen Zusammenhängen vorgesehen ist. Insbesondere im Strafverfahren ist das Zeugnisverweigerungsrecht das Recht eines Zeugen, aus persönlichen oder beruflichen Gründen die Aussage zur Sache vollständig zu verweigern. Zur Verweigerung des Zeugnisses in einer Strafsache sind berechtigt die im Gesetz benannten ⇨ Angehörigen des ⇨ Beschuldigten (§ 52 I StPO), bestimmte Berufsgeheimnisträger (§ 53 StPO), sog. ⇨ „Berufshelfer" (§ 53a StPO), Angehörige des öffentlichen Dienstes in Ansehung von Umständen, auf welche sich die Pflicht zur Amtsverschwiegenheit bezieht, sofern die erforderliche Aussagegenehmigung des Dienstherrn nicht vorliegt (§ 54 I StPO) und schließlich der Bundespräsident, wenn die Ablegung des Zeugnisses dem Wohl des Bundes oder eines deutschen Bundeslandes Nachteile bereiten würde (§ 54 III StPO). Auch außerhalb des Strafverfahrens sieht die Rechtsordnung ein Zeugnisverweigerungsrecht aus persönlichen oder sachlichen Gründen in zahlreichen Fällen vor. Dies gilt namentlich für das Bußgeldverfahren (§ 46 I OWiG), für das Disziplinarverfahren (vgl. z. B. § 25 BDG) und für das förmliche Verwaltungsverfahren (§ 65 VwVfG), aber auch für eine Reihe sonstiger behördlicher oder gerichtlicher Verfahren (vgl. z. B. die §§ 72 VwVfG, 383 ff. ZPO, 98 VwGO, 101 ff. AO, 84 FGO, 118 SGG).

Zollstraftaten: Mit diesem Begriff bezeichnet man solche Steuerstraftaten, die sich als strafbewehrte Verstöße gegen das geltende Zollrecht darstellen. Zu diesen speziellen ⇨ Straftatbeständen gehört zunächst die sog. „Zollhinterziehung“, die wie eine Steuerhinterziehung (§ 370 AO) behandelt wird, denn nach § 3 III 1 AO gelten zollrechtlich begründete Einfuhr- und Ausfuhrabgaben rechtlich als Steuern i. S. d. Abgabenordnung. Aus dieser Gleichstellung folgt unter anderem, dass in leichteren Fällen einer Zollhinterziehung eine sog. „Selbstanzeige“ (§ 371 AO) strafmildernd oder unter Umständen sogar strafbefreiend wirken kann, sofern sie rechtzeitig und ordnungsgemäß erfolgt. Weitere Zolldelikte sind der Schmuggel (§ 373 AO) und die Zollhehlerei als Sonderfall der Steuerhehlerei (§ 374 i. V. m. § 3 III 1 AO). Die vorgenannten Verstöße können wie alle ⇨ Straftaten mit Geldstrafe oder Freiheitsstrafe geahndet werden. Die leichtfertige Zollverkürzung sowie die Zollgefährdung (§§ 378, 379 i. V. m. § 3 III 1 AO) stellen hingegen bloße ⇨ Ordnungswidrigkeiten dar, die nur mit einer ⇨ Geldbuße bedroht sind.

Zollverbund: Die zur Vermeidung von Doppelkontrollen gesetzlich vorgesehene Möglichkeit, entweder Beamte der Zollverwaltung mit der Wahrnehmung von Aufgaben der polizeilichen Kontrollen des grenzüberschreitenden Verkehrs an einzelnen Grenzübergangsstellen zu betrauen, soweit dadurch die Abfertigung des grenzüberschreitenden Reiseverkehrs vereinfacht wird (§ 66 BPolG) bzw. umgekehrt die Möglichkeit, Beamte der Bundespolizei mit der Wahrnehmung von Aufgaben der Zollverwaltung an einzelnen Grenzzollstellen zu betrauen, soweit dadurch die Abfertigung des grenzüberschreitenden Reiseverkehrs vereinfacht wird (§ 67 BPolG). Dieser Zollverbund wird jedoch an den Landgrenzen der Bundesrepublik Deutschland im Regelfall tatsächlich nicht mehr angewendet, weil mittlerweile alle deut-

schen Landgrenzen sog. „Schengen-Binnengrenzen“ darstellen, an denen die routinemäßigen Grenzkontrollen aus Anlass des Grenzübertritts grundsätzlich weggefallen sind.
MERKE: Theoretisch könnte der Zollverbund im vorstehenden Sinne im Falle einer ⇨ vorübergehenden Wiedereinführung von Kontrollen an den Binnengrenzen nach Maßgabe der Art. 23 ff. SGK wieder aufleben; dies wird jedoch nach bisheriger Erfahrung nicht praktiziert. In den großen Seehäfen oder in den Flughäfen mit NON-Schengen-Verkehr könnte der Zollverbund von Rechts wegen zwar stattfinden, jedoch sind dort – soweit bekannt – zu keinem Zeitpunkt Grenzübergangsstellen i. S. d. § 66 BPolG oder Grenzzollstellen i. S.d. § 67 BPolG eingerichtet worden.

Zubereitung: ⇨ Betäubungsmittel, ⇨ neue psychoaktive Stoffe.

Zufallsfunde: Im Strafprozessrecht die gängige Kurzbezeichnung für Gegenstände, die anlässlich einer strafprozessualen Durchsuchung gefunden werden, keine Beziehung zum laufenden Ermittlungsverfahren aufweisen und auf eine *andere* Straftat hindeuten (vgl. § 108 I StPO). Typisch für einen Zufallsfund ist also, dass er auf ein Delikt hindeutet, welches mit dem aktuell in Rede stehenden Ermittlungsgegenstand in keinem inneren Zusammenhang steht. Beispiel: Bei einer Bürodurchsuchung wegen Verdachts der Steuerhinterziehung wird unerwartet eine größere Menge an Rauschgift entdeckt.
MERKE: Nach der in § 108 StPO getroffenen Regelung *sind* Zufallsfunde einstweilen zu beschlagnahmen und die Staatsanwaltschaft ist darüber zu benachrichtigen. Diese wird im Regelfall ein neues Ermittlungsverfahren einleiten und beim Amtsgericht die endgültige Beschlagnahme des Zufallsfundes nach Maßgabe der §§ 94, 98 StPO beantragen.

Zugbegleiter: ⇨ Zugführer.

Zugchef: ⇨ Zugführer.

Zugführer: Derjenige Bahnmitarbeiter, dem die Verantwortung für die Sicherheit und die ordnungsgemäße Abwicklung einer konkreten Zugfahrt übertragen ist. Im Personenfernverkehr der DB AG wird der Zugführer als *Zugchef* bezeichnet. Dieser ist durch eine rote Armbinde kenntlich gemacht. Der Zugführer bzw. Zugchef wird von den Zugbegleitern (früher: Zugschaffnern) unterstützt. Hingegen wird derjenige, der den Zug im verkehrstechnischen Sinne führt, heute in der Fachsprache als Triebfahrzeugführer (Tf) bezeichnet. Daneben sind aber auch die umgangssprachlichen Begriffe „Lokomotivführer" oder abgekürzt „Lokführer" durchaus noch gebräuchlich.

Zur Befriedigung des Geschlechtstriebs: Wer einen Menschen vorsätzlich tötet, um seinen Geschlechtstrieb zu befriedigen, verwirklicht eines der in § 211 II StGB genannten ⇨ Mordmerkmale und ist deshalb als Mörder zu bestrafen. Zur Befriedigung des Geschlechtstriebes tötet zunächst der sog. „Lustmörder", der entweder bereits im Tötungsakt selbst seine geschlechtliche Befriedigung sucht oder aber seine Geschlechtslust an der Leiche des Opfers befriedigen will, ferner aber auch der mit bedingtem Tötungsvorsatz handelnde Sexualverbrecher, der den Tod des Opfers zwar nicht beabsichtigt, aber als mögliche Folge seines Handelns billigend in Kauf nimmt. Das Motiv des Täters zur Triebbefriedigung stellt eine besondere Absicht dar und lässt sich deshalb zu den ⇨ subjektiven Tatbestandsmerkmalen rechnen.

Zureichende tatsächliche Anhaltspunkte: ⇨ Anfangsverdacht.

Zur Ermöglichung einer anderen Straftat: Eine Absicht, die beim vorsätzlichen ⇨ Töten eines Menschen ein sog. ⇨ „Mordmerkmal" i. S. d. § 211 II StGB darstellt, mit der Folge, dass der Täter als Mörder zu bestrafen ist. Zur Ermöglichung einer anderen ⇨ Straftat tötet, wer eine andere – eigene oder fremde – Tat durch die Ausschaltung des Opfers erst möglich machen will. Die Tötung dient in einem solchen Falle also zielgerichtet als Mittel zur Realisierung einer weiteren Straftat. Dabei genügt es, wenn die zum Tode führende Handlung die andere Straftat nur erleichtert oder beschleunigt; ein unbedingt notwendiges Mittel zur Durchführung der anderen Tat muss die Tötung also nicht zwingend sein. Beispiele: Die Tötung des Wachmannes, um einen Bankeinbruch begehen zu können, die Tötung des Leibwächters, um die Schutzperson entführen zu können oder die Tötung eines Geldboten, um ihn anschließend ungestört ausplündern zu können.

Zurückgewinnungshilfe: Die früher bestehende Möglichkeit einer ⇨ Beschlagnahme von aus einer ⇨ Straftat stammenden Vermögensvorteilen auf der speziellen Rechtsgrundlage des § 111b V StPO a. F. Diese kam selbst dann in Betracht, wenn im Rahmen des Strafverfahrens der spätere ⇨ Verfall der betreffenden Vermögensgegenstände aufgrund der in § 73 I 2 StGB enthaltenen Regelung nach Lage des Falles erkennbar ausscheiden musste, weil die Vereitelung von möglichen ⇨ Ansprüchen des Verletzten auf Herausgabe oder Ersatz drohte. Ein typisches Beispiel bildete die Beschlagnahme eines Erlöses, den der Täter aus der Veräußerung der Tatbeute erzielt hat. Es ging bei der Zurückgewinnungshilfe weder um die Sicherung von möglichen ⇨ Beweismitteln noch um die Gewährleistung von Verfall oder ⇨ Einziehung, sondern allein um die Sicherung von Herausgabe- oder Ersatzansprüchen des Verletzten. Letztlich zielte die Zurückgewinnungshilfe also auf die Wiederherstellung der materiellrechtlichen Eigentums- bzw. Vermögensordnung. Aufgrund der Streichung der §§ 73 I 2 StGB, 111b V StPO StGB a. F. durch das Gesetz zur Reform der strafrechtlichen Vermögensabschöpfung vom 13.4.2017 (BGBl. I 2017, 872) ist jedoch das Rechtsinstitut der Zurückgewinnungshilfe mit Wirkung zum 1.7.2017 entfallen. Der Gesetzgeber wollte dadurch das Strafverfahren von der Notwendigkeit der Prüfung zivilrechtlicher Ansprüche freihalten und die Strafverfolgung insgesamt vereinfachen (vgl. BT-Drs. 18/9525, 49 ff.).
MERKE: Aufgrund der Streichung des § 73 I 2 StGB a. F. kommt nunmehr auch Tatbeute als sog. „Tatertrag“ – weil i. S. d. neu gefassten § 73 I StGB „durch eine rechtswidrige Tat erlangt“ – grundsätzlich als möglicher Einziehungsgegenstand in Betracht

und darf daher auf der Grundlage des § 111b I StPO beschlagnahmt werden. Handelt es sich dabei allerdings um eine bewegliche Sache, die im Strafverfahren nicht mehr benötigt wird, so wird die beschlagnahmte Sache an den Verletzten herausgegeben, dem sie durch die Straftat entzogen worden ist, sofern dieser bekannt ist (§ 111n II i. V. m. I StPO n. F.); eine spätere Anordnung der Einziehung der beschlagnahmten Sache durch das Strafgericht scheidet in dieser Konstellation also aus.

Zurückschiebung: Im Rahmen des allgemeinen Ausländerrechts eine den Aufenthalt eines vollziehbar ausreisepflichtigen ⇨ Ausländers in Deutschland beendende Maßnahme, die auf der Grundlage des § 57 AufenthG erfolgt und darin besteht, dass der Ausländer wieder ins Ausland verbracht wird. Die eben genannte Vorschrift unterscheidet zwischen der Zurückschiebung nach Aufgriff an einer Außengrenze der Mitgliedstaaten der EU (§ 57 I AufenthG) und der Zurückschiebung nach Aufgriff an einer Binnengrenze (§ 57 II AufenthG). Die zutreffende konstruktive Erfassung der Zurückschiebung ist nicht abschließend geklärt; überwiegend wird sie als spezielle Maßnahme der Verwaltungsvollstreckung angesehen, gerichtet auf die Durchsetzung einer bestehenden und vollziehbaren Ausreisepflicht. Teilweise wird sie aber auch als Mischung von ⇨ Verwaltungsakt und ⇨ Realakt angesehen.
MERKE: Im Falle einer unerlaubten Einreise ohne gültigen Pass, aber mit ⇨ Visum (das etwa versehentlich in einen bereits abgelaufenen Pass eingeklebt worden ist) liegt wegen des dann vorhandenen ⇨ Aufenthaltstitels keine vollziehbare Ausreisepflicht vor. Zuständig für die Zurückschiebung an der Grenze – also im grenznahen Raum – ist die Bundespolizei in ihrer Eigenschaft als Grenzbehörde (§ 71 III Nr. 1 AufenthG i. V. m. § 2 II Nr. 2 BPolG). Rechtsfolge einer Zurückschiebung ist der Eintritt eines Einreiseverbots (§ 11 I AufenthG).

Zurückschiebung bei Asylbegehren: Die ⇨ Zurückschiebung eines ⇨ Ausländers, der von der Grenzbehörde im grenznahen Raum in einem unmittelbaren zeitlichen Zusammenhang mit

einer unerlaubten Einreise angetroffen wird und bei der Grenzbehörde um Asyl nachsucht. Nach der in § 18 III AsylVfG getroffenen Regelung ist der Asylsuchende in diesem Falle zurückzuschieben, wenn die Voraussetzungen des § 18 II AsylVfG erfüllt sind. Dies trifft zu, wenn 1. der Ausländer aus einem sicheren Drittstaat eingereist ist, oder 2. Anhaltspunkte dafür vorliegen, dass ein anderer Staat aufgrund von EU-Vorschriften oder aufgrund eines völkerrechtlichen Vertrages für die Durchführung des Asylverfahrens zuständig ist und ein Aufnahme- oder Wiederaufnahmeverfahren eingeleitet wird, oder 3. der Betreffende eine Gefahr für die Allgemeinheit bedeutet, weil er in Deutschland wegen einer besonders schweren Straftat zu einer Freiheitsstrafe von mindestens drei Jahren rechtskräftig verurteilt worden ist und seine Ausreise nicht länger als drei Jahre zurückliegt.
MERKE: Gemäß der in § 18 IV AufenthG getroffenen Ausnahmeregelung ist allerdings von der Zurückschiebung des Asylbegehrenden im speziellen Falle der Einreise aus einem sicheren Drittstaat dann abzusehen, wenn die Bundesrepublik Deutschland aufgrund von EU-Vorschriften oder aufgrund eines völkerrechtlichen Vertrages mit dem sicheren Drittstaat, aus dem der Asylbegehrende kommt, für die Durchführung des Asylverfahrens zuständig ist, oder wenn das BMI aus völkerrechtlichen oder humanitären oder politischen Gründen angeordnet hat, von einer Zurückweisung abzusehen.

Zurückschiebungshaft: Die richterlich angeordnete Haft eines ⇨ Ausländers, die entweder der Vorbereitung oder der Sicherung einer ⇨ Zurückschiebung dient. Wie bei der ⇨ Abschiebungshaft gibt es also auch die Zurückschiebungshaft in Gestalt der Vorbereitungshaft oder in Form der Sicherungshaft. Die Rechtsgrundlage für die Zurückschiebungshaft bildet § 57 III i. V. m. § 62 AufenthG. Der Vollzug der Zurückschiebungshaft ist stets Ländersache. Vollzogen wird sie wie die Abschiebungshaft grundsätzlich in speziellen Abschiebungshafteinrichtungen. Sind derartige spezielle Abschiebehafteinrichtungen nicht oder nicht in ausreichendem Maße im Bundesgebiet vorhanden, so darf die

Zurückschiebungshaft auch in sonstigen Haftanstalten vollzogen werden; die Gefangenen sind in einem solchen Fall stets getrennt von Strafgefangenen unterzubringen. Die gleiche Ausnahme gilt, wenn von dem zurückzuschiebenden Ausländer eine ⇨ erhebliche Gefahr für Leib oder Leben Dritter oder für bedeutende Rechtsgüter der inneren Sicherheit ausgeht.

Zurückweisung: Die einem einreisewilligen ⇨ Ausländer gegenüber verfügte Verweigerung der Einreise nach Deutschland, welche die Einreise und damit auch den Aufenthalt des Betroffenen verhindern soll. Die Zurückweisung stellt also im Kern eine *Einreiseverweigerung* dar. In Abhängigkeit von ihrem Grund erfolgt die Zurückweisung entweder zwingend (§ 15 I AufenthG; mögliche Ausnahmen: Ausnahmevisum oder Notreiseausweis) oder nach ⇨ pflichtgemäßem Ermessen (§ 15 II, III AufenthG). Im Falle der Kann-Zurückweisung gemäß § 15 II AufenthG hat sich die Ermessensausübung bei Nichterfüllung der Einreisevoraussetzungen i. S. d. Art. 5 I SGK an der grundsätzlich obligatorisch vorgeschriebenen Einreiseverweigerung nach Art. 13 I 1 SGK zu orientieren. Einen *besonderen* Zurückweisungsgrund regelt ergänzend § 33 III AsylVfG: Danach wird ein Ausländer an der Grenze zurückgewiesen, wenn bei der Einreise festgestellt wird, dass er während des Asylverfahrens in seinen Herkunftsstaat zurückgereist ist und deshalb der Asylantrag kraft Gesetzes als zurückgenommen gilt. Bei der Zurückweisung handelt es sich um einen belastenden ⇨ Verwaltungsakt, der ⇨ sofort vollziehbar i. S. d. § 80 II 1 Nr. 2 VwGO ist. Damit hat ein ggf. eingelegter Widerspruch keine aufschiebende Wirkung. Zuständig für die Zurückweisung ist die Bundespolizei (§ 71 III Nr. 1 AufenthG). Gemäß § 77 AufenthG bedarf die Einreiseverweigerung durch Zurückweisung an sich keiner Schriftform. Allerdings ist nach Art. 1 Nr. 1 der Entscheidung des Rates der EU Nr. 14253/2003 ein im Schengen-Raum einheitlicher Vordruck zu verwenden, der Kennbuchstaben für den Zurückweisungsgrund auflistet.
MERKE: Die Frage, welcher Zielstaat im Falle einer Zurückweisung zu wählen ist, hat im Aufenthaltsgesetz keine Regelung ge-

funden. In Anlehnung an die frühere Regelung in § 60 IV AuslG i. V. m. § 64 III AufenthG gilt als zu wählender Zielstaat derjenige Staat, aus dem der Ausländer einzureisen versucht, oder der Staat, in dem die Reise angetreten wurde (bei Landwegeinreise: Anrainerstaat, bei Luftwegeinreise: Reiseantrittsstaat, bei Zwischenlandung: letzter Aufenthaltsstaat), oder der Staat, in dem der Ausländer seinen gewöhnlichen Aufenthalt hat oder dessen Staatsangehörigkeit er besitzt oder der den Pass des Ausländers ausgestellt hat oder ein sonstiger Staat, in den der Ausländer einreisen darf. Anders als in den Fällen der ⇨ Zurückschiebung, ⇨ Ausweisung und ⇨ Abschiebung tritt bei der Zurückweisung *kein* Einreiseverbot ein (§ 11 I AufenthG).

Zurückweisung bei Asylbegehren: Ein Sonderfall der ⇨ Zurückweisung, der dann gegeben ist, wenn ein einreisewilliger ⇨ Ausländer im Rahmen seines Einreiseversuchs um Asyl nachsucht. Nach der in § 18 II AsylVfG getroffenen Regelung ist dem Asylsuchenden in diesem Falle die Einreise zu verweigern, wenn er 1. aus einem sicheren Drittstaat einreist, oder 2. Anhaltspunkte dafür vorliegen, dass ein anderer Staat aufgrund von EU-Vorschriften oder aufgrund eines völkerrechtlichen Vertrages für die Durchführung des Asylverfahrens zuständig ist und ein Aufnahme- oder Wiederaufnahmeverfahren eingeleitet wird, oder 3. der Betreffende eine Gefahr für die Allgemeinheit bedeutet, weil er in Deutschland wegen einer besonders schweren Straftat zu einer Freiheitsstrafe von mindestens drei Jahren rechtskräftig verurteilt worden ist und seine Ausreise nicht länger als drei Jahre zurückliegt.
MERKE: Gemäß der in § 18 IV AufenthG getroffenen Ausnahmeregelung ist allerdings von der Zurückweisung des Asylbegehrenden im speziellen Falle der Einreise aus einem sicheren Drittstaat dann abzusehen, wenn die Bundesrepublik Deutschland aufgrund von EU-Vorschriften oder aufgrund eines völkerrechtlichen Vertrages mit dem sicheren Drittstaat, aus dem der Asylbegehrende kommt, für die Durchführung des Asylverfahrens zuständig ist, oder wenn das BMI aus völkerrechtlichen oder

humanitären oder politischen Gründen angeordnet hat, von einer Zurückweisung abzusehen.

Zur Verdeckung einer anderen Straftat: Eine Absicht, die beim vorsätzlichen ⇨ Töten eines Menschen ein sog. ⇨ „Mordmerkmal" i. S. d. § 211 II StGB darstellt, mit der Folge, dass der Täter als Mörder zu bestrafen ist. Zur Verdeckung einer anderen Straftat tötet, wer eine eigene oder fremde – sei es auch nur vorgestellte – Straftat (nicht bloß Ordnungswidrigkeit) verdecken will. Eine solche gezielte Verdeckungsabsicht setzt voraus, dass der Tod des Opfers gerade das Mittel zur Verdeckung ist (z. B. Tötung des einzigen Tatzeugen; Tötung des Polizisten, der den auf frischer Tat überraschten Täter festnehmen will, um unerkannt entkommen zu können). Keine Verdeckungsabsicht im vorstehenden Sinne kann angenommen werden, wenn die Straftat bereits aufgedeckt ist. Das ist insbesondere dann der Fall, wenn Tat und Täter den Strafverfolgungsbehörden schon bekannt sind und der gesuchte Täter sich lediglich durch Flucht dem Zugriff der Polizei entziehen will. Eine Verdeckungsabsicht im vorstehenden Sinne wird nicht dadurch ausgeschlossen, dass eine Tötung sich unmittelbar an die ihr vorausgegangene Vortat anschließt. Bedingter Tötungsvorsatz und Verdeckungsabsicht schließen einander nicht denknotwendig aus (st. Rspr., vgl. z. B. BGH, Beschl. vom 30.3.2022, – 4 StR 356/21 = HRRS 2022 Nr. 519 –).

Zusammenrotten: Von einem Zusammenrotten etwa i. S. d. §§ 121, 124 StGB kann gesprochen werden, wenn mehrere Menschen in erkennbar bedrohlicher Weise räumlich zusammentreten, um gemeinsam gegen Personen oder Sachen rechtswidrig vorzugehen. Im Falle des § 121 StGB soll bereits das Zusammentreten von nur zwei Gefangenen genügen, im Falle des § 124 StGB muss sich eine ⇨ Menschenmenge im vorstehenden Sinne zusammenfinden, und zwar öffentlich.

Zustand, in dem die freie Willensbestimmung ausgeschlossen ist: ⇨ Hilflose Lage.

Zustandsstörer: Im Polizeirecht die Bezeichnung für eine Person, die für eine ⇨ Gefahr deshalb verantwortlich ist, weil die betreffende Gefahr von einer Sache oder einem ⇨ Tier ausgeht, über die bzw. über das die Person eine tatsächliche oder rechtliche Herrschaft ausübt. Rechtsfolge ist dann, dass der Betreffende zum Zwecke der Bekämpfung der in Rede stehenden Gefahr polizeilich in Anspruch genommen werden darf. Er wird damit also insbesondere zum tauglichen ⇨ Adressaten einer ⇨ Polizeiverfügung. In Anlehnung an die Leitbildvorschrift des § 5 ME PolG normieren die Polizeigesetze von Bund und Ländern übereinstimmend, dass als Zustandsstörer in erster Linie der Inhaber der ⇨ tatsächlichen Gewalt gilt. Daneben gelten aber auch der Eigentümer oder ein sonstiger Berechtigter als Zustandsstörer. Ein „sonstiger Berechtigter" ist jede Person, die dinglich oder schuldrechtlich zur Verfügung über die Sache oder das Tier befugt ist. Ferner kann derjenige, der das Eigentum an einer Sache im Wege der ⇨ Dereliktion aufgegeben hat, als Zustandsstörer haftbar gemacht werden, wenn von der nunmehr ⇨ herrenlosen Sache bzw. von dem nunmehr herrenlosen Tier eine Gefahr ausgeht. Bezüglich des Eigentümers oder eines sonstigen Berechtigten ist allerdings eine wichtige Einschränkung der sog. Zustandshaftung zu beachten: Übt nämlich der Inhaber der tatsächlichen Gewalt diese ohne den Willen des Eigentümers bzw. des sonstigen Berechtigten aus, so können Maßnahmen allein gegen den Inhaber der tatsächlichen Gewalt gerichtet werden.
MERKE: Ist sowohl ein Zustandsstörer als auch ein ⇨ Verhaltensstörer für eine Gefahr verantwortlich, dann sollte möglichst der Verhaltensstörer vor dem Zustandsstörer haftbar gemacht werden.

Zuverlässigkeitsüberprüfung: Im Luftsicherheitsrecht gemäß der in Art. 3 XV der VO (EG) Nr. 300/2008 enthaltenen ⇨ Legaldefinition die dokumentierte Überprüfung der Identität einer Person, einschließlich etwaiger Vorstrafen, als Teil der Beurteilung der persönlichen Eignung für den unbegleiteten Zugang zu den ⇨ Sicherheitsbereichen auf ⇨ Flughäfen. Das Verfahren zur

Durchführung einer solchen Zuverlässigkeitsüberprüfung ist in § 7 LuftSiG näher bestimmt.

Zwangsbremsung: ⇨ Schnellbremsung.

Zwangsgeld: Ein ⇨ Verwaltungszwangsmittel, welches darin besteht, dass dem Pflichtigen die Zahlung einer bestimmten Geldsumme auferlegt wird, um ihn auf diese Weise zur Befolgung eines gegen ihn ergangenen ⇨ Verwaltungsaktes anzuhalten. Das Zwangsgeld ist damit ein Beugemittel, das wie die ⇨ Ersatzvornahme und der ⇨ unmittelbare Zwang im Rahmen des Verwaltungsvollstreckungsrechts zur Anwendung kommt. Die einschlägigen Rechtsgrundlagen hierfür finden sich in den Verwaltungsvollstreckungsgesetzen von Bund und Ländern (vgl. z. B. § 9 I Buchstabe b VwVG sowie § 53 PolG NRW). Die betreffenden Vorschriften sind regelmäßig dem § 31 ME PolG nachgebildet. Das Zwangsgeld bildet nach der Ersatzvornahme das zweitschärfste Verwaltungszwangsmittel. Es muss stets in einem angemessenen Verhältnis zu seinem Zweck stehen und ist möglichst so zu bestimmen, dass der Betroffene und die Allgemeinheit am wenigsten beeinträchtigt werden (vgl. § 9 II VwVG).
MERKE: Ein Zwangsgeld wird in der Regel zur Erzwingung einer ⇨ unvertretbaren Handlung verhängt, deren Vornahme nur vom Willen des Pflichtigen abhängt (vgl. § 11 I 1 VwVG). Bei ⇨ vertretbaren Handlungen, die von jedermann vorgenommen werden können, kann es angewendet werden, wenn die Ersatzvornahme untunlich erscheint, namentlich, wenn der Pflichtige außerstande ist, die Kosten zu tragen, die aus der Ausführung durch einen anderen entstehen (Ersatzvornahme in Gestalt der sog. „Fremdvornahme“, vgl. § 11 I 2 VwVG). Dabei darf ein Zwangsgeld auch verhängt werden, wenn der Pflichtige der Verpflichtung zuwiderhandelt, eine Handlung zu dulden oder zu unterlassen (vgl. § 11 II VwVG). Das Zwangsgeld kann im Gegensatz zur Ersatzvornahme oder zum unmittelbaren Zwang nicht sofort angewendet werden (vgl. § 6 II VwVG). Es muss schriftlich in genau bestimmter Höhe (vgl. § 13 V VwVG) angedroht werden; die An-

drohung ist dem Pflichtigen förmlich zuzustellen (vgl. § 13 VII VwVG). Hierbei ist für die Erfüllung der Verpflichtung eine Frist zu bestimmen, innerhalb welcher der Vollzug dem Pflichtigen billigerweise zugemutet werden kann. Vor diesem Hintergrund ist das Zwangsgeld in polizeilichen Sofortlagen *kein* geeignetes Zwangsmittel. Erweist sich ein Zwangsgeld als nicht beitreibbar, so kann an seine Stelle *Ersatzzwangshaft* treten.

Zwangsmittel: ⇨ Verwaltungszwangsmittel.

Zwecke des Erkennungsdienstes: ⇨ Erkennungsdienstliche Behandlung.

Zwecke des Strafverfahrens: ⇨ Erkennungsdienstliche Behandlung.

Zweckveranlasser: Im Polizei- und Ordnungsrecht die Bezeichnung für eine Person, die durch ihr an sich rechtmäßiges und unmittelbar nicht störendes Verhalten zumindest mittelbar die ⇨ öffentliche Sicherheit oder die ⇨ öffentliche Ordnung gefährdet, indem sie Dritte zu einem Verhalten motiviert, das dann zu einer unmittelbaren Gefährdung oder ⇨ Störung führt. Hinzukommen muss nach einer verbreiteten Auffassung, dass der Veranlasser des fremden Verhaltens subjektiv den Eintritt der Gefährdung oder Störung entweder bezweckt oder jedenfalls billigend in Kauf nimmt. Die Rechtsprechung lässt es hingegen bereits genügen, dass das unmittelbar gefährdende Fremdverhalten bei objektiver Betrachtung eine naheliegende und typische Folge des Ausgangsverhaltens des mittelbar Verantwortlichen ist (vgl. HessVGH, Beschl. vom 3.7.2023, – 8 B 921/23 –).
MERKE: Ist jemand im vorstehenden Sinne als Zweckveranlasser anzusehen, so ergibt sich als Rechtsfolge die Möglichkeit, den Betreffenden auf Abhilfe in Anspruch zu nehmen, obwohl er die ⇨ Gefahr bzw. Störung nicht unmittelbar verursacht. Die Rechtsfigur des Zweckveranlassers erweitert also den Kreis derjenigen polizeipflichtigen Personen, die als taugliche ⇨ Adressaten von

Gefahrenabwehrmaßnahmen in Betracht kommen. So ist z. B. ein Gastwirt als Zweckveranlasser für nächtlichen Lärm seiner Gäste verantwortlich, den diese beim Verlassen des Lokals verursachen. Hier wäre es zwar theoretisch auch möglich, gegen die lärmenden Gäste als die eigentlichen ⇨ Verhaltensstörer vorzugehen, jedoch wäre eine solche Vorgehensweise nicht sonderlich erfolgversprechend, weil bei jedem erneuten Anlass ein weiteres Einschreiten erforderlich wäre. Deshalb ist es in derartigen Konstellationen sowohl rechtmäßig als auch zweckmäßig, im Interesse einer effektiven Gefahrenabwehr den „Hintermann" polizeilich in Anspruch zu nehmen, um so die Problemlage dauerhaft zu beseitigen.

Röger

Das behördliche Disziplinarverfahren nach dem Bundesdisziplinargesetz

Solide Kenntnisse über den Ablauf des behördlichen Disziplinarverfahrens sind für Beamt:innen unverzichtbar. Dieses Lehrbuch erläutert die einzelnen Verfahrensschritte und die ihnen zugrunde liegenden rechtlichen Grundlagen und ermöglicht Studierenden den Zugang zu der prüfungsrelevanten Materie.

3. Auflage 2025, 348 Seiten, Softcover, ISBN 978-3-8293-1952-2, 35 €

Borsdorff | Kastner | Deyda

Gesetzessammlung für die Bundespolizei

Die Gesetzessamlung enthält alle für das Studium relevanten Rechtsvorschriften in einem Band. Die alphabetische Gliederung des Werks, das Inhalts- und Stichwortverzeichnis sowie die praktische Schnellübersicht aller enthaltenen Rechtsquellen auf der Buchrückseite garantieren die Benutzerfreundlichkeit des Werkes.

16. Auflage 2024, 2.502 Seiten, Softcover, ISBN 978-3-8293-1984-3, 80 €